자신을 수용하고 사랑하는

불완전할 용기 2

노안영 저

머리말

삶은 끊임없는 움직임으로 점철되는 활동이다. 모든 개인은 자신이 추구하는 삶의 목표를 달성하기 위해 활동하고 있다. 개인에 따라 활동의 정도는 다르지만, 분명한 사실은 열심히 그리고 부지런하게 활동하는 사람이 그렇지 않은 사람보다 자신이 설정한 인생의 목표 달성을 훨씬 잘할 수 있다는 것이다. 이 글을 읽은 독자인 당신이 추구하고 있는 삶의 목표를 달성하기 위해 정말 열심히 활동하기를 간절히 기원해 본다. 당신이 당신의 활동을 주저하게 하는 두려움이 아니라 활동의 원동력으로 작동하는 용기를 가지고 생활했으면 한다.

필자가 『불완전할 용기(The Courage To Be Imperfect)』란 제목으로 2016년도 초에 책을 출간한 후 8년이 지나 다시 두 번째 『자신을 수용하고 사랑하는 불완전할 용기 2』를 출간하게 되어 지금 이 순간 몹시 기쁘다. 특히 이 책의 제목을 다시 '불완전할 용기'로 결정한 이유는 아들러(Alfred Adler)의 개인심리학에서 강조하는 개인의 다양한 심리적 문제를 해결할 수 있는 최선의 방법은 '불완전할 용기'로 사는 것이라고 믿기 때문이다. 많은 상담심리학자가 강조한 것처럼 진정한 변화는 개인이 있는 그대로 자신이 되려고 노력할 때 일어난다. 만약 당신이 신경증으로 고통받고 있다면, 진정한 변화를 위해 당신이 자신이 아닌 누군가가 되려고 안간힘을 쏟고 있지는 않은지 살펴보는 것이 필요하다. 필자는 아들러의 개인심리학 상담전문가로서 "진정한 변화와 치유는 인간이 불완전한 존재로서 있는 그대로 자신을 수용하고 진정한 자신이 되려고 하는 노력, 즉 불완전할 용기로 활동할 때 일어난다."라고 확신한다.

아들러는 개인심리학이 "열등감에서 시작해서 열등감으로 끝난다."라고 기술하였다. 아들러는 자신이 가진 열등감의 극복 없이는 자신이 원하는 삶의 목표를 달성하지 못하고 열등감콤플렉스나 우월감콤플렉스로 고통받는다고 하였다. 개인심리학에서 가정하는 주요한 성격특성은 우월성 추구이다. 우월성 추구의 동의어가 자기완성 추구, 목표 추구, 성공 추구라는 맥락에서 개인심리학에서는 인간을 목적론적 존재로 가정한다. 우리의 모든 행동에는 목적이 있다. 즉, 개인은 자신이 설정한 목적을 달성하기 위해 행동한다. 아들러학파 심리학자는 당신이 설정한 인생목표를 달성하기 위해 당신이 가진 열등감을 극복해야 한다고 생각한다. 아마도 이런 맥락에서 아들러는 "사람이 된다는 것은 자신이 열등하다는 것을 느끼는 것이다."라고 언급하였다고 여겨진다. 서양의 격언인 "진실처럼 상처를 주는 것은 없다(Nothing hurts like the truth)."라는 말처럼, 개인이 자신이 가진 불쾌한 진실인 열등감을 있는 그대로 수용하고 극복하려고 노력할 때 진정한 변화가 일어난다는 것을 명심했으면 한다.

개인은 독특한 존재로서 자신의 삶의 방식인 생활양식(life style)에 의해 삶을 영위한다. 아들러가 가정했던 생활양식을 결정하는 두 가지 성격특성은 '활동의 정도(degrees of activity)'와 '사회적 관심(social interest)'이다. 아들러는 그가 제안했던 유형론의 입장에서 활동의 정도가 높고 사회적 관심이 높은 사람을 사회적으로 유용한 건강한 사람이라고 생각하였다.

아들러가 "모든 실패자는 낙담되어 있다(All failures are discouraged)."라고 지적했던 것처럼, 인생의 실패자들은 활동의 원동력인 용기를 상실해서 무기력에 빠져 활동의 정도가 낮은 상태에 있다고 볼 수 있다. "만약 우리가 실수를 하지 않으면, 우리는 어떤 것도 할 수 없다."라는 격언처럼, 우리는 불완전한 존재로서 실수나 실패를 통해 성장한다. 혹시라도 당신이 실수나 실패가 두려워서 도전하지 못하고 있다면, 성공적인 삶을 위해 당신에게 정말 필요한 것은 격려이다. 격려를 통해 실수할 용기, 더 나아가서 용기 중에서 최상의 용기인 불완전할 용기를 함양해서 두려움을 떨쳐 버리고 활동의 정도를 높이는 것이 필요하다. 이런 점에서 우리는 불완전한 존재로서 실수나 실패로 인한 무기력 상태에서 벗어나기 위해 "나는 있는 그대로 충분히 괜찮아(I am good enough as I am)." 라고 자신에게 말하는 자기격려와, "당신은 있는 그대로 충분히 괜찮아(You are good enough as you are)."라고 타인에게 언급하는 타인격려를 통해 활동의 정도를 고양할 수 있다.

아들러는 인간이 사회적 존재로서 사회적으로 유용한 삶의 방향을 결정하는 성격특성인 사회적 관심을 잠재적으로 가지고 태어났으며 후천적으로 양육이나 교육을 통해 함양되어야 한다고 보았다. 이런 점에서 아들러는 사회적 관심을 정신건강의 준거라고 하였다. 다시 말하면, 사회적 관심이 높은 사람들은 가정, 학교, 직장에서 애타적인 사랑을 가지고 바람직한 삶을 영위하지만, 사회적 관심이 낮은 사람들은 그들이 속한 사회에서 오직 이기적인 생각으로 바람직하지 않는 삶을 살아간다고 하였다. 과학의 발달로 작아진 지구촌에서 인류가 서로를 배려하면서 높은 사회적 관심을 가지고 함께 행복을 추구하는 지구촌이 되길 소망해 본다.

아들러가 사망한 후에 개인심리학을 세상에 널리 보급한 기여로 제2의 아들러로 호칭되는 드레이커스(Rudolf Dreikurs)는 변화와 치유를 위한 중요한 요인으로 격려, 불완전할 용기, 그리고 사회적 평등 등을 강조하고 실천하면서 생활하였다. 그는 "식물에게 물과 태양이 필요하듯이 인간에게 격려가 필요하다." 라고 언급하면서 격려의 중요성을 강조하였다. 개인 각자에게 주어진 인생 과제인 일, 사랑, 사회(우정)를 달성하는 과정에서 겪은 많은 시련을 참아 내지 못하고 포기하면 정말 환자가 된다. 삶이 아무리 우리를 힘들게 하더라도 굴복하지 않고 용기를 갖고 생활하기 위해서는 격려가 필요하다. 필자도 우리의 가정, 학교, 직장에서 많은 사람이 격려하고, 격려하고, 또 격려하면서 자신감과 책임감을 가지고 생활하는 사회가 되길 간절히 기원해 본다.

지금 이 순간, 필자가 아들러 개인심리학 상담전문가로서 그리고 조력전문직인 상담학도로서 생활하고 있다는 점에 만족을 느낀다. 먼저, 나와의 상담을 통해 나에게 조력의 지식과 경험의 식견을 확장하도록 기여한 많은 내담자에게 진심으로 감사드린다. 상담전문가로서의 길을 갈 수 있게 지도해 주신 홍경자 교수님과 지금은 고인이 되신 이장호 교수님께 감사드린다. 더불어 동료와 동학도로서 긴 세월을 같이해 온 오익수 교수, 강만철 교수, 김광운 교수, 송현종 교수에게 고마운 마음을 전달한다. 동학도로 지역사회 상담발전에 기여하고 있는 오명자 교수, 차영희 교수, 김택호 교수, 박희석 박사, 최진아 교수, 박병훈 박사, 김미란 박사, 차은선 박사, 김보현 박사, 최선미 박사, 그리고 황수영 선생께 감사드린다. 역시 동학도로서 나와 뗄 수 없는 끈끈한 정을 맺고 서로 격려하며 생활해 온 전남대학교 강영신 교수, 광주대학교 정민 교수와 박주영 교수, 호남대학교 임수진 교수, 캐나다에 있는 정은의 교수, 서혜석 박사, 김천수 박사, 김선미 박사, 장안나 선생, 허찬 신부님, 안진홍 선생, 이재우 선생, 유송희 선생, 김정주 선생, 고인이 된 정인철 선생, 임정란 선생, 정의석 선생, 정욱 선생, 양주애 선생, 정미현 선생, 그리고 전남대학교 심리학과 대학원 상담교실 구성원들에게 고마운 마음을 전한다. 또한 (사)한국아들러상담학회의 발전에 기여하고 있는 대구교육대학교 선영운 교수, 황은일 박사, 김지연 박사, 오정선 박사, 이혜지 박사, 유리향 박사, 김이수 선생, 그리고 채선미 선생께 감사드린다. 특히 학회의 홍보위원장으로서 학회의 홍보와 발전에 혼신의 노력을 보여 주고 있는 이재근 선생께 고마운 마음을 전달한다.

이 책의 편집을 맡아 좋은 책이 될 수 있도록 최선을 다해 수고해 온 김지수님께 감사드린다. 그리고 도서출판 학지사 영업부에서 이 책이 출간될 수 있도록 배려하고 열정을 가지고 열심히 활동하고 있는 윤상우 과장님께 감사드린다. 마지막으로, 도서출판 학지사 대표로서 독자들에게 마음을 전달하는 좋은 책을 만들기 위해 동분서주하며 노력하고 있는 김진환 사장님께 감사드린다.

2024년 5월
노안영 심리상담연구소에서
저자 노안영

차례

제1부

아들러의 성공 추구 심리학

제1장

개인심리학의 발달과 현황

인간이 하기에 가장 어려운 일은 자신을 알고 자신을 변화시키는 것이다.

– 아들러 –

개인심리학은 개인이 가진 열등감의 이해와 극복을 통해 삶의 목표인 성공 추구의 과정을 밝히는 심리학이다. 개인은 나누어질 수 없는 전체로서 사회 내에서 자신이 설정한 목표를 달성하기 위해 끊임없이 노력한다. 인간에 대한 이러한 기본 전제를 가지고 아들러(Alfred Adler)는 개인심리학(Individual Psychology)을 개발하였다. 그는 인간을 목적론적 존재로 보았으며 인간으로서 누구나 느끼는 열등감을 극복하여 자기완성을 이룰 것을 강조하였다.

아들러의 생애 자체는 열등감을 극복하기 위한 삶이었다. 허약한 몸, 동생의 죽음, 급성폐렴으로 인한 죽음에 대한 직접적 경험 등으로 불행한 어린 시절을 보냈던 아들러는 성장하면서 자신의 열등한 측면을 극복하기 위해 최선을 다하였다. 그가 개발한 개인심리학은 이러한 자신의 초기경험을 바탕으로 형성되었다.

아들러는 프로이트(Freud)와 9년간(1902~1911)의 밀월기간을 가졌다. 그러나 그와 결별하고 자신의 신념과 철학적 입장에 따라 개인심리학을 창립하였다. 아들러는 정신질환자들보다 일반대중에 대한 관심이 많았으며, 무의식보다 현실의 주관적 지각을 더 중요하게 강조하였다. 특히 인간은 일생 동안 사회 속에서 사회적 관심을 얻기 위한 노력을 끊임없이 계속한다는 점을 강조하였다.

인간은 태어나는 순간 가장 나약하고 열등한 존재로 누군가의 돌봄이 필요하다. 개인은 사회적 존재로 사람들과의 관계 속에서 성장하면서 자신의 열등감을 극복하고 자기완성을 성취하기 위해 노력하는 존재이다. 아들러는 모든 인간이 당면한 근본적 과제를 열등감 극복과 우월성 추구라고 보았다. 그는 "인간이 된다는 것은 자신이 열등하다고 느끼는 것을 의미한다."라고 지적하면서 우리 각자가 갖고 있는 열등감을 삶의 추진력으로 여겼다.

이러한 아들러 입장에 따르면 건강한 사람들은 자신의 열등한 측면을 끊임없이 극복하기 위해 노력하는 사람이다. 건강하지 않은 사람들은 자신의 열등감을 극복하지 못하고 열등감콤플렉스나 우월감콤플렉스에 사로잡혀 있는 사람이다. 개인에게 삶 자체는 끊임없는 도전이며 응전이다. 우리는 크고 작은 도전 속에서 신체적 및 정신적으로 건강한 삶을 유지하기 위해 자신을 정확히 직시하여 열등한 측면을 극복할 수 있어야 한다. 보다 쉽게 얘기하면 건강한 사람은 자신이 가진 장점을 개발하고 자신의 단점을 보완하면서 자기완성을 위해 노력하는 사람이다.

여기서는 먼저 개인심리학을 개발한 아들러의 생애를 살펴보고 나서 아들러가 사망한 후에 개인심리학을 확장하고 보급한 드레이커스(Dreikurs)의 생애를 알아보고자 한다. 특히 드레이커스는 칭찬보다 격려를 통한 행동 변화를 강조하였으며 사회적 평등을 통한 사회적 갈등 및 사회적 열등감을 해소할 수 있는 미래 사회의 청사진을 제시하였다.

1. 아들러의 생애

아들러(Alfred Adler, 1870~1937)는 1870년 2월 7일 비엔나에서 여섯 형제 중 두 번째로 태어났다. 그는 형의 그늘에 가려 어린 시절을 보냈다. 아들러는 어렸을 때 구루병(골연화증)을 앓아서 형제나 친구들에 비해 신체적으로 열등했을 뿐만 아니라 네 살 때 폐렴으로 죽음을 경험했으며, 길거리에서 손수레에 치여 두 번이나 죽을 고비를 넘겼다. 아들러는 이러한 신체적 열등감 때문에 엄마로부터 특별한 보호를 받아 왔지만 동생들의 출생으로 그런 보호는 더 이상 받지 못하게 됐다. 아들러는 학교에서 수학성적이 매우 낮아 그 과정을 반복해야 했고, 그의 선생님이 아들러의 아버지에게 학교를 그만두고 구두제조자로 일하도록 종용할 정도로 심한 열등감을 경험했다. 이러한 일련의 사건들이 아들러에게 특별한 동기부여가 되어 그가 열심히 공부한 결과 학급에서 수학 성적이 가장 높은 학생이 되었다.

아들러는 1897년에 모스코의 기독교 집안에서 자란 급진적 사회주의 학생인 라이사 엡스타인(Raissa Timofejevna Epstein)과 결혼하여, 3명의 딸과 1명의 아들을 두었다.

1895년 아들러는 비엔나 의과대학을 졸업한 후 일반의가 되었다. 아들러는 프로이트 밑에서 공부해 본 적이 전혀 없었으며 정신분석자가 되는 데 필요한 정신분석을 결코 받지 않았다. 프로이트와의 관계 시작은 1902년, 아들러가 지역신문에서 프로이트의 꿈 분석 이론을 공격하는 것을 방어한 것이 계기가 되었다. 프로이트는 아들러의 논박에 감명을 받아 자신의 집에서 수요일마다 열리는 토론에 아들러를 초청하게 되었다.

아들러는 1907년 『기관 열등감과 정신적 보상(Organ inferiority and its psychical compensation)』을 출판하였고, 1908년 '공격성 추동'에 대한 글에서 성 대신에 공격성을 일차적 추동으로 대체시켰다.

아들러는 1910년 정신분석학회의 초대 회장으로 임명되었지만 프로이트와 계속 불일치가 일어나면서 1911년 사표를 냈다. 같이 탈퇴한 몇몇의 사람들이 아들러와 합류하여 '자유 정신분석학회'라는 모임을 결성하였다. 이 명칭은 프로이트의 이론을 고수하려는 집단에 반대한다는 표시로 명명되었다. 1912년에 아들러는 '개인심리학회'라고 명칭을 변경하고 저널을 발간하기 시작하였으며, 프로이트식 이론의 대안적인 해석을 광범위하게 받아들였다.

1912년 아들러는 『신경증 체제(The neurotic constitution)』란 책에서 자신의 새

로운 심리학을 제시했는데 이 책에 사회적 관심을 제외한 그의 주요 개념들이 포함되어 있다. 아들러는 자신의 개념 중 가장 중요한 우월성 추구와 열등감이라는 개념을 정신건강에 도입하기 시작했다. 아들러식 심리치료자들은 격려를 통해서 환자들의 자존감을 올릴 수 있으며, 개인의 사회적 관심을 강화시키는 방법을 사용했다. 아들러식 치료자들은 사회적으로 유용한 행동을 하게 하고 올바른 방향으로 재정향(reorientation)을 하도록 촉구했다. 특히 초기회상과 출생순위, 꿈 등은 내담자의 생활양식을 이해하는 데 도움을 주는 개념들이다.

아들러는 1920년대 주로 예방에 관심을 갖게 되었다. 그래서 1922년에 아마도 최초라고 할 수 있을 아동생활지도 클리닉을 창설하였다. 더불어 비엔나 아동기관에서 교사들에게 아동생활지도 훈련을 실시하였고 그 후로 공립학교에 수많은 아동생활지도센터가 설립되었다. 1926년부터 아들러는 미국을 정기적으로 드나들면서 폭넓은 청중들을 대상으로 강의를 하는 훌륭한 연설가였다. 1932년 뉴욕의 롱아일랜드 의과대학의 교수로 임명되었으며 1934년에 뉴욕시에 영구적으로 정착하게 되었다. 아들러는 순회강연 중에 스코틀랜드의 에버딘에서 1937년 5월 28일 심장마비로 사망하였다.

2. 드레이커스의 생애

드레이커스(Rudolf Dreikurs, 1897~1972)는 아들러의 개인심리학을 정립해서 보급 및 확장한 기여로 제2의 아들러로 불린다. 드레이커스는 비엔나에서 1897년 2월 8일 유태인 부모인 지그문트와 패니 드레이커스(Sigmund & Fanny Dreikurs)의 첫째 아이로 태어났다. 드레이커스는 스물한 살인 1918년 스테피(Steffi)와 결혼하였으며 에릭(Eric)과 에바(Eva) 두 자녀가 있었다. 스테피는 1942년에 히틀러의 나치 치하에서 사망한 것으로 추정된다.

드레이커스가 젊은 의대생이었던 1920년에 아들러가 “누구나 변화할 수 있다. 그리고 모든 사람에게 희망이 있다(Anyone can change, and there is hope for everybody)."라고 선언했던 말은 그에게 큰 영향을 주었다. 그리고 1920년대 중에 드레이커스는 아들러의 업적에 대한 존경이 커지면서 아들러학파가 되었으며, 아들러의 프로이트 정신분석학파와의 싸움이 그의 싸움이 되었다. 1928년에 드레이커스는 정신과 의사로서는 처음으로 집단심리치료를 도입하여 실시하였다.

1930년에 드레이커스는 '비엔나 개인심리학회(Vienna Society of Individual Psychology)'에서 그의 첫 논문인 「자기지식」을 발표하였다. 그는 논문의 마지막을 "진실한 자기지식을 가장 잘 획득할 수 있는 사람들은 불완전할 용기(courage to be imperfect)를 가진다. 다시 말하면 불완전할 용기를 가진 사람들은 실수하는 것을 두려워하지 않고 시도하며, 삶(living)과 행함(doing)의 불확실함을 두려워하지 않고 시도함으로써 자기속임에 지향된 자신의 보호경향성을 극복할 수 있다."라는 말로 결론지었다.

1933년에 드레이커스는 아들러의 서문을 가진 『개인심리학의 입문』이란 책을 출판하였다. 이 책은 1950년에 미국에서 『아들러 심리학의 기본원리(Fundamentals of Adlerian Psychology)』란 제목으로 처음으로 출판되었다.

아들러는 1937년 5월 28일 강연하기 위해 갔던 에버딘에서 심장마비로 사망하였다. 아이러니하게도 같은 해인 1937년에 드레이커스는 초청받은 브라질을 거쳐, 그해 10월 5일에 미국으로 가는 배에 승선하면서 미국에서 제2의 아들러로서의 역할 수행을 시작하게 됐다. 시카고 시기라고 할 수 있는 1937년에서 1957년까지 프로이트의 정신분석학회가 주류가 된 미국에서 프로이트를 따르는 정신분석학자들과 치열하게 싸워 가면서 개인심리학을 보급하고 확장하는 데 혼신의 힘을 쏟았다.

드레이커스는 운명적인 만남을 통해 새디 "티"(Sadie "Tee")와 1943년 9월 12일에 두 번째 결혼을 하였다.

1946년에 드레이커스는 『결혼의 도전(The Challenge of Marriage)』을 출판

하였으며, 1948년에는 『부모역할의 도전(The Challenge of Parenthood)』을 출판하였다. 그리고 1952년에 '미국아들러심리학회(American Society of Adlerian Psychology)'가 발족되도록 하는 데 막대한 공헌을 하였다.

1964년에는 드레이커스는 솔츠(Vicki Soltz)와 함께 칭찬이나 처벌보다 격려로 자녀교육을 할 것을 강조하는 『아동들: 도전(Children: the Challenge)』을 출간하였다. 그리고 그가 사망하기 일 년 전인 1971년에는 아들러 개인심리학에 기반한 미래 사회의 청사진을 제시해 주는 『사회적 평등: 이 시대의 도전(Social Equality: the Challenge of Today)』이란 책을 출간하였다. 불완전할 용기로 살아온 드레이커스는 1972년 5월 25일 75세의 나이로 그의 삶을 마감하였다.

3. 배경과 현황

여기서는 개인심리학의 발달 배경과 현황을 아들러의 전기적 배경, 개인심리학의 개발에 영향을 준 이론, 개인심리학이 현대 상담이론에 미친 영향, 아들러 상담의 대중화를 바탕으로 살펴보고자 한다.

1) 아들러의 전기적 배경

아들러는 개인심리학의 핵심개념인 열등감의 극복과 우월성의 추구를 위한 삶을 영위하였다. 어린 시절 구루병 등 신체적 쇠약으로 인한 열등감을 극복하여 신체적 건강을 유지하면서 열정적인 삶을 살았다. 자신의 동생의 죽음을 목격한 경험이나 그가 폐렴으로 인해 겪었던 죽음에 대한 경험은 그로 하여금 훌륭한 의사가 되게 하는 데 공헌하였다.

중등학교 시절에는 형편없이 낮은 수학 성적 때문에 구두제조자가 될 뻔했던 적도 있었다. 이를 극복하기 위해 열심히 공부하여 수학 성적이 상위에 오르게 되었고 의과대학에 진학하여 처음에는 안과를 전공하였으나, 나중에는 정신의학으로 전공을 바꾸어 사람들이 열등감을 극복하도록 조력하는 데 일생을 바쳤다. 안과 전공의의 경험을 통해 시각이 좋지 않은 사람들이 청각이 발달되는 것을 목격했으며 그러한 경험은 그의 초기 저서인 『기관열등감과 그것의 정신적 보상』에도 기여하였다.

2) 개인심리학의 개발에 영향을 준 이론

아들러가 개발한 개인심리학은 다양한 이론의 영향을 받아 발달되었다. 개인심리학의 주요한 개념들과 관련하여 주요하게 영향을 미친 여섯 가지 이론적 입장을 간략하게 살펴보면 다음과 같다.

첫째, 서구철학에서 경험주의의 대부로 여겨지는 아리스토텔레스(Aristotle)의 영향이다. 인간의 삶의 관찰을 통해 그가 주장한 인간은 사회적 동물이라는 관점이나 그의 목적론은 아들러의 인간이 사회적 존재이며 목적론적 존재라는 명제에 막대한 영향을 미쳤다고 여겨진다.

둘째, 철학자인 칸트(Kant)의 실천적 지식은 아들러가 강조한 사용의 심리학에 기여하였다.

셋째, 마르크스(Marx)의 사회주의 사상은 개인심리학의 핵심개념인 사회적 관심의 강조에 기여하였다. 개인이 사회적 존재임을 강조한 아들러의 사상은 마르크스의 영향을 반영한 것이다.

넷째, 바이힝거(Vaihinger)의 『마치 ~처럼의 철학』은 개인심리학의 기본철학인 '허구적 최종목적론(fictional finalism)'에 기여하였다.

다섯째, 프로이트의 정신분석은 아들러가 개발한 개인심리학과 여러 측면에서 다른 이론적 입장을 취한다. 그럼에도 불구하고 아들러의 개인심리학은 정신분석을 비판하면서 발달하였다고 할 수 있다.

여섯째, 니체(Nietzche)의 『권력에 의지』는 아들러의 '힘에 의지'로 변형되어 개인심리학의 핵심개념인 우월성 혹은 자기완성 추구에 기여하였다.

3) 현대 상담이론에 미친 영향

아들러의 개인심리학은 대부분의 현대 상담이론에 광범위한 영향을 주었다. 즉, 현대 상담이론 중에 아들러 상담이론의 영향을 받지 않는 이론이 없을 정도로 아들러는 인간 이해 및 조력에 대한 폭넓은 관점을 바탕으로 개인심리학을 발달시켰다.

왓스(Watts, 2000)는 개인심리학의 묘미는 그것의 유연성이며 아들러식 상담자들은 이론적으로는 통합적이며 기술적으로는 절충적이라고 지적하였다(p. 26). 상담이론에서 사용되는 주요한 개념을 바탕으로 아들러 개인심리학이 현대 상담이론에 미친 영향을 간략하게 살펴보면 다음과 같다.

인지 · 정서 · 행동치료를 개발한 엘리스(Ellis)는 공개적으로 그가 아들러의 영향을 많이 받았다는 것을 언급하곤 하였다. 아들러가 제안한 개념인 개인적 논리는 엘리스가 사용한 개인의 신념체계에 해당한다고 볼 수 있다. 개인이 갖는 부정적 개인적 논리가 엘리스의 비합리적 신념을 의미한다고 할 수 있다.

벡(Beck)이 개발한 인지치료에서 강조하는 인지왜곡도 개인의 잘못된 개인적 논리에서 비롯된 기본적 오류와 매우 유사함을 발견할 수 있다.

글래서(Glasser)가 개발한 상담이론인 현실치료에서 강조하는 심리적 욕구는 소속감, 힘, 자유, 즐거움이다. 글래서가 제안한 행동을 촉발하는 이러한 욕구 개념은 드레이커스가 제안했던 접촉, 힘, 보호, 물러서기 등과 매우 유사하다.

번(Berne)이 개발한 교류분석의 주요개념인 입장갈망, 인생각본, 삶의 입장 등은 개인심리학의 핵심개념인 생활양식과 관련해서 잘 이해될 수 있다.

실존주의 상담 및 심리치료를 주창한 메이(Rollo May), 프랭클(Viktor Frankl) 등도 개인심리학의 주요개념인 우월성 혹은 자기완성 추구, 사회적 관심 혹은 사회적 존재로서 인간에 대한 이해의 영향을 받았다.

인간중심치료를 개발한 로저스(Rogers)의 주요개념인 공감, 경험을 통한 주관적 가치형성 등은 아들러가 강조한 개인적 논리와 사회적 관심과 관련해서 잘 이해될 수 있다고 본다.

마지막으로, 최근에 강조되는 구성주의자 상담접근방식의 주요한 개념들도 아들러가 제안했던 개인적 논리와 생활양식과 관련해서 서로의 관련성을 찾을 수 있다.

4) 아들러 상담의 대중화

어느 사회건 자녀교육의 중요성을 강조하며 그에 대한 관심도 매우 높다. 개인심리학이 대중에게 널리 알려지게 된 주요한 계기는 1970년대부터 변화된 사회적 분위기에 따라 자녀교육을 위한 부모역할에 대한 강조와 관련된다. 개인심리학의 확장과 보급에 크게 공헌한 드레이커스는 제2의 아들러라고 불린다. 그가 저술한 『아이들: 도전(Children: The Challenge)』이란 책이 베스트셀러가 되면서 아들러 이론의 대중화에 특히 기여하였다.

그의 영향을 받은 아들러 상담이론가인 딩크마이어 부부(Dinkmeyers)는 개인심리학에 근거한 부모역할훈련인 '효과적 부모역할을 위한 체계적 훈련(Systematic Training for Effective Parenting: STEP)'을 개발하여 대중에게 보급하였다. 또한 폽킨(Popkin)이 개발한 '현대의 적극적 부모역할훈련(Active Parenting Today: APT)'도 아들러 개인심리학의 영향을 많이 받았다. 개인심리학 이론에 근거한 부모역할훈련은 자연적 결과, 논리적 결과, 격려, 협동심, 책임감 등을 바탕으로 자녀들이 바람직하게 성장할 것을 강조한다.

제2장

Q&A를 통한 개인심리학의 이해

개인심리학은 열등감 극복을 통한 '성공 추구의 심리학'이다.
– 노안영 –

개인심리학을 한마디로 요약하면 열등감 극복을 통한 '성공 추구의 심리학'이라고 할 수 있다. 여기서는 개인심리학이 어떤 심리학인가에 대한 전반적 이해를 위해 '질문과 답변(Question & Answer: Q&A)'에 대한 방식으로 살펴보고자 한다. 질문이 약간 중복되는 것도 있을 수 있지만 개인심리학을 보다 쉽게 이해할 수 있도록 열일곱 문항으로 구성하여 살펴보았다.

Q1 당신이 개발한 개인심리학은 어떤 심리학인가?

A 개인심리학은 전체로서 개인이 사회 속에서 그가 가진 열등감을 극복하고 자신의 삶의 목표를 달성해 가는 과정에서 나타나는 다양한 심리적 현상을 밝히는 삶의 과학이다.

개인심리학을 다른 식으로 표현해서 다음과 같은 네 가지 심리학이라고 말할 수 있다.

첫째, 개인심리학은 사회심리학이다. 개인심리학은 인간이 사회적 존재로서 사회 속에서 타인과 더불어 살아가는 삶의 문제를 탐구하는 심리학이다.

둘째, 개인심리학은 용기의 심리학이다. 개인심리학은 개인이 달성하고자 하는 삶의 목표를 달성하는 과정에서 어려움에 직면했을 때 두려움을 극복하는 데 필요한 창조적 힘인 용기의 중요성을 강조하는 심리학이다.

셋째, 개인심리학은 상식의 심리학이다. 개인은 누구나 사회 속에서 삶을 살아가면서 자신의 '개인적 논리(private logic)'를 발달시킨다. 사회를 유지하기 위해 상식에 기초해서 사람들이 개발해 온 '공적 논리(public logic)'가 있다. 개인심리학은 개인이 사회 속에서 타인과 더불어 살 수 있도록 상식에 벗어나지 않는 개인적 논리를 형성할 것을 강조하는 심리학이다.

넷째, 개인심리학은 사용의 심리학이다. 개인은 각자 독특한 존재로서 많은 능력을 가지고 태어난다. 개인심리학은 개인이 어떠한 능력을 소유하고 있는가를 밝히는 소유의 심리학이 아니라 소유한 능력을 최대로 사용할 것을 강조하는 사용의 심리학이다.

Q2 개인심리학자로서 당신이 생각하는 인간의 삶의 의미는 무엇인가?

A 인간이면 누구나 한 번쯤은 삶의 주체로서 삶의 의미(the meaning of life)가 무엇인지 묻기 마련이다. 철학의 아버지인 소크라테스가 '삶이 무엇이지 묻지 않고 조사되지 않는 삶을 사는 것은 가치 없는 삶'이라고 언급했던 것처럼 정말 중요한 질문이다. 삶의 과학인 개인심리학의 원리에 근거해서 개인을 다음과 정의해 볼 수 있다.

> "개인, 즉 나누어질 수 없는 전체로서 개인은 독특한 존재로서 사회 속에서 타인과 관계하면서 달성하고자 하는 목표 추구를 해 가면서 자신을 창조해 가는 존재이다."

앞의 정의를 개인심리학의 주요개념인 생활양식을 사용해서 보다 단순하게 다음과 같이 정의할 수 있다.

"개인은 자신이 인생 초기에 형성한 생활양식에 따라 목표 추구를 하면서 자신을 창조해 가는 존재이다."

이러한 인간에 대한 정의를 바탕으로 개인의 삶의 의미는 사회 속에서 협동하고 기여하면서 자신이 원하는 목표 추구를 위한 활동을 통해 자신을 창조해 가는 과정이라고 말할 수 있다.

아들러가 개인심리학을 통해 제시한 인간 삶의 의미를 이해하기 위해서는 그가 가정했던 세 가지 주요한 성격특성인 **목표 추구**(striving for goals), **사회적 관심**(social interest), **활동의 정도**(degree of activity)를 이해하는 것이 필요하다.

첫째, 성격특성이 목표 추구이다. 아들러는 인간이 가진 모든 추동이 합쳐진 역동적 힘이 목표 추구를 한다고 보았다. 목표 추구의 다른 표현으로는 우월성 추구, 성공 추구, 자기완성 추구 등이 사용된다. 아들러는 인간이 목적론적 존재로서 타고난 역동적 힘이 자신의 목표 추구를 위한 동기로 작동한다고 보았다. 개인심리학의 주요 개념인 열등감도 우월성 추구를 위한 동기로 기능하며, 개인이 자신의 우월성 추구를 달성하기 위해서는 그의 열등감을 극복해야 한다는 것을 함축하고 있다.

둘째, 성격특성이 사회적 관심이다. 아들러는 인간은 사회적 관심의 잠재력을 타고 났으며, 사회적 관심은 사회, 즉 가정과 학교 그리고 그가 속한 집단 속에서 육성되어야 한다고 생각하였다. 아들러는 영어로 사회적 관심이란 표현이 사회를 향한 움직임을 내포한다는 점에서 즐겨 사용하였다. 하지만 사회적 관심은 공감, 동일시, 상식의 개념이 포함되어 있으며 자기에 대한 관심이나 사랑보다 타인에 대한 관심과 사랑을 강조하는 것으로 지역사회나 공동체에 대한 소속감이나 사회적 감정을 나타낸다. 아들러는 사회적 관심의 두 주요한 특성이 협동과 기여라고 하였다. 사회적 관심은 개인의 생활양식을 결정하는 주요한 성격특성으로 사회적 관심이 높을수록 바람직한 방향으로 자신의 목표를 추구한다고 본다.

셋째, 성격특성이 활동의 정도이다. 개인심리학에서는 삶이 움직임이고 활동이라는 점에서 개인이 자신의 목표 추구를 위해 활동한다고 가정하였다. 한동안 활동의 정도가 성격특성인가에 대해 논란이 있어 왔지만, 아들러(1933)는 그가 쓴 「심리적 활동의 형태」란 논문에서 활동의 정도를 주요한 성격특성으로 가정하였다. 아들러는 활동을 용기와 혼동하지 않아야 된다는 점을 강조하면서, 활동이 없으면 용기는 있을 수 없다고 하였다. 더 나아가서 아들러(1935)는 「삶의 문제를 만나는 성격유형」이란 논문에서 사회적 관심의 높고 낮음과 활동 정도의 높고 낮음을 조합하여 네 가지 생활양식인 사회적 유용형, 지배형, 기생형, 그리고 회피형을 제안하였다.

삶은 활동이고 움직임이다. 활동이 멈추면 삶이 멈춘다. 움직임과 함께 삶은 진행되는 과정이며 개인은 자신의 삶의 방식, 즉 생활양식에 따라 자신이 원하는 목표 추구를 한다. 따라서 개인의 삶의 의미는 전적으로 개인에 의해 결정된다. 다시 말하면, 인간의 삶의 의미는 삶의 주체인 개인 각각에 의해 창조되어야 한다고 생각한다. 삶의 의미라 할 수 있는 개인의 목표 추구를 위해 개인은 그에게 주어진 제한된 인생이란 시간의 중요성을 알고 부지런하게 활동하리라 본다. 게으른 사람이나 낙담에 빠져 활동의 정도가 낮은 사람들은 자신의 삶의 의미인 목표 추구를 소홀히 하거나 하지 못하고 있다고 볼 수 있다.

좀 더 구체적으로 개인심리학에서 보는 인간관을 바탕으로 우리의 삶인 출생에서 죽음까지의 과정이 어떻게 진행되는지 살펴보면서 삶의 의미를 알아보자.

먼저 개인이 통합된 전체로서 기능한다는 전체론(holism)의 입장에서 자신을 이해하는 것이 필요하다. 개인심리학에서는 개인을 신체와 정신으로 구분한다거나 인지, 감정, 행동을 구별해서 이해하려고 한다기보다 전체적 입장에서 이러한 모든 것을 합친 전체로서 나(I)를 파악하여 이해하고 조력하기 위해 노력한다. 개인심리학에서 가장 중요하게 여기는 열등감도 개인이 전체로서 자신이 가진 어떤 열등한 측면에 대해 타인과 비교해서 가지게 되는 감정이라고 할 수 있다.

개인심리학 상담자는 전체로서 자신을 긍정적으로 생각하는 자아존중감이 높은 사람은 낮은 사람보다 효과적으로 기능한다고 본다. 같은 맥락에서 개인심리학은 기계론적 자극-반응의 행동주의 입장에서 개발된 보상(칭찬)과 처벌에 의한 행동 변화를 비판하고 전체로서 개인을 격려하여 자신감과 책임감을 갖도록 촉진한다. 즉, 개인심리학에서는 모든 실패자가 낙담하고 있다고 보고 격려를 통해 인간이 실수나 실패할 수 있다는 것을 수용하며 불완전할 용기로 낙담에 빠져 침체되어 있는 상태에서 벗어나 자신의 목표 추구를 위해 활동하도록 촉진한다.

다음으로 인간은 사회적 존재로 사회를 떠나서 살 수 없다는 것을 이해하는 것이 중요하다. 그런 점에서 개인의 삶의 의미는 사회 속에서, 즉 가정, 학교, 직장, 국가, 지구촌이란 공동체 속에서 타인들과 함께하면서 찾아야 한다고 생각한다. 개인심리학에서는 주요한 성격특성인 우월성 추구처럼 인간이 사회적 존재로서 사회적 관심을 타고났으며, 다른 주요한 성격특성이라고 가정하고 있다. 그리고 인간이 사회적 관심은 타고났지만 잠재력이기 때문에 사회적 맥락 속에서 개발되어야 한다고 주장하였다.

아들러는 사회적 관심은 모든 타고난 인간의 잠재력들처럼 개인의 자기-일관된 생활양식과 일치해서 발달될 것이라고 생각하였다. 역시 아들러는 "사회적 관심이 개인의 삶의 의미를 결정하는 데 있어서 많은 부분을 차지한다."라고 주장하였다. 사회적 관심은 인간의 애타적 마음과 관련되며 주요한 구성요인이 협동(cooperation)과 기여(contribution)이다. 아들러는 사회적 존재로서 '인간에게 협동이 삶을 위해 가장 중요한 요인'이라고 주장하였다.

우리가 날마다 어떤 목적을 달성하기 위해서 행동하는 것처럼, 삶의 과정을 통해 우리는 삶의 목표 추구를 하고 있다고 볼 수 있다. 개인심리학에서는 인간을 목적론적 존재로 보고 유일한 역동적 힘으로서 주요한 성격특성인 목표 추구, 성공 추구, 우월성 추구, 완전 추구를 생애에 걸쳐서 하고 있다고 가정한다. 이러한 목표 추구를 위해 행동의 동기로서 작동하고 있는 열등감을 이해하고 극복하는 것이 필요하다. 개인이 가진 열등감 자체는 긍정임을 알고 자신의 열등감이 정확히 무엇인지를 파악해서 이해하는 것이 필요하다. 개인이 가지고 있는 기관열등감을 정신적 보상에 의해 극복하거나, 어렸을 때 부모의 부적절한 양육방식인 과잉보호나 양육태만에 의해 형성된 사회적 열등감을 이해하고 극복하는 것이 필요하다. 만약 이러한 열등감이 열등감콤플렉스나 우월감콤플렉스로 발전되면 심리적 문제나 심리적 장애인 신경증이나 정신증에 원인으로 기여하게 된다.

Q3 개인심리학을 다르게 표현해서 개인의 열등감 극복을 통한 삶의 목표인 성공 추구의 심리학이라고 말하는데, 이를 구체적으로 설명해 보라.

A 인간은 태어나면서부터 죽을 때까지 삶의 목표 추구를 하는 존재이다. 유아는 태어나서 남의 도움이 없으면 생존할 수 없는 열등한 존재이다. 유아는 태어나자마자 울음을 통해 삶의 시작을 알린다. 그리고 언어를 배울 때까지 울음이나 동작표현을 통해 자신이 원하는 목적을 달성한다. 배가 고프면 울어서 자신의 목적을 달성하고, 역시 소변이나 대변을 보고 나면 울어서 기저귀를 갈아달라는 등의 자신의 목적을 달성한다. 배가 고프면 유아가 자신이 원하는 음식을 먹을 때는 받아먹지만, 자신이 원하지 않는 음식을 주면 고개를 돌려 버리는 동작표현을 통해 그의 목적 추구를 달성한다.

유아는 처음에는 누워서 양육자가 주는 음식을 받아먹고 배설하는 완전히 열등한 존재이지만 조금 시간이 지나면 기어 다니면서 자신이 원하는 목적 추구를 하면서 지낸다. 그리고 개인에 따라 시간 차이는 있지만 유아는 대략 14개월이 지나면 아장아장 걷기 시작하면서 직립인간으로서 삶의 목적 추구를 달성하기 시작한다. 더불어서 유아가 언어를 배우고 그의 인지가 발달되기 시작하면서 의사소통을 통해 이 세상을 살아가는 인간으로서의 면모를 갖추게 되는 목적을 달성한다.

개인심리학에서는 대략 5~6세인 아동기 초기까지 개인의 삶의 방식인 생활양식(lifestyle)의 원형, 즉 삶의 패턴이 형성되어 그의 나머지 삶에 영향을 주며 거의 변하지 않는다고 생각한다. 개인의 생활양식은 그가 삶의 목표를 추구하는 방식이다. 생활양식을 다른 식으로 표현하면 개인이 이 세상을 살아가면서 삶의 목표를 추구해 가는 성격유형이라고 할 수 있다. 이런 점에서 개인심리학에서는 아동기 초기까지 막대한 영향을 미치는 부모의 양육방식을 매우 중요하게 생각하며 개인의 생활양식조사에서 초기기억의 중요성을 강조한다.

이해를 돕기 위해 간략하게 필자의 가족구도와 초기기억을 살펴보고자 한다. 먼저 간략한 가족구도를 기술하고자 한다. 나는 육남 일녀의 다섯 번째 아들로 한국전쟁 직후인 1954년 2월에 태어났다. 우리 집은 전형적인 가부장적 가정이었다. 시골에서 농부인 아버님은 독자로서 자녀를 많이 두고 싶어 하였으며 장남의 대학교육을 위해서는 논밭을 팔아서 학비를 제공하였으나 나머지 자녀에 대한 교육은 자녀 자신의 공부에 대한 의지와 노력에 맡겼다. 그래서인지 큰 형님과 나를 제외하고는 대학교육을 마친 사람이 없다. 내가 대학교육을 받게 된 것은 아버지의 의도와는 전혀 관계가 없이 이루어진 것이다. 당시에 아버님은 실업계인 상고를 졸업해서 돈을 빨리 벌기를 원했었다. 그런데 실업계열에 속한 중학교 2학년 때 담임이었던 수학 선생님이 나를 불러 인문계 고등학교에 진학하면 좋겠다는 제안을 해 주었다. 나는 아버님에게 전혀 알리지 않고 시험을 봤으며 전국에 잘 알려진 일류고등학교에 합격해서 다니게 되었다. 반면에 어머님은 전적으로 아버지의 뜻에 따랐으며 아버지와 자식들에게 헌신적인 애정으로 가정을 돌보았다고 생각한다.

다음으로 초기기억을 살펴보면, 나를 포함해서 줄줄이 아들만 다섯 명이었는데 내가 만으로 세 살 때 나의 여동생이 태어났다. 간절히 딸을 원했던 아버님이 너무 기뻐서 동네 사람들을 집에 불러서 잔치를 벌였을 때 나도 뛰어다니면서 마냥 즐거워했던 일이 나의 생생한 초기기억 중 하나이다. 또 다른 생생한 기억은 여섯 살 때 일어난 일이다. 우리 집에 소를 키우고 있었는데 소에게 여물을 주기 위해 나와 두 살 차이 나는 형과 작두로 풀을 자르다가 나의 오른손 엄지를 제외한 네 손가락이 형이 발로 누르는 작두날에 들어가 거의 잘려 나갈 뻔한 일이 있었다. 지금도 그 흔적이 남아 있는 나의 손가락 상처는 그 당시에 있었던 일을 생생하게 생각나게 한다. 그리고 다른 기억으로는 식사시간에 자주 있었던 일이다. 내가 밥상에 주어진 음식들을 제대로 찾아 먹지 못하면 다른 형제들이 모두 먹어 버리기 때문에 내 몫을 찾아 먹으려고 애썼던 일들이 생각난다.

이러한 나의 가족구도와 초기기억은 분명히 나의 삶의 방식인 생활양식에 영향을 주고 있다고 생각한다. 더불어 나의 열등감 극복을 통한 삶의 목표 추구를 위해 끊임없이 작동하고 있다고 본다.

Q4 아들러가 보았던 인간에 대한 관점을 바탕으로 개인심리학에서 가정하는 인간의 주요한 세 가지 성격특성에 대해 설명해 보라.

A 개인심리학은 철저한 인간이해를 바탕으로 개발된 삶의 과학이다. 따라서 개인심리학에서 보는 주요한 인간관을 이해하는 것이 개인심리학이 어떤 심리학인지를 정확히 알기 위해서 매우 중요하다. 개인심리학은 다음과 같은 네 가지 인간에 대한 이해를 바탕으로 개발된 심리학이다.

첫째, 인간은 하나로 통합된 존재, 즉 전체적 존재(holistic being)이다. 개인심리학에서 개인(individual)은 그 어원이 '나누어질 수 없는(in + divisible)'으로, 전체적 존재를 나타낸다. 다시 말해, 개인심리학에서는 개인을 이해하는 데 부분으로 나누어서 이해하는 것이 아니라, 전체적 입장에서 이해해야 함을 강조한다. 예를 들면, 프로이트가 제안했던 것처럼 개인의 성격을 본능적 자아(Id), 현실적 자아(Ego), 도덕적 자아(Superedo)로 구분하는 것이 아니라 아들러는 개인은 하나의 통합된 성격으로 기능한다고 보았다. 이런 점에서 개인은 완전한 통합체로서 하나의 통합된 성격을 가지고 타고난 역동적 힘인 우월성 추구(striving for superiority)를 하면서 살아가고 있다고 말할 수 있다. 우월성 추구는 개인심리학의 주춧돌인 성격특성으로서 유사어는 성공 추구(striving for success), 목표 추구(striving for goals), 자기완성 추구(striving for self-perfection)이다.

둘째, 인간은 사회적 존재이다. 아리스토텔레스(Aristotle)가 인간은 사회적 동물이라고 말한 것처럼, 개인은 태어나자마자 사회적 구성원이 되는 사회적 존재이다. 프로이트가 인간을 생물학적 존재로 보고 정신분석을 개발했다면, 개인심리학은 인간을 사회적 존재로 보고 개발된 이론이다. 프로이트는 그 당시의 시대정신(zeitgeist)이었던 다윈(Darwin)의 진화론을 반영해서 정신분석을 개발한 반면에, 아들러는 그 당시의 또 다른 시대정신이었던 마르크스(Marx)의 사회주의 사상의 영향을 받아 개인심리학을 개발하였다.

개인심리학의 주춧돌을 구성하고 있는 가장 중요한 성격특성인 '사회적 관심(social interest)'은 인간이 사회적 존재라는 전제에서 나온 개념이다. 아들러는 개인이 사회적 관심을 가지고 태어났으나 사회에서 육성되어야 할 성격특성으로 보았다. 그는 사회적 관심에는 공감(empathy), 동일시(identification) 그리고 상식(common sense)의 개념이 포함되어 있다고 생각하였다. 아들러는 개인이 가지고 있는 사회적 관심의 정도를 정신건강을 판단하는 준거라고 하였다. 그는 또한 개인이 자신의 이익만을 생각하고 사회적 관심이 낮으면 사회적으로 유용하지 않은 성격유형으로 부적응적인 사람이라고 언급하였다.

셋째, 인간은 목적론적 존재이다. 개인심리학은 개인의 모든 행동에는 목적이 있다는 기본 전제로 개인의 행동을 파악해서 이해하려고 한다. 즉, 개인의 행동은 자신의 목적을 달성하기 위한 표현이라고 할 수 있다. 개인은 자신의 우월성 추구라는 목적을 달성하기 위해서 노력한다. 개인심리학은 인간이 목적론적 존재라는 기본 가정하에서 인간의 행동을 연구하는 삶의 과학이다. 인간이 목적론적 존재라는 점은 오래전에 아리스토텔레스가 언급한 목적론(teleology)과 모든 개체를 구성하고 있는 네 가지 원인 중에 목적 원인(final cause)을 바탕으로 쉽게 이해할 수 있으리라 본다.

개인의 "모든 행동에는 목적이 있다."라는 말은 부모, 교사, 상담자에게 중요한 함의를 제공한다. 즉, 가정에서 자녀가 부적절한 행동을 했을 때 부모는 그 행동의 목적이 무엇인가를 파악해서 조력하도록 시도하는 것이 필요하다. 역시 학교에서 교사나 상담자는 학생의 부적절한 행동의 목적이 무엇인가를 파악해서 조력하는 것이 요구된다.

넷째, 인간은 창조적 존재이다. 개인심리학에서 인간은 결정된 존재라기보다 끊임없이 자기 자신을 창조해 가는 존재이다. 아들러가 언급한 '창조적 자기(creative self)'란 말은 개인은 각자 독특한 존재로서 사회 속에서 자기 자신을 창조하는 존재란 것을 의미한다. 다시 말하면, 아들러학파는 우리가 운명 지어진 존재라기보다 자신의 운명을 창조할 힘을 가진 존재임을 강조한다. 삶은 움직임이며 활동이다. 그리고 개인은 자신의 목적 추구를 위해 끊임없이 활동을 한다. 이런 점에서 아들러는 개인이 독특한 존재로서 자신을 창조할 힘을 실용주의적 관점에서 '**활동의 정도**(degree of activity)'라고 보았으며 개인의 독특한 삶의 방식, 즉 생활양식(style of life)을 결정하는 성격특성이라고 생각하였다.

앞에서 살펴본 것처럼 인간이 사회적 존재란 점과 창조적 존재란 점에서 도출된 두 가지 중요한 성격특성인 사회적 관심과 활동 정도의 높고 낮음을 조합해 네 가지 성격유형이 도출된다. 다시 말해, 아들러는 1935년에 발표한 논문에서 포괄적이고 실용적인 측면에서 개인이 삶의 문제를 해결해 가는 생활양식을 보여 주는 성격의 유형론을 제시하였다. 여기에서 그는 두 가지 성격특성인 개인의 사회적 관심의 수준과 활동의 정도를 조합하여 도출된 네 가지 생활양식에 대해 다음과 같이 설명하였다.

- 사회적 유용형(socially useful type)은 사회적 관심과 활동의 정도가 모두 높은 사람이다.
- 지배형(ruling type)은 사회적 관심은 낮고 활동의 정도가 높은 사람이다.
- 기생형(getting type)은 사회적 관심과 활동의 정도가 모두 낮은 사람이다.
- 회피형(avoiding type)은 사회적 관심과 활동의 정도가 모두 낮은 사람이다.

그리고 사회적 관심은 높으나 활동의 정도가 낮은 사람은 존재하지 않는다고 생각하였다.

Q5 아들러가 제시한 생활양식 유형에 대해 보다 구체적으로 설명해 보라.

A 생활양식은 개인이 삶을 영위하는 근거가 되는 기본적 전제와 가정을 의미한다. 생활양식은 삼단논법에 의해 "나는 ~이다; 세상은 ~이다; 그러므로 ~이다"로 표현될 수 있다. 우리는 생활양식에 따라 생각하고, 느끼고, 행동한다.

인간은 우월성 추구나 자기완성 추구와 같은 한 가지 궁극적인 목표를 가지고 있지만 이러한 목표를 향한 개인들의 구체적인 행동은 다양하다. 사람들은 자신에게 의미를 주는 삶의 목표를 추구하기 위해 각기 독특한 생활양식을 발달시킨다. 다시 말해, 모든 사람은 구별되는 생활양식을 발달시킨다. 생활양식은 한 개인이 어떻게 그의 인생의 장애물을 극복하고, 문제의 해결점을 찾아내고 어떠한 방법으로 목표를 추구하는지에 대한 방식을 결정해 주는 것이다.

생활양식이 어떻게 발달하는가를 이해하기 위해서는 열등감과 보상의 개념을 이해하는 것이 필요하다. 왜냐하면 이 개념들이 생활양식의 근본을 결정하기 때문이다. 아들러는 우리가 어릴 때 모두 상상이든 실제로든 열등감을 경험하고, 이것은 우리로 하여금 어떤 방법으로 보상을 하게끔 만든다고 가정하였다. 예를 들어 말하자면, 신체적으로 허약한 어린이는 체력을 보다 훌륭하게 발달시키는 쪽으로 보상하려고 애쓸 것이다. 개인의 행동은 자기의 신체적 한계점을 의식함으로써 형성되는 것이므로, 이것은 차츰 그의 생활양식, 즉 열등감을 보상하기 위한 행동이 되어 버린다. 따라서 우리의 생활양식은 우리의 독특한 열등감을 극복하기 위한 노력을 나타낸다.

아들러의 견해에 따르면, 생활양식은 대부분 4~5세 때 형성되며, 이 시기 이후 개인의 생활양식은 변화하지 않는다. 물론 사람들은 계속 그들의 독특한 생활양식을 새로운 방식으로 나타내는 것을 배우지만, 그것은 단순히 어릴 때 정착된 기본 구조의 확대일 뿐이다. 이렇게 형성된 생활양식은 계속 유지되어 그 후의 행동의 뼈대를 이룬다.

개인의 독특한 생활양식은 그가 생각하고 느끼고 행하는 모든 것의 기반이 된다. 일단 생활양식이 형성되면, 이것은 우리의 외부 세계에 대한 전반적인 태도를 결정할 뿐 아니라 우리의 기본 성격구조가 일생을 통하여 일관성이 유지되게 한다. 이런 점에서 아들러는 생활양식이라는 것은, 서로 연관되어 있는 주요한 세 가지 인생과제에 대해 개인들이 어떻게 접근하는지를 관찰함으로써 이해될 수 있다고 하였다. 세 가지 인생과제는 직업(occupation), 사회(society), 사랑(love)이다. 아들러는 이러한 인생과제가 개별적인 문제로 존재하는 것이 아니라 항상 상호 관련되어 있으며, 그 해결 방법은 또한 생활양식에 달려 있다는 것을 강조했다.

> "한 문제의 해결은 다른 문제의 해결을 도우며, 실제로 여러 인생과제는 모두 같은 상황이나 같은 문제의 여러 면을 나타낸다. 그리고 인생과제는 우리가 생을 유지하고 진전시키는 이유인 것이며, 인간은 그 속에서 자신을 발견하게 된다."

아들러는 직업, 사회, 사랑을 다루는 방식에 있어서 지나치게 단순화시켰다는 점을 인식하고, 생활양식을 일반적인 유형으로 범주화시켰다. 이러한 생활양식은 사회적 관심(social interest)과 활동의 정도(degree of activity)로 구분되는 이차원적인 모형이다. 사회적 관심은 인간 각 개인에 대한 공감을 말하며, 이는 개인의 이익보다는 사회발전을 위해 다른 사람과 협력하는 것을 뜻한다. 아들러 이론에 있어서 사회적 관심은 심리적 성숙의 주요 기준이 되며 이기주의적인 것과 상반된다. 활동수준이란 인생문제를 다루는 데 있어서 개인이 보여 주는 에너지의 양을 말한다(Sharf, 2000). 이 활동수준은 보통 어릴 때 형성되는데, 아주 무기력하고 우유부단한 사람에서부터 끊임없이 왕성하게 활동하는 사람까지 다양하다. 그러나 활동수준이 건설적으로 되는지 또는 파괴적으로 되는지의 여부는 그것이 사회적 관심과 결합될 때이다.

아들러는 사회적 관심과 활동의 정도에 따른 생활양식을 네 가지, 즉 지배형(the ruling type), 기생형(the getting type), 회피형(the avoiding type), 사회적 유용형(the socially useful type)로 설명하였다. 지배형, 기생형, 회피형은 바람직하지 않은 유형으로, 사회적 관심이 부족하다는 공통점이 있으나 활동의 정도에는 차이가 있다. 사회적 유용형은 바람직한 형으로 사회적 관심과 아울러 활동의 정도도 높다. 아들러는 이러한 생활유형은 가정에서 어린 시절에 부모의 영향하에서 주로 형성된다고 보았다. 이러한 내용을 그림으로 제시하면 다음과 같다([그림 2-1] 참조).

		사회적 관심	
		고	저
활동의 정도	고	사회적 유용형	지배형
	저		기생형 회피형

그림 2-1 생활양식 유형

1) 지배형

지배형은 부모가 지배하고 통제하는 독재형으로 자녀를 양육할 때 나타나는 생활양식이다. 민주사회에서 요구하는 바람직한 시민 상을 고려할 때 상대방에게 지배와 복종을 강요하는 생활양식이 적절하지 않다는 것을 쉽게 알 수 있다. 우리 사회가 오랫동안 가부장적 가족문화, 유교문화로 권위를 중시한 문화였기 때문에 아직도 아버지가 가정에서 힘을 휘두르는 경우가 많다고 여겨진다. 부모가 막무가내로 힘을 통해 자녀를 지배하고 통제할 때 자녀의 생활양식은 지배형으로 형성된다.

2) 기생형

기생형의 생활양식의 주요한 특징은 의존성이다. 이러한 생활양식은 부모가 자녀를 지나치게 과잉보호할 때 나타나는 태도이다. 부모가 자식사랑이란 미명 아래 자녀를 지나치게 보호하여 독립심을 길러 주지 못할 때 생기는 생활태도이다. 우리는 누구도 자녀가 사회의 기생충이 되기를 원하지 않는다. 스스로 자신의 문제를 해결하고 자신의 인생을 개척해 갈 수 있는 사람을 원한다. 자신이 노력하여 떳떳하게 성취할 수 있는 사람을 원한다. 사랑하는 자녀가 원한다 해서 무엇이나 들어 줄 때 자녀는 이러한 기생형의 생활양식을 배운다는 것을 명심할 필요가 있다. 새가 껍질을 깨지는 아픔을 겪고 태어나 많은 시련을 통해 나는 것을 배우는 것처럼 자녀가 스스로 어떤 일을 할 수 있도록 조력하는 것이 필요하다. 자본주의 사회에서 부모의 재산을 보고 빈둥대는 많은 사람이 기생형의 한 예라 볼 수 있다.

3) 회피형

회피형의 생활양식을 가진 사람은 매사에 소극적이며 부정적인 특징을 가진다. 이러한 생활양식을 가진 사람은 자신감이 없기 때문에 적극적으로 직면하는 것을 피한다. 현대사회에서 살아남기 위하여 벤처기업이 필요하다는 것을 강조한다. 토인비가 인류역사를 도전과 응전의 역사라고 얘기했던 것처럼 각 개인에게 있어서도 보다 나은 삶을 위해서 과감하게 도전하는 자세가 필요하다. 그러나 회피형의 사람은 마냥 시도하지도 않고 불평만 하기 때문에 사회적 관심이 떨어져 고립되게 된다. 부모가 자녀교육을 할 때 자녀의 용기를 꺾어 버리는 것이 이러한 회피형 생활양식을 갖게 할 수 있다. 따라서 기를 살려 주는 자녀교육이 필요하다. 부모로서 사회적 관심을 갖고 매사에 적극적으로 참여하는 태도를 자녀에게 보여 주는 것 또한 필요하다.

4) 사회적 유용형

이러한 유형은 높은 사회적 관심과 높은 활동을 가지고 있다. 아들러 이론에서 이 유형의 사람은 성숙하고 긍정적이고, 심리적으로 건강한 사람의 표본이 된다. 이들은 사회적인 관심이 많아서 자신과 타인의 욕구를 동시에 충족시키는 한편, 인생과제를 완수하기 위해 기꺼이 다른 사람들과 협동한다. 이들은 또한 사회문제를 해결하기 위해서는 협동, 개인적인 용기 그리고 타인의 안녕에 공헌하려는 의지가 필수적임을 인식하고 있다.

Q6 사람들은 개인심리학이 주로 인간의 열등감과 보상에 관해 연구하는 심리학으로 알고 있는데 당신은 어떻게 생각하는가?

A 맞는 말이다. 한마디로 개인심리학이 무엇인가를 요약한다면, 개인심리학은 열등감에 관한 이야기로 시작해서 열등감에 대한 이야기로 끝난다고 말할 수 있다. 열등감은 개인이 자신의 신체와 정신의 어떤 열등한 측면에 대해 가지는 감정이다. 모든 사람은 열등감을 가지고 있으며 자신이 원하는 인생목표를 달성하기 위해서 열등감을 극복하는 것이 필요하다. 이런 점에서 열등감 자체는 긍정적이다. 그리고 개인의 열등감은 그가 자신의 열등감을 극복하도록 행동하게 하는 동기가 된다. 열등감이 부정적으로 되는 것은 열등감 자체가 자신이나 타인을 해치게 되는 열등감콤플렉스나 우월감콤플렉스에 빠지는 경우이다.

아들러가 "사람이 된다는 것은 자신이 열등하다는 것을 느끼는 것을 의미한다(To be a human being means to feel oneself inferior)."라고 언급한 것처럼 우리에게 열등감은 중요하다. 철학의 아버지라 불리는 소크라테스(Socrates)가 '너 자신을 알라(Know yourself).'란 유명한 철학적 명제를 언급한 것처럼, 개인이 자신에 대해 정확한 이해를 하는 것, 즉 자기지식(self-knowleage)이 필요하다. 다시 말하면 개인이 자신의 인생목표를 달성해서 성공적인 삶을 살아가기 위해서는 자신이 가진 열등감을 극복하는 것이 필요하다.

개인이 자신이 가진 열등감을 극복하려고 열심히 노력한다는 것을 다르게 표현한다면 자신의 우월성 추구를 위해 최선을 다하고 있다고 말할 수 있다. 누구나 자신의 열등감 극복 없이 그가 추구하는 성공 혹은 달성하고자 하는 목표를 성취할 수 없기 때문이다.

Q7 개인심리학에서 중요한 개념이 개인의 삶의 방식을 의미하는 생활양식이라고 알고 있다. 많은 일반 사람은 생활양식이 정확히 어떤 것을 의미하는지, 왜 중요한지를 잘 모르고 있는 것 같다. 생활양식 개념에 대해 보다 쉽게 이해할 수 있도록 그리고 개인이 자신의 생활양식을 이해하는 것이 중요한 이유를 설명해 보라.

A 아들러가 강조하는 개인심리학의 주요한 여섯 가지 원리는 다음과 같다.

첫째, 개인의 행동 이면에서 작동하는 역동적 힘은 성공 혹은 우월성 추구이다.

둘째, 자신과 환경에 대한 개인의 주관적 관점이 그의 행동과 성격을 결정 한다.

셋째, 성격은 통합적이며 일관적이다.

넷째, 모든 인간 활동의 가치는 사회적 관심의 관점에서 이해되어야 한다.

다섯째, 일관된 성격 구조는 개인의 생활양식으로 발달된다.

여섯째, 생활양식은 개인의 창조적 힘에 의해 형성된다.

이러한 개인심리학의 원리에서 생활양식(lifestyle)은 개인에 의해 창조되며 일관된 성격 구조임을 알 수 있다. 아들러는 생활양식의 유사어로서 특성과 성격 혹은 성격의 전체를 표현하는 '나(I)'라고 하였다. 이런 점에서 개인의 생활양식을 개인의 성격으로 이해하면 될 것 같다. 그래서 개인의 생활방식 유형이란 말은 개인의 성격유형이란 말이며, 개인은 자신이 형성한 독특한 성격유형에 의해 삶을 살아가기 때문에 그의 생활양식을 이해하는 것이 매우 중요하다고 할 수 있다.

아들러는 개인의 생활양식은 출생해서 대략 5세나 6세까지 형성되어서 거의 변하지 않는다고 생각하였다. 개인의 기본적인 성격 혹은 생활양식이 아동기 초기라 할 수 있는 5~6세까지 형성된다는 것은 매우 중요한 함의를 가지고 있다. 개인은 인생 초기에 부모의 양육방식과 가정 내에서 가족구성원들과의 사회적 관계를 통해 자신의 생활양식을 형성한다고 말할 수 있다. 다시 말하면 인생 초기에 개인이 가정이란 사회에 들어와서 그에게 가장 중요한 부모와의 관계 및 형제와의 관계를 통해서 그의 삶의 방식인 생활양식이 형성된다. 이런 점에서 개인심리학에서는 자녀의 양육에 있어 바람직한 부모역할의 중요성을 강조하고 있다. 아들러는 개인이 자신이 가진 기관열등감을 적절한 보상에 의해 해결하지 못하거나, 부모에 의해 과잉보호된 아이들과 양육태만으로 방치된 아이들이 잘못된 생활양식을 형성해서 열등감콤플렉스나 우월감콤플렉스에 빠지게 된다고 주장하였다.

개인의 생활양식을 결정하는 두 가지 주요한 성격특성이 사회적 관심과 활동의 정도이다. 사회적 관심의 높고 낮음은 생활양식이 바람직한 방향으로 가고 있는지, 아니면 바람직하지 않은 방향으로 가고 있는지를 결정하는 요인이다. 반면에 활동의 정도는 바람직함과 관계없이 개인이 원하는 목표를 달성하게 하거나 하지 못하게 하는 요인이다. 따라서 부모는 자녀가 사회적 관심을 신장하여 바람직한 생활양식을 형성할 수 있도록 자녀를 양육하는 것이 필요하다.

Q8 개인심리학 상담자들이 내담자의 생활양식을 어떻게 파악하는가?

A 아들러식 상담자들이 전형적인 생활양식조사에 사용하는 다섯 가지 내용은 초기기억, 가족구도와 출생순위, 자질, 기본적 오류(부적절한 개인적 논리), 꿈 등이다. 아들러 개인심리학에 있어 성격평가는 개인의 생활양식을 파악하기 위한 것이다. 여기서는 생활양식을 파악하는 주요한 내용에 대해 살펴보자. 드레이커스(Dreikurs) 등 아들러학파는 생활양식에 대한 정보를 수집하고 파악하기 위한 다양한 방법과 질문지들을 발달시켰다. 예를 들면, 최근에는 컨(Kern, 1997)과 컨, 휠러 그리고 컬레트(Kern, Wheeler, & Curlette, 1993)는 다섯 가지 요

인으로 나누어 생활양식을 측정하였다. 이러한 절차의 대부분은 가족의 역동성과 초기회상에 대한 정보를 포함하고 있다. 비공식적인 평가로부터 나온 다른 정보는 꿈에 대한 자료를 포함하고 있다. 부가적으로, 아들러학파는 개인이 경험한 문제뿐만 아니라 자질까지도 평가하고자 한다.

언급한 것처럼 전형적인 생활양식조사에 들어가는 주요한 다섯 가지 내용으로는 초기회상(early recollection), 꿈 분석(dream analysis), 출생순위(birth order), 기본적 오류(basic mistakes), 자질(assets) 등이 있다. 이러한 내용에 대해 살펴보면 다음과 같다.

1) 초기회상

초기회상에 대한 정보는 개인의 생활양식을 결정하는 것을 도와주는 데 필수적이다. 초기회상은 내담자가 회상하는 실제적인 사건에 대한 기억이다. 초기회상에 대한 정보를 수집하는 데 있어서, 아들러학파에게는 가능한 세부적인 많은 것을 얻는 것이 중요하며, 이것에 대해 몇 가지 질문을 한다. 아들러에 따르면, 기억은 우연히 발생하는 것이 아니다. 사람들은 자신의 삶 속에서 내재되어 있는 사건들을 기억하고 있다. 우리가 삶 속에서 어떻게 살 것인가와 관련된 어린 시절에 경험한 수많은 사건의 적지 않은 기억들이 삶과 부합되는 것은 아니다. 이것들은 우리의 기본적인 인생관들을 강화하거나 반영한다.

2) 꿈 분석

생활양식을 평가하는 데 있어서, 아들러학파는 어린 시절의 꿈과 더 최근에 재현한 꿈에 대해 반응한다. 치료과정 동안, 상담자는 내담자에게 꿈에 대해 말하도록 격려한다. 아들러는 꿈은 목적을 가지고 있고 개인의 생활양식을 보여준다고 믿었다. 또한 꿈은 개인이 자신의 미래에 대해 좋아하거나 두려워하는

지를 결정하는 데 유용할 수 있다. 아들러학파는 치료에 있어서, 상징은 꿈에서 고정된 의미를 가지고 있지 않다(Mosak, 1989). 꿈은 현재의 변화와 발달을 평가하는 데 사용될 수 있다. 생활양식의 평가에 있어서, 꿈은 가족구도와 초기회상의 부수적 자료로 사용된다.

3) 출생순위 분석

개인의 생활양식을 평가하기 위해서는, 내담자의 초기 가족관계인 형제자매 그리고 부모뿐만 아니라 친구와 선생님과의 관계를 파악하는 것이 매우 중요하다. 가정은 사회의 축소판이다. 그래서 가정에서 사회적 관심이 발달되고, 좌절되거나 방해받는다. 비록 아들러학파가 출생순위에 대해 강조하였다 할지라도, 가정 내에서 부모-자녀 간의 상호작용의 역동성, 내담자와 형제자매 간의 역동성에 더 흥미를 가졌다. 자신의 아동발달에 대한 내담자의 지각은 내담자가 목표에 도달하도록 도와주는 과정에서 일어나는 치료적인 해석과 중재에 기초하여 형성된다. 출생순위에 관해 몇 가지 상이한 유형의 질문이 요구된다. 내담자는 형제자매에 대한 기억을 기술하도록 요구된다. 그 후에 치료자는 내담자가 가정에서 다른 구성원들을 어떻게 보고 있는지 그리고 가정 내에서 내담자의 생활양식이 어떻게 발달되었는지를 알게 된다. 만약 남자 내담자가 자신의 형이 자신보다 훨씬 똑똑하고 남자답다고 말한다면, 아들러학파는 내담자가 자신의 특별한 강점에 대해 어떻게 느끼는지 그리고 자신의 열등감을 어떻게 처리하는지를 조사한다.

부모의 가치관, 상호작용, 아이들과의 관계는 아들러학파에게 매우 중요한 정보이다. 자신의 어머니와 아버지는 어떤 유형의 사람인가, 혹은 각각의 부모가 자녀를 훈육할 때 차이를 얼마나 보였는가에 대한 질문을 하게 된다. 또한 부모 간에 서로 얼마나 잘 지내는가, 어떻게 이러한 관계가 변화되었는가와 같은 질문은 가치 있는 질문이다. 즉, 만약 부모가 이혼했다거나, 한 분이 돌아가셨거나, 할아버지와 함께 산다면, 내담자의 생활양식의 발달에 있어서 이러한 정보를 이해하는 적응이 필요하다. 이것은 내담자가 자기 자신에 대한 지각과 자신의 지각에 영향을 받은 형제자매와 가족구성원 간에 어떻게 상호작용하는가를 보여 준다.

4) 기본적 오류

초기회상으로부터 이끌어 내어진, 기본적 오류는 개인의 생활양식의 자기 패배적인 측면에 관한 것이다. 이들은 흔히 다른 사람으로부터의 철회나 회피, 이기심, 또는 권력에 대한 열망을 반영한다. 이들은 모두 아들러의 사회적 관심의 개념과 반대된다(Dinkmeyer, Dinkmeyer, & Sperry, 1987).

비록 기본적 오류는 각각의 개인에게 다양하게 나타난다 할지라도, 모삭(Mosak, 1989, p. 87)은 오류에 대한 유용한 범주를 다음과 같이 다섯 가지로 구분하였다.

① 과일반화
② 안전 추구를 위한 그릇되었거나 불가능한 목표
③ 인생과 인생의 요구들에 대한 잘못된 지각
④ 개인가치의 최소화 또는 부인
⑤ 그릇된 가치

이러한 내용이 기본적 오류를 확인하는 데 도움이 된다 하더라도, 개인들은 많은 방어를 가지고 있으므로, 정확한 오류는 다소 차이가 있다. 마나스터와 코시니(Manaster & Corsini, 1999)에 따르면, 사람들은 자신들이 이러한 기본적 오류를 가지고 있다는 것을 잘 알지 못한다고 한다. 비록 사람들이 기본적 오류들 때문에 상담을 받으러 온다 할지라도, 그들은 몇 가지 상호 관련된 오류들을 가지고 있다. 상담자는 내담자가 이해할 수 있도록 현재의 기본적 오류를 명료하게 해 주려고 노력하면 내담자는 그가 기본적 오류를 범하는 미래의 상황을 인식하게 된다.

기본적 오류와 관련하여 아들러는 자신만의 개인적 상식을 '개인적 논리(private logic)'라고 언급하였다. 개인적 논리란 나는 누구인가, 세계는 무엇인가, 나는 어떻게 그리고 어디에 적응해야 하는가 등에 관한 질문에 답하기 위해, 그리고 삶에 적응하기 위해 한 개인이 사용하는 것이다. 개인적 논리는 적응적인 것일 수도 있고, 부적응적인 것일 수도 있다. 반대로 상식(common sense)은 개인이 소속된 지역사회가 공유하는 가치, 지식 등을 가리킨다. 개인적 논리와 상식이 항상 일치하는 것은 아니기 때문에, 개인적 논리와 상식 간의 일치 정도에 의해서 여러 도전거리(예: 직업 선택 등)에 성공적으로 적응할 가능성이 점쳐지기도 한다. 아들러에 따르면, 개인적 논리에는 보다 완벽하고 안전한 느낌을 갖기 위해 개인이 지니는 결론적 생각이 포함된다.

5) 자질

가족구도, 초기회상, 꿈 그리고 기본적 오류는 문제를 가진 개인을 발견하도록 이끈다. 개인의 생활양식의 분석은 몇 시간이 걸리며, 환자의 자질에 관해서 토론하면서 낙담과 직면하는 것은 유용한 것이다. 일부 사례에서, 자질은 명백하게 드러난다. 다른 사례에서, 내담자는 자신의 자질을 알지 못한다. 자질은 정직, 학문적이거나 직업적인 기술, 대인관계 기술, 또는 가족에 대한 배려와 같은 많은 특성을 포함하고 있다. 자질의 예를 들어 보면 다음과 같다.

① 그는 추진자(driver)이다. 그는 어떤 일에 생각이 미치면 그 일을 해내고 만다.

② 그는 창조적으로 문제해결을 하고 있다.

③ 그는 자신이 원하는 것을 어떻게 얻어야 할지를 알고 있다.

④ 그는 바쁘게 사는 방법을 알고 있다.

⑤ 그는 여자에게 '기분 좋게' 요청하는 법을 알고 있다.

Q9 아들러가 인간이해를 바탕으로 도출한 개인심리학의 철학적 관점을 허구적 최종목적론이라고 말한다. 일반 사람들이 이해하기에는 허구적 최종목적론이 어떤 의미인지 이해하기가 어려운 것 같다. 정확히 어떤 뜻인지 설명해 보라.

A 허구적 최종목적론(fictional finalism)이란 용어는 두 가지 철학적 관점인 허구주의(fictionalism)와 목적론(finality)을 합쳐서 도출되었다. 아들러는 전체론적 관점에서 인간을 이해하였으며, 단지 하나의 통합된 역동적인 힘을 가정하고 그것을 우월성 추구라고 하였다. 그가 말한 우월성 추구는 허구적 최종 목표를 의미한다. 바이힝거(Vaihinger)는 『마치 ~처럼의 철학(The Philosophy of As if)』에서 "허구는 진실일 필요가 없다. 만약 어떤 허구가 어떤 목적을 위해 유용하면, 틀린 것으로 입증된 어떤 가설이 훌륭한 허구로서 여전히 기여할 수 있다."라고 주장하였다. 예를 들면, 아들러가 개인심리학의 금언으로 언급한 "누구나 모든 것을 성취할 수 있다(Everybody can accomplish everything)."란 표현도 진실인 것으로 입증될 수는 없다. 하지만 그러한 허구가 사람들에게 자신의 목표 달성을 위한 희망의 메시지를 전달하는 훌륭한 허구로서 유용한 목적을 위해 기여한다고 볼 수 있다.

불교에서 언급된 금언인 '일체유심조(一切唯心造)', 즉 모든 일이 마음먹기에 달려 있다는 말도 실제로 검증될 수 없는 허구적 표현으로 우리가 원하는 목표를 달성하는 데 도움을 주는 유용한 허구라고 할 수 있다. 이와 유사하게 아들러는 고대철학자인 세네카(Seneca)가 언급했던 "모든 것은 견해에 달려 있다

(Everything depends on the opinion)."라는 철학적 진술인 허구를 인용해서 개인심리학에 적용하였다. 다시 말하면 개인심리학에서는 개인이 삶 속에서 형성한 견해인 '개인적 논리(private logic)'는 그의 독특한 성격이며 삶의 패턴인 생활양식을 형성하는 데 결정적인 역할을 한다고 주장한다.

Q10 아들러는 개인이 달성해야 할 세 가지 인생과제를 일, 사랑, 사회라고 하였다. 우리 각자에게 이러한 인생과제가 왜 중요한지에 대해서 그리고 이러한 인생과제를 달성하는 과정에서 다양한 심리적 문제를 경험하게 된다고 하였는데 설명해 보라.

A 개인은 누구나 생애 과정에서 이루고자 하는 목적을 가지고 있다. 아들러는 인간을 목적론적 존재로 보았다. 그는 개인의 모든 행동에는 목적이 있다고 주장하면서, 개인이 생애 과정에서 달성해야 할 인생과제를 제안하였다. 아들러는 모든 삶의 문제는 세 가지 사회적 문제이면서 개인이 해결해야 할 인생과제인 일(work), 사랑(love), 사회(society)와 관련되어 나타난다고 믿었다. 역시 아들러는 개인이 행복한 삶을 영위하기 위해 세 가지 인생과제인 일, 사랑, 사회를 사회적 관심, 용기, 그리고 상식에 근거해서 해결할 것을 강조하였다. 그 후 수십 년간의 연구들을 통해 이 세 가지 주요 인생과제야말로 건강과 안녕에 있어 핵심이라는 입장을 더욱 공고히 해 왔다.

모삭과 드레이커스(Mosak & Dreikurs, 1967)는 아들러에 의해 암시되기만 했던 다른 두 가지 인생과제를 확인하였다. 네 번째 인생과제는 '영성'으로서, 우주, 신과 관련된 개인의 영적 자아를 다루는 것이다. 다섯 번째 인생과제는 '자기지향성'으로, 주체로서의 나와 객체로서의 나를 다루는 데 있어 개인의 성공을 다루고 있다. 자기지향성을 구성하는 열두 가지 내용은 가치감, 통제감, 현실적 신념, 정서적 자각 및 대처, 문제 해결 및 창의성, 유머감, 영양, 운동, 자기보살핌, 스트레스 관리, 성정체감, 문화정체감이다.

Q11 아들러는 사회에 적절하게 적응하지 못한 사람들이나 신경증과 정신증과 같은 심리적 장애를 가진 사람들의 주요한 특성은 사회적 관심이 낮고, 용기가 결여되어 있으며, 상식이 결여되어 있다고 하였다. 이러한 주장과 관련해서 부적응적인 사람이나 심리적 문제를 가진 사람들을 조력할 수 있는 방법에 대해 설명해 보라.

A 질문에서 지적한 것처럼 아들러는 부적응한 사람들은 일반적으로 다음과 같은 세 가지 측면에서 결여되어 있음을 이야기하였다.

첫째, 사회적 관심의 결여이다. 아들러는 사회적 관심을 "상대방의 눈으로 보고, 상대방의 귀로 들어 보고, 상대방의 마음으로 느끼는 것이다(To see with the eyes of another, to hear with the ears of another, and to feel with the heart of another.)."라고 하였다. 아들러는 인간이 사회적 존재임을 강조하면서 사회적 관심의 높고 낮음에 따라 개인의 심리적 건강 여부를 판단하였다. 즉, 그는 사회적 관심이 낮은 사람을 부적응적인 사람으로 여겼다.

둘째, 용기의 결여이다. 아들러학파가 상담을 통해 내담자에게 심어 줘야 하는 것으로 가장 중요하게 강조하는 것은 용기이다. 내담자가 용기를 갖도록 하기 위해 상담자가 사용하는 기법이 격려기법 혹은 격려치료이다. 드레이커스(Dreikurs)가 "식물에게 물과 태양이 필요하듯 인간에게 격려가 필요하다."라고 지적한 것처럼 용기가 결여된 사람은 부적응으로 고통스런 삶을 영위할 것이다.

셋째, 상식의 결여이다. 상식은 보통 사람으로서 가져야 할 일반적인 지식을 의미한다. 상식이 지나치게 결여된 사람의 행동표현은 비정상적이라고 할 수 있다. 아들러는 기본적으로 사람들을 범주화하여 진단하는 것을 반대하였다. 이런 점에서 상식이 결여된 사람은 그의 '개인적 논리(private logic)'가 '공적 논리(public logic)'와 지나치게 괴리되어 있다고 할 수 있다. 요약하면 부적응적인 사람은 상식이 결여된 사람으로, 부정적인 개인적 논리에 의해 삶을 영위한다.

따라서 조력자는 내담자들이 사회에 대한 소속감을 가질 수 있도록 사회적 관심을 신장시킬 수 있는 다양한 방법을 개발해서 적용하는 것이 필요하다. 다음으로 용기가 결여되어 낙담한 사람들을 조력하는 방법으로서 칭찬보다 격려를 제공해 주는 것이 필요하다. 마지막으로, 상식에 벗어난 행동을 하는 사람들의 부적절한 개인적 논리를 공적 논리에 부합하도록 수정해 주는 것이 필요하다.

Q12 아들러가 보았던 인간에 대한 전체론적 관점과 그가 가정한 역동적 힘인 우월성 추구를 바탕으로 개인심리학이 어떤 심리학인지 설명해 보라. 다시 말하면 우월성 추구란 개념이 어떻게 발달되어 왔는가를 바탕으로 개인심리학에 대해 설명해 보라.

A 개인심리학에서 가장 기본적 원리는 성격의 통합성이다. 이러한 원리는 아들러가 보았던 인간에 대한 전체론적 관점에서 비롯되었다. 다르게 말하면 전체론적 관점에서 아들러는 인간을 신체와 정신으로 구분하기보다 전체로서 이해할 것을 강조하면서 프로이트가 인간의 성격을 나누어서 보는 입장을 비판하였다. 역시 아들러는 프로이트가 삶의 추동으로 리비도(Libido)를 가정하고 죽음의 추동인 타나토스(Thanatos)를 가정한 것도 잘못된 것으로 비판하였다.

이러한 통합적 관점에서 아들러는 모든 추동이 하나로 통합된 '역동적 힘(dynamic power)'인 우월성 추구를 주요한 성격특성으로 가정하였다. 역동적 힘의 본성은 항상 아래에서 위를 추구한다. 다른 말로 말하면 역동적 힘은 항상 마이너스에서 플러스를 지향한다.

아들러가 제시한 인간이 어떤 행동을 하도록 동기화하는 개념들의 발달을 보면 다음과 같다.

1. 기관열등(1907년): 정신적 보상을 통해 열등감을 극복하도록 하는 동기로서 작동한다.
2. 공격적 추동(1908년): 외부의 위협으로부터 자신을 보호하려는 동기로서 작동한다.
3. 남성성 추구 및 힘의 추구(1910년): 사회적 현상 속에서 여성의 무기력과 열등성을 제거하려는 동기로서 작동한다.
4. 우월성 추구(1920년대): 개인이 삶의 도전을 극복하고 성장하려는 타고난 경향성으로 성숙과 성취를 지향하는 동기로 작동한다.
5. 완전 혹은 완성 추구(1930년대부터 현재): 꿈과 선택된 목표를 달성하려는 욕망으로 개인이 자신의 이상화된 개념들을 실현하려고 최선의 노력을 발휘하는 것을 말한다. 이러한 완전 추구는 허구적이고 주관적인 지식에 근거한다.
6. 완성과 소속 추구(1950년대부터 현재, 현대의 아들러학파들): 여기서의 목표는 기여하는 것과 소속하는 것이다. 즉, 개인은 사람들 속에서 자신의 어떤 위치를 발견하려고 노력한다.

Q13 아들러는 열등감이나 더 나아가서 열등감콤플렉스나 우월감콤플렉스로 갈 수 있는 세 가지 원인이 기관열등, 과잉보호, 양육태만이라고 하였다. 이러한 이유에 대해 설명하고 더 나아가서 이러한 세 가지 원인이 개인의 생활양식 형성에 어떻게 영향을 미치는지에 대해서 설명해 보라.

A 개인이 갖고 있는 기관열등은 자연스럽게 기관열등감을 느끼게 한다. 개인은 자신의 우월성 추구에 의해 이러한 기관열등감을 적절한 보상으로 해결하려고 노력한다. 개인이 자신이 느끼는 기관열등감을 해결하지 못하고 기관열

등감이 자신을 지배하게 될 때, 그는 열등감콤플렉스나 우월감콤플렉스에 빠지게 된다.

다음으로, 부모에 의해 과잉보호로 양육된 아이들은 독립적으로 자신감과 책임감을 가지고 이 세상을 살아갈 힘이 부족하거나 타인을 배려하는 마음이 부족하고 오직 자기관심에만 치중하는 성격 형성이 될 수 있다. 이러한 아이들이 막상 학교에 입학해서 새로운 환경을 접했을 때 독립적으로 자신의 문제를 해결하지 못하고 열등감콤플렉스나 우월감콤플렉스에 빠지면서 부적절한 생활양식인 기생형이나 회피형으로 전락할 수 있다.

마지막으로, 부모에 의해 양육태만된 아이들은 부모의 무관심 속에서 사회적 관심을 전혀 받지 못하고 양육됐다는 것을 가정할 수 있다. 이 세상에서 가장 사회적으로 가까운 부모로부터 버림받았다고 생각하는 아이들은 다른 사람들에 대한 신뢰나 애정을 믿지 못하는 부적절한 성격인 생활양식을 형성하게 된다. 부모로부터 양육태만된 아이들이 대리적인 양육자에 의해 돌봄을 받지 못하거나 사회에서 방치되었을 때 열등감콤플렉스나 우월감콤플렉스에 빠질 수 있다. 이럴 경우에 이들은 비행청소년이나 범죄자의 주요한 생활양식인 지배형이나 타인과 함께 자신의 인생과제를 해결하려고 하는 것을 포기한 회피형이 될 가능성이 높다고 할 수 있다.

인간은 누구나 어떤 측면에서 열등감을 느끼고 있다. 왜냐하면 인간은 현재보다 나은 상태인 완전성을 실현하기 위해 노력하는 존재이기 때문이다. 그리고 사회적 존재로서 다른 사람들과 비교하여 자신을 평가하기 때문이다. 더불어 아들러는 우리 각자가 자기완성을 이루기 위해 자신이 느끼는 열등감을 극복해야 한다는 것을 강조하였다. 아들러는 자기완성을 위한 필수요인으로서 열등감을 언급함으로써 열등감을 긍정적인 측면에서 보았다.

좀 더 구체적으로 열등감이 심리적 건강 혹은 신경증에 이르는 과정을 살펴보자. 개인이 열등감을 이해하고 극복해서 완성에 도달하기 위한 우월성 추구를 하면 건설적 생활양식을 갖게 되어 심리적 건강을 달성한다. 이러한 사람은 자신의 부족한 점을 스스로 인정하고 그것을 극복하려는 의지와 노력을 통해 자기완성을 이루기 위해 매진한다. 즉, 심리적 건강을 위해 우리가 열등감을 지배하는 게 필요하다. 반면에 개인이 열등감의 개인적 우월성 추구에만 집착하면 파괴적 생활양식을 갖게 되어 신경증에 빠지게 된다. 열등감에 사로잡혀 열등감의 노예가 된다면 그것은 열등감이 우리를 지배하게 된다. 이렇게 된다면 우리의 삶은 열등감콤플렉스에 빠져버리게 된다.

아들러는 열등감콤플렉스를 "주어진 문제를 사회적으로 유용한 방식으로 해결하기에 충분히 강하지 않는 사람"이라고 말했다. 그는 이러한 콤플렉스가 아동기 때 어른들이 그들의 아이들을 다루는 방식에 의해 나타나는 것임을 발견했다. 아들러는 열등감콤플렉스의 세 가지 원인을 기관열등감(organ inferiority), 과잉보호(spoiling), 양육태만(neglect)이라고 하였다.

Q14 **아들러는 개인심리학을 열등감으로 시작해서 열등감으로 끝나는 심리학이라고 요약하면서 열등감의 중요성을 강조하였다. 우리 각자의 삶에 열등감이 왜 그렇게 중요한지를 설명해 보라. 더불어서 아들러는 심리적 문제로 고통받고 있는 사람들이 자신의 열등감을 극복하지 못해서 생기는 것으로 주장했는데 그 이유에 대해 설명해 보라.**

A 인간은 불완전한 존재이면서 또한 지구상의 다른 많은 생명체와 비교해서 볼 때 정말 열등한 존재이다. 파스칼(Pascal)이 갈대에 비유해서 인간이 연약한 존재임을 말했던 것처럼 인간은 정말 연약하고 열등한 갈대에 불과하지만 생각하는 갈대이다. 이렇게 연약하고 열등한 인간이 현재 만물의 영장으로 군림하게 된 것은 인간이 자신의 열등감을 극복해서 이루어진 결과라고 볼 수 있다. 아들러가 지적했던 것처럼 인간은 자신의 기관열등감, 즉 신체적 열등감을 타인들과 함께 정신적으로 보상해서 열등감을 극복해 왔다.

인간은 사회적 존재로서 생존하기 위해 타인과 더불어 과학문명을 발달시키고 창조적인 다양한 예술 활동을 통해 인류 문화를 창조해 왔다. 개인심리학에서는 개인의 열등감은 그가 행동하게 하는 동기로서 삶의 추진력으로 작동된다는 것을 강조한다. 이런 점에서 개인은 물론 인류의 생존을 위해 인간은 자신이 가진 열등감을 극복해 왔고 여전히 열등감 극복을 위한 노력을 계속하고 있다고 얘기할 수 있다.

분명하게 말할 수 있는 것은 열등감의 이해와 극복을 통해 개인이나 인류의 생존과 개인의 건강한 삶을 달성할 수 있다는 것이다. 열등감에 대한 이해를 위해 드레이커스가 포괄적으로 언급했던 세 가지 열등감, 즉 기관열등(organ inferiority)에서 비롯된 기관열등감, 우주적 열등(cosmic inferiority)에서 비롯된 우주적 열등감, 그리고 사회적 관계에서 비롯된 사회적 열등(social inferiority)에 해당하는 사회적 열등감을 바탕으로 살펴보고자 한다.

첫째, 인간의 신체적 열등에서 비롯된 기관열등감에 대해서 알아보자. 인간은 태어나서 부모의 돌봄이 없이는 생존할 수 없다. 태어나면서 대부분의 유아가 정상적인 신체와 정신을 가지지만 어떤 개인들은 신체적 장애와 정신적 장애를 가지고 태어난다. 인간은 사자나 호랑이가 가진 강한 이빨이나 발톱, 독수리가 가진 강한 부리와 발톱을 가지고 있지 못하다. 하지만 인간은 야수들과의 싸움에서 생존하기 위해 필요한 도구를 개발해 왔다.

코로나19도 수많은 사람의 생명을 앗아간 눈에 보이지 않는 무서운 적이다. 하지만 인간은 과학문명의 발달과 더불어 개발된 현미경을 바탕으로 예방을 위한 약과 치료제를 개발하는 등의 생존을 위한 노력을 하고 있다. 인간의 기관열등은 개인이나 인류를 위해 많은 사람이 협력해서 다양한 도구를 개발하게 된 동기로 작동해 왔지만, 현재 개발된 핵무기나 인공지능로봇은 인류를 해칠 수 있는 가장 강력한 무기가 되어 버렸다.

다른 한편으로 실제로 신체적 열등을 가진 사람들만 참여하는 장애인 올림픽 대회를 보면 개인들이 자신이 가진 기관열등감을 극복하고 자신의 우월성 추구를 위해 최선을 다하는 것을 볼 수 있다.

둘째, 우주적 열등에서 비롯된 우주적 열등감에 대해 살펴보자. 인간이 제한된 삶을 사는 불완전한 존재로서 자각과 자연의 막강한 힘이나 우주의 경이로움과 비교해서 생긴 인간의 열등에서 비롯된 열등감이 우주적 열등감이다. 인간이 힘을 합쳐 기관열등을 극복하기 위해 정신적 보상뿐만 아니라 과학의 발달로 다양한 도구를 개발해서 기관열등감을 극복해 온 반면에, 인간이 제한된 삶을 사는 불완전한 존재로서 느끼는 우주적 열등감은 종교와 예술을 창조하는 데 기여해 왔다고 볼 수 있다.

먼저 우주적 열등감과 종교에 대해 살펴보자. 대략 인류의 70%는 종교를 가지고 있다고 말한다. 물론 특정 종교는 아니너라도 신이 존재한다는 유신론자들을 추정하면 더 많은 사람이 나름대로 신의 존재를 믿고 있으리라 본다. 더 나아가서 어떤 사람이 자신을 무신론자라고 말하면서도 그가 어떤 것을 염원하면서 기도를 한다면 그도 불완전한 존재로서 완전한 존재가 있음을 가정하고 기도를 하고 있다고 미루어 생각해 볼 수 있다. 인간이 불완전한 존재이기 때문에 완전한 존재로서 가정하고 믿는 것이 신(god)이라고 볼 수 있다. 세계의 삼대 종교라 할 수 있는 기독교, 불교, 이슬람교가 인류 전체에 미친 영향은 막강하다고 볼 수 있다. 아무튼 우주적 열등감으로 인해 인간은 종교를 통해 죽음의 두려움을 극복하고 마음의 평화를 찾고 있다고 볼 수 있다.

다음으로 우주적 열등감과 예술에 대해 살펴보자. 개인이나 인류가 예술을 통해 우주적 열등감을 극복하기 위한 금언으로 "인생은 짧지만, 예술은 길다(Life is short, but art is long)."란 표현을 생각해 볼 수 있다. 예를 들면, 모든 개인에게 셰익스피어(Shakespeare)나 세르반테스(Cervantes)의 문학작품, 레오나르도 다 빈치(Leonardo da vinci)나 파블로 피카소(Pablo Picasso)의 예술작품, 그리고 베토벤(Beethoven)이나 카를 오르프(Carl Orff)의 교향합창곡과 방탄소년단의 무대공연 등은 인류의 위대함을 느끼게 한다. 다시 말하면 우리 각자는 위대한 예술작품을 읽고, 보고, 그리고 들으면서 사회적 관심에 의한 예술작가들과의 동일시함은 물론 우리 스스로가 다양한 예술 활동에 직접적, 간접적으로 참여함으로써 우리 자신의 우주적 열등감을 극복하면서 삶을 영위하고 있다고 할 수 있다.

개인심리학에서 보는 인간의 철학적 관점인 '허구적 최종목적론(fictional finalism)'과 관련해서 생각해 보면, 인간은 창조적 존재이며 목적론적 존재로서 우리 각자의 삶 자체가 현재 인생이라는 소설을 쓰고 있다고 말할 수 있다. 아들러는 모든 개인이 자신을 창조해 가는 힘인 창조적 자기를 가지고 있다고 믿었다. 오직 당신만이 쓸 수 있는 인생이라는 소설을 멋지게 쓸 수 있기를 기원해 본다.

셋째, 인간은 사회적 존재로서 사회적 관계에서 비롯된 사회적 열등인 사회적 열등감에 대해 살펴보자. 인간은 태어나자마자 가정이란 사회에 들어와서 부모와 사회적 관계를 맺기 시작하면서 자신이 이 세상을 살아가는 방식을 터득하기 시작한다. 개인심리학에서는 유아기에서 아동기 초기라고 할 수 있는 5~6세까지 삶을 살아가는 방식인 생활양식을 거의 형성해서 그것에 따라 나머지 삶을 살아간다고 주장한다. 이런 점에서 부모가 이 시기에 자녀에게 하는 양육방식은 말할 수 없이 매우 중요하다고 생각한다.

모든 면에서 열등한 아이는 자신보다 우월한 부모와의 사회적 관계에서 의존적이며 자신을 돌보는 막강한 힘을 가진 부모와의 관계에서 사회적 열등감을 갖는 것이 당연하다고 할 수 있다. 부모의 중요한 역할은 자녀가 자신의 사회적 열등감을 잘 극복해서 이 세상을 살아갈 수 있도록 양육하는 것이라고 본다. 개인이 사회적 열등감을 극복하지 못하고 열등감콤플렉스나 우월감콤플렉스에 빠질 경우는 사회적 갈등이나 이탈을 초래하는 심각한 심리적 문제를 갖게 된다고 할 수 있다. 드레이커스는 이전에 언급한 기관열등감과 우주적 열등감은 개인과 인류가 함께 그러한 열등감을 극복해 온 반면에 사회적 열등감은 전적으로 개인이 해결해야 한다는 점에서 다르다고 보았다.

아들러가 열등감콤플렉스의 세 가지 원천으로 주장했던 기관열등, 과잉보호,

양육태만에서 사회적 열등감에 해당하는 두 가지가 부모의 과잉보호와 양육태만이라고 할 수 있다. 먼저 과잉보호로 양육된 아이에 대해 살펴보자. 가정에서 부모로부터 과잉보호로 인해 의존적으로 자라난 아이들이 모든 아이가 동등하게 대해지는 새로운 환경인 육아원이나 유치원 등에 처했을 때 심리적 혼란에 빠지게 되며 독립적으로 잘 행동하는 아이들을 보면서 열등감을 느끼게 된다. 아들러는 과잉보호된 아이들이 기생형이나 회피형의 생활양식을 가질 가능성이 높다고 생각하였다.

과잉보호는 부모의 지나친 관심이 문제인 반면에, 양육태만은 부모가 자녀에게 전혀 관심을 두지 않고 방치하는 것으로 부모역할을 전혀 하지 않는 것을 말한다. 가정이란 사회에서 부모에게 양육태만된 아이들은 가정에 대한 소속감을 느끼지 못하게 됨은 물론, 부모의 돌봄을 잘 받고 자라난 아이들과 비교해서 심한 사회적 열등감이나 그것으로 인한 열등감콤플렉스에 빠질 가능성이 매우 높다고 할 수 있다. 부모로부터 양육태만으로 성장한 아이들은 지배형 혹은 회피형의 생활양식을 가질 가능성이 높다고 할 수 있다.

요즘은 아이들을 위한 조기교육이 잘 이루어지고 있다. 과잉보호되거나 양육태만으로 성장하고 있는 아이가 열등감콤플렉스에 빠지지 않도록 어린이집이나 유치원 교사는 아이들을 잘 지도함은 물론 부모와의 상담이나 교육을 통해 아이가 독립적이며 사회적 관심을 신장할 수 있도록 조력하는 것이 필요하다.

Q15 개인심리학에서 개인이 진정한 성공 추구를 위해 격려함으로써 불완전할 용기로 살 것을 강조하는데, 불완전할 용기의 의미를 설명해 보라.

A '불완전할 용기(the courage to be imperfect)'란 표현은 아들러의 제자이며 아들러학파 심리치료전문가인 라자르스펠트(Sofie Lazarsfeld, 1881~1976)가 처음 만들어 사용하였다. 그녀는 신경증이나 심리적 문제를 가진 사람들은 낙담

하여 자신의 인생과제를 해결할 수 없다고 보는 반면에, 정상적인 사람은 삶을 온전히 수용하면서 불완전할 용기를 가진다고 언급하였다. 개인심리학자로서 드레이커스는 불완전할 용기란 표현을 그의 초기의 발표에서부터 사용하기 시작해서 뒤따른 발표, 논문 그리고 책 등에서 그의 중요한 주제로 사용하였다. 그는 불완전할 용기란 표현을 사람들을 가르치는 중요한 주제로 개발하였다. 그는 부모나 교사의 잘못된 행동변화 원리인 칭찬이나 처벌에 의해 아이들을 교육시킨 결과로서 많은 아이가 낙담하게 된다고 보았다. 그는 칭찬이나 처벌보다는 격려를 통해 아이들을 교육시킬 것을 강조하였다. 그는 격려의 중요성을 "식물에게 물과 태양이 필요하듯 인간에게 격려가 필요하다."란 비유적 표현을 통해 강조하였다.

우리에게 최고의 자기격려는 "우리는 있는 그대로 충분히 괜찮아(We are good enough as we are)."이다. 이러한 최고의 자기격려는 우리가 불완전한 존재로서 있는 그대로 온전히 자기를 수용할 용기, 즉 불완전할 용기를 가지고 실수나 실패에도 낙담에 빠지지 않고 사는 것을 의미한다. 우리는 "모든 실패자는 낙담되어 있다(All failures are discouraged)."란 말을 명심하면서 불완전할 용기로 삶의 도전을 헤쳐 나가는 것이 필요하다.

당신의 마음의 평화를 위해 있는 그대로 당신을 신뢰하라(Trust yourself as you are for your peace of mind). 우리가 진정한 마음의 평화를 갖기 위해서는 우리 자신을 있는 그대로 수용하는 것이 무엇보다 중요하다. 적지 않은 사람들이 그들이 추구하는 성공을 위해 돈, 권력, 사회적 지위, 섹스를 통한 성적 쾌락 등을 획득했음에도 불구하고 마음의 평화를 얻지 못하고 어떤 실수나 실패로 그들이 획득했던 모든 것을 잃지 않을까 끊임없이 걱정하고 불안해하면서 살고 있다. 진정한 마음의 평화를 갖기 위해 우리는 자기격려를 통해 불완전한 존재로서 자신을 있는 그대로 수용하고 사랑할 수 있는 용기, 즉 불완전할 용기를 획득하는 것이 필요하다. 다시 말하면 진정한 마음의 평화는 우리가 저지르는 실수나 실패 혹은 우리가 가진 많은 흠에도 불구하고, 있는 그대로 우리 자신에 대한 믿음에서 비롯된다는 점을 깨닫는 것이 필요하다. 진실로 신(god)을 믿는 사람이 마음의 평화를 얻는 것처럼, 당신 자신이 자신에 대한 믿음을 가질 때만이 마음의 평화를 얻을 수 있다는 것을 명심했으면 한다.

Q16 개인심리학에서는 개인이 자신이 가진 열등감을 극복해서 원하는 성공 추구 혹은 목표 추구를 할 것을 주장하고 강조한다. 이러한 주장에 대해 보다 이해하기 쉽게 설명해 보라.

A 개인심리학에서 강조하는 개인의 삶의 목표 혹은 상담의 목표를 간략하게 기술한다면 '열등감 극복을 통한 바람직한 성공 추구'라고 말할 수 있다. 인간이면 누구나 열등감을 가지고 있다. 아들러가 "사람이 된다는 것은 자신이 열등하다는 것을 느끼는 것을 의미한다."라고 언급했던 것처럼 열등감은 모든 사람이 가지고 있으며 열등감은 행동의 동기로서 작동하기 때문에 우리의 삶에서 매우 중요한 기능을 한다. 이런 점에서 열등감 자체는 매우 긍정적이라고 할 수 있다.

개인심리학에서는 인간이 목적론적 존재로서, 개인은 기본적으로 자신의 역동적 힘이 성공 추구, 목표 추구, 우월성 추구, 혹은 자기완성 추구를 하고 있다고 본다. 같은 맥락에서 개인이 자신이 가진 열등감을 이해하고 극복해야만이 그가 원하는 목표 추구를 할 수 있다고 본다. 만약 개인이 자신이 가진 열등감을 극복하지 못하고 열등감콤플렉스나 우월감콤플렉스에 빠지게 되면 그가 원하는 목표 추구를 제대로 달성하지 못하게 된다.

개인이나 인류는 힘을 합쳐서 기관열등감과 우주적 열등감을 적절한 보상을 통해 극복해 왔다. 하지만 인간은 출생하자마자 사회의 구성원이 되어 죽을 때까지 타인들과 사회적 관계를 맺으면서 자신의 목표 추구를 하게 된다. 좀 더 구체적으로 설명하면, 개인이 출생하자마자 제일 먼저 가정이란 사회에 들어와서 부모와 다른 가족구성원들과의 사회적 관계를 맺게 된다. 조금 성장하면 학교에서 또래 및 선후배나 교사와의 사회적 관계를 맺으면서 생활한다. 그리고 학업과정을 마치면 직장에서 동료 및 직장상사와 부하직원과의 사회적 관계를 맺으면서 생활하게 된다. 다른 한편으로 중요한 인생과제인 사랑과 결혼과 관련해서 이성관계 및 부부관계라는 보다 친밀한 인간관계를 하면서 생활한다. 이처럼 개인은 타인과 사회적 관계를 맺으면서 자신의 목표 추구를 한다. 따라서 개인이 사회적 관계를 맺으면서 다양하게 사회적 열등감을 느끼게 되는 것은 피할 수 없는 현상이라고 여겨진다.

개인이나 사회를 위해 무엇보다 중요한 것은 교육이나 상담을 통해 개인이 느끼는 사회적 열등감을 극복하도록 조력하는 것이라고 본다. 개인이 느끼는 사회적 열등감이 열등감콤플렉스 혹은 우월감콤플렉스로 발전되게 되면 심각한 사회적 갈등이나 심리적 문제를 초래하게 된다.

Q17 조력전문가인 상담자들을 위해 당신이 생각하는 아들러 상담을 정의한다면 어떻게 할 수 있는가?

A 정말 좋은 질문이다. 지금까지 아들러 상담은 내담자의 생활양식을 조사해서 잘못된 생활양식을 재정향하도록 하고 격려를 통해 자신감과 책임감을 갖고 생활하게 하는 것으로만 대략 생각해 왔다. 앞에서 설명한 아들러 성격이론을 바탕으로 다음과 같이 아들러 상담의 정의를 내리고자 한다.

- **아들러 상담의 정의:** 아들러 상담은 상담자가 내담자가 인생 초기에 형성한 생활양식을 파악하여 바람직한 성공(우월성) 추구를 할 수 있도록 사회적 관심을 신장시킴과 더불어 격려를 통해 자신감과 책임감을 갖도록 해서 그의 인생과제인 일, 사랑, 우정을 원만하게 달성할 수 있도록 조력하는 것이다.

제3장
개인심리학 상담의 재조명

> 모든 사람이 사회적으로 동등하다는 사회적 평등에 대한 확고한 신념이 없이는 서로 간에 상호존중을 달성할 수 없다.
>
> – 노안영 –

일반적으로 아들러가 개발한 개인심리학의 영향을 받지 않는 상담 및 심리치료 이론은 거의 없다고 말한다. 그렇게 말할 정도로 아들러는 인간 및 삶의 의미에 대한 이해를 바탕으로 개인심리학을 개발하였다고 할 수 있다. 아들러는 1920년대에 자신이 개발한 개인심리학에 근거한 교육, 상담 및 심리치료가 100년 후에 번창하리라는 것을 예견했다. 2024년인 현재 우리는 아들러가 예견했던 시대에 살고 있다. 아들러의 개인심리학에 기반 한 상담 및 심리치료를 실천하는 상담자로서 아들러의 예견이 적중해서 현재 일어나고 있는 것을 목격하고 있다. 필자는 아들러가 100년 후에 번창하리라고 예견했던 개인심리학 상담 및 심리치료는 현대적인 용어의 민주적 상담 및 심리치료로 볼 수 있다고 생각한다.

1. 민주적 상담과 심리치료

여기에서는 개인심리학 상담 및 심리치료가 현대적인 용어로 민주적 상담 및 심리치료인가에 대한 이유를 개인심리학의 주요 개념과 상담 및 심리치료의 과정을 바탕으로 살펴보고자 한다.

프로이트(Sigmund Freud, 1856~1939)가 그 당시의 시대정신(zeitgeist)이었던

다윈(Charles Darwin, 1809~1882)의 진화론에 의한 생물학적 존재로서 정신분석을 개발하였다고 한다면, 아들러는 생물학적 존재로서 인간과 더불어 또 다른 시대정신인 마르크스(Karl Marx, 1818~1883)의 사회주의에 영향을 받아 개인심리학의 주요 개념인 사회적 관심 및 사회적 평등을 강조하였다. 아리스토텔레스가 인간은 사회적 동물이라고 말했던 것처럼, 아들러는 인간은 사회적 존재로서 자신이 속한 사회인 가정, 학교, 직장에서 소속감을 느끼며 사는 것이 타고난 인간의 본성이라고 생각하였다. 이러한 심리적 특성을 아들러는 사회적 관심(gemeinschaftsgefühl)이라고 하였다. 또한 그 당시에 남녀평등을 주장할 정도로 사회적 평등을 기반으로 하는 민주주의 사회를 예견하였다.

1) 사회적 관심

인간이 사회적 존재로서 사회적 관심은, 아들러의 영향을 받았던 잘 알려진 인본주의 심리학자인 매슬로(Abraham Maslow, 1908~1970)의 욕구위계에 의해 본다면 생리적 욕구, 안전 욕구 다음인 소속감과 사랑의 욕구에 해당된다고 할 수 있다. 즉, 사회적 관심인 소속감과 사랑의 욕구가 충족되지 않는다면 다음 단계인 존중 욕구나 자아실현 욕구가 달성되기 어렵다고 할 수 있다.

아들러는 심리적으로 문제가 있는 사람들은 분명히 사회적 관심이 낮다고 보았다. 그래서 그는 사회적 관심의 정도를 개인의 정신건강의 준거로서 판단하였다. 이런 점에서 볼 때, 조력자로서 부모, 교사 그리고 상담자가 자녀, 학생, 내담자의 사회적 관심을 향상시킬 수 있도록 노력하는 것이 필요하다.

2) 열등감과 보상

아들러의 개인심리학에서 다른 중요한 개념은 열등감과 보상이다. 아들러는 "인간이 된다는 것은 자신이 열등하다는 것을 느끼는 것을 의미한다."라고 하였다. 개인이 자신이 가진 열등감이 무엇인지를 인식하고 그러한 열등감을 극복해야만이 그(녀)가 원하는 인생과제를 달성할 수 있다. 개인이 불완전한 존재로서 인생과정을 통해 달성하고자 하는 자기완성의 목표를 위해서 열등감을 극복하는 것이 필요하다.

대부분의 심리적인 문제는 개인이 자신의 열등감을 적절하게 보상하지 못하고 열등감콤플렉스나 자신의 열등감을 감추기 위해서 자신도 모르게 행동하는 패턴인 우월감콤플렉스 형태로 나타난다.

3) 사회적 평등

아들러는 남성 우위의 가부장적 사회였던 당시에 남녀평등을 주장하였으며, 이런 점이 반영되어 환자와의 치료적 관계에 있어서도 대등한 친구관계가 될 것을 강조하였다. 다시 말하면 민주적인 치료적 관계를 형성할 것을 주장하였다고 할 수 있다.

필자가 개인심리학 상담 및 심리치료가 민주적 상담 및 심리치료라고 주장하는 이유는 아들러 개인심리학을 열정적으로 세계에 보급해서 제2의 아들러라고 호칭되는 드레이커스(Rudolf Dreikurs, 1897~1972)에 의한 사회적 관심과 밀접하게 관련된 개념인 사회적 평등에 대한 강조에 근거한다. 드레이커스는 사회적 평등이 사회적 관심에 선행한다고 주장하면서 인간관계에서 사회적 불평등 관계는 개인에게 심각한 심리적 상처를 줄 수 있는 사회적 열등감을 초래하게 된다고 주장하였다. 이런 점에서 볼 때 조력자인 학부모, 교사, 상담자는 모든 인간이 사회적으로 평등하다는 확고한 신념을 바탕으로 민주적 상담과 심리치료를 실천하는 것이 필요하다.

4) 격려

개인심리학 상담에서 중요한 또 다른 개념은 격려이다. 아들러는 삶의 과정에서 모든 실패자는 낙담되어 있다고 지적하였다. 삶은 활동이고 움직임인데 낙담한 사람들은 움직임의 동기를 상실한 채 무기력한 상태로 침체되어 있다고 할 수 있다. 그래서 부모는 자녀에게, 교사는 학생에게, 직장상사는 직장동료에게 격려를 통해 용기를 갖고 활동할 수 있도록 촉진하는 것이 필요하다.

현재에도 우리 사회에는 오랫동안 행동변화의 원리를 지배해 온 칭찬(강화)과 처벌의 법칙이 만연하다. 칭찬과 처벌의 원리는 다른 말로 당근과 채찍에 의해 행동을 통제하는 것이다. 동물실험을 바탕으로 강화의 원리를 주장해서 인간에게도 적용할 수 있다고 강력하게 주창한 극단적 행동주의자인 스키너(Fredrick B. Skinner, 1904~1990)의 주장이 아직도 널리 적용되고 있는 실정이다. 칭찬과 처벌은 사회적 관계에서 강자가 약자에게 행동의 결과에 대해 일방적으로 주는 행위이다. 다시 말하면, 부모나 교사가 원하는 행동을 자녀나 학생이 했을 때 칭찬이 주어지는 것이고, 원하지 않는 행동을 했을 때 처벌이 주어지는 것이다. 현재에도 필자가 TV를 시청하다 보면 많은 조력자가 내담자들에게 칭찬해 줄 것을 강조하는데, 유념해야 할 사항은 칭찬은 항상 처벌을 가정하고 있다는 점이다.

반면에 격려는 대등한 관계에서 행동의 결과보다는 과정에 초첨을 맞추어 행해지는 피드백으로, 특히 실패로 좌절에 빠져 행동할 동기를 상실한 상태에 있는 사람에게 행동할 용기를 갖도록 촉진하는 것이다. 아들러 상담자들은 아이들이 부적응적인 행동을 했을 때 처벌이 아니라 자연적 결과와 논리적 결과를 적용하여 자신이 한 행동에 대해 자신이 책임을 질 것을 가르친다.

앞에서 언급한 내용을 바탕으로 필자는 단연코 개인심리학에 근거한 상담 및 심리치료를 격려와 사회적 평등을 강조하는 민주적 상담과 심리치료라고 주장하고자 한다.

개인은 각자 자신을 창조해 가는 독특한 존재로서 사회 속에서 자신이 설정한 삶의 목적을 달성하기 위해 노력하고 있다. 부모, 교사, 그리고 직장상사가 개인심리학이 강조하는 사회적 관심과 격려를 바탕으로 한 민주적 상담과 심리치료를 통해 자녀, 학생, 직장동료가 자신이 가진 열등감을 극복하고 행복한 삶을 영위할 수 있기를 간절히 기원해 본다. 많은 상담자가 아들러의 개인심리학 이론에 근거한 삶을 영위함은 물론 도움을 필요로 하는 사람들에게 민주적 상담과 심리치료를 실천해서 격려하는 가정, 학교, 직장이 됐으면 한다. 더불어서 많은 사람이 자신과 타인을 격려하고, 격려하고, 또 격려하면서 진정한 변화와 성장은 '불완전할 용기(the courage to be imperfect)'로 있는 그대로 진정한 자신이 되려고 노력할 때 일어난다는 사실을 깨닫고 실천했으면 한다.

5) 상담과정

앞에서 언급한 내용을 바탕으로 개인심리학에 기반한 민주적 상담과 심리치료가 이루어지는 과정을 간략하게 살펴보면 다음과 같다.

첫 번째로 상담자는 사회적 관심을 가지고 수평적인 민주적 상담관계를 형성한다.

로저스(Carl Rogers)가 무조건적 존중, 진솔성, 공감의 태도로 내담자를 대할 때 내담자가 변화한다고 지적한 것을 상기한다면, 아들러가 지적한 사회적 관심을 갖고 내담자와 친구관계를 형성한다는 것이 여기에 상응한다는 것을 알 수 있다. 더불어서 아들러는 대부분의 내담자가 낙담되어 있다는 것을 가정해서 초기부터 격려할 것을 강조하였다. 아들러 상담에서는 상담의 전 과정에 걸쳐서 상담자가 내담자를 끊임없이 격려해 준다는 것을 유념해야 한다.

두 번째로 내담자가 열등감을 극복하지 못하거나 열등감콤플렉스에 빠지게 해서 자기완성 추구를 못하게 하는 부적절한 생활양식을 파악해서 평가하고 분석하는 것이다.

상담자로서 효과적으로 조력하기 위해서 내담자의 문제를 파악하는 것이 중요하다. 아들러는 열등감의 세 가지 원천으로서 기관열등감, 과잉보호, 양육태만을 지적하였다. 개인에 따라 나름대로 기관열등감을 가지고 있으며, 부모의 과잉보호와 양육태만은 자녀가 사회적 관심을 육성하는 데 결정적인 요인으로 영향을 주게 된다. 부모의 과잉보호나 양육태만과 더불어서 부모의 비민주적 가정교육으로 아이들은 사회적 열등감을 갖게 된다. 따라서 상담자는 개인이 독특하게 갖고 있는 기관열등감과 사회적 열등감의 정도를 파악하는 것이 필요하다.

역시 내담자의 문제 파악을 위해 아들러가 강조했던 개인의 생활양식 혹은 삶의 방식과 관련해서 살펴볼 수 있다. 개인의 생활양식을 결정하는 두 가지 주요한 요인은 사회적 관심과 활동수준이다. 먼저 사회적 관심에 따라 살펴보면, 바람직한 생활양식인 사회적 유용형을 제외한 모든 부적절한 생활양식인 지배형, 회피형, 그리고 기생형은 사회적 관심이 낮다는 것을 알 수 있다. 다음으로 활동수준에 따라 살펴보면, 사회적 유용형과 지배형은 활동수준이 높고 회피형과 기생형은 활동수준이 낮다. 개인심리학 상담자들은 내담자의 생활양식을 파악하는 데 전형적으로 초기기억, 가족구조, 기본적 오류, 자질, 꿈의 내용을 사용한다.

세 번째로 파악된 내담자의 부적절한 생활양식을 해석하고 내담자의 통찰을 유도하는 과정이다.

모든 행동에는 목적이 있다는 것을 전제로 내담자가 현재 부적절하게 행동하는 것이 부적절한 자신의 생활양식에 기초해서 이루어지고 있다는 사실을 깨닫게 한다. 특히 내담자가 형성한 부정적 사적 논리를 깨닫게 해서 그것이 어떻게 현재 행동에 관련되어 있는지를 알게 해 준다.

마지막으로, 상담자는 재교육이나 재정향 기법을 통해 내담자가 자신의 부적절한 생활양식을 사회적 유용형으로 바꿀 수 있도록 조력한다.

아들러나 드레이커스는 대부분의 신경증 증상은 역설적 기법인 역제의 혹은 역설적 의도(프랭클)에 의해 해결될 수 있다고 주장하였다. 부정적 사적 논리 혹은 비합리적 신념(엘리스)을 합리적 신념으로 바꾸기 위해서 엘리스의 인지 · 정서 · 행동치료를 사용할 수 있다. 더불어서 내담자가 원하는 행동을 달성하도록 행동하게 하는 데는 끊임없는 격려와 함께 글래서가 개발한 현실치료의 방법을 적용하면 효과적이라고 여겨진다.

2. 민주적 상담과 심리치료의 변화원리

인간중심치료를 개발한 로저스는 내담자의 문제를 "만약(if) 부모가 자녀에게 무조건적 존중, 일치성, 공감적 이해를 보이지 않으면, 그러면(then) 자녀는 다양한 심리적 문제를 갖게 될 것이다."와 같은 논리로 그는 내담자의 변화도 "만약(if) 상담자가 내담자에게 무조건적 존중, 일치성, 공감적 이해를 일관성 있게 보이면, 그러면(then) 내담자는 변화하게 될 것이다."라고 믿었다.

이러한 '만약(if) ~하면 , 그러면(then) ~할 것이다'란 형식으로 민주적 상담과 심리치료에서 보는 내담자의 문제는 "만약 부모가 비민주적 태도로 사회적 관심이 없이 칭찬과 처벌의 법칙에 따라 자녀를 지도하면, 자녀는 사회적 열등감이나 낙담에 빠져 많은 심리적 문제를 보일 것이다."이다. 같은 방식으로 변화원리를 기술하면 "만약 부모가 민주적 태도로 사회적 관심과 격려 및 논리적 결과로 자녀를 지도하면, 그러면 자녀는 사회적 열등감을 극복하고 자신감과 책임감을 갖고 행동하게 될 것이다."이다.

3. 민주적 상담의 사례개념화

상담자가 어떤 상담이론의 입장을 취하는가에 따라 변화를 위한 상담활동은 달라진다. 다시 말하면, 상담자의 상담접근방식은 내담자를 조력하는 방식에 막대한 영향을 미친다. 모든 상담자가 내담자를 만날 때마다 공통적으로 흔히 묻는 질문은 다음과 같이 두 가지로 압축될 수 있다.

- 내담자의 문제가 무엇인가?
- 내담자를 어떻게 조력할 것인가?

이 두 가지 질문은 많은 내용을 함축하고 있다. 하지만 첫 번째 질문의 핵심은 가능한 한 모든 자료를 바탕으로 심리평가를 하여 내담자의 문제를 정확하게 파악하고 이해해야 함을 강조한 것이다. 두 번째 질문은 내담자의 문제해결인 상담목표 달성을 위해 어떤 전략과 기법을 사용할 것인가에 초점이 맞춰져 있다. 신체적인 병을 다루는 약사나 의사의 입장에서 이해하면 첫째 질문은 정확한 진단에 해당하고, 두 번째 질문은 진단에 따른 처방에 해당한다. 이런 점에서 두 질문은 별개가 아니라 서로 밀접하게 관련되어 상담목표 달성에 영향을 주고 있음을 알 수 있다.

효과적인 조력자는 상담 첫 회기나 두 번째 회기 내에 앞에서 제시한 두 가지 질문에 대한 해결책을 찾기 위해 사례개념화를 신속하게 구성해서 내담자를 조력할 수 있어야 한다. 개인심리학의 주요 개념을 바탕으로 민주적 상담의 사례개념화를 네 단계로 간략하게 진술하고자 한다.

[민주적 상담의 사례개념화 네 단계]

- 단계 1: 호소문제와 관련해서 문제의 원인과 생활양식조사
- 단계 2: 문제이해 및 생활양식 유형 확인
- 단계 3: 내담자와 합의에 의해 상담목표 설정
- 단계 4: 상담목표 달성을 위한 조력전략

아들러는 심리적 문제를 가진 사람들은 일반적으로 세 가지의 결여, 즉 사회적 관심의 결여, 용기의 결여, 상식의 결여가 있다고 지적하였다. 그리고 열등감의 세 가지 원천으로서 기관열등감, 과잉보호, 양육태만을 제안하였다. 역시 사회적 관심과 활동의 수준을 바탕으로 네 가지 생활양식인 사회적 유용형, 지배형, 회피형, 기생형을 제안하였다. 그리고 아들러가 가정하지는 않았지만 사회적 관심은 높으나 활동수준이 낮은 사람을 소극적 사회형이라고 가정하고자 한다. 여기서 유의할 점은 부적절한 생활양식을 가진 모든 사람이 사회적 관심이 낮다는 점이다.

사례개념화 첫 단계에서 상담자는 내담자의 주요한 호소문제와 관련하여 그러한 문제가 어떻게 해서 일어나게 됐는가를 파악해야 한다. 상담자는 상담신청서의 내용, 호소문제 그리고 몇 가지 질문을 바탕으로 내담자의 생활양식을 유추할 수 있다. 생활양식을 결정하는 데 중요한 요인인 사회적 관심과 관련하여 상담자는 다음과 같은 가정을 할 수 있다.

첫째, 심리적 문제를 가지고 상담을 받으러 온 모든 내담자는 기본적으로 사회적 유용형이 아니므로 사회적 관심이 낮다.

둘째, 기본적으로 비민주적 방식으로 양육된 아이들은 사회적 관심이 낮다.

셋째, 타인에게 해가 되는 행동을 하는 사람들은 사회적 관심이 낮다.

역시 생활양식을 결정하는 데 또 다른 중요한 요인인 활동수준과 관련하여 다음과 같은 가정을 할 수 있다.

첫째, 일반적으로 어렸을 때 과잉보호를 받고 자란 아이지만 내담자가 거듭된 실패로 좌절에 빠져 낙담되어 있는 경우에는 활동수준이 낮다.

둘째, 소극적 사회형이나 내담자가 호소하는 문제가 우울한 경향을 보일 때는 활동수준이 낮다.

셋째, 어렸을 때 부모로부터 양육태만을 받고 자란 아이로 타인에게 해가 되는 절도나 폭행 등과 같은 반사회적 행동을 하는 사람들은 활동수준이 높다.

사례개념화 두 번째 단계에서 상담자는 내담자의 문제를 이해하고 그의 생활방식 유형을 확인한다. 기본적으로 상담자는 내담자의 생활양식이 사회적 유용형이 아니라는 전제하에 그의 유용하지 않은 생활양식을 쉽게 추론할 수 있다. 즉, 사회적 관심은 낮으나 활동수준이 높은 지배형에 해당되는지, 사회적 관심과 활동수준이 모두 낮은 회피형과 기생형에 해당되는지, 아니면 사회적 관심은 높으나 활동수준이 낮은 소극적 사회형에 해당되는지를 결정한다.

사례개념화 세 번째 단계에서 상담자는 내담자와 합의에 의해 상담목표를 설정한다. 이 단계에서는 내담자의 호소문제와 상담자가 파악한 문제이해 및 생활양식을 바탕으로 구체적인 상담목표를 설정한다. 먼저 상담자는 내담자가 자신의 열등감콤플렉스나 우월감콤플렉스를 적절한 보상을 통해 해결할 수 있도록 목표를 설정한다. 다음으로 심리적 문제를 가진 사람들이 일반적으로 가지고 있는 세 가지의 결여, 즉 사회적 관심의 결여, 용기의 결여, 상식의 결여를 바탕으로 목표설정을 할 수 있다.

사례개념화 네 번째 단계에서 상담자는 상담목표 달성을 위한 조력전략을 결정한다. 상담자는 개인심리학 상담의 세 가지 궁극적 목표인 일, 사랑, 우정을 원활하게 할 수 있도록 조력전략을 작성해야 한다. 첫째로 내담자의 사회적 관심을 신장시키기 위해서는 사회적 평등에 기반한 상담관계를 통해 사회에 대한 소속감과 상호존중의 태도를 형성하도록 한다. 둘째로 대부분의 내담자가 낙담되어 있다는 것을 전제로 그가 용기를 갖고 행동할 수 있는 격려치료 전략을 작성한다. 특히 내담자가 많은 실수나 실패에도 불구하고 있는 그대로 자기를 수용할 수 있도록 불완전할 용기를 갖도록 한다. 셋째로 내담자가 갖고 있는 상식에 기반한 공적 논리가 아닌 부적절한 사적 논리를 수정할 수 있는 전략으로 엘리스(Ellis)의 인지 · 정서 · 행동치료가 적용될 수 있다. 마지막으로, 대부분의 신경증은 역제의 혹은 역설적 의도에 의해 해결될 수 있다는 점을 유념해서 역설적 기법을 유용하게 사용할 수 있다.

4. 문제 행동에 대한 이해

여기서는 아들러학파들이 개인의 어떤 특징이나 행동을 문제로 여기는지를 살펴보고자 한다. 먼저 아들러가 지적한 문제를 가진 사람의 특징에 대해 알아보고 열등감콤플렉스, 우월감콤플렉스, 그리고 자기보호 경향성에 대해 살펴보자.

1) 문제를 가진 사람의 특징

개인심리학에서는 문제를 가진 사람의 특징으로서 세 가지 결여를 지적하였다. 이러한 세 가지는 사회적 관심의 결여, 용기의 결여, 상식의 결여이다. 첫째 특징은 사회적 관심이 낮은 사람으로 타인을 배려하거나 공감함이 없이 자신의 이익만을 생각하며 사는 사람을 의미한다. 아들러의 개인심리학에서는 사회적 관심이 낮은 사람을 정신적으로 건강하지 않은 사람으로 본다. 둘째 특징은 개인이 용기를 잃고 삶을 포기한 상태를 말한다. 개인이 용기가 결여된 상태가 낙담한 상태이다. 아들러식 상담에서 무엇보다도 격려를 강조하는 이유는 문제가 있는 사람을 낙담한 사람으로 보기 때문이다. 셋째 특징인 상식의 결여는 개인이 정상적인 상태에 있지 않고 비정상적인 상태에 있는 것을 의미한다. 상식이 결여된 사람은 정상분포 곡선에서 극단에 치우쳐 자신이나 타인을 해칠 수 있는 열등감콤플렉스나 우월감콤플렉스에 빠져 이상행동을 보일 수 있다.

2) 열등감콤플렉스

아들러가 "사람이 된다는 것은 자신이 열등하다는 것을 느끼는 것을 의미한다."라고 주장한 것처럼 그는 열등감 자체를 긍정적 측면에서 이해하였다. 즉, 개인은 모든 면에서 열등한 존재로 태어나 자신의 열등감을 끊임없이 극복하려고 노력하는 존재라고 생각하였다.

열등감콤플렉스는 열등감이 부정적으로 개인에게 영향을 미치는 것으로 과장된 열등감이다. 즉, 정상적 열등감과 열등감콤플렉스의 차이는 정도의 차이라고 할 수 있다. 아들러가 지적한 열등감콤플렉스의 원천 세 가지는 기관열등감(organ inferiority), 양육태만(neglect), 과잉보호(spoiling)이다. 역시 아들러는 신경증의 전형적 두 가지 조건이 열등감콤플렉스와 사회적 관심의 결여라고 지적하였다. 여기서는 열등감콤플렉스의 세 가지 원인인 기관열등감, 과잉보호, 양육태만에 대해 살펴보고자 한다.

(1) 기관열등감

이 열등감의 원인은 개인의 신체와 관련되어 있다. 즉, 개인이 부모에게서 물려받은 자신의 신체에 대하여 어떻게 생각하는가와 관련된 것이다. 외모에 대해서 어떻게 생각하는가? 신체적으로 건강한가? 아니면 자주 아픈가? 신체적으로 불완전하거나 만성적으로 아픈 아이들은 다른 아이들과 성공적으로 경쟁할 수 없다. 그래서 이런 아이는 열등감이라는 소라껍질 속에 움츠러든다.

(2) 과잉보호

이것의 원인은 부모의 자녀교육과 관련된다. 자녀를 얼마나 독립적으로 키우느냐 의존적으로 키우느냐는 부모의 교육방식에 따라 달라진다. 가족이 핵가족화됨으로써 '내 자식 위주'의 사고를 가진 부모들이 많아졌다. 아이가 학교나 사회에서 어떤 문제를 일으켰을 때, 아이 스스로 해결할 수 있도록 기회를 주기

보다는 부모들이 먼저 나서서 모든 일을 해결해 버리는 경우가 많다. 과거 한참 유행이었던 '마마보이'라는 말은 부모의 과잉보호로 인해 부모 없이는 아동 스스로 아무것도 결정할 수 없다는 것을 비꼬는 말이었다. 과잉보호로 자란 아이들은 다른 사람들이 항상 그를 위해 모든 것을 해 주기 때문에 자신감이 부족하게 되어 그들 자신이 인생의 어려운 고비에 부딪쳤을 경우 해결할 능력이 없다고 믿고 깊은 열등감에 젖게 된다.

(3) 양육태만

이것의 원인은 부모가 자녀에 대한 최소한의 도리를 하지 않는 것과 관련된다. 아이들의 성장에 있어서 부모의 사랑과 관심은 매우 중요한 요소이다. 아이들은 부모와의 신체접촉, 놀이를 통해 안정된 정서를 갖게 되며 자신의 존재가치를 느끼게 된다. 사회의 급격한 변화와 더불어 이혼율과 여성의 사회참여가 증가하면서, 자녀에 대한 사랑과 관심이 줄어들고 있다. 특히 가정에서, 비디오 교육이라는 명목하에 아이들에게 홀로 비디오를 보게 함으로써 부모의 역할을 태만히 하는 경우가 많다. 이러한 양육태만된 아이들은 근본적으로 자신이 필요하지 않다고 느끼고 있기 때문에 열등감을 극복하기보다는 오히려 문제에 대해 회피하거나 도피한다. 즉, 이러한 아이들은 자신의 능력을 인정받고 애정을 얻거나 남으로부터 존경을 받을 수 있다는 자신감을 잃고 세상을 살아간다.

3) 우월감콤플렉스

열등감콤플렉스와 우월감콤플렉스는 동전의 양면이라고 할 수 있다. 우월감콤플렉스는 열등감의 바람직하지 못한 보상의 형태로 나타난다. 우월감콤플렉스는 마찬가지로 참을 수 없는 열등감콤플렉스를 위장하는 어떤 신경증적 기법이다. 이것은 자신이 다른 사람들보다 훌륭하거나 위에 있다고 생각하는 거짓 신념이나 망상을 구체화한다. 우월감콤플렉스는 모든 성격 발달에 있는 기본적인 역동적 힘으로서 정상적인 우월성 추구와 혼동되어서는 안 된다. 유용한 우월성 추구와 대조적으로, 우월감콤플렉스는 강한 열등감을 극복하려는 시도로서 또 하나의 '간교한 계략'이다.

아들러는 우월감콤플렉스를 개인이 스스로 탁월한 재능과 성취를 가지고 있다고 생각하는 성격 특성 혹은 태도로서 기술했다. 그것은 개인이 자신이나 다른 사람들에게 부과한 과장된 요구로 분명하게 나타날 수 있다. 그것은 자신의 개인적 외모에 대한 허영심, 여성이 남성 외모로 그리고 남성이 여성 외모로 보이게 하는 것과 같이 옷을 입는 이상한 패턴으로 표현될 수 있다.

성격 특성과 관련하여, 이러한 개인은 거만하고, 속물적이고, 교만하고, 위세부리고, 지배적일 수 있고 혹은 타인의 삶을 침해하는 어떤 경향성, 혹은 자신을 뛰어난 저명인사에게 밀착하려는 욕망을 표현한다. 그것은 보다 약하거나 열등한 지위에 있는 사람들을 지배하려는 시도이거나 의도적 기만일 수 있다. 이러한 사람들은 매우 자만적인 인상을 준다. 그들은 '자신에게 집착된' 사람으로 간주된다. 그들은 과장되게 허풍을 떨고, 자신들의 성취를 과장한다. 그들은 관심의 중심인물이기를 원한다. 그들은 중요하지 않은 문제에 강한 열정을 보인다. 대화를 할 때, 그들은 대화가 자신에게 맞춰지도록 한다. 자기중심성으로 인해, 그들은 다른 사람들과 좋은 인간관계를 형성할 수 없다. 그들은 흔히 다른 사람들의 감정을 고려함이 없이 강렬한 힘을 추구한다. 이러한 것은 결과적으로 범죄 행동으로 끝날 수도 있다.

그러므로 우월감콤플렉스는 가면(mask), 즉 열등감에 대한 바람직하지 못한 보상이다. 실제로 우월한 대부분의 사람은, 비록 그들이 내적으로 자신의 성취를 인식하지만, 어떤 겸손함을 보일 것이다. 어떤 의미에서 그러한 진실한 우월감콤플렉스는 전혀 존재하지 않는다. 우월감콤플렉스는 단순히 심한 열등감을 위장하는 것이다. 보통, 우월감콤플렉스는 그것의 과장된 표현으로 쉽게 분간될 수 있다.

4) 자기보호 경향성

개인은 누구나 자신의 자아존중감이 위협을 당할 때 그러한 위협으로부터 자신을 보호하기 위해 어떤 책략을 시도한다. 이러한 책략은 자아를 보호하고 이미 확립된 생활양식을 유지하는 것을 목적으로 한다. 자기보호 경향성은 프로이드의 방어기제와 유사하다. 자기보호 경향성과 방어기제는 모두 자아를 보호하기 위해 사용되는 기제이다. 하지만 어떤 기본적인 차이점이 두 개념 사이에 존재한다. 프로이트의 방어기제는 불안으로부터 자아를 보호하려는 시도였다. 프로이트는 보통 무의식에서 시작된 위협으로부터 파생된 의식적이고 유쾌하지 않은 경험을 불안이라고 하였다. 아들러가 제안한 자기보호 경향성은 그 사람에게 부여된 외부적 요구에 대한 보호로서 작용한다.

프로이트에게 방어기제는 모든 사람에게 발견되는 것으로 어떤 사람에게는 방어기제로 인해 성격을 과장하게 되고 성격을 지배할 때에만 문제가 된다. 아들러에게 자기보호 경향성은 정상적인 사람과 비정상적인 사람 모두에게서 일어날 수 있지만, 그는 신경증적 개인에게서 자기보호 경향성이 나타남을 더 강조하였다.

자기보호 경향성의 주요한 세 가지는 변명, 공격, 그리고 철회이다. 여기에서는 이러한 자기보호 경향성에 대해 살펴보고자 한다(Lundin, 1989, p. 95–103).

(1) 변명

신경증 환자의 행동 대부분은 삶의 어려운 문제들을 회피하려는 시도이다. 장벽을 구축하고서 어떤 개인은 더 편안하고 안전하게 느낀다. 변명에는 두 가지 유형, 즉 '예, 그렇지만(Yes, but)'과 '단지, ~했다면(If, only)'이 있다.

① '예, 그렇지만' 유형

개인이 매우 좋고 긍정적으로 생각되는 것을 그가 하고 싶은 것이라고 말하지만, 나중에 보호로서 변명이 뒤따르는 것을 말한다. 몇 가지 예를 살펴보자. 한 대학생은 시험에서 A를 맞고 싶지만, 같은 날 다른 두 과목의 시험을 치러서 그날 공부해야 할 시간이 너무 많이 필요하다고 말한다. 혹은 주부가 자선행사에 참여하고 싶다고 말하지만, 가사도우미 아주머니가 마침 결근을 해서 그녀가 집안의 모든 일을 혼자서 해야 한다고 말한다. 혹은 교수가 연구에 참가하고 싶지만, 그는 평가해야 할 너무 많은 학생과 보고서가 있어서 시간이 없다고 말한다. 실제의 문제는 그가 게으르고 연구를 전혀 하지 않는다는 것이지만, 그것은 그의 자존심에 지나친 위협이 될 수 있는 것을 인정하는 것이다.

② '단지, ~했다면' 유형

이러한 변명을 하는 사람들의 진술을 다음과 같은 여러 가지 방식으로 기술할 수 있다. "만일 내가 대학교육만 받았다면, 평범한 직업을 갖지는 않았을 것이다." 혹은 "만일 내가 더 좋은 옷만 입었더라면, 사교클럽에 참가 요청을 받았을 텐데." 혹은 "만일 내가 입시준비학교에 갔더라면, 나는 최소한 대학에 갈 수 있었을 텐데." 아들러는 이와 같은 변명이 우리의 생활 속에서 더 열심히 하지 않는 손쉬운 이유라고 믿었다. 이 경우에 변명은 보통 무의식적으로 작용한다.

(2) 공격

아들러는 프로이트보다 시기적으로 더 앞서 기본적인 공격 추동을 제안하였다. 이것은 후에 우리 모두에게 내재되어 있는 기본적인 역동적 힘으로서의 우월성 추구로 대치되었다. 아들러는 자기보호 경향성으로 공격을 사용함으로써 우리 자신들뿐만 아니라 타인들을 경멸하고 비난하는 형태로 공격적 표현을 한다고 지적하였다. 여기서는 공격의 세 가지 하위형태인 경멸, 타인비난 그리고 자기비난에 대해서 살펴보고자 한다.

① 경멸

경멸은 다른 사람의 재능, 능력, 혹은 성격특질을 포함하여 그 사람을 낮추거나 평가절하하는 경향을 말한다. 다른 사람을 이렇게 얕잡아보는 것과 함께, 자기 자신의 특성들은 과대평가한다. 경멸은 험담, 질투, 혹은 편협함의 형태로 나타날 수 있다. 다른 사람을 경멸하는 것은 자신을 더 돋보이게 하는 것으로 여긴다. 아들러는 경멸을 두 가지 형태인 이상화와 염려로 구분하였다.

- 이상화(idealization): 비교를 통해서 다른 사람이 부족하게 보이도록 하기 위하여 자기 자신을 이상형으로 설정한다. 그래서 다른 사람은 가치가 하락된다. 가끔 이상화에서 '단지'라는 단어가 갑자기 튀어나온다. 어떤 소녀는 '단지' 부자, 혹은 대학교육을 받은 남자, 혹은 남성적인 사나이와 결혼할 것이라고 말한다. 이상화는 현실을 평가절하하는 가공적인 수단이 된다.
- 염려(solicitude): 이 기제를 사용하는 개인은 다른 사람이 자신을 돌볼 수 없다는 것을 함축함으로써 다른 사람에 대한 지나친 염려를 하게 된다. 염려하는 개인은 그의 도움이 없다면 마치 다른 사람들이 그들 자신을 돌볼 수 없는 것처럼 행동한다. 이런 사람은 다른 사람이 혼란스럽고 용기를 잃고 그의 배려를 입게 될 때까지 염려의 끈을 놓지 않는다.

② 타인비난

공격의 두 번째 형태는 타인비난에서 찾을 수 있다. 이것은 우리 자신의 실패에 대하여 타인을 비난하는 자기보호 경향성이다. 때때로 그것은 극단적인 보복을 추구하게 되며, 그래서 자기 자신의 흔들리는 자존감을 보존한다. 타인비난은 어떤 개인 자신의 사적 논리에 따르지만 그러한 논리는 실제로 결코 논리적이지 않으며, 단지 대상을 지각하는 그의 왜곡된 방식일 뿐이다. 아들러는 그것이 실제로 비열한 기법이라고 느꼈다. 그래서 그러한 태도는, 실패하게 되면 그것이 다른 사람의 잘못이라는 것이다. 실패에 대한 비난 대상은 어머니, 아버지, 형, 누이, 친구, 아는 사람, 교사, 혹은 정말로 그 밖의 다른 사람이 될 수 있다. '책임전가'는 비난의 공통된 형태이다. "그것은 너의 실수야, 나의 실수는 아냐."

아동들에게서, 비난은 위장된 형태를 띨 수 있다. 학교 갈 시간 바로 전에 아프다거나 형이나 누나가 특별한 상을 받을 때 짜증을 낸다. 성인에게서, 비난은 더 직접적일 수 있다. 어떤 학생이 시험을 망치고서, 시험을 어렵게 만든 것은 선생님의 잘못이라고 하거나 문제들이 결코 수업시간에 토의되지 않았다고 한다. 우리는 나쁜 사업적 거래를 하고 우리에게 충고를 해 준 우리의 친구에게 비난을 한다. 어린이들은 그들 자신의 불행에 대해서 그들의 부모를 비난할 수 있고 꾀병을 앓으로써 복수한다. 교수법에서 서투른 대학교수는 학급의 반 이상을 낙제시킴으로써 그의 학생들에게 복수한다.

③ 자기비난

자기보호 책략으로서 공격성의 세 번째 형태는 자기비난이다. 이것은 자기비난, 자기학대, 혹은 죄책감의 형태를 띤다. 그것은 피학적 경향을 띠거나 심지어 자살을 시도할 수 있다. 자기학대의 기법들은 환경을 가치 절하함으로써 자기를 높인다. 이러한 경향은 어린이의 바람이 부모의 속을 상하게 하거나 부모의 관심을 끌게 될 때인 어린 시절에 생겼을 수도 있다. 자기 자신을 해침으로써 타인을 상처 입게 하는 것은 자기상승의 가장 정교한 기법들 중의 하나이다.

(3) 철회

철회(withdrawal)는 개인이 자기와 문제 사이에 거리를 설정함으로써 어떤 문제에서 '도피'하려는 시도이다. 개인이 철회하는 네 가지 유형은 과거로 돌아가기, 머무르기, 주저하기, 장애물 설치하기이다.

① 과거로 돌아가기

사람이 생의 초기 그리고 더 안전한 시기로 되돌아감으로써 자신의 자아존중감을 보호하려는 경향성을 보이는 것을 말한다. 이러한 경향은 자기에게 보다 문제가 더 적고 보다 위협이 더 적은 삶의 어떤 기간인 과거로 되돌아가는 것을 의미하는 프로이트의 방어기제인 퇴행에 대비되는 것이다. 그러나 어떤 구분을 할 필요가 있다. 프로이트의 개념에서, 방어는 무의식적으로 작동되고 초기의 고통스런 경험의 억압을 포함한다. 아들러의 '과거로 돌아가기'의 개념은 우월성의 과장된 목표를 보호하려는 시도로 생각될 수 있다. '과거로 돌아가기'는 자살, 졸도, 대부분의 공포증, 강박증, 신경성 식욕부진증, 약물과 알코올 중독, 범죄 경향성, 불안발작의 시도에서 표현될 수 있다. 이러한 모든 증상의 배후 기제는 증상들에 대한 어떤 통제를 획득하기 위해서 다른 사람으로부터 주의를 끌려는 것이다.

어린이는 주의 끌기를 좋아한다. 분명히, 자살시도, 졸도, 식욕부진은 다른 사람들로부터 그들의 행복에 대한 많은 관심을 이끌어 내는 주의 끌기 장치의 명백한 예들이다. 마찬가지로 이러한 증상들은 자기존중감을 더 강화시키는 동정심을 이끈다. 게다가 퇴행하는 것은 좀 더 책임이 덜한 행동을 포함한다. 우리는 어린이에게서 성인의 책임감과 같은 것을 기대할 수 없다. 알코올과 약물 중독은 그러한 책임 없는 행동의 예들로 해석될 수 있다.

② 머무르기

머무름으로써 실패의 위협을 회피하려는 시도이다. 이 보호기제는 프로이트의 방어기제인 고착과 아주 비슷하다. '과거로 돌아가기'가 퇴행과 다른 것처럼 머무르기는 그것이 부분적으로 의식적이라는 점에서 고착과는 상당히 다르다. 불안으로부터 자아를 보호하는 것 대신에, 그것은 과장된 우월감을 줌으로써 자아를 보호한다. 머무르기를 통해 개인은 실패의 위협을 회피한다. 이것은 그에게 생활의 현실 속으로 더 가까이 가는 것, 진실에 직면하는 것, 어떤 입장을 갖는 것, 혹은 의사결정을 하는 것을 방해한다. 때때로 머무르기를 통해 아무것도 하지 않음으로써, 문제들이 스스로 해결될 수 있다. 사람은 무엇인가 할 것이라는 위대한 약속을 항상 할 수 있지만, 머무르기를 통해 개인의 자기존중감은 결코 일을 시작하지 않음으로써 보존된다. 다음 단계로 나아간다는 것은 위협이 되지 않을 것이다. 결코 결혼하지 않은 어떤 남자를 생각해 보자. 머무르기를 통해 그의 독신생활에서 자기존중감은 어떤 여성에게 청혼하고 거절되는 것으로 위협을 받을 수 없다.

③ 주저하기

어떤 결정을 전혀 하지 않는 것을 제외하고는 머무르기와 밀접하게 관련된다. 주저하기는 멀리 떨어져 있으면서 안전감을 느끼고 시간 보내는 것을 목적으로 하는 기제이다. 아들러는 주저하기를 '주저하기 그리고 후퇴와 전진'이라고 말하였다. 여기에서 철회는 안전하다. 이러한 방안은 시간 보내는 것이 목적이다. 강박적인 손 씻기, 다시 하기, 이미 끝난 일 망치기, 일을 끝내지 않은 채로 놔두기, 지각하기, 혹은 결단을 내리지 못하기는 주저하기의 모든 예이다.

어떤 문제에 직면할 때, 어떤 사람은 여러 가지 관점에서 모든 가능성을 궁리하면서, 주저하거나 지연시키지만, 이루어진 것은 아무것도 없다. 그러나 한 개인의 관점에서 이루어진 행동의 실패는 자기존중감을 보호할 수 있다. 주저하기는 어떤 결정이 완전하게 방해되는 것을 제외하고는 꼼짝 않고 있기와 밀접하게 관련되어 있다. 주저하기의 보호적 양상은 '만약'으로 시작하는 허구에서 나타날 수 있다. "만약 내가 큰 목소리를 가지고 있다면, 위대한 배우가 될 수 있을 텐데." 보통 '만약'의 표현은 단지 유일한 사람만이 변화시킬 수 있는 이룰 수 없는 어려움을 포함하고 있다.

④ 장애물 설치하기

철회에서 가장 약한 자기보호 책략이 장애물 설치하기이다. 장애물은 쉽게 넘어질 수 있는 하찮은 사람에 비유될 수 있다. 자아존중감은 증상들이 극복될 수 없을 만큼 심하지 않기 때문에 보호될 수 있다. 증상들은 피곤, 불면증, 변비, 장 질환, 혹은 두통을 포함할 수 있다. 이러한 증상들에서, 개인은 그가 장애를 극복할 수 있을지를 스스로 검사한다.

제4장
변화의 원리

> 진정한 변화는 불완전할 용기로 있는 그대로 자신이 되려고 노력할 때 일어난다.
>
> – 노안영 –

여기에서는 개인심리학에 따른 민주적 상담과 심리치료를 통해 내담자를 바람직한 방향으로 변화시키기 위한 변화의 원리를 세 부분으로 나누어 살펴보고자 한다. 첫째는 자기훈육의 원리로 변화를 위한 긍정적 자기훈육의 원리와 격려를 통한 긍정적 자기훈육에 대해 설명하고, 둘째는 진정한 변화의 원리로 지식과 경험의 확장 그리고 격려와 역설을 적용한 이차원적 변화에 대해 기술하고자 한다. 셋째는 개인심리학의 주요 개념에 의한 열 가지 변화의 원리를 알아보고자 한다.

1. 자기훈육의 원리

상담자는 변화의 전문가로서 지금까지 개발된 다양한 변화모델에 대한 지식과 상담경험을 통해 변화의 원리를 터득하는 것이 필요하다. 여기서는 먼저 변화를 위한 긍정적 자기훈육의 원리와 격려를 통한 긍정적 자기훈육의 중요성을 기술하고자 한다. 그런 다음에 진정한 변화의 두 가지 원리인 지식과 경험의 확장 그리고 격려와 역설을 통한 이차원적 변화에 대해서 살펴보고자 한다.

1) 변화를 위한 긍정적 자기훈육의 원리

삶의 과정에서 우리 모두는 배워 가는 학생이다. 훈육(discipline)이라는 말은 학생(disciple)에서 파생된 말로 학생이 스스로 자기관리를 잘하도록 지도하는 것을 말한다. 변화를 위해 당신이 학생으로서 다음과 같은 긍정적 자기훈육의 원리를 실천하면서 생활하는 것이 필요하다.

- 목표를 설정하고 달성을 위해 노력하라.
- 자기이해를 통해 자신의 우월성을 확인하라.
- 자신감을 가지고 행동하라.
- 용기를 잃지 말고 도전하라.
- 격려하면서 생활하라. 특히 실수나 실패했을 때 격려하라.
- 타인과 협동하고 기여하면서 성공 추구를 하라.
- 사회적 평등에 대한 확고한 신념을 가지고 상호존중하면서 생활하라.

당신이 이러한 일곱 가지 긍정적 자기훈육의 원리를 지키면서 생활하면 변화할 수 있다. 이러한 사실은 실패한 사람들의 특징을 살펴보면 분명하게 알 수 있다. 실패는 성공의 결여이다. 즉, 실패한 사람은 앞에서 설명한 긍정적 자기훈육의 원리에 거슬러서 생활한다. 실패한 사람의 주요한 특징은 다음과 같다.

- 달성하고자 하는 목표가 없이 방황한다.
- 자기이해의 결여로 열등감이나 우월감콤플렉스에 쉽게 빠질 수 있다.
- 자신감의 결여로 삶의 요구에 도전하지 못한다.
- 용기의 결여인 두려움으로 머뭇거리며 행동하지 못한다.
- 격려의 반대인 낙담으로 실의에 빠져 생활한다.
- 애타심의 결여인 이기심을 가지고 비교와 경쟁하면서 생활한다.

- 사회적 불평등 태도에서 비롯된 사회적 열등감이나 우월감을 느끼며 생활한다.

2) 격려를 통한 긍정적 자기훈육

우리가 성공적인 삶을 살기 위해서 자타가 공인하는 성공한 사람의 특징이 무엇인지 파악하는 것이 필요하다. 역시 실패하지 않고 성공하기 위해서 실패한 사람의 특성도 아는 것이 요구된다. 더불어 우리가 원하지 않지만 일어나는 실패의 의미도 정확히 이해하는 것이 필요하다. 실패는 성공의 어머니이다.

긍정적 자기훈육은 자기격려하면서 낙담하지 않고 사는 것이다. 격려는 우리가 성공 추구를 하면서 겪는 실수나 실패의 아픔을 딛고 일어서 나아가게 하는 내적 동기를 촉발시킨다. 격려하고, 격려하고, 또 격려하라. 그러면 당신은 성공적인 삶을 영위할 수 있다. 성공한 사람의 주요한 특징은 끊임없이 자기격려를 하면서 생활하는 사람이다. 자기격려를 잘하는 사람이 역시 타인을 잘 격려할 수 있다. 격려는 말 그대로 용기를 촉진시키는 것이다. 당신이 할 수 있는 최상의 자기격려는 불완전한 존재로서 있는 그대로 자신을 수용하고 사랑하는 것이다. 역시 최상의 타인격려도 있는 그대로 상대방을 수용하고 사랑하는 것이다. 당신이 자기격려를 하면 자신감과 책임감이 향상된다.

격려는 용기를 갖고 행동하게 하는 삶의 촉진제이다. 격려는 난관을 극복하고 나아가게 하며 우리를 유혹하는 것들을 물리치고 나아가게 할 원동력인 용기를 불어넣는 것이다. 크러우스(Krausz)가 지적한 것처럼 "삶의 시련과 유혹을 인내할 용기가 없는 사람은 정말 환자가 된다."라는 것을 명심하면서 생활하는 것이 요구된다. 노자가 지적한 것처럼 "당신이 누군가에 의해 정말로 사랑을 받는 것은 당신에게 힘을 주고, 반면에 당신이 누군가를 정말 사랑하면 당신에게 용기를 준다."

당신이 설정한 목표를 달성하기 위해 당신의 열등감과 우월성을 정확히 알아야 한다. 그래야 당신이 약점이나 부족함에서 비롯된 열등감을 극복할 수 있고 강점이나 자질인 우월성을 신장시킬 수 있다. 용기 중에 물리칠 수 없는 용기가 불완전할 용기이다. 불완전할 용기는 당신이 있는 그대로 자신을 수용하고 사랑할 용기이다.

우리 각자에겐 삶을 통해 달성하고자 하는 목적이 있다. 우리의 목적을 이루기 위해 우리에겐 실존할 용기가 필요하다. 당신이 다음과 같은 '격려기도문'을 되새기면서 불완전할 용기를 가지고 꿋꿋하게 행동할 때, 당신의 지식과 경험의 식견을 확장할 지혜를 터득하게 되리라 본다.

> 신이여 저에게 죽음의 두려움을 극복할 용기를,
> 불완전할 용기를,
> 용서하고 사랑할 용기를,
> 그리고 저의 지식과 경험의 식견을 확장할 지혜를 주소서.

2. 진정한 변화의 원리

우리는 실패보다 성공을 원한다. 성공을 추구하고 실패를 원하지 않는다. 우리가 성공하고 실패하지 않기 위해 실패의 원인을 파악하는 것이 필요하다. 그래서 실패는 성공의 어머니라고 한다. 다른 말로 실패 없이 성공은 없다는 것을 의미한다. 실패와 성공은 동전의 양면으로 성공을 위해 자신의 실패를 이해하는 것이 필요하다. 우리는 시행착오를 통해 배운다. 실패할까 두려워서 시행도 못하면 배우지 못한다.

우리가 잘 아는 "오래된 습관을 없애기가 정말 힘들다(Old habits die hard)."라는 말이나 "세 살 버릇 여든 살까지 간다."라는 속담처럼 우리가 형성했던 오래된 습관을 바꾸는 것은 정말 쉽지 않다. 하지만 성공을 위해 우리를 실패하게 하는 나쁜 습관을 바꾸지 않으면 안 된다. 다시 말하면, 실패를 초래하는 나쁜 습관을 좋은 습관으로 바꾸어서 성공으로 이끄는 게 필요하다.

필자의 삶의 경험과 상담자로서 상담경험을 바탕으로 성공을 위한 진정한 변화의 원리로 발견한 두 가지는 '지식과 경험의 확장' '격려와 역설을 적용한 이차원적 변화'이다. 변화를 통해 건강한 삶을 영위하기 위해 이러한 두 가지에 대해 살펴보자.

1) 변화의 원리 1: 지식과 경험의 확장

우리가 가진 많은 문제는 단순히 우리의 지식과 경험을 확장함으로써 해결될 수 있다. 우리 각자가 세상을 살아가는 데 있어 적용하는 방식은 자신이 가진 지식이나 경험을 뛰어넘을 수 없다. 우리가 배우고 확장할 지식과 경험은 끝이 없다. 적지 않은 사람들이 편견이나 고정관념에 사로잡혀 타인과 화합하지 못하거나 시대에 부합하지 않는 부적절한 방식으로 생활하고 있다. 그래서 자기만의 세계에 갇혀 사는 사람이나 편협한 관점이나 식견이 낮은 사람을 향해 우리는 흔히 "우물 안 개구리가 되지 마라."라고 말한다. 변화의 첫 번째 원리는 지험무애(知驗無涯), 즉 '지식과 경험은 끝이 없다.'라는 것을 알고 실천하는 것이다.

흔히 상담자로서 성인(saint)이라고 불리는 로저스(Carl Rogers)는 "경험은 나에게 최고의 권위이다(Experience, for me, is the highest authority)."라는 언급을 통해 경험하기의 중요성을 강조하였다. 로저스가 상담관계의 참여적 촉진자로서 내담자의 참조의 틀에 근거한 공감적 이해의 경험을 통해 내담자의 변화를 이끌어 냈다는 것을 알 수 있다.

2) 변화의 원리 2: 격려와 역설을 적용한 이차원적 변화

실패는 성공의 결여이다. 낙담은 격려의 결여이다. 거듭된 실패로 자신감을 잃고 낙담하여 실의에 빠져 있는 사람은 삶의 의미 추구를 포기하고 방황하며 지낸다. 이런 사람들에게 격려와 역설을 통한 이차원적 변화가 일어나도록 하는 게 필요하다. 즉, 끊임없는 격려를 통해 낙담에서 벗어나도록 하고 더 나아가 역설을 적용하여 실패로 인한 열등감콤플렉스에서 벗어나 성공 추구에 맞춰 생활하도록 조력하는 것이 필요하다.

우리가 가진 문제를 해결하기 위해서 필요한 것은 정확히 문제가 무엇인지 파악하여 직면하는 것이다. 자신의 심리적 문제를 해결하지 못한 많은 사람은 일반적으로 문제에 직면하지 못하고 회피하거나 도피하는 사람이다. 우리가 가진 문제를 해결하기 위해 문제해결의 주체인 우리 자신의 변화가 필요하다. 우리가 문제해결을 위해 사용하는 두 종류의 변화가 있다. 그것은 일차원적 변화와 이차원적 변화이다. 일차원적 변화는 같은 차원에 머무르면서 정도만의 변화가 일어나는 것을 말한다. 예를 들면, 담배를 피우는 사람이 담배를 피우면서 담배 피우는 횟수를 줄이는 것이다. 반면에 이차원적 변화는 다른 차원으로의 변화를 말한다. 담배를 피우는 사람이 담배를 끊고 완전히 피우지 않는 것이다. 당신의 문제가 나쁜 습관에서 비롯되었다면 문제해결을 위한 진정한 변화는 나쁜 습관을 완전히 중단하거나 좋은 습관으로 바꾸는 것이다. 예를 들면, 실패정체감을 가진 사람이 자신의 실패정체감을 성공정체감으로 바꾸는 것이다.

많은 상담자는 내담자의 문제해결을 위해 이러한 이차원적 변화에 해당하는 진정한 변화를 야기하기 위해 역설을 적용한다. 상담이나 심리치료에서 처음으로 아들러가 사용했던 증상처방이나 역제의(anti-suggestion)가 역설을 적용한 것이다. 예를 들면, 발표불안이 심해서 어려움을 겪고 있는 내담자에게 발표불안을 처방하는 것이 증상처방이다. 상담자가 내담자와 상담관계 형성을 잘 맺은 후 먼저 내담자에게 발표불안을 해결할 수 있다는 확신을 심어 준다. 그런 다음에 상담자가 내담자에게 "당신의 발표불안을 해결하기 위해서 발표상황에서 불안이 어떻게 나타나는지 구체적으로 확인해 오세요."라고 증상처방을 한다. 내담자가 그에게 주어진 증상처방을 수행한다면 그동안 회피나 도피만 해왔던 습관에서 벗어나 발표를 해야 하기 때문에 딜레마에 빠지게 된다. 아무튼 내담자가 직면해서 증상처방을 수행하면 절반 정도의 문제가 해결됐다고 말할 수 있다. 변화를 위한 역설적 기법은 내담자가 의도하거나 원하는 것에 반하는 행동을 하도록 제안, 즉 역제의를 해서 내담자를 더욱 궁지에 빠지게 해 혼돈을 경험하게 한다. 물리학의 카오스이론에서 입증된 것처럼 혼돈 후에 안정된 질서와 평화가 찾아온다. 좀 더 쉽게 이해하기 위해 불면증으로 고통받고 있는 내담자를 예로 들어 보자. 불면증에 시달리고 있는 내담자는 자나 깨나 잠자기를 원한다. 자고 싶어도 잠을 못 이루는 불면증을 가진 내담자의 기대에 반해서 상담자가 내담자에게 "앞으로 일주일 동안 절대 잠자지 말도록 하십시오."라고 제안하는 것이 역제의이다.

거듭된 실패로 낙담되어 있는 사람에게 일차적으로 필요한 것은 격려이다. 다음으로 필요한 것은 그가 형성한 실패 습관을 성공 습관으로 바꾸도록 하는 것이다. 지적한 것처럼 개인이 형성해 온 오래된 습관을 바꾸는 것이 용이하지는 않다. 하지만 성공을 위해 실패 습관을 성공 습관으로 변화하도록 문제에 직면을 통한 이차원적 변화인 역설적 방법을 적용하는 것이 필요하다.

3. 개인심리학 개념에 따른 변화의 원리와 과정

모든 행동에는 목적이 있다. "당신이 정말 원하는 목적이 무엇입니까? 당신이 정말 달성하고자 원하는 목표가 당신뿐만 아니라 다른 사람들에게도 도움이 됩니까? 당신이 정말 원하는 목표가 현실적으로 실현이 가능합니까? 당신은 지금 무엇을 하고 있습니까? 당신이 현재 하고 있는 행동이 당신이 정말 원하는 목표를 달성시키는 데 기여하고 있습니까?” 당신이 원하는 목표를 달성하기 위해 이러한 질문들에 대답할 수 있어야 한다. 현실성 있는 올바른 목표를 달성하기 위한 전적인 책임은 당신에게 있다.

우리 모두는 삶의 정신적 원동력으로 작동하는 열등감을 가지고 있다. 역시 우리는 우월성 혹은 자기완성 추구란 타고난 숙명적 목표를 달성하기 위해 노력하고 있다. 또한 목적론적 존재로서 끊임없이 목표 추구를 위해 행동하고 있다. 우리의 모든 행동에는 목적이 있다. 따라서 우리가 하는 행동을 정확히 이해하기 위해 행동 그 자체보다 행동을 통해 얻고자 하는 목표가 무엇인지를 파악하는 것이 중요하다. 당신이 하는 행동의 목표 추구가 어떻게 이루어지고 있는가에 따라 당신이 건강한 사람인가의 여부를 알 수 있다. 다음에 제시된 아들러의 주장을 생각하면서 당신이 건강한 삶을 위한 목표를 추구하길 기원해 본다.

아들러: 산다는 것은 발달하는 것을 의미한다.

삶은 전체에 기여하는 것을 의미한다.

두 가지 타고난 삶의 원천은 사회적 관심과 자기완성 추구이다.

자기완성 추구는 모든 사람에게 현존하는 내적 요인이다.

모든 행동은 개인의 목표 추구를 달성하기 위해 행해진다.

모든 실패자는 사회적 관심이 결여되어 있다.

사회적 관심의 두 가지 주요한 구성요소는 기여와 협동이다.

사회적 관심이 결여된 개인의 목표 추구 행동은 바람직하지 않다.

사회적 관심은 삶의 의미를 결정하는 데 큰 몫을 차지한다.

삶의 진정한 의미는 기여와 협동에 의존한다.

삶의 의미는 개개인 각자에 의해 창조되어야 한다.

우리의 용기의 정도와 협동할 능력의 정도는 우리의 정신건강의 지수이다.

사회에 무용한 행동은 개인에게 열등감을 준다.

당신의 문제를 해결할 수 있는 사람은 당신이다. 당신을 위한 최고의 상담자는 당신이다. 변화를 위해 끊임없는 자기대화를 통해 당신 자신을 상담하라. 아들러와 함께 당신이 가진 열등감을 극복하라. 당신이 원하는 목표 추구를 위해 열등감을 극복하지 않으면 안 된다. 당신이 추구하는 자기완성은 불완전한 존재로서 있는 그대로 자기가 되려고 노력하는 것이다. 진정한 변화는 당신이 있는 그대로 당신이 되려고 노력할 때 일어난다. 진정한 변화를 위해 격려를 통해 불완전할 용기를 발휘하면서 생활하는 것이 필요하다.

1) 변화의 원리

개인이 자신의 목표 추구를 달성하면서 건강한 삶을 살기 위해 아들러의 개인심리학에 근거한 열 가지 변화의 원리를 제시하면 다음과 같다.

◉ **변화의 원리 1: 당신이 추구하는 그릇된 목표 추구를 올바른 목표 추구로 바꾸라.**

아들러: 우리는 타고난 목표 추구 본능을 달성하기 위해 행동하고 있다.
당신이 건강한 사람이라면 당신은 올바른 목표 추구를 하고 있다.
당신이 건강하지 않은 사람이라면 당신은 그릇된 목표 추구를 하고 있다.

◉ **변화의 원리 2: 당신의 사회적 관심 능력을 개발하라.**

아들러: 개인의 사회적 관심 능력은 정신건강의 지표이다.
당신이 건강한 사람이라면 사회적 관심에 따라 목표 추구를 하고 있다.
당신이 건강하지 않은 사람이라면 오직 자기관심에 따라 목표 추구를 하고 있다.

◉ 변화의 원리 3: 당신의 열등감을 직시하고 적절한 보상을 통해 열등감을 극복하라.

아들러: 우리의 열등감은 목표 추구를 위한 동기로서 작동한다.

당신이 건강한 사람이라면 자신의 열등감극복이란 목표 추구를 위해 노력하고 있다.

당신이 건강하지 않은 사람이라면 열등감콤플렉스에 빠져 잘못된 목표 추구를 하고 있다.

당신이 건강하지 않은 사람이라면 우월감콤플렉스에 빠져 잘못된 목표 추구를 하고 있다.

◉ 변화의 원리 4: 당신의 인생과제인 일을 위해 열심히 공부하라.
당신의 인생과제인 사랑을 위해 친밀감을 형성하라.
당신의 인생과제인 우정을 위해 상대방을 신뢰하라.

아들러: 우리의 목표 추구인 세 가지 인생과제는 일, 우정, 사랑이다.

당신이 건강한 사람이라면 인생과제인 일, 우정, 사랑이란 목표 추구를 조화롭게 하고 있다.

당신이 건강하지 않은 사람이라면 당신의 일, 우정, 사랑이란 목표 추구를 제대로 하지 못하고 있다.

◉ 변화의 원리 5: 당신의 생활양식을 사회적 유용형으로 바꾸라.

아들러: 우리는 인생 초기에 형성된 생활양식에 따라 목표를 추구하고 있다.

당신이 건강한 사람이라면 당신의 생활양식은 사회적 유용형으로 자신과 사회를 위한 목표를 추구하고 있다.

당신이 건강하지 않은 사람이라면 당신의 생활양식은 아마도 지배형으로 자기만을 위한 목표를 추구하고 있다.

당신이 건강하지 않은 사람이라면 당신의 생활양식은 아마도 기생형으로 자기만을 위한 목표를 추구하고 있다.

당신이 건강하지 않은 사람이라면 당신의 생활양식은 아마도 회피형으로 자기만을 위한 목표를 추구하고 있다.

◉ 변화의 원리 6: 당신의 부정적 개인적 논리를 공적 논리 혹은 상식에 부합한 긍정적 개인적 논리로 바꾸라.

아들러: 우리는 자기가 인생 초기에 형성한 개인적 논리에 따라 목표 추구를 하고 있다.

당신이 건강한 사람이라면 긍정적 개인적 논리인 공적 논리 혹은 상식에 따라 목표 추구를 하고 있다.

당신이 건강하지 않은 사람이라면 부정적 개인적 논리에 따라 목표 추구를 하고 있다.

◉ 변화의 원리 7: 당신의 열등감 극복 및 우월성 추구를 하는 데 있어 사회적 관심, 용기, 상식에 의해 사회적으로 유용하게 행동하라.

아들러: 우리 모두는 상식, 사회적 관심, 용기에 따라 목표 추구를 하고 있다.

당신이 건강한 사람이라면 용기를 가지고, 공적 논리인 상식, 사회적 관심에 맞추어 목표 추구를 하고 있다.

당신이 건강하지 않은 사람이라면 상식에 부합하지 않는 목표 추구를 하고 있다.

당신이 건강하지 않은 사람이라면 자기관심에 맞추어 목표 추구를 하고 있다.

당신이 건강하지 않은 사람이라면 낙담을 통해 용기가 상실되어 목표 추구를 제대로 하지 못하고 있다.

◉ 변화의 원리 8: 당신이 누군가의 도움 없이는 존재할 수 없다는 것을 명심하라. 당신의 진정한 성공 추구를 위해 협동과 기여의 능력을 신장시키라.

아들러: 진정한 삶의 의미는 협동과 기여에 의존한다. 사회적 관심을 결정하는 두 가지 요인은 협동과 기여이다.

당신이 건강한 사람이라면 가정, 학교, 직장에서 타인과 협동하면서 목표 추구를 하고 있다.

당신이 건강한 사람이라면 사회에 기여하면서 목표 추구를 하고 있다.

당신이 건강하지 않은 사람이라면 타인과 협동하지도 않고 사회에 기여도 하지 않으면서 사회에 도움이 되지 않는 목표 추구를 하고 있다.

◉ 변화의 원리 9: 우리 모두의 사회적 지위는 동등하다. 당신이 존중받고 싶으면 먼저 상대방을 존중하라.

아들러: 진정한 민주주의 사회에서 모든 사람은 사회적으로 평등하다. 그리고 사회적 평등은 상호존중에 선행한다.

건강한 가정은 모든 가족구성원이 서로 상호존중의 태도로 서로를 격려하며 생활한다.

건강한 학교는 학교구성원들인 교사와 학생, 학생과 학생 간에 상호존중의 자세로 서로를 격려하며 생활한다.

건강한 직장은 직장구성원들인 고용주와 직원, 직원과 직원 간에 상호존중의 자세로 서로를 격려하며 생활한다.

◉ 변화의 원리 10: 진정한 변화를 위해 격려하고, 격려하고, 또 격려하라.

아들러: 모든 실패자는 낙담되어 있다.

당신이 건강한 사람이라면 격려를 통해 실수나 실패에도 좌절이나 낙담하지 않고 목표 추구를 하고 있다.

당신이 건강하지 않은 사람이라면 실수나 실패로 좌절에 빠져 있거나 낙담하여 목표 추구를 위한 행동을 하지 못하고 있다.

2) 변화의 과정

아들러학파가 강조하는 다음과 같은 변화의 과정에 따라 당신의 목표를 추구하라.

첫째, 당신의 잘못된 목표를 확인하라. 이것을 자각하면 당신은 두 가지 선택 중 하나, 즉 변화하는 것과 변화하지 않는 것을 결정해야 한다.

둘째, 당신이 변화를 위해 잘못된 목표를 파악함으로써 당신의 인생계획인 생활양식을 인식하기 시작하고 통찰을 하게 될 것이다.

셋째, 변화를 위한 당신의 새로운 행동이 오래된 행동보다 새로운 상황에서 더 잘 작용할 수 있기 때문에 당신은 새로운 개인적 논리로 당신의 오래된 개인적 논리를 대체할 수 있게 된다.

넷째, 당신의 새로운 개인적 논리가 성장함에 따라 당신은 더 사회적 관심을 보일 것이다. 그리고 이러한 결과로 당신은 사회에 더 큰 소속감을 갖게 된다.

다섯째, 당신이 소속감을 느끼는 것은 역시 다른 사람들과 평등하게 느끼는 것을 의미한다. 그리고 이것은 역시 당신이 격려됐다는 것을 의미한다. 다른 말로, 당신은 세상에서 당신의 자리에 대해 더 자신감을 갖게 된다. 따라서 당신은 모든 것에 대해서 더 좋게 느끼게 된다.

여섯째, 당신이 모든 것에 대해 더 좋게 느끼기 때문에, 당신은 실수를 할 때조차 모험을 할 만큼 용감하게 된다. 이제 당신은 불완전할 용기를 획득했다고 할 수 있다.

제5장
성공적인 삶

개인이 자신이 가지고 있는 열등감을 적절한 방식으로 극복하려는 노력이 없이는 자기완성을 달성할 수 없다.

– 노안영 –

여기에서는 먼저 아들러가 강조한 성공적인 삶에 대해서 개인심리학에 대한 주요한 개념을 바탕으로 질문식으로 살펴보고자 한다. 그런 다음에 아들러의 기본개념을 기억하기 쉽게 필자가 개발한 격려의 삼·삼·칠 박수에 의해서 세 가지 인생과제, 세 가지 삶의 문제 그리고 일곱 가지 핵심개념을 개관하고자 한다. 마지막으로 성공적인 삶을 위해 개인심리학에서 아들러가 강조하는 일곱 가지 개념을 성공이란 영어 단어, SUCCESS에 글자로 보다 자세하게 살펴보고자 한다.

1. 아들러가 강조하는 성공적인 삶

아들러는 그가 개발한 개인심리학을 통해 인류가 존재하는 한 인류가 계속해서 진보해 갈 것이라고 주장하였다. 아들러는 유럽 강연 여정 중에 뜻하지 않게 심장마비로 1937년에 사망하였다. 여기서는 먼저 그가 사망한 해인 1937년에 발표한 『인류의 진보(The progress of Mankind)』에서 주장한 내용을 바탕으로 인간 이해에 대한 개인심리학의 기본가정을 살펴보고자 한다.

첫째, 개인은 통합된 전체로서 행동한다. 아들러는 성격의 통합된 전체로서 단일성과 자기 일관성을 확고하게 믿었다. 즉, 우리 각자는 유기체로서 환경 속에서 통합된 전체로서 기능한다는 것이다.

둘째, 개인은 독특한 존재로서 삶의 변화하는 문제에 대처하기 위해 행동한다. 개인의 행동을 결정하는 데 가장 중요하는 것은 자신과 환경에 대한 개인의 견해이다. 아들러는 독특한 존재로서 개인의 주관적, 현상학적 세계의 중요성을 강조하였다.

셋째, 개인은 자신의 삶의 문제를 해결하고 '성공 추구(striving for success)'를 위해 행동한다. 아들러가 성공 추구의 의미로 사용한 다른 표현은 '완전 추구(striving for perfection)' '우월성 추구(striving for superiority)' '극복 추구(striving for overcoming)' '상향 추구(an upward striving)' '보다 나은 적응을 달성하기 위한 강요(a coercion to carry out a better adaptation)' 등이다. 아들러는 성공 추구를 모든 개인에게 존재하는 타고난 추동이라고 믿었다. 성공에 대한 판단은 개인의 주관적 견해에 의해 결정된다.

넷째, 개인은 자신이 형성한 독특한 생활양식에 따라 행동한다. 개인의 생활양식을 결정하는 두 가지 주요한 준거는 활동의 정도와 사회적 관심 수준이다.

다섯째, 개인의 생활양식은 자신의 창조력에서 비롯된다. 개인은 자기를 창조할 수 있는 창조력을 가지고 있다. 개인이 형성한 생활양식은 독특하며 이 지구상에 똑같은 생활양식을 가진 사람은 없다. 개인은 자신이 형성한 생활양식에 의해 삶을 영위한다.

여섯째, 개인은 인간의 긍정적 사회지향성인 사회적 관심을 잠재력으로 가지고 태어났다. 따라서 부모의 양육 및 교사의 교육을 통해 개인의 사회적 관심이 개발될 수 있도록 노력해야 한다.

이러한 개인심리학의 기본가정과 아들러가 강조한 주요 개념을 바탕으로 아들러가 성공적인 삶에 대해서 어떻게 생각했는지 몇 가지 핵심적인 질문을 통해 살펴보고자 한다.

◉ 질문 1: **프로이트는 개인의 삶의 본능을 성적 추동으로 보았는데, 당신이 보는 개인의 삶의 본능은 무엇인가?**

아들러: 모든 개인의 타고난 삶의 본능은 우월성 혹은 자기완성 추구이다. 개인은 인생의 전 과정을 통해 끊임없이 성공 추구, 즉 자기완성 추구를 달성하기 위해 노력하고 있다. 개인이 자신의 성공 추구를 달성하기 위해서 무엇보다 중요한 것은 자신의 열등감을 정확히 파악하여 극복하는 것이다.

◉ 질문 2: **당신이 개발한 개인심리학의 인간관은 무엇인가? 그리고 당신이 철학적 입장으로 주장한 허구적 최종목적론은 무엇인가?**

아들러: 내가 인간 이해를 토대로 발견한 인간관은 다음과 같이 다섯 가지 관점에서 설명할 수 있다.

첫째, 인간은 전체론적 존재이다. 개인은 나누어질 수 없는 존재로 전체로서 기능한다.

둘째, 인간은 사회적 존재이다. 인간은 사회적 존재로 사회를 떠나서는 존재할 수 없으며 타인과 함께하면서 자신의 삶의 의미를 추구하고 있다.

셋째, 인간은 목적론적 존재이다. 인간의 모든 행동에는 목적이 있다. 인간은 자신의 목적을 달성하기 위해 행동한다. 따라서 개인의 행동을 이해하기 위해서는 행동의 목적이 무엇인지를 파악하는 것이 필요하다.

넷째, 인간은 현상학적 존재이다. 개인은 독특한 존재로서 자신의 주관적 관점에 의해 세상을 이해한다. 따라서 개인을 이해하기 위해서는 개인이 독특하게 형성한 생활양식을 파악하는 것이 필요하다. 건강한 사람은 사회적으로 유용한 생활양식을 가지고 활발하게 살아간다. 반면에 건강하지 않은 사람은 독재형, 기생형, 회피형의 생활양식에 따라 행동한다. 전형적인 생활양식조사를 위해 초기기억, 출생순위 및 가족구도, 그릇된 사적 논리, 자질, 그리고 꿈 등이 사용된다.

다섯째, 인간은 자신을 창조할 수 있는 창조적 존재이다. 개인은 누구나 독특하게 자기를 창조해 가는 창조적 존재이다.

허구적 최종 목적론은 아리스토텔레스의 목적원인과 바이힝거의 『마치 ~처럼의 철학』을 조합해서 만든 철학적 관점으로 개인은 자신의 사적 견해인 허구에 의해 설정된 궁극적 목적인 자기완성 추구를 하고 있다. 개인의 행동은 목적과 개인의 사적 견해인 허구에 의해 행해진다고 볼 수 있다. 개인은 자신의 성공 추구를 위해 분명한 목적을 설정하고 긍정적 사적 논리인 공적 논리에 근거해서 생활하는 것이 필요하다.

◉ **질문 3: 사회적 관심은 무엇인가? 사회적 관심은 우월성 추구처럼 타고난 추동인가? 그리고 당신은 인류의 진보를 위해 무엇보다 중요한 것이 개인의 사회적 관심 수준을 높이는 것이라고 주장했는데, 그러한 주장의 목적은 무엇인가?**

아들러: 인간은 사회적 존재로서 타인과 더불어 살려는 공동체감이 필요하다. 사회적 관심은 타인을 배려하고 공감해 주는 태도로서 성경에서 강조하는 '이웃 사랑'과 같은 것이다. 이러한 점에서 나는 "사회적 관심은 상대방의 눈으로 보고, 상대방의 귀로 듣고, 상대방의 마음으로 느끼는 것이다."라고 하였다. 사회적 관심은 타고난 추동이 아니라 잠재력이다. 따라서 부모와 교사의 생활지도 및 사회의 교육 시스템을 통해 개인이 사회적 관심을 개발할 수 있도록 노력해야 한다. 실제로 나는 나의 삶을 통해 부모 및 교사들을 교육해서 아이들의 사회적 관심이 개발되도록 노력해 왔다.

◉ **질문 4: 개인은 누구나 행복한 삶을 추구하고 있다. 당신이 사람들이 추구하기를 바라는 바람직한 삶의 방향은 어떤 것인가?**

아들러: 개인은 누구나 타고난 추동인 성공 추구, 자기완성 추구를 위해 행동하고 있다. 개인의 바람직한 삶의 방향을 결정하는 준거는 사회적 관심이다. 건강하지 않은 삶을 영위하는 모든 사람은 사회적 관심이 결여된 채

로 성공 추구를 한다. 다시 말하면, 개인이 사회적 존재로서 타인과 협동하지 않고 사회에 기여하지 않은 채 자기이익만을 위해 타인에게 상처를 주거나 해쳐 가면서 성공 추구를 한다면 불행한 삶을 살고 있다고 말할 수 있다.

◉ **질문 5: 당신은 개인이 생애에 걸쳐 달성해야 할 세 가지 인생과제**(life task)**가 있다고 하였다. 행복한 삶을 위해 이러한 인생과제가 어떻게 달성되어야 하는가?**

아들러: 개인이 태어나서 죽을 때까지 끊임없이 직면하는 세 가지 인생과제는 일과 직업, 사랑과 결혼, 우정 혹은 친밀한 대인관계이다. 모든 삶의 문제는 세 가지 인생과제이면서 사회적 문제인 일, 사랑, 우정과 관련되어 있다. 개인이 주관적으로 생각하는 행복한 삶의 평가기준이 다를 수 있고 현재 자신이 행복한 삶을 영위하고 있는지 여부에 의구심을 가질 수 있다. 하지만 당신이 객관적으로 세 가지 인생과제인 일, 사랑, 사회에 대해 현재 대체로 만족을 느낀다면 당신은 행복하다고 할 수 있다.

◉ **질문 6: 당신은 심리적, 사회적으로 문제가 있는 모든 사람의 보편적인 세 가지 특징에 대해 언급하였다. 그러한 세 가지 특징은 무엇인가?**

아들러: 사회적 및 심리적으로 문제가 있는 모든 사람의 세 가지 특징은 사회적 관심의 결여, 상식의 결여, 용기의 결여이다. 첫째, 사회적 관심이 결여된 사람은 사회적으로 유용하지 않은 생활양식으로 삶을 영위한다. 사회적 관심은 개인의 정신건강의 준거이다. 즉, 사회적 관심이 낮은 사람은 타인을 배려하지 않고 희생시키면서 자신의 목적을 추구한다. 둘째, 상식이 결여된 사람은 자신이 형성한 그릇된 사적 논리에 따라 생활하는 사람이다. 상식이 없게 행동하는 사람은 사회를 유지하는 데 필요한 공적 논리가 부족한 사람이다. 상식이 없는 사람은 정상적인 행동을 하지 않고 부적절한 개인적 논리에 따라 비정상적인 행동을 한다. 마지막으로, 용기가 결여된 사

람은 낙담한 사람으로, 두려움으로 삶의 요구에 도전하지 못하는 사람이다. 삶은 움직임이고 활동이다. 개인의 용기는 개인이 직면한 어려움을 헤쳐 나가도록 도전하고 행동하게 한다. 반면에 두려움은 개인이 처한 난관을 헤쳐 나가지 못하도록 주저하게 하거나, 회피하고 도피하게 하며, 옴짝달싹 못하게 한다. 개인이 자신의 열등감을 극복하고 자기완성을 달성하기 위해서는 그에게 주어진 난관을 헤쳐 나갈 용기가 필요하다.

◉ **질문 7: 당신은 특히 개인이 자신의 문제를 해결하기 위해 '불완전할 용기(courage to be imperfect)'를 갖는 것이 필요하다고 역설하였다. 대체 불완전할 용기란 무엇인가?**

아들러: 불완전할 용기는 불완전한 존재로서 있는 그대로 자기가 될 용기이다. 사람이 된다는 것은 자신이 열등하다고 느끼는 것을 의미한다. 개인은 기본적으로 자신의 열등감을 극복하면서 성공 추구, 우월성 혹은 자기완성 추구를 하고 있다. 현재 우리 사회에 만연해 있는 사회적 현상은 타인과의 비교와 경쟁의 논리이다. 개인이 살아남기 위해서 그리고 경쟁에서 이기기 위해서는 실수하지 않고 완전하게 행동할 것을 강조한다. 인간은 불완전한 존재로 사람이 된다는 것은 실수하고 실패할 수 있다는 것이다. 개인의 진정한 변화는 실수하고 실패하는 불완전한 인간으로서 있는 그대로 내가 되려고 노력하는 불완전할 용기를 발휘할 때 일어난다.

2. 격려의 삼·삼·칠 박수

우리는 행복한 삶을 위해 성공하기를 원한다. 당신이 격려의 삼 · 삼 · 칠 박수를 치며 성공의 의미에 대한 명상을 하면서 생활하면 행복해질 수 있다. CNN을 통해 방영됐던 것처럼 실제로 미국의 맨해튼에 있는 중앙공원(Central Park)에서 박수치료(clapping therapy)를 통해 건강을 챙기며 생활하는 사람들이 있다.

당신도 정말 박수를 치면서 발생되는 에너지가 양손에서 온몸에 전달되는 활기를 느끼면서 건강하게 생활할 수 있다. 당신이 지금 박수를 치면서 파급된 에너지가 온몸에서 느껴지는 경험을 시도해 보면 쉽게 확인할 수 있다. 정말 건강을 잃으면 모든 것을 잃는다. 당신이 건강을 유지해야 추구하는 성공을 달성할 수 있다. 한국 사람들이 흔히 운동경기장이나 행사장에서 선수들이나 수고하는 사람들을 응원하고 격려하기 위해 삼·삼·칠 박수를 많이 친다.

격려의 삼 · 삼 · 칠 박수를 치면서, 당신이 아들러(Alfred Adler, 1870~1937)가 개발한 개인심리학에서 강조하는 주요한 개념의 이해를 통해 자신의 열등감을 극복하고 자기완성 추구를 위해 매진했으면 한다. 아무튼 격려의 삼 · 삼 · 칠 박수는 당신이 아들러가 강조한 주요한 개념과 성공 추구의 의미를 보다 쉽게 이해할 수 있도록 삼 · 삼 · 칠 박수와 결합해서 만들어졌다.

아들러는 사람들이 사회적 평등의 태도로 상호존중하는 민주적 사회를 강조하고 몸소 실천한 시대를 앞서간 실증적 이상주의자였다. 더불어 그는 상대주의자로서 저마다 다른 개인적 특성을 가진 구성원들이 서로 격려하고 공감하면서 생활하는 행복한 가정, 학교, 직장이 되길 갈망하였다.

성공을 위해 당신이 자기격려를 함으로써 자신에게 용기를 불어넣고 삶의 도전에 맞서 생활하는 것이 필요하다. 더불어 당신이 사회적 관심을 가지고 타인 격려를 통해 실의에 빠져 있는 주변 사람들이 자신의 문제를 해결하기 위해 행동할 용기를 불어넣도록 노력하는 것이 요구된다. 왜냐하면 우리는 타인을 배려하고 타인과 함께 인생의 희로애락을 느끼면서 생활할 때만 진정으로 행복한 삶을 살 수 있기 때문이다.

그러면 필자가 개발한 격려의 삼 · 삼 · 칠 박수를 통해 아들러가 강조했던 주요한 내용을 살펴보고자 한다.

격려의 삼 · 삼 · 칠 박수

- 인생과제(3): 일과 직업, 사랑과 결혼, 사회(우정)
- 인생문제(3): 용기의 결여, 상식의 결여, 사회적 관심의 결여
- 성공(7): 자기완성(우월성) 추구, 자기이해, 자신감, 용기, 격려, 사회적 관심, 사회적 평등

The 3·3·7 Clapping of Encouragement

- Life Task(3): Work & Occupation, Love & Marriage, Society(friendship)
- Life Problem(3): Lack of Courage, Lack of Common Sense, Lack of Social Interest
- SUCCESS(7): Striving for superiority, Understanding oneself, Confidence, Courage, Encouragement, Social interest, Social equality

1) 처음 삼 박수의 의미

삼 · 삼 · 칠 격려박수의 처음 삼 박수는 세 가지 인생과제를 의미한다. 아들러는 사람들이 생애를 통해 달성해야 할 세 가지 인생과제로서 일과 직업, 사랑과 결혼, 사회(우정)를 제안하였다.

2) 두 번째 삼 박수의 의미

삼 · 삼 · 칠 박수의 뒤따른 삼 박수는 세 가지 인생문제를 의미한다. 아들러는 문제를 가진 사람들의 세 가지 특성이 용기의 결여, 상식의 결여, 사회적 관심의 결여라고 주장하였다.

3) 마지막 일곱 박수의 의미

삼 · 삼 · 칠 박수의 마지막 일곱 박수는 성공이란 영어 단어 SUCCESS의 머리글자로 구성해서 만든 성공에 필요한 일곱 가지 비결인 자기완성 추구, 자기이해, 자신감, 용기, 격려, 사회적 관심, 사회적 평등을 의미한다.

- Striving for superiority: 우월성 추구
- Understanding oneself: 자기이해
- Confidence: 자신감
- Courage: 용기
- Encouragement: 격려
- Social interest: 사회적 관심
- Social equality: 사회적 평등

당신의 성공을 위해 일곱 가지 내용을 바탕으로 성공한 사람과 실패한 사람을 비교해서 차이점을 살펴보면 다음과 같다.

실패는 성공의 결여이다.
성공한 사람은 나름대로 설정한 목표에 도달하려고 우월성 추구를 위해 노력한다.
실패한 사람은 자신의 열등감에 사로잡혀 열등감콤플렉스에 빠질 수 있다.

자기오해는 자기이해의 결여이다.
성공한 사람은 철저한 자신의 강점이나 약점을 파악하여 생산적인 삶을 영위한다.
실패한 사람은 자신의 자질을 개발하지 못하거나 열등감을 적절하게 보상하지 못한다.

자신감 없음은 자신감의 결여이다.

성공한 사람은 자신에 대한 믿음을 바탕으로 자신감을 가지고 삶의 요구에 도전한다.

실패한 사람은 자신에 대한 불신으로 매사에 자신감 없이 생활한다.

두려움은 용기의 결여이다.

성공한 사람은 불완전할 용기로 실패로 인한 좌절에 빠지지 않고 삶의 도전에 맞서 행동한다.

실패한 사람은 두려움으로 삶의 요구에 맞서지 못하고 회피하거나 도피한다.

낙담은 격려의 결여이다.

성공한 사람은 불완전한 존재로서 실수나 실패했을 때도 자기격려로 침체에 빠지지 않는다.

실패한 사람은 비교와 경쟁으로 인해 실수나 실패했을 때 낙담하여 실의에 빠져 생활한다.

자기관심은 사회적 관심의 결여이다.

성공한 사람은 집단에 대한 소속감을 가지고 타인과 협동하고 사회에 기여하면서 생활한다.

실패한 사람은 자신에 대한 이익을 위해 매진하며 타인과 비교, 경쟁하면서 많은 스트레스를 경험하며 생활한다.

사회적 불평등은 사회적 평등의 결여이다.

성공한 사람은 사회적 평등에 대한 확고한 신념을 바탕으로 상호존중하며 생활한다.

실패한 사람은 사회적 불평등 태도로 힘에 의한 지배와 복종에 따른 많은 갈등에서 비롯된 사회적 열등감이나 사회적 우월감을 느끼며 생활한다.

요약하면, 실패한 사람은 열등감, 자기오해, 자신감의 결여, 두려움, 낙담, 자기관심 그리고 사회적 불평등에서 비롯된 사회적 열등감이나 사회적 우월성으로 생활한다는 것을 알 수 있다. 따라서 당신의 성공적인 삶을 위해 아들러가 강조한 자기완성 추구, 충분한 자기이해, 자신감, 용기, 격려, 사회적 관심, 그리고 사회적 평등에서 비롯된 상호존중의 태도로 생활하는 것이 필요하다.

3. 성공적인 삶을 위한 성공의 의미

누구나 성공(SUCCESS)하기를 원한다. 개인이 성공하기를 원하는 것은 자신이 원하는 성공이 그에게 행복을 가져다주리라 믿기 때문이다. 이런 점에서 보면 성공은 곧 행복이라 할 수 있다. 다시 말하면, 성공한 사람은 행복한 사람이라고 할 수 있다. 성공(success)이나 행복(happiness)이란 단어는 추상명사로서 형용사인 '성공한(successful)'이나 '행복한(happy)'이란 말은 있다. 하지만 명사로서 객관적으로 어떤 사람이 성공한 사람이란 성공인이나 행복한 사람이란 행복인이란 단어는 존재하지 않는다. 그래서 우리가 주관적으로 생각해서 어떤 사람이 성공적이거나 행복한 삶을 살고 있다고 판단할 때 그런 사람을 성공한 사람, 행복한 사람이라고 부른다. 이렇게 성공이나 행복은 객관적인 준거에 의해 결정된 것이 아니라 개인의 주관적인 판단에 근거한다. 그렇기 때문에 누구나 성공할 수 있고 행복한 삶을 사는 것은 우리가 마음먹기에 달려있다는 것을 알 수 있다. 이 글을 읽는 당신도 지금 이 순간 '나는 행복한 사람이다.'라고 생각하면 정말 행복한 사람이 될 수 있다.

요즈음 많은 사람은 부와 권력이 행복을 가져다준다고 믿고 돈과 사회적 지위를 얻기 위해 매진하고 있다. 더불어 어떤 사람들은 수단과 방법을 가리지 않고 부와 권력을 쟁취하기 위해 노력하고 있다. 대부분의 사람은 치열한 경쟁에서 이겨 승리자가 되어야 성공할 수 있다고 믿고 승리를 쟁취하기 위해 안간힘을 쓰고 있다. 그리고 만약 승리하지 못하고 패배하면 낙담하여 심한 좌절감에 빠져 자신이나 사회를 비난하면서 지내는 사람들이 적지 않다. 하지만 불교에서 일체유심조(一切唯心造), 즉 "세상의 모든 일이 마음먹기에 달려 있다."라고 강조하듯 우리의 행복을 결정하는 것은 개인이 소유한 객관적 준거가 아니라 개인의 주관적 관점에 의존한다는 것을 터득하는 것이 필요하다.

개인의 성공은 사회의 성공이다. 인간은 사회적 존재이기 때문에 사회를 고려하지 않고 결코 개인의 성공을 얘기할 수 없다. 개인의 성공은 자신이 소속한 집단의 성공과 밀접하게 관련되어 있다. "뭉치면 살고 흩어지면 죽는다"라는 말처럼 정말 뭉치면 성공하고 헤어지면 실패한다. 우리는 사회적 존재로서 주변 사람들과 더불어 자신의 행복을 추구해야 함을 잘 알고 있다. 현재 우리 사회에서 강조되는 비교와 경쟁으로 스트레스를 받고 생활하는 것보다 타인과 협동과 기여하면서 즐겁게 사는 것이 필요하다. 진정한 성공을 위해 우리에게 가장 가까운 사람인 가족구성원, 오랫동안 사귀어 온 친구, 직장에서 함께 일해 온 동료와의 사회적 관계를 통해 행복감을 느끼면서 생활하는 것이 요구된다. 요즘 적지 않은 사람들이 이러한 친밀한 사회적 관계를 맺지 못하고 고독이나 우울이라는 정신적 고통을 감내하면서 지내고 있다.

우리가 현재 살고 있는 이 지구가 우리에게 행복한 삶을 가능하게 하는 유토피아라고 믿고 자기완성 추구를 위해 노력하는 것이 필요하다. 우리에게 진정한 행복을 위해 어떤 것들이 필요한지를 알아보자. 필자는 영어단어 SUCCESS(성공)를 모두 글자로 표현한 다음과 같은 일곱 가지, 즉 우월성 추구(자기완성 추구), 자기이해, 자신감, 용기, 격려, 사회적 관심, 사회적 평등이 우리에게 필요한 성공의 비결이라고 믿는다.

- Striving for superiority: 우월성 추구
- Understanding oneself: 자기이해
- Confidence: 자신감

- Courage: 용기
- Encouragement: 격려
- Social interest: 사회적 관심
- Social equality: 사회적 평등

당신이 이러한 일곱 가지 성공의 비결을 달성하려고 노력하면서 생활하면 행복한 사회에서 주변 사람들과 함께 성공적인 삶을 영위할 수 있다고 믿는다. 이러한 일곱 가지 성공의 비결 중에서 자기완성 추구, 자기이해, 자신감, 용기는 인간 이해을 토대로 한 개인적 측면에서 필요한 비결이다. 나머지 세 가지인 격려, 사회적 관심, 사회적 평등은 대인관계 측면에서 성공을 위해 필요한 비결이다. 진정한 성공은 이러한 일곱 가지 성공의 비결을 충족시켰을 때 이루어질 수 있다. 이러한 일곱 가지 성공의 비결은 당신의 성공을 위해 독자적으로 꼭 필요한 비결이면서 각각의 비결은 서로 밀접하게 관련되어 있다. 따라서 우리 각자가 추구하는 성공적인 삶을 위해 일곱 가지 성공의 비결을 균형 있게 개발하는 것이 필요하다.

당신의 성공적인 삶 및 주변 사람들의 행복을 위해 이러한 일곱 가지 내용의 의미를 좀 더 구체적으로 살펴보자.

1) Striving for superiority: 우월성 추구

당신의 행복한 삶을 위한 성공의 첫 번째 비결은 우월성 추구(striving for superiority)이다. 당신의 타고나 본능인 자기완성 추구를 위해 최선의 노력을 경주하는 것이 필요하다. 개인의 우월성 추구의 다른 표현은 자기완성 추구, 의미 추구, 성공 추구, 목표 추구, 자기실현 추구 등이다. 아들러는 '우월성 추구'를 인간의 기본적 추동으로 가정하였다. 인간중심치료를 개발한 로저스(Carl Rogers)도 역시 그가 가정한 성격의 명제에서 인간의 기본적 경향성과 추구로서 자기실현 경향성을 다음과 같이 강조하였다. 유기체는 하나의 기본적 경향성과 추구를 가지고 있는데, 그것은 경험하는 유기체를 실현하고, 유지하고, 향상시키는 것이다(Rogers, 1951).

삶 자체는 발달과 성장을 의미한다. 개인은 독특한 존재로서 나름대로 주관적 관점에서 삶의 의미 추구를 하고 있다. 개인은 나누어질 수 없는 전체적(holistic) 존재로서 자신이 설정한 인생목표를 달성하기 위해 노력하고 있다. 개인이 삶의 과정에서 겪는 도전을 슬기롭게 극복하고 자기완성을 이루기 위해 유기체의 지혜에 따라 슬기로운 선택을 하는 것이 필요하다. 우리는 현재 각자 인생이라는 드라마의 주인공으로서 인생이란 소설을 쓰고 있다고 말할 수 있다. 당신 자신만이 쓸 수 있는 멋진 인생이란 소설을 완성하기 위해 매번 현명한 선택을 통해 건설적인 삶이 되도록 최선을 다하는 것이 요구된다.

인간은 자신이 죽는다는 것을 아는 유일한 동물이다. 우리는 우리의 삶이 유한하고 언젠가는 죽게 된다는 것을 잘 알고 있다. 더불어 우리의 삶이 되풀이될 수 없다는 것도 잘 알고 있다. 우리는 각자 이렇게 소중한 삶을 의미 있게 살아야 할 책무를 가지고 있다.

우리에게 삶은 영원한 현재이다. 그래서 지금 이 순간에 우리의 경험을 위한 선택이 중요하다. 현재 살아 있는 유기체로서 우리는 출생(birth)과 죽음(death) 사이에서 선택(choice)을 통해 유기체의 접촉을 통한 단지 한 가지 경험만을 할 수 있다. 당신이 선택의 기로에서 어떤 선택을 하느냐는 전적으로 당신에게 달려 있다. 삶의 추동은 우월성 추구이다. 실존적이며 현상학적 존재로서 당신에게 산다는 것은 다음과 같이 당신만이 달성할 수 있는 우월성 추구의 과정이다.

> 산다는 것은 그 자체로 발달하고 성숙하는 것이다.
> 산다는 것은 열등감을 극복하고 우월성 추구를 하는 것이다.
> 산다는 것은 자신이 설정한 인생목표를 달성하기 위해 노력하는 것이다.
> 산다는 것은 독특한 존재로서 자신만이 부여할 수 있는 의미 추구를 하는 것

이다.

산다는 것은 불완전 존재로서 있는 그대로 자기완성 추구를 하는 과정이다.

산다는 것은 누가 뭐래도 자신만이 달성할 수 있는 성공 추구를 해 가는 과정이다.

산다는 것은 자신만이 창조할 수 있는 자기의 완성을 달성하기 위해 노력하는 것이다.

삶은 움직임이고 행동이다.

우리의 모든 행동에는 목적이 있다.

삶은 우리가 꿈꾸는 궁극적 목표를 달성하기 위한 몸부림이다.

뜻이 있는 곳에 길이 있다.

살아 있는 한 희망이 있다.

힘들어도 살아 있어야 꿈을 꿀 수 있고 꿈을 실현할 수 있다.

삶은 뜻과 희망과 꿈을 가지고 자기완성을 추구해 가는 과정이다.

우리가 우월성 추구를 달성하기 위해서는 필연적으로 우리가 갖고 있는 열등감을 극복하는 것이 필요하다. 적지 않은 사람들이 자신의 열등감에 사로잡힌 결과로 야기된 열등감콤플렉스로 자기완성 추구의 과정에서 앞으로 나아가지 못하고 진통을 겪고 있다. 우리는 자기완성을 달성하기 위해서 장애가 되는 자신의 약점이나 열등한 측면을 정확히 직시하여 해결하는 것이 요구된다.

우리 각자는 인생이란 항해의 선장으로서 방황하지 않고 순조로운 항해를 위해 도달해야 할 궁극적 목적지를 설정해야 한다. 개인이 자기실현을 달성하기 위해 나름대로 장·단기 인생목표를 설정해서 그러한 목표를 달성하기 위해 노력해야 한다.

사람들은 행복한 삶을 추구하면서 생활한다. 행복은 설정된 목적으로서가 아니라 개인이 자신의 인생과제를 수행하는 과정에서 나타난다. 어떤 사람들은 어떻게 사는 것이 행복한 삶인지 그리고 현재 자신의 삶이 행복한 삶인지 의구심을 가지고 생활하고 있다. 지적한 것처럼 행복은 주관적이기 때문에 모든 사람에게 적용될 수 있는 객관적인 준거는 없다. 하지만 현재 자신의 삶이 행복한 삶인지 의아심을 가진 사람들에게 분명히 다음과 같이 말할 수 있다. "당신이 아들러가 제안한 세 가지 인생과제인 일, 사랑, 우정을 원만히 달성해서 대체로 만족한 생활을 하고 있다면 당신은 행복하다."

2) Understanding oneself: 자기이해

당신의 행복한 삶을 위한 성공의 두 번째 비결은 자기이해(understanding yourself)이다. 당신은 자기이해를 통해 우월성은 더욱 개발하고 열등감은 적절한 보상을 통해 극복하는 것이 필요하다. 개인은 스스로 자기를 창조해 갈 수 있는 창조적 존재이다. 아들러가 "인간에게 가장 어려운 일은 자신을 알고 자신을 변화시키는 것이다."라고 지적한 것처럼 진정한 변화를 위해 먼저 자기이해가 필요하다. 당신이 갖는 수월성을 개발하기 위해 오관의 민감성을 발휘해 자각확장을 통한 자기이해가 요구된다. 당신은 분명히 오관을 통한 알아차림 확장만으로 당신이 가진 많은 문제를 해결할 수 있다.

삶의 의미 추구를 위해 철저한 자기이해가 선행되는 것이 필요하다.
자신의 능력을 개발해 알아야 면장을 한다.
자기를 제대로 알아야 분수에 맞게 살 수 있다.
깨침을 통해 자신의 한계를 이해하는 지혜가 필요하다.
자신에 부합한 역할을 원만히 수행하기 위해 자신의 잠재력을 개발해야 한다.
오관의 자각확장을 통한 자기이해가 필요하다.

진아(眞我), 즉 진정한 자기를 찾기 위한 명상이 필요하다. 자신의 진정한 성공 추구를 위해 '있는 그대로의 자기이해'가 필요하다.

행복한 삶을 위해 당신이 신체적 및 정신적으로 갖는 강점이나 자질을 정확히 파악하여 개발하는 것이 필요하다. 역시 우월성 추구를 위해 당신이 가지고 있는 신체적 및 정신적 열등감을 정확히 파악하여 적절한 보상을 통해 극복하는 것이 필요하다.

당신이 당신답게 살기 위해 자기이해를 통해 자신의 잠재력을 개발하는 데 최선을 다해야 한다. 역시 당신이 독특한 존재로서 정체성을 확립해서 오락가락하지 않고 줏대 있게 생활할 수 있어야 한다. 로저스가 "아이러니하게 진정한 변화는 있는 그대로 자기가 되려고 할 때 일어난다."라고 말한 것처럼 진정한 변화와 성숙을 위해 먼저 자기이해가 선행되어야 한다.

개인은 자신의 생각에 따라 행동한다. 당신은 자신의 경험을 바탕으로 형성한 개인적 관점에 따라 세상을 이해하고 생활한다. "아름다움은 보는 사람의 관점에 따라 다르다(Beauty is in the eye of the beholder)."라는 말처럼 우리의 주관적 생각이 중요하다. 아들러는 개인이 인생 초기에 형성한 '사적 논리(private logic)'에 맞춰 행동한다는 것을 강조하였다. 개인의 모든 행동에는 의도된 목적이 있다. 만약 당신의 자녀가 잘못된 행동을 한다면, 그러한 잘못된 행동이 자녀의 그릇된 사적 논리에 부합한 목적을 위한 표현이라고 말할 수 있다. 따라서 당신이 하는 모든 행동을 이해하기 위해 철저한 자기 탐구를 통해 사적 논리에 의해 형성된 독특한 생활양식을 파악하는 것이 중요하다.

3) Confidence: 자신감

당신의 행복한 삶을 위한 성공의 세 번째 비결은 자신감(confidence)이다. 당신에게 주어진 삶이 요구하는 인생과제를 해결하기 위해 도전하고 응전할 자신감이 필요하다. 자신감(self-confidence)은 자기에 대한 자신감으로 전체로서 자신에 대한 믿음에서 비롯된다. 우리에게 매일매일의 삶은 도전이다. 영어단어로 'confidence(자신감)'의 반대어는 'diffidence(자신감 없음)'이다. 자신감이 없는 사람은 매사에 안절부절못하면서 생활하기 때문에 삶의 요구에 과감하게 도전하지 못한다. 자신감 없는 행동은 언제나 자신감의 결여에서 비롯된다. 흔히 볼 수 있는 부적응적인 행동인 부끄러움이나 수줍은 행동은 자신감의 결여에서 비롯된다. '내가 그걸 할 수 있어.'라고 믿고 생활하는 것과 '나는 그걸 할 수 없어.'라고 자신감 없이 생활하는 것은 분명히 개인의 삶에 엄청난 차이를 초래한다. 개인이 설정한 목적을 달성하기 위해 자신을 믿고 자신감을 가지고 행동할 때만이 그러한 목적을 이룰 수 있다.

자신감은 자신에 대한 믿음에서 비롯된다.
자신감은 자신에게 주어진 어떤 일을 해낼 수 있다는 신념이다.
자신감의 결여는 삶이 부과한 일을 해낼 수 없다는 자신에 대한 불신이다.
자신감이 없는 사람은 주저함과 망설임으로 행동하지 못한다.
자신감이 없는 사람은 부끄러움으로 도전하지 못한다.
자신감이 없는 사람은 머뭇거림으로 귀중한 시간을 소비한다.
자신감이 없는 사람은 미리 겁을 먹고 시도하지 못한다.

자신감을 가진 사람은 삶의 요구에 과감히 도전한다.
자신감을 가진 사람은 회피하거나 도피하지 않고 맞설 수 있다.
자신감을 가진 사람은 실수하는 것을 두려워하지 않고 시도한다.
자신감을 가진 사람은 불완전할 용기를 발휘하며 생활한다.

자신에 대한 확고한 믿음과 자신감을 가지고 생활하는 사람은 분명히 자기효능감이 높은 사람이라고 할 수 있다. 그동안 많은 연구를 통해 성공한 사람은 자기효능감이 높다는 것이 입증되었다. 밴듀라(Albert Bandura)는 자기효능감을 '개인이 어떤 일을 잘 해낼 수 있다는 자신의 능력에 대한 확신'이라고 정의하였다. 순탄치 않는 삶의 도전에 맞서 성공적인 삶을 달성하기 위해 우리에게 정말 필요한 것은 자신감을 갖고 생활하는 것이다. 이런 점에서 가정에서 부모가 자녀에게 "너는 그걸 잘할 수 있어."라고 자신감을 심어 주는 자녀교육이 필요하다. 역시 학교에서 교사가 학생에게 "너는 그걸 해낼 수 있어."라는 자신감을 불어넣는 인성교육이 요구된다.

4) Courage: 용기

당신의 행복한 삶을 위한 성공의 네 번째 비결은 용기(courage)이다. 당신에게 주어진 삶이 요구하는 인생과제를 해결하기 위해 용기가 필요하다. 용기는 우리에게 주어진 인생과제를 달성하도록 행동하게 하는 삶의 추진력이다. 그런 연유로 아들러는 심리적으로 문제가 있는 모든 사람은 용기를 잃고 낙담되어 있다고 하였다. 낙담한 사람은 흔히 우리가 표현하는 기가 꺽여 풀이 죽어 있는 사람이다. 즉, 용기가 결여된 사람은 그의 씩씩하고 활발한 기운인 풀기가 죽어서 삶의 도전에 두려움으로 옴짝달싹 못 하고 있다고 말할 수 있다. 역시 우리가 아이들의 기를 살려줘야 한다는 말도 그들에게 용기를 불어넣어 주어야 한다는 말이다. 호랑이 굴에 잡혀 있어도 용기를 잃지 않으면 살 수 있다는 말처럼 우리가 아무리 어려운 상황에 처해 있어도 용기를 잃지 않으면 주어진 난관을 헤쳐 나아갈 수 있다. 흔히 사용되는 생즉사 사즉생(生卽死 死卽生)도 죽을 각오로 용기를 잃지 않고 난관에 맞서면 살고, 살려고 두려움으로 도망치면 결국 죽는다는 것으로 용기의 중요성을 강조한 역설적 표현이다.

용기의 반대는 두려움이다. 즉, 용기가 결여된 사람은 두려움으로 떨면서 삶의 도전에 맞서지 못하고 회피하거나 도피하는 사람이다. 인류의 역사가 도전과 응전으로 점철되어 있는 것처럼 개인의 삶도 끊임없는 도전과 응전의 과정임에 틀림없다. 우리가 용기를 가지고 삶의 요구에 맞서 도전과 응전해야 원하는 자기실현의 반열에 있을 수 있다. 반면에 두려움에 사로잡혀 삶의 요구에 회피하거나 도피하면 결코 원하는 성공 추구를 이룰 수 없다.

용기의 결여는 두려움이다.

용기는 행동하게 하지만 두려움은 행동하지 못하게 한다.

용기는 어려움을 헤쳐 나아가게 하지만 두려움은 어려움에 맞서지 못하게 한다.

용기는 도전하게 하지만 두려움은 도피하게 만든다.

용기는 삶의 에너지를 충전시키지만 두려움은 삶의 에너지를 방전시킨다.

용기는 성공 추구의 원동력을 발휘하게 한다.

우리에게 무엇보다 필요한 용기는 있는 그대로 자신을 수용하고 사랑할 수 있는 '불완전할 용기'이다. 당신의 우월성 추구를 위해 정말 불완전할 용기가 필요하다. 사람들의 실수나 실패를 용인하지 않고 완전을 추구하는 사회적 현상 속에서 '불완전할 용기'를 강조하는 것이 이상하게 들릴 수 있다. 하지만 경쟁적 사회적 분위기 속에서 완전을 추구하며 실수나 실패로 쉽게 좌절하고 두려움에 사로잡힐 수 있는 사람들에게 '불완전할 용기'는 진정한 변화를 위한 패할 수 없는 용기이다.

5) Encouragement: 격려

당신의 행복한 삶을 위한 성공의 다섯 번째 비결은 격려(encouragement)이다. 당신이 낙담하여 풀이 죽어 당신에게 주어진 삶의 요구에 맞서지 못할 때 정말 격려가 필요하다. 격려는 말 그대로 용기를 갖게 하는 것이다. 격려의 반대는 낙담(discouragement)이다. 낙담은 용기를 잃게 하는 것이다. 낙담한 사람은 자신감을 상실하고 자신의 열등감을 극복할 의지를 보이지 않는다. 아들러의 개인심리학을 보급한 대표적 인물인 드레이커스(Rudolf Dreikurs)는 "식물에게 물과 태양이 필요하듯 인간에게 격려가 필요하다."라는 표현을 통해 격려의 중요성을 강조하였다.

아들러식 치료자인 크러우스(Krausz)는 "참아 내지 못하는 사람은 환자가 된다(A person who is impatient remains a patient).”라는 표현으로 낙담하여 환자가 된 사람들을 빗대어 얘기하면서 격려의 필요성을 지적하였다. 대부분의 사람은 대체로 어떤 일에 탐닉하게 되어 긍정적 중독이나 부정적 중독에 빠질 가능성을 가지고 있다. 급변하는 사회에서 살아남기 위해 열심히 그리고 힘들게 노력하는 과정에 있는 우리를 유혹하는 많은 것이 산재해 있다. 분명히 당신을 유혹하는 것들을 참아 내지 못하고 빠져들면 당신이 정말 환자가 된다는 것을 명심했으면 한다.

격려의 반대는 낙담이다.
격려는 도전할 용기를 갖게 하는 촉진제이다.
격려는 좌절의 구렁텅이에서 벗어나 희망을 갖게 한다.
격려는 자신감을 갖고 행동하도록 내적 동기를 유발한다.
격려는 침체의 늪에서 벗어나도록 행동하게 하는 동인이다.

격려는 정말 칭찬과 다르다.
당근이 채찍보다 나은 것처럼 칭찬이 처벌보다 좋다.
처벌하지 말고 칭찬하라.
격려는 칭찬과 다르고 칭찬보다 좋다.
칭찬은 사람들을 낙담시킬 수 있지만 격려는 낙담한 사람에게 필요하다.
칭찬하지 말고 격려하라.
격려하며 사는 행복한 사회를 만들자.
격려를 통해 우리 모두가 신바람 나게 생활할 수 있는 가정, 학교, 직장을 만들자.

우리가 실수하거나 실패했을 때 대체로 우리 자신을 자책한다. 역시 부모로서 자녀가 잘못했을 때 대체로 비난하기가 일쑤이다. 다시 말하면, 우리는 자책하기나 비난하기를 통해 실수나 실패로 낙담한 자신이나 타인을 더욱 낙담시킨다. 이러한 이유는 우리가 오랫동안 행동의 결과에 따라 잘했을 때는 칭찬이나 못했을 때는 처벌을 받아 왔기 때문이다. 오랫동안 지켜 온 습관을 바꾸는 것은 분명히 쉽지 않다. 하지만 당신 자신이나 자녀가 실수하거나 실패했을 때 변화와 성장을 위해 정말 필요한 것은 자책이나 비난이 아니라 격려라는 것을 명심했으면 한다.

6) Social interest: 사회적 관심

당신의 행복한 삶을 위한 성공의 여섯 번째 비결은 사회적 관심(social interest)이다. 당신이 사회적 존재로서 타인과 함께 협동하고 기여하면서 당신에게 주어진 인생과제를 해결해 가는 데 사회적 관심이 필요하다. 사회적 관심의 비슷한 표현은 공동체감, 공동체 소속감, 이웃사랑, 공감 등이다. 아들러는 인간이 사회적 존재로서 사회적 관심을 타고났다고 보았다. 우리는 태생부터 타인과 더불어 부대끼며 삶의 질곡을 헤쳐 나가도록 사회적 관심을 가지고 태어났다. 높은 사회적 관심을 가진 사람은 가정, 학교, 직장에서 타인과 협동하고 기여하면서 생활한다. 반면에 낮은 사회적 관심을 가진 사람은 타인을 배려함이 없이 비교와 경쟁을 통해 자신의 이익만을 위해 행동한다. 이런 점에서 아들러는 개인의 사회적 관심의 수준을 정신건강의 준거로 사용하였다.

사회적 관심은 타인과 함께 희로애락을 느끼며 살게 하는 삶의 윤활유이다.
사회적 관심은 이기심이 아니라 애타심이다.
사회적 관심은 집단에 기여하고 협동하는 것이다.
사회적 관심은 타인과 공감적 관계를 맺는 것이다.
사회적 관심은 집단에 대한 소속감이며 사랑이다.

사회적 관심이 타고난 잠재력이기 때문에 부모가 교육을 통해 자녀가 적절한 수준 이상으로 사회적 관심을 개발할 수 있도록 지도하는 것이 필요하다. 아동기에 거의 생활양식이 형성되기 때문에 자녀의 사회적 관심의 함양을 위해 부모역할은 막대하다고 할 수 있다.

인간은 사회적 존재이기 때문에 혼자서는 살 수 없다. 설령 개인이 혼자서 생활할 수는 있겠지만 결코 행복한 삶을 영위할 수 없다. 우리가 타인과 더불어 자기완성 추구를 하면서 행복하게 생활하기 위해 사회적 관심을 개발하는 것이 필요하다.

7) Social equality: 사회적 평등

당신의 행복한 삶을 위한 성공의 일곱 번째 비결은 사회적 평등(social equality)이다. 당신이 사회적 존재로서 타인과 함께 인생과제를 해결해 가는 데 있어 사회적 열등감을 느끼지 않고 생활하기 위해서 사회적 평등이 필요하다. 개인이 자신의 성공 추구를 위해 사회적 평등의 태도를 견지하면서 타인과 더불어 생활하는 것이 필요하다. 민주적 사회에서 인간으로서 모든 사람의 사회적 지위는 동등하다. 사회적 평등은 인간으로서 모든 사람의 사회적 지위가 동등함을 의미한다. 좀 더 쉽게 설명하면 사회적 평등은 빈부귀천이나 남녀노소에 의한 수단에 의해 인간으로서 사회적 지위가 차별되지 않고 동등하다는 것을 의미한다.

우리가 겪고 있는 대부분의 크고 작은 심리적 문제의 원천은 인간관계의 갈등에서 비롯된 불안이다. 사람들은 각기 가정에서의 부부 갈등, 부모와 자녀 간의 갈등, 학교에서 교사와 학생 간의 갈등, 학생과 학생 간의 갈등, 그리고 직장에서 관리자와 직원 간의 갈등, 직원과 직원 간의 갈등 등을 경험하며 생활한다. 이러한 대인관계의 갈등에서 비롯된 사회적 문제나 심리적 불안을 해결하는 데 가장 중요하게 요구되는 것은 상호존중이다. 그리고 진정한 상호존중은 사회적 평등에서 비롯된다. 필자는 상담심리학자로서 현재 많은 사람이 겪고 있는 심리적 문제가 사회적 불평등에서 비롯된 사회적 열등감이나 사회적 우월감 때문이라고 확신한다.

사회적 평등의 반대는 사회적 불평등이다.

사회적 평등은 인간으로서 모든 사람의 사회적 지위가 동등함을 의미한다.

사회적 평등은 상호존중에 선행한다.

상호존중의 인간관계는 사회적 평등에서 비롯된다.

사회적 열등감은 사회적 불평등에서 비롯된다.

사회적 열등감은 사람들 간의 불평등 관계에서 나타나는 사회적 수모이다.

사회적 갈등은 사회적 불평등에서 야기된다.

지배와 복종 관계는 사회적 불평등에서 비롯된다.

진정한 민주주의 실현은 사회적 평등에 따른 상호존중에 의존한다.

사회적 열등감을 극복하기 위해 사회적 평등의 실현이 필요하다.

사회적 관계에서 비롯된 갑질행위의 원천은 사회적 불평등의 태도이다.

우리는 지금 인간이 만들어 낸 가장 이상적인 정치체제인 민주주의 제도하에 살고 있다. 진정한 민주적 사회의 실현은 모든 사람의 사회적 지위가 동등함을 의미하는 사회적 평등이 달성될 때라고 믿는다. 왜냐하면 앞으로 더 진화된 민주적 사회에서 사회적 평등이 달성된다면 모든 인간관계가 상호존중의 자세로 이루어지기 때문이다.

사회적 평등이 구현되는 진정한 민주적 사회로 진화하는 과정에서 많은 진통이 일어나고 있다. 최근 우리 사회에서 중요한 사회적 문제로 진행되고 있는 강자가 약자에게 행하는 갑질 논란은 그러한 논란에 휩싸인 사람들이 사회적 평등의 태도가 아니라 사회적 불평등의 태도로 상대방의 권리를 무시한 데서 비롯된 문제이다.

우리 모두가 서로 존중하면서 성공 추구를 달성하기 위해서 자신이 소속된 가정, 학교, 직장에서 사회적 평등의 태도로 생활하는 것이 필요하다. 실제로 구시대적인 사고방식을 가지고 사는 사람들이 가진 사회적 불평등 태도에 기인해서 많은 부적절한 일들이 일어나고 있다. 우리가 사회적 평등 태도로 타인을 존중할 때 이러한 문제들을 해결할 수 있다.

가족구성원들이 모두 사회적 평등 태도로 생활하는 진정한 민주적 가정에서는 상호존중하기 때문에 부부갈등이나 가정폭력인 부부폭력, 아동학대 등의 문제가 발생하기가 어려울 것이다.

학교구성원들인 교사와 학생들이 사회적 평등 태도로 생활하는 진정한 민주적 학교와 학급에서는 구성원들이 상호존중하기 때문에 교사가 학생에게 가하는 체벌, 학생과 학생 간의 폭력 등 학교폭력이 일어나기가 힘들 것이다.

직장구성원들이 사회적 평등 태도로 생활하는 진정한 민주적 직장에서는 구성원들이 상호존중하면서 생활한다. 그렇기 때문에 요즘 많이 발생하는 직장상사가 직원에게 가하는 갑질행위, 동료 간의 갈등 등 사회적 불평등 태도에 기인해서 직장 내에서 일어나는 많은 문제를 예방할 수 있다.

제6장

격려하고, 격려하고, 또 격려하라

식물에게 물과 태양이 필요하듯이 인간에게 격려가 필요하다.
– 드레이커스 –

아마도 사람들은 자신이나 타인 그리고 사회를 위한 어떤 소망을 가지고 생활할 것이다. 지금 나의 소망은 격려전도사가 되는 것이다. 격려전도사가 되어 사람들이 자신이 설정한 삶의 목표를 달성할 수 있도록 격려하고 싶다. 특히 삶의 시련을 극복하지 못하고 낙담에 빠져 있는 사람들이 시련을 극복하고 자신감과 책임감을 가지고 살아갈 수 있도록 격려하고 싶다.

격려는 우리가 원하는 목표를 성취할 수 있도록 움직이게 하는 용기를 갖게 하는 것이다. 격려는 어떤 어려움에서도 좌절하지 않고 어려움을 헤쳐 나가게 하는 용기를 자신이나 타인에게 불어넣는 것이다. 격려는 인간의 가장 중요한 궁극적 관심사이자 실존의 위협인 죽음의 두려움을 극복하게 하는 용기를 갖게 하는 것이다.

우리는 수많은 걱정과 두려움을 가지고 생활한다. 수많은 일이 우리를 걱정하게 하고 두렵게 한다. 날마다 우리의 삶을 위협하는 의미 있는 사건들이 우리를 두렵게 한다. 우리는 실수나 실패에 대한 두려움이 있다. 우리는 사고나 질병의 감염에 대한 두려움이 있다. 우리는 우리가 사랑하는 사람의 상실에 대한 두려움이 있다. 나를 사랑하는 사람이 나를 미워해서 떠나 버리지 않을까 하는 두려움이 있다. 우리가 성취한 부와 지위를 잃어버리지 않을까 하는 두려움이 있다. 궁극적으로는 언제 닥칠지 모르는 우리의 죽음이 우리를 두렵게 한다.

이렇게 열거하면, 우리를 두렵게 하는 것은 무수히 많다.

1. 격려기도문

다음과 같은 격려기도문으로 하루를 시작하면서 두려움을 극복하고 지혜롭게 생활했으면 한다.

격려기도문

신이여, 저에게 죽음의 두려움을 극복할 용기를,
저의 열등감을 극복할 용기를,
불완전할 용기를,
용서하고 사랑할 용기를,
그리고 저의 지식과 경험의 식견을 확장할 지혜를 주소서.

The Encouragement Prayer

God grant me the courage to overcome my fear of death,
Courage to overcome my inferiority,
Courage to be imperfect,
Courage to forgive and love,
And wisdom to expand my mental
horizon of knowledge and experience.

여기에서는 격려기도문을 통해 전달하고 싶은 다섯 가지 용기와 지식과 경험의 식견을 확장할 지혜에 대해서 설명하고자 한다. 다섯 가지 용기는 죽음의 두려움을 극복할 용기, 열등감을 극복할 용기, 불완전할 용기, 용서할 용기, 그리고 사랑할 용기를 말한다. 더불어 격려기도문에서 언급한 신은 특정 종교의 신을 의미하지 않는다는 것을 강조하고 싶다. 여기서 신은 인간이 불완전한 존재이기 때문에 불완전한 인간에 대비해서 완전함을 나타내는 가정된 실체를 의미한다. 더불어서 우리를 괴롭히고 두렵게 하는 시련을 참아 내지 못하면 정말 환자가 된다는 뜻을 나타내는 "참아 내지 못하는 어떤 사람은 정말 환자가 된다(A person who is impatient remains a patient)."라는 말을 전달하고 싶다. 이 말은 환자가 되지 않기 위해 시련을 참아 내고 극복할 용기가 필요하다는 격려의 메시지이다. 격려기도문을 통해 격려로 삶의 시련을 극복하기 위해 격려하고, 격려하고, 또 격려하라.

1) 죽음의 두려움을 극복할 용기

아주 오래전에 매우 안타까운 마음으로 경험했던 죽음의 일화를 소개하고 싶다. 선배가 30대 초반인 젊은 나이에 암으로 죽음을 맞이했다. 그 선배는 사랑하는 아내와 이제 막 세 살이 된 아이를 남기고 저승으로 가 버렸다. 정말 가깝게 지냈던 선배여서 그의 죽음에 대한 안타까움과 함께 슬픔, 그의 아내와 아이에 대한 깊은 연민의 정을 느꼈다. 장례 절차의 마지막 날 운구차 안에서 일어났던 일이다. 운구차 안에 있었던 모든 사람이 애도의 슬픈 표정을 짓고 있는데 세 살 먹은 아이가 과자를 먹으며 마냥 즐거워하는 모습을 발견했다. 나에겐 정말 죽음과 관련한 아이러니한 경험이었다. 아직 죽음의 의미를 전혀 알지 못한 아이가 자신의 가장 소중한 아버지의 죽음이 장차 그에게 가져다줄 엄청난 시련에 대한 생각 없이 즐거워하는 모습을 보면서 정말 안타까운 마음이 들었다.

한국인인 우리의 생활습관을 보면 죽음을 얘기하면서 죽음을 이해하고 죽음과 매우 가깝게 지내면서 생활하고 있음에 틀림없다. 대부분의 사람이 적어도 우리의 명절인 추석과 구정에는 성묘를 가서 죽음으로 인해 저승에 있는 조상이나 부모를 그리며 죽음과 관련한 경험을 한다. 이러한 죽음에 대한 우리의 풍습과 관련해서 보면 우리가 죽음의 두려움 없이 죽음을 이해하고 수용하면서 생활해야 하는데 그렇지 않은 것 같다.

우리는 우리의 삶이 죽음을 내포하고 있다는 것을 잘 알고 있다. 생물학적 측면에서 보면, 사람들이 자신의 건강관리를 어떻게 하느냐에 따라 수명에 차이는 있을지 모르지만 인간발달의 완성이 죽음임에 틀림없다. 이렇게 우리가 유한한 존재라는 자체가 삶의 의미를 준다. 만약 우리가 죽지 않고 한없이 산다면, 사람들이 어떻게 생활할까? 상상해 보면 끔찍한 것 같다.

죽음의 의미를 이해하고 죽음을 수용할 때 진정한 삶의 의미를 발견할 수 있고 죽음의 두려움을 극복할 수 있으리라 본다. 흔히 인구에 회자되는 역설적 표현인 "살려고 하는 자는 죽고, 죽으려고 하는 자는 산다."라는 표현에서 우리의 삶을 지탱하는 데 있어 죽음의 두려움을 극복할 용기를 갖는 것이 얼마나 중요한가를 알 수 있다. 우리 각자의 인생과정에서 일어나는 우리의 삶을 위협하는 의미 있는 사건을 맞이해서 두려움으로 회피하고 도피해서는 결코 문제해결을 할 수 없다. 그러나 우리가 그러한 사건을 맞아 두려움으로 회피하고 도피하는 것보다 죽음의 두려움을 극복할 용기로 도전하고 직면하면 그러한 문제를 해결할 수 있다.

2) 열등감을 극복할 용기

일단 심리학자로서 아들러 하면 떠오르는 두 단어가 열등감과 보상이라는 개념이다. 그 당시에 그가 쓴 「신체적 열등감과 그것의 정신적 보상」이란 논문은 많은 실증적 사례를 통해 입증되었다. 지금도 TV를 통해 국내나 국외에서 강건한 정신력과 피나는 노력으로 자신의 신체적 열등감을 극복하고 성공한 사례들을 흔히 볼 수 있다. 아들러는 개인이 나누어질 수 없는 전체로서 끊임없이 자기 자신을 창조해 가는 존재라고 보았다. 더불어서 그는 개인이 가지고 있는 능력을 자신이나 타인을 위해 유용하게 사용할 것을 강조하였다.

우리는 흔히 진정한 자기가 되는 것이 치유라고 말한다. 이 말을 개인심리학의 관점에서 좀 더 풀어서 설명하면, 우리 각자가 갖고 있는 우월성과 열등감을 있는 그대로 제대로 파악해서 우월성은 신장시키고 열등감은 극복하면 자신의 문제가 해결된다는 말이다. 아들러는 "사람이 된다는 것은 자신이 열등하다고 느끼는 것을 의미한다(To be a human being means to feel oneself inferior)."라고 언급하였다. 이와 관련하여 그는 또한 우월성은 앞에서 우리를 끌어 주고 열등감은 뒤에서 우리를 밀어준다고 하였다.

개인은 누구나 신체적으로나 정신적으로 열등한 측면이 있다. 개인이 독특한 존재로서 자기완성의 추구를 통해 자신의 인생과제를 달성하려면 자신의 열등감을 극복해야 한다. 개인의 어떤 열등감이 전체적인 자기에 영향을 미치고 지배하게 되는 열등감콤플렉스에 빠져서는 자기완성을 달성할 수 없다. 아들러는 열등감콤플렉스의 세 가지 원인으로 신체적 열등감, 과잉보호, 양육태만을 제안하였다. 신체적 열등감은 대부분 유전적 요인이 결정적인 영향을 미친다고 볼 수 있다. 하지만 열등감콤플렉스의 다른 두 가지 원인인 과잉보호와 양육태만은 부모의 양육태도 및 부모역할과 관련되어 있다. 이런 점을 고려해 볼 때 아동의 열등감콤플렉스에 부모역할이 얼마나 중요한가를 알 수 있다. 따라서 부모는 민주적 부모역할을 통해 아동이 성장해서 열등감콤플렉스에 빠지지 않고 정신적으로 건강한 성인이 될 수 있도록 노력하는 것이 필요하다.

우리가 속한 가정, 학교, 직장 등에서 개인들 간의 관계가 사회적 평등에 따른 민주주의적 원리에 따라 이루어지지 않을 때 개인은 사회적 불평등을 느끼게 된다. 사회적 평등은 사람들이 상호신뢰에 의한 사회적 관심을 갖기 위한 선행요인이다. 특히 제2의 아들러로 불리는 드레이커스(Rudolf Dreikurs)는 이러한 사회적 불평등은 사림들에게 심각한 심리적 영향을 미치는 사회적 열등감을 갖게 한다고 주장하였다.

3) 불완전할 용기

인간은 불완전한 존재이다. 반면에 불완전한 인간과 달리 신은 완전한 존재이다. 개인은 각자가 나름대로 우월성과 열등성을 가진 독특한 존재로서 자기를 창조해 가는 존재이다. 개인은 불완전한 존재로서 자신의 열등성을 극복하면서 자기완성을 추구한다. 불완전한 존재로서 우리는 실수나 실패를 할 수 있다. 우리는 때론 잘못을 저지를 수도 부적절한 행동을 할 수도 있다.

반면에 우리는 비교와 경쟁을 통해 승리해야만이 살아남을 수 있다는 사회적 분위기에서 생활하고 있다. 즉, 생존하기 위해서는 불완전한 존재인 우리에게 완벽하기를 강조하는 사회적 분위기에서 살고 있다. 이런 분위기에 익숙해져서 어떤 사람들은 실수나 실패를 해서는 안 된다는 강박적 사고와 함께 실수와 실패에 대한 두려움을 가지고 생활한다. 어떤 사람들은 거듭된 실수나 실패로 좌절감에 빠져 자신감을 잃고 낙담한 상태에 있다.

아들러는 "모든 실패자는 낙담되어 있다."라고 하였다. 낙담한 사람들에게 필요한 것은 격려이다. 불완전할 용기는 개인이 불완전한 존재로서 있는 그대로 내가 될 용기이다. 불완전할 용기는 실수나 실패를 저지른 자신을 책망하지 않고 수용할 용기이다. 개인은 격려를 통해 불완전할 용기를 가지고 진정한 내가 되도록 노력하는 것이 필요하다. 이런 점에서 최고의 자기격려는 "나는 있는 그대로서 충분히 괜찮아(I am good enough as I am)."라고 말하는 것이다.

4) 용서할 용기

살아가는 과정에서 우리를 화나게 하는 일이 많이 일어난다. 화(anger)를 그대로 타인에게 분출해 버리면 타인을 해치게 되고, 그러한 결과는 결국 화를 낸 당사자에게 돌아온다. 그래서 화를 관리하는 방법을 터득하는 것이 필요하다.

최근에 있었던 필자의 일화를 소개하고자 한다. 상식적으로 이해되지 않는 어처구니없는 일로, 몇 개월간 기다려 온 재판 시간에 맞추기 위해 전남 담양에서 경기도 성남에 있는 성남지청까지 거의 5시간 동안 자동차를 몰고 간 적이 있다. 새벽에 출발해서 가는데 억수같이 내리는 비를 헤치고 성남지청에 도착했다. 나는 원고로서 판결하기에 너무도 확실한 내용이었기 때문에 그날은 판사가 정당하게 판결을 내릴 것이라고 믿었다. 내용인즉, 25개월 이상 월세를 받지 못해서 법적으로 해결하기 위해 법무사를 통해 소송을 시작했다. 잡힌 재판 날짜가 한 번 미뤄지고 7개월이 지나 32개월 동안 월세를 받지 못한 상태에서 이루어진 재판이었기 때문이다. 그런데 기대하고 믿었던 판결과는 달리, 판사가 엉뚱한 얘기만 해서 몇 분 안 되는 재판 과정 중에 화가 치밀어 올랐다. 그 당시에 판사에게 '당신 판사로서 직무유기하고 있는 것 아닙니까?'라는 말을 거의 내뱉을 뻔했다. 하지만 참았다. 재판이 끝나고 나서 판사의 엉뚱한 말에 그럴 뻔했다는 내용을 재판에 참석했던 법무사의 사무장과 함께 얘기를 나눴을 때, 그가 말하기를 "만약 교수님이 그렇게 말했으면 재판장에서 끌려 나갔을 거예요."였다.

골먼(Goleman, 1995)이 세상을 살아가는 데 정서 지능(emotional intelligence)인 EQ가 지적 지능인 IQ보다 더 중요하다는 책을 발간해서 주목을 받았다. 그는 그의 책 서두의 제목을 '아리스토텔레스의 도전'이라고 정하고 다음과 같은 아리스토텔레스가 언급한 내용으로 책을 시작하였다.

> 누구나 화를 낼 수 있다, 그것은 쉬운 일이다.
> 그러나 적절한 사람에게, 적절한 정도로, 적절한 시간에,
> 적절한 목적을 위해, 그리고 적절한 방식으로 화를 내는 것,
> 이것은 쉬운 일이 아니다.
>
> Anyone can become angry, – that is easy.
> But to be angry with the right person, to the right degree,
> at the right time, for the right purpose,
> and in the right way, – this is not easy.

대부분 사람은 화를 내고 후회하는 경우가 많다. 필자도 인생의 동반자인 아내와 다투면서 화를 내고 후회한 경우가 많다. 화를 내고 나서 후회하기보다 화가 날 때 바로 앞에 기술한 아리스토텔레스의 언급을 떠올려 생각해 볼 것을 권장하고 싶다.

대부분 우리를 화나게 하는 대상은 사람이다. 화가 나도 화나는 대상에게 화를 적절하게 발산하지 못해서 생기는 병이 화병이다. 화병에 걸리지 않거나 화병에서 벗어나기 위해, 우리를 화나게 한 부적절한 행동을 저지른 사람을 용서할 용기가 필요하다. "죄를 미워하되 사람을 미워하지 마라."라는 말처럼, 아무리 상대방이 미워도 우리가 궁극적으로 원하는 우리 자신의 마음의 평화를 위해 상대방을 용서할 용기를 발휘하는 것이 필요하다.

5) 사랑할 용기

인간은 사회적 존재이다. 사회적 존재로서 개인이 타인과 관계를 맺으면서 삶을 지탱하게 하는 가장 중요한 요인이 사랑이다. 우리는 이러한 사실을 형제애, 부부애, 가족애, 연애, 동료애, 동포애 등의 언어적 표현을 통해 이해할 수 있다. 그래서 격려를 통해 사랑할 용기를 유지하고 실천하는 것이 중요하다. 아들러가 개인의 삶에 가장 필요한 심리적 요인으로 강조한 개념이 사회적 관심이다. 사회적 관심의 유사어가 이웃사랑이라고 말하는 것처럼 사회적 관심은 자기애를 바탕으로 한 애타적 사랑이라고 할 수 있다. 그리고 그가 제안했던 주요한 두 가지 인생과제인 사랑과 결혼, 우정 및 동료애도 사랑이 핵심요인이다.

요즘 젊은 세대들이 경제적 요인 등과 같은 외적 요인으로 결혼을 하지 않아서 홀로 사는 인구가 늘어나고 있다. 인생의 긴 여정에서 삶의 동반자 없이 때론 고독을 느끼며 혼자 살아가는 것은 쉽지 않은 일이다. 모든 외적 요인을 제쳐 두고 격려를 통해 누군가에게 진정으로 사랑할 용기를 발휘할 수 있는 사람이 정신적으로 건강하고 행복한 사람이다.

6) 지식과 경험의 식견을 확장할 지혜

해석학의 대가로 알려진 가다머(Hans–Gerog Gadamer)가 저술한 『진리와 방법』이란 책에 등장하는 용어로 '정신적 지평선(mental horizon)'이 있다. 진리에 도달하는 데 정신적 지평선을 확장하라고 하면서 사용된 용어이다. 필자는 정신적 지평선이란 말보다 식견(識見)이란 표현이 훨씬 적절하다고 본다. 은유적으로 산에 높이 올라감에 따라 더 확장되고 먼 지평선을 볼 수 있는 것처럼 식견이 높은 사람이 낮은 사람보다 훨씬 많은 것을 보고 이해할 수 있다.

대략 20년 전에 한학자의 도움을 받아 사자성어로 지험무애(知驗無涯)란 말을 만들었다. 지험무애의 뜻은 '우리가 배워서 지혜를 터득하게 하는 지식과 경험은 끝이 없다.'를 나타낸다. 변화와 성숙을 위해 인간중심치료를 개발한 로저스(Carl Rogers)가 "경험은 나에게 최고의 권위이다(Experience, for me, is the highest authority)."라고 말한 것처럼 우리도 우리의 경험을 확장하는 것이 필요하다.

정말 배우고 경험하는 것은 끝이 없다. 우리에게 소중한 단 한 번밖에 없는 삶을 지혜롭게 살기 위한 식견을 높이기 위해 우리는 죽을 때까지 배우고 경험하는 것을 계속해야 한다.

2. 격려의 중요성

격려(encouragement)란 말은 일반적으로 타인에게 용기(courage)를 북돋아 주는 것으로 사용되어 왔다. 격려의 반대는 낙담(discouragement)으로 타인을 낙담시킨다는 의미는 그의 용기를 제한하거나 잃도록 하는 것이다. 격려와 낙담을 바탕으로 사람들을 크게 둘로 분류하면 격려하면서 사는 사람은 건강하며 적응적인 생활을 하고, 낙담하면서 사는 사람은 건강하지 못하며 부적응적인 생활을 한다고 할 수 있다. 이러한 관점에서 최근 혁신적인 상담접근방식으로 아들러의 개인심리학 이론에 근거하여 로손시(Losoncy, 2001)는 '격려치료(encouragement therapy)'를 개발하여 제안하였다. 기본적으로 격려치료는 상담자가 내담자를 격려해 줌으로써 그를 조력하는 접근방식이다. 아들러의 개인심리학 상담접근에서는 상담자의 격려를 무엇보다 중요하게 여긴다. 아들러식 상담자들은 흔히 상담에서 상담자가 경청만 잘해 주면 내담자가 변화한다는 말과 유사하게 격려만 잘해 주면 내담자를 조력할 수 있다고 본다. 여기에서는 심리학자 아들러가 개발한 개인심리학에서 강조하는 격려를 바탕으로 시작된 격려심리학의 기본개념과 강조점을 살펴보고자 한다. 더불어 최근에 '칭찬은 고래도 춤추게 한다'며 강조되는 칭찬과 격려의 차이를 알아보고자 한다.

1) 격려의 의미

격려는 복잡한 과정으로 정확한 정의를 하는 것이 쉽지 않다. 최선으로 격려를 정의해 보면, 교사가 학생을 존경하고, 신뢰하고, 믿는다는 것을 그리고 그의 현재의 부족한 기술이 어떤 방식으로건 인간으로서 그의 가치를 감소시키지 않는다고 생각한다는 것을 학생에게 전달하는 행동이다(Dreikurs, Grunwald, & Pepper, 1998, p. 103).

격려할 능력은 타인과 잘 어울리는 데 있어 가장 중요한 단일 특성이다. 또한 격려할 능력은 자신에 대한 믿음을 가정한다. 그러한 믿음이 없으면 자기평가를 위한 우리의 보상적 갈망이 우리가 최선의 노력을 하지 못하게 할 것이다. 격려할 능력은 자신감을 불어넣는 능력이다. 어떤 사람의 잘못된 자아개념을 변화시키기 위해, 우리는 **'그가 있는 그대로로서 충분히 좋다'**는 것을 진심으로 확신해야 한다. 우리 모두는 현재의 자신보다 더 나아질 수 있다. 그러나 이것이 우리가 더 나아질 수 없다면 우리가 결코 가치 없으리라는 것을 의미하지 않는다.

성장에 있어 역동적 힘은 용기이다. 개인이 먼저 자신의 능력을 믿지 않으면 누구도 능숙하게 될 수 없다. 우리 모두는 잘못을 두려워하는 것에 조건화되어 있다. 잘못의 부정적 평가는 격려의 여지를 거의 남기지 않는다(Dreikurs, 1971, pp. 120–122). 최근에 양(Yang), 밀리렌(Milliren) 그리고 브라겐(Blagen)은 용기를 "어려움이 있을 때 자기와 타인의 이익을 지향하여 우리가 나아가도록 하는 내부와 외부에서 비롯된 창조적 생명력이다. 특히 용기와 용기의 행위는 인생과제(일과 직업, 사랑과 결혼, 사회적 관심, 자기지향성, 영성)와 관련하여 사회적으로 유용한 방식으로 기여하고 협동할 개인의 의지에서 가장 잘 표현된다."라고 정의하였다(Yang, Milliren, & Blagen, 2010, p. 14).

그런월드와 맥애비(Grunwald & McAbee, 1985)는 격려는 상호존중, 평등성, 이해, 신념을 포함해야 한다는 것을 제안하였다. 딩크마이어와 로손시(Dinkmeyer & Losoncy, 1996)는 "격려는 모든 긍정적 개인적 및 전문적 관계에서 핵심요인이다. 격려는 긍정적 행동을 하도록 개인의 내적 자원과 용기의 발달을 촉진하는 과정이다(pp. 5–7)."라고 진술하였다.

격려의 행동은 과업을 성취하는 데 대한 노력, 향상, 기여를 인식하는 것이다(McKay, 1992; Dreikurs & Grey, 1968). 아줄레(Azoulay, 1999)는 어떤 행동이나 생각에 따른 강화로서보다 행동이나 인지에 선행하는 자극으로서 작동한다고 진술하였다. 또한 아줄레는 격려가 잘 행해진 과업에 대한 보상이 아니며, 사람이나 그의 활동에 대한 긍정적이지만 판단적 진술일 수 있는 칭찬도 아니라고 주장하였다. 차라리 격려는 개인의 내적 세계와 외적 세계 간의 어떤 연결고리이다(Cheston, 2000).

딩크마이어와 로손시(Dinkmeyer & Losoncy, 1980)는 격려가 판단이 아니라 기술하고, 사회적 가치, 과정과 향상(이전의 수행과 비교가 아닌), 노력을 강조하고, 긍정적 수행의 결과로서 개인이 갖는 좋은 감정에 초점을 두기 때문에 효과가 있다고 주장하였다. 다양한 연구자는 격려를 의사소통하는 방식으로서 경청과 이해, 비판단적인 것, 타인과의 관계에서 인내 유지, 타인 및 자신의 능력에 대한 신념과 자신감을 불어넣는 것, 노력이나 향상에 초점을 두는 것, 강점과 자질에 초점을 두는 것 등으로 기술하였다(Dinkmeyer & Losoncy, 1980; McKay, 1992; Sweeney, 1989).

2) 부적응과 격려

사회적 부적응은 열등감과 우월성 추구의 사회적 결과에서 비롯된다. 모든 개인은 각자의 정신생활을 형성하는 열등감 및 성공과 우월성 추구를 가진다. 열등감콤플렉스와 우월감콤플렉스는 부적응이 일어난 이후에 결과로서 나타난다. 어떤 개인들이 콤플렉스를 갖지 않는 이유는 그들이 자신의 열등감과 우월성을 사회적 관심, 용기, 상식의 논리에 의해 사회적으로 유용한 방식으로 사용하기 때문이다(Adler, 1969, p. 104).

드레이커스(1948)는 학생들이 자신의 입장을 유용한 것으로 발견하는 데 낙담하면 그들은 네 가지 잘못된 행동 목표 중의 하나를 추구하려고 시도한다고 지적하였다. 이러한 네 가지 목표는 관심 끌기, 힘 추구, 복수하기, 부적응적인 행동하기이다(Mosak & Maniacci, 1999, p. 149). 누군가 행복을 추구하면 할수록, 행복은 그 사람을 더 비켜 가는 것 같다(Strum, 1926). 행복은 목적이 아니라, 개인이 하는 것의 부산물이다. 행복은 어느 정도의 모험을 수반한다. 모험하기는 삶의 일부이다. 어떤 경우에나, 특히 위기에 있을 때 희망을 제안함으로써 격려를 제공할 수 있다(Mosak, 1995; Stotland, 1969).

성인이나 학생에게 있는 대부분의 부적절한 행동은 낙담의 결과이다. 단지 격려된 사람만이 솔직하게 문제에 직면할 수 있고, 효과적으로 문제를 처리할 수 있다. 우리는 계속적으로 우리 주변에 있는 사람들을 격려하거나 낙담시킨다. 이런 이유로 우리는 실제로 그들이 기능할 능력을 증대시키거나 감소시키는 데 기여한다.

우리는 우리가 생각하기에 우리를 싫어하고 무시하는 사람이나 우리로부터 너무 많은 것을 기대하는 것으로 여겨지는 사람에 의해 낙담될 수 있다. 어떤 경우건 우리가 자신감이 없으면 우리의 내적 자원을 이용하는 데 실패한다. 우리는 우리가 만나는 모든 사람을 격려하거나 낙담시킴으로써 보다 기분 좋게 혹은 나쁘게 느끼도록 할 수 있다.

식물에게 태양과 물이 필요하듯이 인간에게 격려가 필요하다. 학생이 너무 낙담해서 나쁜 행동을 할 때, 격려가 특히 필요하다. 그러나 불행하게도 학생이 더 나쁘게 행동하고 많은 격려가 필요할수록, 학생은 더욱 적은 격려를 받는 것 같다. 부적응한 학생이 우리를 낙담시키기 때문에 그를 격려하는 것은 쉽지 않다. 그러나 우리가 우리의 태도를 바꿀 때까지, 우리는 우리의 학생들을 도울 수 없다.

수줍은 사람은 그의 수줍음이 교정되지 않으면 항상 많은 어려움을 가질 것이다. 왜냐하면 우리의 문화에서 단지 용기 있는 사람들이 좋은 결과와 삶의 이점을 얻도록 많은 일이 확립되었기 때문이다(Adler, 1969, p. 63). 학생에게 있어 수줍음은 위험이 가득한 다른 태도이다. 수줍은 학생은 조심스럽게 다루어져야 한다. 수줍음은 수정되어야 한다. 그렇지 않으면 학생의 전반적 생애를 망칠 것이다. 만약 그의 수줍음이 수정되지 않으면 그는 항상 많은 어려움을 가질 것이다. 왜냐하면 우리의 문화에서 많은 일이 단지 용기 있는 사람들이 좋은 결과와 생활의 이점을 얻도록 확립되어 있기 때문이다. 만약 어떤 사람이 용기가 있고 실패를 참아 내면 그는 많은 상처를 받지 않지만 수줍은 사람은 어려움에 직면하자마자 삶의 무용한 측면으로 도피한다. 그러한 학생들은 나중에 신경증이나 정신병적 상태에 있게 될 것이다(Adler, 1969, p. 63).

격려는 개인의 인지적 도식 틀에 긍정적 기대를 주입하는 것으로서 개념화된다. 그러한 인지적 틀을 가지고 개인들은 보다 적은 스트레스와 불편함을 가지고 다양한 적응적 행동에 참여할 경향성이 더 많다. 부적응 행동이나 병리적 행동은 낙담의 반영으로 본다(Krausz, 1935; Mosak, 1995). 낙담한 사람은 자신감이 결여되어 있다. 즉, 낙담한 사람은 열등감을 경험하고 보다 독단적으로 태도와 신념에 매달리는 경향을 보인다(Mosak & Maniacci, 1998, p. 75).

부적절하게 행동하는 모든 학생은 낙담되어 있다. 학생이 자신의 능력에 자신감을 갖는 한, 그는 가정이나 학교에서 제자리를 찾을 건설적 수단을 사용할 것이다.

3) 격려에 의한 성공회로와 낙담에 의한 실패회로

용기(courage)라는 단어는 원래 '심장'을 의미하는 불어 'coeur'에서 파생되었다. 용기는 이미 알고 있는 목표를 위하여 어느 정도는 예상하고 있는 위험을 감수하려는 확신감이다. 즉, 용기는 하나의 느낌이라고 할 수 있다. 격려는 용기를 북돋는 것이라 한다면 낙담은 용기를 잃게 하고 두려움을 갖게 하는 것이라고 할 수 있다.

격려에서 비롯된 용기와 관련하여 성공회로를 기술하면 다음과 같다. 즉, 성공회로는 '**사건**(문제 또는 난관) → **생각하기**(높은 자기존중감) → **느끼기**(용기) → **행동하기**(긍정적 행동) → **사건**(성공과 긍정적 피드백)'으로 되풀이되는 과정이다.

반면에 낙담에서 비롯된 두려움이나 실망하기와 관련하여 실패회로를 다음과 같이 기술할 수 있다. 즉, 실패회로는 '**사건**(문제 또는 난관) → **생각하기**(높은 자기존중감) → **느끼기**(용기) → **행동하기**(긍정적 행동) → **사건**(성공과 긍정적 피드백)'으로 되풀이되는 과정이다.

교사들은 학생들의 용기를 북돋기 위해, 첫째, 독립심을 자극하고, 둘째, 장점이나 강점을 지적하고, 셋째, 학생들에게 신뢰를 보여 주고, 마지막으로 학생들의 가치를 인정해 주는 것이 필요하다.

4) 격려와 칭찬의 차이

격려를 설명하고 이용하는 가장 좋은 방법은 명확하게 격려와 보상(칭찬)을 구별하는 것이다. 보상과 격려의 가장 중요한 차이는 보상은 행동의 결과에 초점이 맞추어 일어난 반면에, 격려는 행동 그 자체와 과정에 맞추어 주어진다는 점이다. 격려하는 사람은 구체적인 보상을 제안하지 않는다. 격려하는 사람은 단순히 타인이 하고 있는 것이 가치 있고 호의적인 인정이 주어져야 한다는 것을 타인에게 지적한다. 예를 들면, "나는 네가 했던 것을 좋아한다." "이걸 참 잘했어." 혹은 "너는 전보다 이걸 훨씬 잘했어."와 같은 표현은 격려를 반영하는 전형적인 진술이다. 본질적으로 초점은 그 사람이 어떤가에 대한 판단이 아니라 수행되는 과업에 있다. 자녀가 하고 있는 것에 가치를 지적함으로써 자녀를 위한 보상적인 상황은 여전히 존재하지만 도덕적 판단은 전혀 하지 않는다. 같은 원리는 논리적 결과 대 처벌의 상황에서 자녀를 다룰 때 진실하다. 아들러와 드레이커스가 지적한 것처럼 단순한 실존은 그 자체로 격려가 아니라고 믿는다. 누구도 자신이 협동적 행위를 수행하지 않으면 진실로 격려됨을 느낄 수 없다(Grey, 1998, pp. 138–139).

드레이커스와 그레이(Dreikurs & Grey, 1968)는 "보상과 격려 사이에 근본적 차이가 있다. 이들은 공통적으로 친근한 태도를 가지므로 동일한 것으로 여겨진다. 그러나 이들은 시점과 그것의 효과에 있어 다르다. 보상은 보통 잘한 어떤 일이나 어떤 성취 때문에 개인에게 주어진다. 격려는 개인이 실패했을 때 필요하다(p. 57)."라고 지적하였다.

칭찬은 보통 어떤 과업이나 행위가 잘되었을 때 혹은 과업이 완성됐을 때 개인에게 주어진다. 격려는 개인이 실패할 때 필요하다. 학생들은 가끔 '좋지 않은 자아상'을 갖고 그들이 사랑을 받고 성인들에게 수용될 수 있는 어떤 일을 할 수 있다고 믿지 않는다. 그러므로 우리는 가능한 한 많은 격려를 그들에게 해 주어야 한다.

테일러(Taylor, 1979)가 칭찬과 격려를 비교한 내용은 다음과 같다.

〈표 6-1〉 격려와 칭찬의 차이

칭찬	격려
경쟁을 자극한다.	모든 사람의 이익을 위한 기여와 협동을 자극한다.
수행의 질에 초점을 둔다.	노력과 기쁨의 양에 초점을 둔다.
타인을희생하여 이기심을 조장한다	타인을 해치지 않고 자기관심을 조장한다.
중도탈락자을 만든다.	시도한 사람들을 만든다.
실패의 두려움을 조장한다.	불완전의 수용을 조장한다.
의존성을 조정한다(촉진한다).	자기충족성과 독립성을 조장한다.

딩크마이어와 드레이커스(1963)가 교사와 부모가 학생을 격려할 때 유념해야 할 내용으로 제안했던 아홉 가지 내용은 다음과 같다.

- 있는 그대로로서 학생에게 가치를 두어라.
- 학생에 대한 신념을 보이고 학생이 자신에 대한 신념을 갖도록 한다.
- 학생의 능력을 진실로 믿고 그가 자기존중을 형성하는 동안 그의 자신감을 북돋운다.
- 하는 일이 잘됐다는 것을 인식하고 그의 노력을 인정해 준다.
- 학생의 발달을 촉진하고 향상시키기 위해 학급집단을 활용한다.
- 학생 개개인이 집단에서 자신의 자리를 확신할 수 있도록 집단을 통합한다.
- 성공을 보장하기 위해 계속적으로 기술의 발달을 조력한다.
- 강점과 자질을 인식하고 초점을 둔다.
- 건설적 활동에 힘을 쏟도록 학생의 관심을 이용한다.

라이머(Reimer, 1967)가 학생을 격려할 때 제안한 표현 목록은 다음과 같다.

- 네가 이런 일을 잘하는구나(You do a good job of ~).
- 네가 이런 점에서 향상되었구나(You have improved in ~).
- 우리는 너를 좋아해. 하지만 우리는 네가 하는 것을 좋아하지 않는다. 학생과 그의 행동을, 행위자와 행위를 구별하는 것이 중요하다.
- 너는 나를(우리를, 타인을 등) 도울 수 있어.
- 함께 그것을 해 보자.
- 그러므로 네가 실수를 했다. 지금 너는 너의 실수로부터 무엇을 배울 수 있니?
- 너는 우리가 '네가 그것을 할 수 없다.'라고 생각하리라 보지만, 우리는 '네가 할 수 있다.'라고 생각해.
- 계속해서 시도하라. 포기하지 말라.
- 나는 네가 이 문제를 해결하리라고 확신해. 하지만 만약 네가 어떤 도움이 필요하면, 나를 찾아오기 바란다.
- 나는 네가 어떤 기분인지 이해할 수 있어. 하지만 나는 네가 그 일을 잘 처리할 수 있다고 확신해.

아들러는 적절하게 적응을 하지 못한 사람들의 특성을 열등감과 관련하여 설명하였다. 그리고 사람들의 주요한 문제가 세 가지 측면에서의 결여, 즉 '**사회적 관심**의 결여(lack of social interest)' '**상식**의 결여(lack of common sense)' '**용기**의 결여(lack of courage)'라고 하였다.

학생들의 열등감 극복을 위해 격려의 바람이 불었으면 하는 바람이다. 왜냐하면 우리의 삶을 든든하게 그리고 풍성하게 하는 것은 서로를 격려하면서 사는 것이기 때문이다. 먼저 자신을 격려하자. 자신의 자신감을 격려하고, 자신의 책임감을 격려하자. 그리고 타인의 자신감과 책임감을 격려하자. 내담자를 조력하는 아들러식 상담 방법으로 격려치료가 있다. 격려치료에서 상담자의 주요한 역할은 낙담한 내담자에게 용기를 불어넣는 것이다. 격려치료에서 보면 심리적으로 문제를 가진 사람은 용기를 잃고 낙담한 사람이다. 우리는 각자 크고 작은 많은 어려움에 부딪히며 삶을 영위한다. 사람들을 크게 두 분류로 나누면, 어려움에 포기하고 용기를 잃고 낙담한 사람들과 자신이 아무리 어려운 상황에 처해도 좌절하지 않고 용기를 가진 사람들로 구분할 수 있다.

정신적으로 건강한 학생이라면 끊임없이 자신을 격려하면서 용기를 잃지 않는 사람이라고 할 수 있다. 심리적으로 고통을 받고 있는 학생이라면 용기를 잃고 자신감과 책임감을 상실한 낙담한 사람이라고 할 수 있다. 그러므로 우리의 삶에 중요한 것은 용기를 갖게 하는 격려이다.

어떤 어려움에도 좌절하지 않는 용기를 가진 사람은 강한 인내심을 가진다. 심리학자 크러우스(Krausz)가 언급한 "참아 내지 못하고 포기한 사람은 정말 환자가 된다(A person who is impatient remains a patient)."란 말을 명심했으면 한다. 그리고 각자가 자신을 격려하면서 알찬 삶이 되도록 노력하는 것이 중요하다. 격려하고, 격려하고, 또 격려하면서 모든 사람이 가슴에 용기를 갖고 비상(飛翔)했으면 한다.

3. 격려치료의 이해

인간이 행하기에 가장 어려운 일은 자신을 알고 자신을 변화시키는 것이다(Adler, 1927, p. 21). 아들러에게 정신병리는 낙담의 감정, 즉 자신과 세계가 변하지 않는데 왜 시도하는가 하는 감정과 동등하다. 따라서 치료의 주요한 목표는 내담자를 격려하는 것이다. 내담자가 변화 가능성과 노력할 가치를 느껴야 한다. 노력을 하는 것은 용기를 발휘하는 것이다(Day, 2004, pp. 124–125). 이러한 아들러의 개인심리학의 입장에 따라 로손시(Losoncy, 2001)는 격려치료를 제안하였다.

로손시는 격려치료의 중심적 가설이 '내담자들이 변화하는 주요한 이유는 그들 스스로가 변화에 동기화되었기 때문'이라는 전제하에 격려치료자는 내담자의 책임감(responsibility)과 자신감(confidence)을 개발함으로써 내담자가 행동하도록 동기화시키는 것을 찾는다고 하였다(Losoncy, 2001).

1) 치료과정에서 격려의 중요성

활동의 중요성은 상담이나 심리치료의 주요한 문제인 격려와 관련된다. 두 사람이 정확히 같은 목표, 같은 양의 에너지를 가질 수 있고, 모든 것이 동일한 것으로 보일 수 있지만 한 사람은 용기를 가지고 적극적으로, 꾸준하게, 영리하게, 일관적으로 목표를 추구한다. 반면에 다른 사람은 주저하고, 머뭇거리며, 뒤로 물러선다. 이런 이유로 목표를 추구하는 활동은 성공적인 삶을 요구하는 것이며, 상담이나 심리치료에서 상담자가 내담자로 하여금 성취하게 하려는 중요한 것이다(Manaster & Corsini, 1995, p. 11).

우리 각각은 우리의 삶을 보다 훌륭하게, 보다 효과적이고 효율적이 되도록, 우리 자신을 변화하도록 어떤 것을 할 수 있다. 그런데 이렇게 하지 못한 이유는 무엇인가? 아들러학파에서 보는 기본적 대답은 우리가 낙담되어 있고, 우리가 게으르고, 우리가 일들이 해결되리라 믿지 않고, 다른 사람들이 우리를 허용하리라 확신하지 않는 것 등과 같은 변명 때문이라는 것이다. 개인심리학에서는 모든 이러한 부정적 생각과 감정을 낙담의 이름하에 묶는다. 아들러식 상담이나 심리치료에서 하는 것은 낙담한 사람을 용감하고 책임질 수 있는 사람으로 변화시키는 것이다.

아들러식 상담자들은 사람들을 심리적으로 아픈 것으로 보지 않고 낙담한 것으로 본다. 따라서 아들러식 상담자들은 심리치료의 과정을 어떤 것을 치료하는 것으로 보지 않고 격려의 과정으로 본다(Manaster & Corsini, 1995, p. 160). 격려가 아들러식 치료의 중요한 부분이기 때문에, 생활양식 평가의 중요한 부분은 내담자의 결함과 기본적 오류뿐 아니라 그의 자질, 강점, 능력을 지적하는 것으로 구성된다(Manaster & Corsini, 1995, p. 193). 아들러식 심리학은 실패하는 것과 실패자, 행동과 행동인, 죄와 죄인을 구별한다. 누구나 매일 어떤 일에 실패를 한다(Mosak & Maniacci, 1999, pp. 148–149).

격려는 상담자가 상담과정에서 선택하는 다양한 전략의 밑바탕이 되는 전반적인 태도의 주요한 부분이어야 한다. 딩크마이어(1972)는 다음과 같이 상담과정에서 격려의 중요성을 지적하였다.

> 상담자의 입장에서 격려는 내담자가 경험할 수 있게 하고 자신의 가치를 자각하게 하는 언어적 및 비언어적 절차로 구성된다. 상담자는 내담자가 할 수 있거나 어떤 존재여야 하는 것으로서가 아니라 있는 그대로로서 내담자의 완전한 수용과 그에 대한 믿음을 표현한다. 여기서 정의된 것으로서 격려는 상담자가 보상하고, 아부하고, 칭찬하는 것을 함축하지 않는다. 차라리 격려는 상담자가 내담자의 독특성과 인간성에 가치를 부여하고 그가 인간이기 때문에 가치 있는 존재라는 것을 그에게 지적하는 것을 의미한다. 상담자의 격려는 내담자가 타인들보다 열등하고 잘 수행할 수 없다는 잘못된 가정을 수정하도록 돕는다. 상담자는 질병보다 건강을, 약점보다 강점을, 무능력보다 능력을 강조하는 강력한 공감적 태도를 가지고 격려를 해 준다. 상담자는 내담자를 정말 가치 있는 사람으로서 완전히 수용한다(p. 177).

아들러식 상담자들은 내담자를 아프거나 치료가 필요한 존재로 보지 않고 낙담한 것으로 본다. 증상은 시도된 해결이다. 상담 목표는 내담자들이 사회에서 주고받으면서 평등한 존재로서 살 수 있도록 그들을 재교육하는 것이다(Mosak, 2000). 그러므로 상담과정은 낙담한 내담자에게 정보를 제공하고, 가르치고, 안내하고 격려를 제공하는 것에 초점이 맞추어진다. 격려는 개인의 신념을 변화시키는 데 이용될 수 있는 가장 효과적인 방법이다. 격려는 내담자가 자신감을 형성하고 용기를 발휘하도록 해 준다. 용기는 사회적 관심과 일관된 방식으로 두려울 때조차 행동할 의지이다. 두려움과 용기는 서로 밀접하게 관련되어 있다. 즉, 두려움이 없다면 용기가 전혀 필요하지 않을 것이다. 용기의 상실인 낙담은 잘못되거나 역기능적인 행동에서 비롯된다. 낙담한 사람은 유용한 삶의 방식에 따라 사회적 관심을 가지고 행동하지 않는다(Corey, 2005, p. 101).

격려는 아들러식 상담에서 가장 두드러진 절차이며 모든 상담 단계에서 핵심적으로 적용된다. 격려란 말은 용기를 형성하는 것을 의미한다. 용기는 사람들이 자신의 강점을 인식할 때, 자신이 고립된 존재가 아니라 소속감을 느낄 때, 희망을 갖고 자신과 자신의 삶을 위한 새로운 가능성을 볼 수 있을 때 발달된다. 아들러식 상담자들은 격려를 소개하고 강화하기 위해 내담자가 제공하는 모든 기회를 놓치지 않는다. 내담자들이 흔히 자신의 긍정적 자질, 강점, 내적 자원을 인식하거나 수용하지 않기 때문에, 상담자의 과업은 내담자로 하여금 그러한 자질을 수용하도록 조력하는 것이다.

아들러식 상담자들은 낙담이 사람들이 기능하는 것을 방해하는 기본적 조건이라고 믿는다. 격려 과정의 일부로서, 아들러식 상담자들은 내담자가 자기패배적 인지를 확인하고 도전하도록, 지각적 대안을 생성하도록, 자질, 강점, 자원을 활용하도록 돕는 데 다양한 인지적, 행동적, 실험적 기법들을 사용한다(Ansbacher & Ansbacher, 1964; Dinkmeyer & Sperry, 2002; Watts & Pietrzak, 2000; Watts & Shulman, 2003).

격려는 상담과정의 단계에 따라 여러 가지 형태를 취한다. 관계형성 단계에서 격려는 상담자가 생성하고자 하는 상호존중으로 나타난다. 부분적으로 개인적 강점을 조명하려고 구성된 평가단계에서 내담자들은 자신의 삶에 책임지고 새로운 이해를 바탕으로 다른 선택을 할 수 있다는 것을 인식하도록 격려된다. 재정향 단계에서는 새로운 가능성이 생성될 때와 내담자들이 자신의 삶을 보다 바람직하게 변화시킬 긍정적 단계를 취하려고 확인될 때 격려가 주어진다(Corey, 2005, pp. 110–111).

2) 문제 파악 전략

효과적인 조력을 위해 내담자의 문제를 신속하고 정확하게 파악하는 것은 무엇보다 중요하다. 아들러식 상담자들은 내담자의 문제 파악을 위해 다음과 같은 세 가지 근거를 효율적으로 사용한다.

(1) 사회적 유용성 대 사회적 무용성

내담자의 문제를 파악할 때 아들러식 상담자는 '옳은가 아니면 틀린가(right or wrong).' 혹은 '좋은가 아니면 나쁜가(good or bad).'에 의해서가 아니라 '유용한가 아니면 무용한가(useful or useless).'에 따라 포괄적으로 내담자의 행동을 이해하려고 시도한다. 특히 인간이 사회적 존재란 점을 강조하는 개인심리학의 철학적 입장에 따라 우리의 행동이 사회적으로 유용해야 함을 강조한다. 상담자는 단순히 내담자에게 "너의 행동이 사회적으로 어떻게 유용한가?"라고 묻거나 "너의 어떤 행동이 사회적으로 무용한가?"를 직접적으로 묻는다.

사회적으로 유용한 행동은 개인이 가진 사회적으로 유용한 생활양식에서 비롯된다. 마찬가지로 사회적으로 무용한 생활양식은 무용한 행동을 초래한다. 개인심리학에서는 사회적으로 무용한 행동을 생성하는 생활방식으로 기생형, 지배형, 회피형을 들고 있다.

(2) 인생과제 만족도

모든 행동에는 목적이 있다. 개인을 목적론적 존재로 보는 개인심리학의 인간관에 따라 내담자가 추구하는 목적에 근거하여 내담자를 이해하고 그의 문제를 파악할 수 있다. 개인심리학은 우리가 내담자의 목적 혹은 목표에 의해 그와 그의 행동을 가장 잘 이해할 수 있다고 본다. 만약 우리가 어떤 사람이 원하는 것을 안다면 우리는 그 사람의 행동을 가장 잘 예언할 수 있다. 상담자는 단순히 내담자에게 "당신이 정말 원하는 것이 무엇입니까?"라고 묻는다.

좀 더 구체적으로 상담자는 개인심리학에서 가정하는 세 가지 인생과제인 일과 직업, 사랑과 결혼, 사회(우정 혹은 대인관계)에 대한 직접적 질문을 해서 내담자의 문제를 파악할 수 있다. 일과 직업과 관련한 질문으로 상담자는 내담자에게 "당신이 하는 일에 만족하는가?" "학교에서 생활이 만족스러운가?" "전공에 대해 어떻게 생각하는가?" "자신의 학업성적에 대해 어떻게 생각하는가?" 등을 묻는다.

사랑과 결혼과 관련한 질문으로 상담자는 내담자에게 "당신의 이성 관계는 어떠한가?" "부부관계는 어떠한가?" "결혼생활이 만족스러운가?" "가족구성원과의 심리적 거리는 어떠한가?" 등을 물을 수 있다.

마지막으로, 사회와 관련된 질문으로 "직장에서 동료들과의 관계는 어떠한가?" "학교에서 친구관계에 대해 만족하는가?" "당신을 진심으로 이해해 주는 친구가 있는가?" "당신의 대인관계의 만족도는 어떠한가?" 등을 상담자는 내담자에게 물을 수 있다.

(3) 용기의 결여, 사회적 관심의 결여, 상식의 결여

아들러는 부적응한 사람들은 용기(courage)가 결여되어 있거나, 사회적 관심(social interest or social feeling)이 부족하거나, 상식(common sense)이 부족한 것에서 비롯된다고 보았다. 간단히 말하면 문제가 있는 사람은, 첫째, 용기가 결여되어 낙담한 사람이다. 둘째, 사회적 관심이 낮아 사회적 무용형의 생활양식을 가진 사람이다. 셋째, 상식이 결여되어 흔히 비정상적인 행동, 즉 이상행동을 하는 사람이다. 따라서 상담자로서 이러한 세 가지 중 무엇이 결여되어 있는지를 파악하는 것이 중요하다.

아들러식 상담은 용기가 부족하여 낙담한 사람에게 용기를 불어넣는 격려치료를 강조한다. 또한 개인이 사회적으로 유용한 행동을 하는 것을 강조하는 것은 사회적 관심과 관련된다. 이것은 개인심리학이 인간을 사회적 존재로서 보고 더불어 살려는 능력을 중요하게 간주하기 때문이다. 대부분의 사람이 수용하기 힘든 극단적이고 이상한 행동은 상식에 벗어난 행동이다.

3) 조력양식

아들러식 상담자들은 인간에 대한 전체론적인 입장을 취한다. 즉, 그들은 개인을 나누어질 수 없는 실체로 이해한다. 심리학자들은 인간이해를 위해 인간을 구성하는 주요한 세 가지를 사고(Thoughts; T), 감정(Feelings: F), 행동(Actions: A)으로 나누어 다룬다. 아들러식 상담자들이 전체론적인 입장에서 내담자를 조력하지만 인간이해를 위해 세 가지 구성요인에 따라 우선순위를 매기면 사고(T), 행동(A), 감정(F)으로 TAF이다. 아들러식 상담자의 조력양식이 TAF란 것을 명심하라.

이러한 조력양식을 좀 더 구체적으로 설명하면, 아들러식 상담자는 행동이나 감정보다 먼저 인지 혹은 생각에 초점을 맞춘다. 만약 내담자가 낙담되어(F) 있고 비효율적인 행동(A)을 한다면 그 원인이 부정확한 아이디어, 기본적 오류 혹은 비합리적 신념이라고 믿는다. 따라서 아들러식 상담자들은 일차적으로 관심을 갖고 공략할 내용이 내담자의 생각(T)이라고 본다. 때문에 상담자는 내담자가 생각하는 방식을 파악하고, 잘못된 사고방식이 무엇인지를 찾아 내어 바람직한 방향으로 그러한 생각을 바꾸기를 원한다. 변화된 생각은 내담자의 행동(A)에 영향을 미칠 것이다. 마지막으로, 이러한 행동 변화는 내담자의 감정(F) 변화를 초래할 것이라고 본다.

4) 격려와 사회적 관심의 도식적 이해

격려를 통해 용기를 갖게 함으로써 사회적 관심을 함양할 수 있다. 즉, [그림 6-1]은 건전한 생활양식을 위해 용기와 사회적 관심이 필요함을 보여 주고 있다.

자기관심 / 두려움 — **좋은 보상, 과잉보상 / 과소보장** — 사회적 관심 / 용기

무관심, 냉담	돌봄
구걸하는 태도	창의성
비난하기	건설하기
비교	협력
경쟁	기여
동조	자기 신뢰
의존	상호의존
지배	의사결정
불안	편안함
이성적 사랑	신의 사랑
환상/허구	있는 그대로
결점	자산
두려움	믿음
탐욕	필요
집착	초연함
적의성	사회적 조화
유아적 태도	성숙
위협	주도성
차증	평등
고독	독자성
조작	선택
상호 이용	상호 존중
개인 위주	집단 위주
완벽	개인적 효과
칭찬	격려
개인적 의미	상식
생산	과정
처벌	결과
자기중심성	타인지향성
부수적 활동	주요활동

무용한 태도 / 부정적(NO) 태도 — **협동과 기여 / 비교와 경쟁** — 유용한 태도 / 긍정적(YES) 태도

그림 6-1 생애운동과 생애태도

출처: Yang, Milliren, & Blagen (2010), p. 133.

5) 격려의 원리

격려는 어떤 기법이라기보다 인간에 대한 태도라는 점을 인식하라. 격려에 필요한 몇 가지 기본적 원리를 제시하면 다음과 같다.

- 결과가 아닌, 노력이나 향상에 초점을 두라.
- 강점과 자산에 초점을 두라.
- 비난이 아닌, 건설적인 형성과 배움에 초점을 두라.
- 행위자와 행위를 분리하라.
- 상호존중을 실천하라.
- 의사결정을 공유하라.
- 다름에 대해 열린 마음을 가지라.
- 민주주의와 평등을 실천하라.
- 참여하고 협력하는 용기를 가지라.
- 판단과 평가에 근거들 두는 칭찬과 비판단적이고 무조건적인 긍정적 존중에 근거한 격려의 차이점을 인식하라.

6) 격려치료 단계

아들러의 개인심리학적 상담에 근거하여 격려치료를 개발한 로손시(Losoncy, 2001)가 제안한 격려치료의 단계는 4단계, 즉 관계형성과 탐색 단계(정서 초점), 내담자 지각의 확장 단계(인지 초점), 계획하기/다짐/실행 단계(행동 초점), 자유 단계(전체 초점)로 구성되어 있다. 이러한 4단계를 간략하게 살펴보면 다음과 같다.

- **관계형성과 탐색 단계(정서 초점):** 이 단계에서 상담자는 내담자를 있는 그대

로 수용하고 무조건적인 긍정적 존중으로 대한다. 이러한 상담자의 태도는 내담자로 하여금 자신의 문제를 비방어적으로 탐색하도록 해 준다. 이 단계에서 상담자는 로저스(Carl Rogers)에 의해 개발된 인간중심치료의 입장에서 내담자를 조력한다.

- 내담자 지각의 확장 단계(인지 초점): 이 단계의 목표는 내담자로 하여금 자기패배적인 부정적 정서에 대한 새로운 관점을 획득하도록 조력하는 것이다. 지각적 대안은 어떤 상황을 다른 방식으로 바라보고 의미를 부여하는 것이다. 이 단계에서 내담자는 책임감("It's up to me.")과 자신감("I am a complex and capable person with many assets.")을 발달시킨다. 이 단계는 아들러(Alfred Adler), 엘리스(Albert Ellis), 자스트로(Charles Zastrow)에 의해 개발된 상담방법을 통해 내담자의 지각을 확장한다.
- 계획하기/다짐/실행 단계(행동 초점): 이 단계는 두 번째 단계에서 형성한 새로운 지각적 태도를 바탕으로 실제적 행동에 초점을 맞추어 문제해결을 위한실행을 하도록 하는 과정이다. 이 단계에서 상담자는 주로 글래서(Glasser)의 현실치료 접근방식을 적용하여 내담자를 조력한다.
- 자유 단계(전체 초점): 이 단계는 내담자가 자기격려를 하게 하는 것이다. 격려치료의 궁극적 목표는 내담자의 책임감과 자신감이다. 내담자가 "It's up to me and I can do it!"이란 결론에 이르게 하는 것은 결국 내담자로 하여금 자기격려(self-encouragement)를 할 수 있게 하는 것이다.

제7장

칭찬보다 격려하기

칭찬은 고래를 춤추게 하지만, 격려는 사람을 춤추게 한다.
– 노안영 –

심리학을 포괄적으로 정의해서 행동과학 혹은 인간행동을 연구하는 학문이라고 한다. 이러한 정의에 가장 영향을 준 20세기의 심리학자가 스키너(B. F. Skinner, 1904~1990)이다. 그는 동물실험으로부터 자극–반응 이론을 개발하여 인간행동을 설명하는 데 적용해서 행동주의의 발달을 주도하였다. 아직도 초등학교에서 교사들이 원하는 행동을 학생들이 잘했을 때 칭찬 혹은 강화로서 스티커를 붙여 주는 토큰경제법이 사용되고 있다. 또한 정부주도하에 공무원들을 대상으로 성과급 제도를 도입해서 공무원들이 일을 열심히 하도록 독려하고 있다. 이러한 성과급 제도도 스키너의 자극–반응 이론에서 비롯된 강화와 처벌의 원리를 적용한 것이다.

스키너의 자극–반응 이론은 인간도 동물이라는 점에서 인간행동을 설명하는 데 부분적으로 기여하고 있다. 하지만 인간은 생각하는 동물이다. 따라서 유기체로서 인간 내부에서 진행되는 인지/생각에 초점을 맞춘 모델로 자극–유기체–반응 이론이 인간행동을 설명하는 데 보다 바람직한 것으로 받아들여지고 있다.

1. 칭찬은 고래를 춤추게 한다

은유적 표현인 "칭찬은 고래를 춤추게 한다."라는 말은 인간이 아닌 동물에게 적용했을 때는 맞는 말이다. 그러나 이 말을 생각하는 동물인 인간에게 적용했을 때는 부분적으로만 맞는 말이다. 여기서는 칭찬이 우리들의 행동에 미치는 영향에 대한 진실이 무엇인지 살펴보면서 우리에게 격려가 중요함을 알아보고자 한다.

인류역사를 통해 현재까지 지속된 인간의 행동 변화에 적용되어 온 원리가 보상과 처벌이다. 보상은 잘했을 때 주는 상이고 처벌은 잘못했을 때 주는 벌이다. 그래서 인간행동 변화에 적용되는 보상과 처벌의 원리를 상벌의 법칙이라고 한다. 흔히 사람들이 사용하는 표현인 당근과 채찍의 원리가 상벌의 법칙이다. 개인은 누구나 상을 받기를 원하고 벌을 받기를 원하지 않는다. 보상으로 사용되어 온 대표적인 상이 음식물, 금, 돈, 메달 등이고 처벌로 사용되어 온 벌로는 체벌, 음식물 박탈, 비난, 지위 강등이나 박탈, 감금, 유배 등이다. 어디서나 가장 많이 사용되어 온 벌은 신체에 가하는 체벌이다. 잘 알다시피 체벌받는 사람에게 미치는 부정적 영향 때문에 현재 모든 학교에서는 체벌을 금지하고 있다.

지난 20세기에 대표적인 행동주의 심리학자인 스키너는 보상과 처벌의 원리를 동물실험을 통해 자극(stimulus)–반응(response) 이론에 적용하여 체계적인 강화와 처벌의 원리를 개발하였다. 그가 발견한 주요한 내용은 동물에게 주요한 강화물인 음식물을 실험자가 원하는 반응을 동물이 했을 때 제공해서 동물의 어떤 반응, 즉 행동을 다시 일어나게 할 수 있다는 강화이론이다. 강화와 처벌 원리의 핵심 논리는 강화는 바람직한 행동을 증가시키는 것이고 처벌은 바람직하지 않은 행동을 감소시키는 것이다.

스키너는 이러한 강화이론을 인간에게도 똑같이 적용해서 원하는 반응을 유발시키는 강화물인 스티커, 상장과 상금, 칭찬 등을 사용함으로써 강화시킬 수 있다고 주장하였다. 이러한 강화이론을 동물인 고래에게 적용해서 “칭찬(음식물)은 고래를 춤추게 할 수 있다.”라는 말은 맞는 표현이다. 역시 “칭찬(음식물)은 아기고래도 춤추게 한다.”라는 말도 맞다. 하지만 강화이론을 사람에게 적용해서 “칭찬은 사람을 춤추게 한다.”라는 말이나 “칭찬은 어린아이를 춤추게 한다.”라는 말은 적절한 표현이 아니다. 왜냐하면 강화이론은 항상 강화와 처벌의 원리에 근간하기 때문이다. 지적한 것처럼 칭찬은 잘했을 때 주어지고 처벌은 잘 못했을 때 주어진다. 우리는 어떤 일을 잘할 수도 있지만 잘못할 수도 있다. 따라서 강화이론에 따르면 잘했을 때는 당연히 칭찬을 받고 잘못했을 때는 당연히 처벌을 받게 된다. 그리고 경우의 수로 따져 보면, 대부분의 사람이 잘하는 경우보다 잘 못하는 경우가 훨씬 많다. 따라서 칭찬받은 경우는 적고 처벌받은 경우가 훨씬 많게 된다.

칭찬(강화)을 강조하는 강화이론은 행동의 결과에 초점이 맞춰져 있고 또한 처벌을 가정하고 있다는 점에서 인간에게 적용하는 데 한계가 있다. 인간은 불완전한 존재로 실수나 실패를 할 수 있는 게 당연하다. 강화이론에 따르면 개인이 잘못하거나 실수나 실패했을 때 칭찬할 수 없고 처벌받아야 한다. 방송이나 TV를 통해 칭찬을 강조하는 적지 않은 아동심리전문가들의 영향으로 부모들이 “칭찬하니까 우리 아이가 이렇게 변했어요.”라고 말한다. 추측해 보면, 그렇게 표현하는 부모는 지금까지 아이들을 칭찬하지 않고 처벌만 해 왔을 가능성이 높다. 그러다가 돌연히 태도를 바꿔 처벌하지 않고 칭찬을 하니 아이들이 변했다고 말하지 않았나 하고 생각한다. 여기서 지적하고 싶은 것은 많은 심리전문가도 칭찬과 격려를 정확히 구별하지 못하는 경우가 많다. 더불어서 칭찬은 잘했을 때 주어지는 보상이기 때문에 잘못하는 아이에게 칭찬하는 것은 한계가 있다. 그래서 많은 경우에는 “칭찬하니까 우리 아이가 변했어요.”란 표현보다 “격려하니까 우리 아이가 변했어요.”가 보다 정확한 표현이 아닐까 하고 생각해 본다.

2. 격려는 사람을 춤추게 한다

스키너는 "관찰될 수 없는 행동은 심리학의 연구대상이 아니다."라고 주장하면서 죽을 때까지 자극-반응 이론에 의해 인간행동을 설명하였다. 현재 인간행동을 설명하는 데 스키너가 제안한 자극–반응 이론보다 자극(stimulus)–유기체(organism)–반응(response) 이론이 보편적으로 받아들여져 사용되고 있다. 이러한 현상은 스키너가 주장한 자극–반응 이론이 동물행동을 설명하는 데는 맞지만 인간행동을 설명하는 데는 적절하지 않다는 것을 보여 준다. 인간행동을 설명하는 데 있어 자극–유기체–반응 이론은 스키너가 간과했던 관찰할 수 없는 인간(유기체)의 생각/인지와 감정 등을 포함시키고 있다.

스키너의 자극–반응 이론의 핵심은 강화와 처벌의 법칙에 의한 행동변화이다. 지적하고 싶은 것은 스키너가 개발한 강화와 처벌의 법칙은 인간행동을 설명하는 데 보편적으로 수용되고 있는 자극–유기체–반응 이론에는 부합되지 않는다는 점이다.

지금까지의 설명을 바탕으로 판단해 보면, 동물에게 강화물인 음식을 제공해서 강화 혹은 칭찬을 할 경우에 '칭찬은 고래를 춤추게 한다.'는 맞는 말이 된다. 하지만 생각하는 동물인 사람에게 적용해서 '칭찬은 사람을 춤추게 한다.'고 말하는 것은 적절한 표현이 아니다.

인간행동의 변화와 건강한 삶을 위해 칭찬보다 격려가 더 효과적이다. 그래서 '격려는 사람을 춤추게 한다.'고 말하고 싶다. 격려는 우리에게 아무리 어려운 상황에서도 낙담하지 않고 어려움을 헤쳐 나갈 삶의 원동력인 용기를 제공해 주기 때문이다. 또한 행동의 결과에 초점을 두어 비교와 평가해서 행해지는 칭찬은 잘못하면 칭찬을 받지 못하는 데 칭찬받지 못하는 그 자체가 처벌일 수 있다. 잘했을 때 주어지는 칭찬과 달리 격려는 행동의 결과보다 개인이나 행동 그 자체인 개인의 노력에 초점을 두고 주어진다. 칭찬과 달리 격려는 특히 잘못했을 때 상대방을 있는 그대로 수용해서 '네가 있는 그대로 충분히 괜찮아(You are good enough as you are).'라는 메시지를 전달하는 것이다.

격려는 사람을 춤추게 한다. 우리 모두가 자신뿐만 아니라 타인을 격려하면서 함께 춤추며 생활했으면 한다. 특히 실수나 실패로 낙심한 사람에게 격려가 필요하다. 어떤 어려움이 닥쳐도 당신이 격려로 삶의 원동력인 용기를 회복해서 삶의 시련을 극복해 나갈 수 있으리라고 믿는다.

3. 칭찬보다 격려하기

가정에서 부모가 자녀에게 그리고 학교에서 교사가 학생에게 줄 수 있는 긍정적 훈육의 핵심은 격려이다. 한국의 대부분의 부모는 대체로 자녀의 성공을 자신의 성공과 동일시한다. 그래서 예나 지금이나 부모들은 자식농사를 잘 짓는 방법에 관심이 많다. 당신이 자식농사를 정말 잘 짓기를 원한다면 지금부터 칭찬보다 격려하기를 실천해야 한다.

지난 20세기에 득세했던 행동주의의 대표적인 심리학자인 스키너(B. F. Skinner)는 행동변화를 위한 강화와 처벌의 원리를 제안하였다. 강화와 처벌의 원리는 쉽게 말하면 당근과 채찍의 원리이다. 아무튼 한국 사회에서 그가 강조한 강화와 처벌에 근거한 행동수정의 방법이 현재에도 광범위하게 적용되고 있다. 이것의 주요한 예로서 대한민국 정부 주도로 진행되고 있는 성과급제가 있다. 역시 많은 부모는 '칭찬(강화)하니까 우리 아이가 달라졌다'고 믿고 칭찬의 중요성을 강조하고 있다. 더불어 초등학교에서 적지 않은 교사들이 강화의 원리에 근거한 '스티커 주기'를 통한 방법을 적용해서 학생들을 비교하고 경쟁시키고 있는 실정이다.

스키너가 동물실험을 통해 개발한 강화와 처벌에 근거해서 본다면 "칭찬은 고래를 춤추게 한다."라거나 "칭찬은 아기고래도 춤추게 한다."라는 말은 맞는 얘기이다. 하지만 "칭찬은 사람을 춤추게 한다."라는 말은 맞지 않는 말이다.

그래서 다음과 같이 말할 수 있다. "칭찬은 고래를 춤추게 하지만 격려는 사람을 춤추게 한다."

적지 않은 사람들이 TV를 통해 인간의 행동 변화에 칭찬의 중요성을 강조하고 칭찬의 효과를 주장하는 이유를 정확히 이해하는 것이 필요하다.

행동 변화에 분명히 강화가 처벌보다 더 효과적이다. 다시 말하면, 칭찬은 비난하기, 꾸짖기, 신체적 체벌과 같은 처벌보다 인간의 행동변화에 분명히 더 효과적이다. 더 쉽게 말하면 당근이 채찍보다 효과적이다. 이러한 논리적 결과에 비추어서 유추해 보면 "칭찬하니까 우리 아이가 달라졌어요."라고 말하는 부모는 거의 칭찬하지 않고 비난이나 꾸짖는 의사소통을 해 왔거나 현재에도 하고 있다고 볼 수 있다. 다시 말하면, 칭찬은 당근과 채찍의 원리를 적용한 것이기 때문에 이러한 원리가 가진 문제들을 모두 가지고 있다고 볼 수 있다. 상담자나 교사가 "가능하면 아이에게 칭찬을 많이 해 주세요."라는 요청에 어떤 부모님은 "아이를 칭찬해 주라고 하는데 칭찬할 짓을 한 것이 없는데 어떻게 칭찬을 하느냐."라고 반문한다. 정말 그렇다. 실수나 실패로 좌절에 빠져 낙담되어 있는 사람들이나 부적절한 행동을 하는 사람에게 칭찬을 할 수는 없다. 낙담한 사람들에게 정말 필요한 것이 격려이다.

적지 않은 사람들이 격려와 칭찬을 같은 것으로 생각하거나 뭔가 약간 다르다는 뉘앙스를 가지고 있지만 정확한 구별을 하지 못하는 것 같다. 격려는 칭찬과 정말 다르다. 그리고 우리에게 필요한 것은 칭찬이 아니라 격려이다. 제2의 아들러라고 불리는 드레이커스는 인간에게 격려의 중요성을 다음과 같이 표현하였다. "식물에게 물과 태양이 필요하듯 인간에게 격려가 필요하다." 이런 점에서 정말 당신이 사랑하는 자녀, 아내나 남편, 친구나 직장동료에게 칭찬보다 격려하는 것이 요구된다.

칭찬과 격려가 어떻게 다른지 핵심적인 몇 가지만 설명하면 다음과 같다.

첫째, 칭찬의 초점은 행동의 결과이다. 즉, 칭찬은 칭찬을 해 주는 사람의 기대에 부합한 행동을 했을 때 주어진다. 반면에 격려의 초점은 행동의 결과가 아닌 시도한 노력, 행동 그 자체이다. 둘째, 우리는 실수나 실패로 낙담한 사람에게 칭찬을 하지 않는다. 반면에 낙담하여 실의에 빠져 있는 사람에게 정말 필요한 것은 격려이다. 셋째, 칭찬은 비교와 경쟁을 통해 얻는 결과인 외적 동기에 맞춰서 제공되며 계속해서 좋은 결과를 얻지 못할 경우에는 낙담을 초래한다. 반면에 격려는 인간에게 필요한 내적 동기에 맞춰져서 제공되며 협동과 기여로 이끈다.

4. 처벌보다 논리적 결과 적용하기

앞에서 지적한 것처럼 칭찬은 처벌을 가정한 행동수정의 법칙이다. 그래서 행동의 결과에 맞추어서 행해지는 칭찬보다 격려가 요구되는 것처럼, 바람직하지 않은 아동의 행동변화를 위해 처벌보다 논리적 결과를 적용하는 것이 요구된다.

개인이 속한 사회에서 적절하게 생활하고 기능하기 위해서는 사회생활의 논리를 존중하지 않으면 안 된다. 타인을 존중하고 배려하는 기본적인 규칙이 없다면 사회가 기능할 수 없다. 이러한 규칙들은 아동으로 하여금 자신의 행동과 그 행동의 결과들 간의 관계를 이해하도록 하는 데 중요한 동반자가 될 수 있다. 사회 질서는 일반적인 수준에서 작용하는 일련의 규칙들로 구성되는데, 아동이나 성인 모두가 사회에서 적절하게 기능하기 위해서는 이러한 규칙들을 학습하고 따르지 않으면 안 된다.

독재 사회나 독재적인 교실에서 부모나 교사는 이러한 규칙이나 규제들을 가르치는 데 어려움이 없다. 그러나 민주 사회나 교실에서는 그렇지 못하다. 오늘날 부모나 교사들은 더 이상 아동으로 하여금 적절하게 행동하도록 만들 수 없다. 아동에게 협동하도록 가르치고 동기화시키기 위한 새로운 방법들이 요구되는 현실이다. 때리고 굴욕감을 느끼게 하는 것과 같은 벌주는 방식은 이미 낡고 비효과적인 훈육 방식이다. 아동들은 벌과 자신의 문제 행동 간의 관련성을 이해하지 못하기 때문에 앙갚음을 한다. 따라서 아동으로 하여금 협동하도록 동기화시키고 더욱 수용적인 행동을 하도록 하기 위해서는 다른 기법들을 사용할 필요가 있다. 이런 측면에서 아동으로 하여금 자신의 행동에 대한 논리적 결과를 경험하도록 할 것을 제안한다. 아동들은 논리적 결과를 자신들의 일탈행동과 연결시킬 수 있다. 여기서는 개인심리학 상담의 핵심개념의 하나로서 제안된 자연적 결과와 논리적 결과와 관련된 개념들을 소개한다.

1) 자연적 결과

자연적 결과란 사람이 자신의 행동에 대한 예기치 않은 결과에 직면하게 되는 자연적인 사건의 흐름을 의미한다. 예로서, 자동차에 기름을 넣지 않으면 얼마 못 가서 자동차가 멈춰 선다든가, 늦잠을 자면 학교에 지각한다든가, 달리다 넘어지면 무릎이 깨지게 된다든가 등을 들 수 있다. 이러한 결과는 개인의 사회적 지위나 조건에 관계없이 모든 사람에게 동일하게 적용되며, 다른 사람의 개입 없이 자연스럽게 발생된다. 자연적 결과를 통해 자연의 질서에 대한 중요한 교훈을 배우고 자신의 행동에 대한 책임을 수용할 수 있다. 아동들은 이러한 자연적 결과를 경험함으로써 자기훈육감(sense of self-discipline), 책임감, 내적 동기화를 발달시킨다. 부모나 교사들은 일단 자연적 결과를 경험한 아동에게 벌을 추가하지 않는 것이 좋다. 벌은 자연적 결과에 따른 상처에 단지 모욕감을 더해 줄 뿐이며, 아동이 자연적 결과로부터 배운다는 교훈이 감소될 수 있다.

자연적 결과는 우리의 행동에 강력한 영향을 주지만 한계가 있다. 서너 살짜리 아이가 복잡한 차도로 뛰어드는 행동과 같이 자연적 결과를 통해 교훈을 얻기에는 너무 위험부담이 크거나, 현재 행동의 결과가 너무 먼 장래에 나타나서 자연적 결과에 대해 인식할 수 없을 경우, 혹은 개인이 취한 행동의 결과로 인해 다른 사람이 부정적 영향을 받을 경우에는 자연적 결과에 의존할 수 없다.

2) 논리적 결과

논리적 결과는 다른 사람(부모나 교사와 같은)이 의도적으로 개입하여 특정 행동에 대한 대가로서 경험하게 하는 사회적 결과를 의미하며, 그 적용에 있어서 자연적 결과보다 훨씬 복잡하다. 여기서 주어지는 결과가 행동과 논리적으로 관련된다는 측면에서 '논리적'이라고 표현된다. 따라서 논리적 결과는 다른 사람이 개입하여 특정 행동과 관련된 사회적 질서를 배우도록 하는 것이 목적이라고 할 수 있다. 이때 특정 행동에 주어지는 논리적 결과가 개입한 사람에 의해 '일방적으로 정해지는 경우'와 관련된 사람들의 토론 과정을 거쳐 '합의된 경우'로 구분하여 제시되기도 한다. 예를 들면, 철수가 교실 바닥에 물감을 엎질렀고 교사가 철수에게 엎질러진 물감을 깨끗이 치우도록 말했다면 이는 전자에 해당된다. 이 경우는 보통 일회성의 절차이다. 나중에 교사와 철수가 물감을 엎지른 행동에 대해 토의하고 그 결과에 대해 합의한다면(혹은 학급 학생들이 교실 바닥에 물감이 엎질러졌을 때 어떻게 해야 하는가를 토의하여 그 결과에 합의한다면) 결과가 동일하게 적용됨에도 불구하고 이제는 후자의 경우에 해당하게 된다. 보편적으로 논리적 결과는 후자의 경우를 의미하는 경우가 대부분이다. 논리적 결과들은 안내되고 합의된다. 그것들은 토의되어야 하고 아동에 의해 이해되고 수용되지 않으면 안 된다. 논리적 결과들이 사용될 때, 아동은 자신이 살고 있는 사회 질서에 대한 경험을 통하여 적절한 행동을 하도록 동기화된다. 논리적 결과는 행동에 뒤따르는 피할 수 없는 결과는 아니다. 사회적 관계 안에서 논리적 결과의 적용은 상호권리와 상호존중을 배우게 하고 자신의 잘못된 행동에 대해 논리적으로 뒤따르는 결과가 있다는 것을 알게 한다.

논리적 결과가 성공적으로 실행되기 위해서는 몇 가지 고려해야 할 점이 있다. 첫째, 관련된 당사자들이 분노의 감정을 경험하고 있을 때 논리적 결과의 사용은 비효과적일 수 있다. 화를 내면서 논리적 결과를 경험하게 하는 것은 받는 사람 입장에서 논리적 결과를 보복이나 벌로 받아들일 가능성을 증가시키기 때문이다. 이러한 경우에 아들러학파는 상황이 진정될 때까지 힘겨루기에서 한 걸음 물러날 것을 권유한다. 이를 위한 간단하면서도 효과적인 방법의 하나는 욕실로 가는 것이다(욕실 기법). 논리적 결과는 우호적인 태도와 협력적인 관계 속에서 적용될 때 효과적이다.

둘째, 개인에게 선택권을 주는 것이다. 선택권을 줄 때 나타나는 마법은 가끔 이러한 방법에 익숙하지 않은 사람들을 놀라게 한다. 개인이 때때로 영향력과 선택권을 조금이라도 갖고 있다는 것을 인식하는 것만으로도 방어와 저항을 누그러뜨릴 수 있다. 어떤 상황에 대해 통제력을 갖고 있다고 생각하는 사람은 그렇지 않은 사람들보다 덜 고통스러워하며, 개인이 그릇된 행동을 할 때에도 그것은 자신이 취할 수 있는 여러 행동 중 하나를 선택한 것이므로 그에 합당한 대가를 치러야 한다는 것을 받아들이기가 더 쉽다. 이는 궁극적으로 바람직하고 긍정적인 방법을 선택할 수 있도록 돕는다.

끊임없이 의자를 뒤쪽으로 흔들어 대는 학생 때문에 귀찮아하는 한 교사의 사례는 이와 같은 측면을 잘 보여 준다. 반복적인 경고에도 불구하고 그 학생은 의자 두 다리를 뒤쪽으로 기울여 앉았다. 결국 그 교사는 그 학생에게 다른 아이들처럼 의자 다리를 모두 붙이고 앉고 싶은지, 아니면 꼭 두 다리로만 앉고 싶은지 물어보았다. 그 학생은 두 다리를 이용해서 앉고 싶다고 했다. 교사는 의자의 앞 두 다리에 책 두 권을 받쳐서 안전하지만 불편한 각을 이루도록 뒤로 기울였다. 얼마 후에 그 아이는 의자 앞다리에 받쳐 두었던 책을 치웠고, 더 이상 문제를 일으키지 않았다.

논리적 결과를 성공적으로 실행하는 데 중요한 세 번째 측면은 말이 아닌 행동으로 보여 주는 것이다. 말이 아닌 행동이 오해를 덜 일으킨다. 앞의 사례에서 일단 선택이 된 후에 교사는 더 이상 아무 말도 하지 않았다. 특히 그 아이가 의자 앞다리에 놓아두었던 책을 치우고 의자를 바로 하고 앉았을 때 교사는 다른 일에만 집중함으로써 그 아이의 행동에 관심이 없음을 분명히 했다. 만약에 그 교사가 어떤 말을 했다면 설령 좋은 의도로 했을지라도 오해받을 수 있었을 것이다.

아동이나 성인이나 일단 협조하는 것이 자신에게 이익이 된다고 생각하면 조용히 협조적인 자세를 취한다. 논리적 결과의 성공적인 실행을 위해 고려해야 할 넷째 측면은 반드시 치러야 할 대가가 개인의 그릇된 행동과 논리적으로 관련되어야 한다는 것이다. 결과의 정당성을 이해하게 되면 원망하지 않고 결과를 수용할 수 있지만 결과로 부과된 내용이 개인의 행동과 직접적으로 관련이 없을 때에는 처벌로 여기게 된다.

마지막으로, 논리적 결과는 일관성 있게 사용될 때에만 효과를 나타낼 수 있다. 한두 차례 논리적 결과를 적용한 후에 동일한 상황에서 논리적 결과가 무시된 채 지나친다면 아동들은 이러한 일관성 없음을 악용하려 할 것이다. 마치 물에 손을 담그면 손이 물에 젖어 나오듯이 아동으로 하여금 잘못된 행동에는 반드시 결과가 뒤따른다는 것을 확신하도록 논리적 결과가 적용되지 않으면 안 된다.

논리적 결과는 분별없는 행동에 수반되는 부정적 결과라는 점에서 종종 처벌과 유사하지만 몇 가지 측면에서 명백한 차이가 있다. 다음 표에서 제시되는 내용은 논리적 결과와 처벌의 차이를 구분하는 데 도움이 될 것이다.

◌ 〈표 7-1〉 논리적 결과와 처벌의 비교

논리적 결과	처벌
개인이 아닌 상황의 사회적 질서라는 실재를 나타냄	개인적 권위라는 힘을 나타냄
그릇된 행동과 논리적으로 연결	그릇된 행동과 결과 간의 관계가 논리적이지 못하고 임의적임
도덕적 판단의 요소를 포함하지 않음	도덕적 판단을 불가피하게 포함함
지금 일어난 것에만 관심	과거에 관심
관계와 분위기가 우호적임	명시적이든 암시적이든 화를 표출함
분노감이 최소화	분노감이 빈번하게 나타남
내재적 동기화 및 자기훈육을 발달시킴	외재적 동기에 의존
굴복이나 모욕감이 없음	굴복이나 모욕감을 수반함
일정 한계 내에서 선택의 자유	대안이나 선택의 여지가 없음
결과를 수용할 수 있음	단지 참는 것임
사려 깊고 신중함	종종 충동적임
받는 사람이 자신을 중요하게 느낌	받는 사람이 자신을 하찮게 느낌
선택은 단지 한 번만 주어짐	종종 끊임없는 잔소리 포함
행동을 사용함	말과 강요를 사용함

제8장

민주적 자녀교육

민주적 자녀교육을 위해 부모는 사회적 평등에 대한 확고한 믿음을 가지고 자녀의 민주적 자질을 육성하는 것이 필요하다.

– 노안영 –

1. 부모역할의 원리

당신의 삶에 가장 큰 영향을 미친 사람은 누구인가? 이 질문에 대해 대부분의 사람은 아마도 자신의 부모라고 답변하리라 본다. 필자는 우리 각자에게 가장 큰 영향을 미친 사람은 부모라는 명제하에 부모역할이 얼마나 중요한지를 살펴보고자 한다. 부모역할 전문가들은 "이 세상에서 가장 중요한 일이면서 가장 어려운 일이 부모역할이다."라고 말한다.

모든 부모는 자신의 자식을 잘 양육해서 훌륭하게 성장하기를 원한다고 미루어 생각해 본다. 다시 말하면, 흔히 우리가 하는 말로 "자식이 잘되기를 원하지 않는 부모는 없다."라고 말할 수 있다. 부모들의 이러한 바람에도 불구하고 우리 사회에는 부적응한 사람들, 비행청소년들, 범죄자들, 신경증이나 정신병을 가진 사람들이 정말 많이 있다. 사람들은 부적절한 행동을 하는 아동이나 청소년들을 보고 핀잔하는 어조로 "그 부모에 그 자식이야."라고 말하곤 한다.

개인심리학의 격언은 "누구나 모든 것을 성취할 수 있다(Everybody can accomplish everything)."이다. 부모로서 이 격언을 믿고 당신의 자녀가 사회에 유용하게 자신의 열등감을 극복하고 성장할 수 있도록 부모역할을 수행하는 것이 필요하다. 만약 누군가가 이 격언을 따르지 않고 사회에 유용하게 자신의 목표를 성취할 수 없다고 느낄 때, 그것은 열등감콤플렉스의 징후이다. 이러한 열등감콤플렉스나 우월감콤플렉스에 의해서 사람들은 사회에 부적응한 사람들, 비행청소년들, 범죄자들이 되거나 신경증이나 정신병을 가지게 된다.

개인심리학 상담자는 개인이 태어나서 5세 혹은 6세까지 기본적인 생활양식, 즉 전체로서 성격패턴이 형성되어 그러한 인생계획에 따라 나머지 인생을 살아간다고 본다. 쉽게 말하면 어렸을 때의 버릇이나 삶의 태도가 나이가 들어서도 쉽게 바뀌지 않고 계속된다는 것이다. 이런 점에서 유아기와 아동기 초기까지 막대한 영향을 미치는 부모의 양육방식은 개인의 삶의 방식을 결정하는 가장 중요한 요인이라고 할 수 있다. 물론 이 시기에 개인의 양육에 관여하고 있는 유아원이나 유치원 교사의 교육방식도 아동의 생활양식에 중요한 영향을 미친다는 것을 인식하는 것이 필요하다.

개인심리학 상담자는 심리적으로 문제를 가진 아동, 청소년, 성인들이 결여된 세 가지가 사회적 관심의 결여, 용기의 결여 그리고 상식의 결여라고 확고하게 믿고 있다. 그리고 이러한 결여가 인생 초기인 유아기와 아동기 초기에 부모의 양육방식에 의해서 영향을 받는다고 믿고 있다. 따라서 부모는 자녀의 사회적 관심, 용기, 상식을 신장시키기 위해 격려를 기반으로 한 자녀교육을 수행하는 것이 요구된다.

개인심리학 상담자는 당신의 자녀가 사회적으로 유용한 생활양식을 형성해서 건전하게 성장할 수 있도록 다음과 같은 두 가지 핵심적 원리를 제안한다.

첫째, 자녀의 타고난 사회적 관심이 발달할 수 있도록 사회적 평등에 기반한 상호존중의 민주적 자녀교육이 이루어져야 한다.

둘째, 칭찬이나 처벌에 의한 방식보다는 격려를 통해 자녀가 낙담하지 않고 자신의 열등감을 극복할 수 있도록 지도해야 한다.

2. 자녀를 위한 민주적 부모역할

대부분의 자녀의 문제는 잘못된 부모역할에서 비롯된다. 현재 만약 당신이 자녀의 바람직하지 않은 행동 때문에 고민한다면, 먼저 당신이 지금까지 자녀에게 해 온 부모역할이 적절했는지를 살펴봐야 한다고 믿는다. 미국에서 필자가 자녀를 학대한 부모들을 대상으로 상담한 경험을 통해 얻는 교훈은 '자녀의 잘못된 행동은 부모의 잘못된 부모역할에서 비롯된다.'는 것이다. 그래서 대부분의 상담자들이 자녀를 상담할 때는 반드시 부모를 불러서 상담을 하게 된다. 필자가 아동학대 상담자로서 부모들에게 하고 싶은 말은 "부모는 자녀를 잘 키워야 할 의무는 있지만 자녀를 학대할 권리가 없다."라는 것이다.

모든 부모는 자녀를 훌륭하게 기르고 싶어 한다. 부모로서 당신은 훌륭한 자녀 양육을 위해 바람직한 부모역할을 하고 있는가? 대인관계이론을 주장했던 설리번(Sullivan)은 "정원 안의 문제는 꽃이 아니라 잡초이다. 만약 잡초가 제거되면 꽃은 잘 자란다."라고 주장하였다. 가정의 선장으로서 당신의 부모역할이 무엇인가를 생각하게 하는 내용이다. 훌륭한 정원사가 정원의 꽃을 활짝 피게 하는 것처럼, 부모는 자녀가 자신의 잠재력을 개발하여 훌륭하게 성장할 수 있도록 조력하는 것이 필요하다. 한국의 많은 부모가 '현대의 적극적 부모역할 훈련'을 통해 가정에서 잡초로서의 역할이 아니라 거름의 역할을 할 수 있기를 기원해 본다.

자녀를 둔 모든 부모에게 자녀교육은 가장 중요한 관심사이다. 여기서는 우리나라에서 널리 적용되고 있는 팝킨(Popkin)이 개발한 '현대의 적극적 부모역할 훈련(Active Parenting Today: APT)'에 대해 간략하게 살펴보고자 한다. 현대의 적극적 부모역할 훈련은 다음과 같은 두 가지 신념에 근거한다. 첫째, 자녀교육을 잘한다는 것은 매우 중요하다. 둘째, 자녀교육을 잘한다는 것은 어렵다.

적극적 부모역할 훈련에서 가지고 있는 기본 철학 중의 하나는 가족 내에서 지도자적 역할을 할 사람은 자녀들이 아니라 부모라는 관점이다. 심리학자 켈리(G. Kelly)는 "우리 모두가 과학자이다."라고 주장하였다. 부모로서 당신이 갖는 과학자의 속성인 관찰, 의문, 탐구를 통해 자녀의 행동을 이해하여 그가 바람직하게 성숙하도록 조력하는 일이 부모역할이라고 본다. 부모역할은 우리의 자녀들이 그들이 살고 있는 사회 안에서 생존하고 번영하도록 보호하고 준비해 주는 것을 목적으로 한다.

1) 평등사회 안에서 권위의 역할

지도자는 그들이 이끌어 나가는 집단구성원에게서 권위를 보장받는다. 부모는 가족 내에서 권위를 지니고 있다. 지도력의 세 가지 유형을 살펴보자.

- **군주형**: 독재형이라고도 한다. 독재형은 자유는 주어지지 않고 한계만 주어지는 지도법으로 묘사될 수 있고, 닫힌 원으로 묘사될 수 있다.
- **허용형**: 부모가 심부름꾼 역할을 한다. 허용형은 제한은 주어지지 않고 자유만 주어진 지도방법으로 묘사될 수 있고, 지그재그 선으로 나타내며 자유분방한 만용의 모습을 의미한다.
- **민주형**: 적극적 부모역할을 한다. 민주형은 일정한 한계 안의 자유가 주어지는 지도방법이라고 볼 수 있고, 원이라는 한계 안에서 지그재그 선에 의해 상징적으로 표현될 수 있다. 여기서 자유란 아동이 선택을 하는 자유이다.

2) 민주사회에서 요구되는 네 가지 자질

당신은 당신의 자녀를 어떤 아이로 키우고 싶은가? 민주사회 안에서 생존하고 성장하기 위해서 필요한 네 가지 자질은 ① 용기, ② 자아존중감, ③ 책임감, ④ 협동심이다.

현대의 적극적 부모역할 훈련은 이러한 네 가지 민주사회에 필요한 자질을 자녀에게 길러 주는 것을 추구한다. 또한 적극적 부모역할 훈련에서는 가족화목 활동을 할 것을 강조한다. 가족 화목 활동을 통해 부모가 자녀와의 관계를 풍요롭게 하면 할수록 부모는 자녀의 삶에 더욱더 많은 영향을 끼치게 될 것이다.

현대의 적극적 부모역할 훈련은 아들러의 이론적 영향을 많이 받았다. 아들러가 지적한 열등감콤플렉스의 세 가지 원인인 기관열등감, 과잉보호, 양육태만을 생각해 볼 때 부모역할이 얼마나 중요한가를 알 수 있다.

3) 용기와 자아존중감

용기는 하나의 느낌으로 이미 알고 있는 목표를 위해 어느 정도 예상하고 있는 위험을 감수하려는 확신감이다. 자아존중감은 우리가 능력 있고 사랑스러운 인간으로서 성공하게 될 것이라는 신념에서 비롯된다. 높은 자아존중감은 우리에게 용기를 주지만, 낮은 자아존중감은 우리에게 낙심을 준다.

현대의 적극적 부모역할 훈련에서는 '생각하기 → 느끼기 → 행동하기' 회로를 이해할 것을 강조한다. 다음과 같이 개인이 성공회로나 실패회로에 빠지는 중요한 요인이 자아존중감 및 용기라는 것을 이해하는 것이 중요하다.

- **성공회로**: 사건 → 생각하기(긍적적 사고, 높은 자아존중감) → 느끼기(용기) → 행동하기
- **실패회로**: 사건 → 생각하기(부정적 사고, 낮은 자아존중감) → 느끼기(낙담) → 행동하기

자녀가 성공회로에 머물도록 돕기 위해 부모는 자녀들의 자아존중감과 용기를 북돋아 주고자 격려하는 것을 몸에 익혀야 한다. 드레이커스(Dreikurs)는 "식물이 물을 필요로 하듯이 자녀는 격려를 필요로 한다."라고 말하였다. 그릇되

게 행동하는 아이는 보통 용기를 잃은 아이이다.

부모가 아동의 용기를 잃도록 낙담시키는 몇 가지 방식은 다음과 같다.

- 부정적 기대감
- 실수를 지적하기
- 완벽주의
- 과잉보호

부모가 아동의 기를 살려주는 몇 가지 방식은 다음과 같다.

- **자신감을 보여 주기:** 책임감을 부여하라. 자녀의 견해나 충고를 구하라. 부모가 끼어들어 개입하고 싶은 충동을 물리치라.
- **힘을 북돋우기:** 당신 자녀의 장점을 인식하라. 다음 단계로 나아가도록 격려하라. 완전을 목표로 하지 말고 진보 자체를 목표로 하라.
- **아동의 가치를 인정하기:** 인간의 가치와 성취의 개념을 구별하라. 인간의 가치와 그릇된 행동의 개념을 구별하라. 자녀의 독자성에 대하여 감사하라.
- **독립심을 자극하기:** 응석을 받아 주지 않도록 하라. 상호의존성을 기르게 하라.

4) 자녀를 이해하기

우리의 자녀의 성격이 어떻게 형성되는가를 이해하는 것이 중요하다. 성격 형성에 영향 주는 요인으로 유전, 가정환경, 가족구도를 생각해 볼 수 있다.

심리학자 아들러는 주로 어렸을 때 형성되는 생활양식(lifestyle)을 네 가지로 분류하였다. 이러한 네 가지는 지배형, 회피형, 기생형, 사회적 유용형이다.

당신의 자녀의 행동을 이해하기 위해서는 행동의 원인이 무엇인가를 찾기보다는 행동의 목적이 무엇인가를 이해하도록 하는 것이 필요하다.

자녀의 행동을 지배하는 주요한 네 가지 행동 목적은 다음과 같다.

① 접촉(contact)

② 힘(power)

③ 보호(protection)

④ 물러서기(withdrawal)

이러한 행동 목적을 달성하기 위해 당신의 자녀가 하는 긍정적 접근방식과 부정적 접근방식을 파악해서 자녀가 긍정적 접근방식을 통해 자신의 목적을 달성하도록 지도하는 것이 요구된다.

〈표 8-1〉 자녀의 목적 달성 방식

자녀의 목적	긍정적 접근방식	부정적 접근방식
접촉	인정	부당한 관심 끌기
힘	독립심	반항
보호	주장하기 용서하기	복수
물러서기	자신만의 시간 갖기	부당한 회피

당신의 자녀가 분노를 적절하게 처리하도록 돕는 몇 가지 방법은 다음과 같다.

첫째, 자녀에게 좋은 본보기가 되어 준다.

둘째, 보다 효과적인 표현의 양식을 발견하도록 대화로 자녀를 지도한다.

셋째, 힘 겨루기에 말려들지 않는다.

넷째, 자녀에게 선택권을 준다.

다섯째, 부모의 결정에 자녀의 의견을 반영하도록 허용한다.

3. 자녀에게 민주적 자질을 가르치기

부모인 누군가가 필자에게 "자녀교육을 어떻게 하면 좋은가?"라고 묻는다면, 나의 답은 단연코 "당신이 민주적 가정을 만드는 것이다."이다. 부모는 가정의 선장으로서 민주적 가정을 만들어 자녀에게 민주적 자질을 함양할 책임이 있다. 부모가 민주적 가정을 만드는 일은 분명히 쉽지 않은 과업이지만 정말 사랑하는 자녀를 위해 부모의 태도가 '부모와 자녀가 동등하다'는 것으로 변화되면 충분히 가능하다고 본다.

우리는 현재 인류역사를 통해 진화되어 온 가장 이상적인 정치적 체제인 민주주의 사회에 살고 있다. 민주적 사회를 이루기 위해 사람들이 가져야 할 가장 중요한 생각은 '모든 사람이 사회적으로 평등하다'는 믿음이다. 현재 한국 사회의 40대 이상의 대부분의 부모는 가부장적이며 권위주의적인 교육을 받고 성장한 세대라고 볼 수 있다. 그래서 많은 부모는 민주적 사회를 지탱하기 위해 가장 중요한 개념인 '사회적 평등'에 대한 믿음이 부족한 상태에서 자녀교육을 하고 있다고 여겨진다. 자녀교육을 위해 부모가 가져야 할 태도는 자녀와 사회적으로 동등하다는 믿음이다. 부모와 자녀 간의 상호존중은 '부모와 자녀가 동등하다는 믿음'에서 비롯된다는 것을 명심하고 실천하는 것이 필요하다. 여기서는 먼저 개인심리학에 근거한 자녀교육의 원리를 살펴본 후에 자녀에게 필요한 민주적 자질에 대해 알아보고자 한다.

1) 자녀교육의 원리를 적용하라

아들러가 개발한 개인심리학은 특히 자녀지도를 위한 부모교육 이론에 막대한 영향을 끼쳐 왔다. 대표적인 부모교육 프로그램인 '효과적 부모역할을 위한 체계적 훈련(Systematic Training for Effective Parenting: STEP)'과 '현대의 적극적 부모역할(Active Parenting Today: APT)'은 아들러의 개인심리학에 이론적 기초를 두고 있다.

아들러식 상담자인 드레이커스는 자녀교육의 원리를 제안하였다. 이러한 원리는 현대의 모든 부모들에게 중요한 지침으로 여겨지고 있다. 따라서 그가 제안했던 자녀교육의 34가지 원리를 다음에 소개한다[『Children: the challenge』(Dreikurs & Soltz, 1964)에서]. 여기서는 '지키도록 권장하는 자녀교육의 원리'와 '피하거나 삼가해야 할 자녀교육의 원리'로 구분에서 제시하고자 한다. 필자는 부모로서 당신이 현재 하고 있는 자녀교육을 여기서 권장하는 자녀교육의 원리와 비교해 보고 바람직한 방향으로 수정하면 당신이 성공적인 부모역할을 수행할 수 있으리라고 확신한다.

부모가 '지키도록 권장하는 자녀교육의 원리'는 다음과 같다.

- 자녀를 격려하라.
- 자연적 결과 및 논리적 결과를 사용하라.
- 지배함이 없이 확고한 태도를 유지하라.
- 자녀를 존경하라.
- 질서 혹은 규칙에 대한 존경을 유도하라.
- 타인의 권리에 대한 존경을 유도하라.
- 일상적으로 지켜야 할 규칙을 유지하라.
- 자녀가 훈련을 통해 배우는 데 시간이 걸린다는 것을 명심하라.
- 협동으로 승리하라.
- 말보다 행동으로 보여 주라.
- 단호하게 거절할 용기를 가지라.
- 독립성을 자극하라.
- 두려움에 냉정하게 대처하라.
- 자신의 일에 전념하라.
- 합리적이고 적절한 요청을 하라.

- 일관성을 지키라.
- 자녀를 똑같이 다루라.
- 경청하라.
- 당신의 음조를 살피라.
- 침착하라.
- 예기치 않는 행동을 하라.
- 함께 즐거운 시간을 가지라.
- 자녀에게가 아니라 자녀와 함께 얘기하라.
- 가족회의를 확립하라.

부모가 '피하거나 삼가야 할 자녀교육의 원리'는 다음과 같다.

- 처벌과 보상을 피하라.
- 비판하지 말고 실수를 지적하는 것을 최소화하라.
- 부당한 관심 주기를 피하라.
- 힘겨루기를 피하라.
- 갈등에서 물러서라.
- 신경질적인 반응을 하지 말라.
- 과잉보호를 하지 말라.
- 싸움에 끼어들지 말라.
- 연민의 함정을 피하라.
- 나쁜 습관을 평가절하하라.

2) 자녀에게 민주적 자질을 가르치라

자녀가 민주사회에서 생존하기 위해서는 민주적 자질을 습득하는 것이 필요하다. 모든 부모는 자녀를 훌륭하게 키우길 원한다. 그리고 자녀가 행복하길 원한다. 당신은 당신의 자녀를 어떤 아이로 키우고 싶은가? 민주사회 안에서 생존하고 성장하기 위해서 필요한 다섯 가지 자질은 상호존중하기, 용기, 자아존중감, 책임감, 협동심이다. 부모가 올바른 부모역할을 통해 자녀에게 이러한 자질을 심어 주는 것이 얼마나 중요한 일인지를 살펴보자.

(1) 상호존중의 태도를 가르치라

존중(respect)은 존경이다. 당신이 존경받고 싶으면 먼저 상대방을 존경하라. 존중은 존중에서 비롯된다. 폭력은 폭력에서 비롯된다. 우리는 모두 존중받기를 원한다. 부모는 자녀로부터 존경받기를 원한다. 자녀도 역시 부모로부터 존중받기를 원한다. 부모가 자녀로부터 존경받기를 원하면 먼저 한 인간으로서 자녀를 존중해 주어야 한다. 아들러학파는 모든 사람의 사회적 지위가 동등하다는 사회적 평등을 강조한다. 그리고 인간관계에서 발생하는 모든 갈등의 원천은 사회적 불평등이라고 생각한다. 수직적 사회적 관계는 상호존중이 아니라 지배와 복종의 관계이다. 상호존중은 수직적 관계가 아니라 수평적 관계에서 비롯된다. 자녀에게 상호존중의 태도를 심어 주기 위해 부모는 자녀를 존중하면서 돌보는 것이 필요하다.

(2) 용기를 심어 주라

아들러는 심리적으로 문제가 있는 사람은 낙담한 사람이라고 하였다. 낙담한 사람은 삶의 요구를 헤쳐 나갈 용기를 상실한 사람이다. 부모가 자녀에게 심어 주어야 할 가장 중요한 자질 중의 하나가 용기이다. 용기는 두려움 없이 맞서거나 도전하게 하는 힘이다. 부모는 격려를 통해 자녀에게 용기를 심어 주어야 한다. 부모는 자녀가 삶의 과정에서 부딪히게 될 어려움을 헤쳐 나갈 수 있도록 자녀에게 용기를 불어넣어 주어야 한다. 특히 자녀가 실패했을 때 용기를 잃지 않기 위해 자녀에게 필요한 것은 부모의 격려이다. 부모는 자녀가 용기를 잃지 않고 시도해서 원하는 목적을 달성할 수 있도록 자녀를 끊임없이 격려해 주어야 한다. 부모는 자녀가 실수하고 좌절해도 꿋꿋이 일어나 삶을 헤쳐 나갈 용기를 심어 주어야 한다.

(3) 자아존중감을 갖게 하라

자아존중감은 개인이 있는 그대로 자기를 수용하고 가치 있는 존재로 여기는 자기개념이다. 자아존중감이 높은 사람은 자신을 가치 있고 의미 있는 존재로 여긴다. 반면에 자아존중감이 낮은 사람은 자신을 부정적으로 보고 별 볼 일 없는 존재로 여긴다. 자아존중감이 낮은 사람은 자기를 무가치하게 여기며 자기를 사랑하지 않는다. 부모는 자녀가 자기를 가치 있게 여기고 자신을 사랑하면서 살아갈 수 있도록 자기존중감을 갖게 해야 한다.

(4) 책임감을 가르치라

책임감은 자신의 행동에서 비롯된 결과를 받아들이는 것이다. 우리는 인류가 바람직한 사회로서 추구해서 달성한 민주주의 사회에 살고 있다. 민주주의 하면 떠오르는 단어가 자유이다. 그래서인지 자유란 말을 덧붙여 우리는 자유민주주의라고 한다. 민주주의 사회에서 그만큼 자유가 중요하기 때문이다. 역시 자유 하면 떠오르는 단어가 책임감이다. 자유와 같이 수반되는 개념이 책임감이다. 민주주의 사회는 개인이 원하는 행동을 할 자유를 보장하면서 책임감을 강조한다. 부모는 자녀가 원하는 행동을 할 자유와 그에 따른 책임을 질 수 있는 사람이 되도록 가르쳐야 한다. 아들러는 훈육과 논리적 결과를 적용해서 아동이 책임감을 터득할 것을 강조하였다. 훈육의 목적은 개인이 자신의 행동을 통제할 능력을 습득하도록 하는 것이다. 이런 점에서 처벌은 훈육이 아니다. 논리적 결과는 아동이 자신이 행동한 결과에 책임을 지도록 하는 방법이다. 예를 들면, 아동이 방바닥에 낙서를 해서 방을 더럽혔으면 자기가 해서 더럽힌 방바닥을 깨끗이 청소해야 할 책임이 있다. 부모는 자녀가 삶의 질곡을 헤쳐 나가는 데 필요한 용기와 더불어 책임감을 갖도록 가르쳐야 한다.

5) 협동심을 가르치라

인간은 사회적 존재로서 타인과 협동하면서 산다. 아들러가 지적한 것처럼 진정한 삶의 의미는 협동과 기여에 의존한다. 부모는 자녀가 타고난 잠재력인 사회적 관심을 개발해서 타인과 더불어 사는 능력인 협동심을 신장시키도록 자녀를 가르쳐야 한다. 협동심을 신장시키기 위해 부모는 우선적으로 자녀와의 수평적 관계를 바탕으로 상호존중과 더불어 소속감을 갖도록 하는 것이 필요하다. 예를 들면, 민주적 가정에서 부모는 가족회의나 가족화목 활동을 통해 가족 구성원들이 상호존중하면서 가정에 소속감을 갖고 협력해서 화목한 가정을 이루도록 노력한다.

아들러의 개인심리학에 근거한 부모역할 훈련은 기본적으로 민주사회에서 필요한 이러한 다섯 가지 자질을 자녀에게 길러 주는 것을 추구한다. '현대의 적극적 부모역할 훈련'에서는 특히 가족화목 활동을 할 것을 강조한다. 가족화목 활동을 통해 부모가 자녀와의 관계를 풍요롭게 하면 할수록 부모는 자녀의 삶에 더욱더 많은 영향을 끼치게 될 것이다. 아들러가 지적한 열등감콤플렉스의 세 가지 원인인 기관열등감, 과잉보호, 양육태만을 생각해 볼 때 부모역할이 얼마나 중요한지를 알 수 있다.

제9장

사회적 관심과 사회적 평등

사회적 관심은 상대방의 눈으로 보고, 상대방의 귀로 듣고 그리고 상대방의 마음으로 느끼는 것을 의미한다.

– 아들러 –

1. 사회적 관심

개인심리학에서 개인의 적응과 부적응 여부를 결정하는 중요한 준거는 사회적 관심(social interest)의 높음과 낮음의 정도이다. 사회적 관심은 독일어 'gemeinschaftgefühl'을 번역한 것이다. 독일어 'gemeinschaftgefühl'이 영어로는 'social feeling' 'community feeling' 'communal intention' 'community interest' 'social interest' 등 다양하게 번역되었다. 지적한 것처럼 사회적 관심은 인간이 사회적 존재로서 사회를 위해 활동함을 말한다. 즉, 우리 자신이 사회를 위해, 좀 더 구체적으로 말하면 타인에 대한 관심이나 이익을 위해 활동하는 존재라는 점이다. 사회적 관심은 인간의 사회적 본능을 강조해서 비롯된 개념이다.

1) 사회적 관심은 더불어 사는 지혜

개인심리학의 핵심개념인 사회적 관심은 타인과 함께 삶을 살아가는 지혜라고 말할 수 있다. 왜냐하면 우리는 사회적 존재로서 타인과 함께하며 삶을 살아가고 있기 때문이다. 과학의 발달로 인해 우리는 작아진 지구촌에서 일어나는 모든 일을 빠르게 공유하면서 생활하고 있다. 우리의 생존에 필요한 의식주, 즉 입고 먹고 거주하는 데 요구되는 모든 것이 타인과 함께함이 없이는 도저히 해결될 수 없는 사회적 존재로서 살아가고 있다. 쉽게 말하면 우리 각자는 우리가 속한 사회에 서로 협동하고 기여하면서 타인과 더불어 삶의 의미를 추구하며 생활하고 있다.

개인이나 집단 간에 일어나는 갈등과 반목을 해결하는 길도 함께 살아가는 지혜를 터득하는 것이다. 흔히 우리가 뭉치면 살고 흩어지면 죽는다고 말하는 것처럼 우리가 공생하기 위해 타인과 더불어 살아가는 지혜가 필요하다. 정말 우리가 뭉치면 강해지고 뿔뿔이 흩어져 각자 행동하면 약해진다.

개인은 한시도 사회를 떠나 살아갈 수 없는 사회적 존재로 사회에 소속되고자 하는 기본적 욕구를 가지고 있다. 우리는 누구나 인간으로 인간애, 인류애를 공동체에서 느끼고 표현하면서 살아간다. 아들러(Adler)가 제안했던 사회적 관심은 인간이 사회의 구성원으로서 사회에 소속되고자 하는 소속감으로 바탕이 되는 감정은 인간에 대한 사랑이다. 진정으로 성공한 사람은 인간으로서 인간에 대한 사랑을 느끼고 표현하면서 타인과 함께 자신의 성공 추구를 해 가면서 인류애를 발휘하는 사람이라고 할 수 있다.

개인의 성공 추구를 타인에게 해를 끼치면서까지 이루어 내는 것은 그릇된 개인적 논리에 따른 것으로 옳지 않다. 우리는 사회적 존재로서 타인과 협동하면서 사회에 기여하는 행동을 통해 자신의 성공 추구를 하는 것이 필요하다. 즉, 개인이 성공적인 삶을 살기 위해서는 사회적으로 유용한 생활양식을 가져야 한다. 아들러는 개인의 정신건강의 준거로서 사회적 관심을 사용하였다. 성공적인 삶을 위해 우리는 사회적 존재로서 타고난 잠재력인 사회적 관심을 개발해야 한다. 사회적 존재로서 우리는 각자 타인과 함께하면서 소속감을 느끼며 생활한다. 인간이 다른 동물에 비해 열등한 신체적 조건을 가지고도 만물의 영장이 된 것은 공동체를 이루어 타인과 함께하는 지혜를 발휘해 왔기 때문이다.

사회적 관심은 타인과 더불어 살려는 마음이다.

사회적 관심은 타인과 함께 실천하려는 마음이다.

사회적 관심은 타인과 같이하려는 마음이다.

사회적 관심은 경청을 통해 상대방을 진정으로 이해하고 배려하는 공감이다.

사회적 관심의 결여가 자기관심이다.

사회적 관심은 자신과 타인의 이익을 함께 고려하는 공익이다.

사회적 관심은 공감(共感, empathy)이다.

공감(共感)은 상대방을 존중하는 공감(恭感, respect)이다.

진정한 공감(共感)은 몸과 마음으로 존중하는 공감(恭感)이다.

모든 사람은 공감(共感)받기를 원한다.

당신이 공감받기를 원하면 상대방을 먼저 공감하라.

행복한 사회는 구성원들이 공감하는 가정, 학교, 직장에서 비롯된다.

사회적 관심은 공익(公益)이다.

건강한 사람은 공익을 먼저 생각하는 사람이다.

건강하지 않은 사람은 사익(私益)만을 챙기는 사람이다.

성공한 사람은 공감하고 공익을 위해 노력하는 사람이다.

실패한 사람은 공감하지 못하고 사익을 챙기는 데 몰두하는 사람이다.

인간은 사회적 존재로서 타인과의 사회적 관계없이 생존할 수 없다. 인류는 지구촌에서 공동체로서 더불어 사는 지혜를 발전시켜 왔다. 지구촌에 있는 이웃, 마을, 도시, 국가 간의 갈등은 계속되고 있다. 우리의 문제는 대부분 개인과 개인, 집단과 집단 관계에서 비롯된다.

프로이트(Freud)는 은유적으로 “인간은 태어나서 죽을 때까지 어두운 지하실에서 끊임없이 갈등하는 존재이다.”라고 표현하였다. 즉, 그는 개인이 자신의 욕구충족을 위해 무의식에서 그가 제안한 세 가지 자아인 원초아, 자아, 초자아 간의 갈등이 삶이 지속되는 한 계속된다는 것을 주장하였다. 반면에 아들러는 대부분의 개인적 문제가 전체로서 행동하는 개인과 개인 간의 관계에서 비롯된 심리적 갈등에서 비롯된다고 보았다.

아들러는 모든 심리적 문제가 상대방을 낙담시키거나 사회적 열등감을 갖게 하는 행동에서 야기된다고 믿었다. 우리는 모든 인간관계에서 서로 간에 상대방을 격려시키는 행동을 하거나 낙담시키는 행동을 한다. 사회적 관심이 높은 사람은 공감적 대화로 상대방을 배려하기 때문에 상대방을 낙담시키지 않는다.

2) 사회적 관심과 정신적 건강

우리가 사회적으로 유용한 생활양식으로 행복한 삶을 살아가기 위해 사회적 관심을 고양시키는 것이 필요하다. 왜냐하면 사회적 관심이 낮은 사람들은 사회적으로 유용하지 않는 생활양식인 기생형, 회피형 그리고 독재형으로 생활하기 때문이다. 이런 점에서 아들러는 사회적 관심의 정도를 정신건강의 지표로 생각하였다. 아들러는 모든 부적응적인 사람들은 낮은 수준의 사회적 관심을 가지고 있다고 믿었다. 우리는 각자 진정한 변화를 통해 행복한 삶을 구현하기 위해 노력하고 있다. 사회적 존재로서 모든 개인은 타고난 사회적 관심을 개발하는 것이 필요하다.

아들러는 사회적 관심을 성경에 나오는 '이웃사랑'이라고 표현하기도 하였다. 사랑은 믿음과 소망보다 위대하다. 성공을 위해 주변 사람들에게 사랑을 실천하면서 생활하는 것이 필요하다. 증오는 사랑의 결여이다. 사회적 관심이 높은 사람은 타인을 증오하지 않고 사랑을 실천하는 사람이다.

누구나 사랑받기를 원한다. 사랑받기를 원하지 않는 사람은 없다. 이처럼 우리는 누군가로부터 사랑받기를 원하면서 자기 자신이나 타인을 미워하면서 살아가는 것과 같은 어처구니없는 잘못을 범하고 있다. 인간애, 인류애를 느끼면서 자신을 진정으로 사랑하는 사람이 타인도 진심으로 사랑할 수 있다. 당신 주변의 사랑받기를 원하는 사람에게 사랑을 베풀어라. 우리가 어떤 기대도 없이 누군가에게 사랑을 베풀면 베푼 만큼 언젠가 돌아온다는 것을 명심하자. 우리가 자나 깨나, 슬프고 괴로울 때나, 힘들고 고통스러울 때나 어머니를 그리워하는 이유는 어머니가 우리에게 베푼 무조건적인 사랑을 온몸과 온 마음으로 느꼈기 때문이다. 행복을 위해 서로가 주고받는 상호사랑을 실천하면서 생활하는 것이 필요하다.

사회적 관심은 사회에 대한 소속감이다. 소속감은 사랑이다. 아들러의 영향을 받은 인본주의 심리학자인 매슬로(Abraham Maslow)는 그가 제안했던 잘 알려진 욕구위계에서 소속감 혹은 사랑이 자기실현을 위한 선행욕구로서 작동한다는 것을 주장하였다. 대부분의 비행청소년들은 가정에 대한 소속감을 느끼지 못하고, 가정 밖에서 또래 아이들과 어울리면서 더 많은 소속감을 느끼고 비행의 덫에 빠져든다. 역시 청소년들이 가출하는 주요한 이유도 가정에서 느낄 수 없는 소속감을 가정 밖에서 발견하기 때문이다. 부모의 미움이나 무관심으로 가슴에 멍이 든 아이들은 가정 밖에서 또래들의 사랑이나 관심을 통해 강한 유대를 형성하면서 소속감을 발달시킨다. 부모는 청소년들이 사회적 이탈 없이 가정 내에서 사랑과 소속감을 가지고 생활할 수 있도록 민주적 부모역할을 수행해야 한다.

사회적 관심의 주요한 구성요인은 협동과 기여이다. 눈도 뜨지 않은 갓난아이가 엄마의 젖을 빠는 것을 상상해 보라. 갓난아이는 엄마의 도움 없이 젖꼭지를 빨 수 없다. 엄마와 협력 없이 아이가 생존할 수 없다. 갓난아이는 엄마의 기여 없이 생명을 부지할 수 없다. 엄마와 아이의 관계에서 협동과 기여가 없어서는 안 되는 것처럼 우리가 사회적 관계를 유지하는 데 협동과 기여가 요구된다.

우리는 연약한 존재로 태어났기 때문에 부모나 타인의 돌봄이 없이는 생존하기 힘들다. 사회적 관심의 주요한 구성요인은 협동과 기여이다. 개인이 자신이 속한 공동체에서 자신과 공동체의 발전을 위해 무엇보다 중요한 것은 구성원들의 협동과 기여이다.

아들러는 "사회적 관심은 상대방의 눈으로 보고, 상대방의 귀로 듣고, 상대방의 마음으로 느끼는 것이다."라고 하였다. 이러한 표현을 통해 사회적 관심이 역지사지(易地思之)의 입장에서 상대방을 이해하는 공감적 이해와 비슷한 의미를 가진다는 것을 알 수 있다. 당신이 잠재력으로 갖고 태어난 사회적 관심을 개발함으로써 원활한 대인관계를 이룰 수 있다. 당신의 성공을 위해 타인과의 협동과 기여를 통한 원만한 인간관계를 맺고 유지하는 것이 필요하다.

우리가 가장 그리워하는 것은 사람이다. 개인은 혼자 살 수 없다. 우리는 타인과 더불어 산다. 우리는 인간의 기본적 욕구인 소속감을 충족시키면서 주변 사람들로부터 사랑을 주고받으며 생활한다. 즐겁게 살기 위해 주변 사람들과 친밀한 관계를 맺는 것이 필요하다. 요즘 적지 않은 사람들이 다른 사람들과 친밀한 관계를 맺지 못하고 외로움이나 고독을 느끼며 생활한다. 심지어는 고독으로 죽음을 택하는 고독사도 증가하는 추세이다.

우리는 사회적 존재로서 타인과 함께 즐겁게 살기 위해 가지고 태어난 사회적 관심을 고양시키는 것이 필요하다. 사회적 관심의 핵심 구성요인은 협동과 기여이다. 다시 말하면, 사회적 관심이 높은 사람은 타인과 협동하면서 타인을 위해 기여하려고 노력한다. 반면에 사회적 관심이 낮은 사람은 협동과 기여보다 경쟁과 비교를 통해 타인을 배려하지 않고 자기이익을 챙기기 위해 노력하는 이기주의자라고 할 수 있다.

사회적 관심이 높은 사람은 기본적으로 타인에 대한 인간애를 가지고 있다. 그리고 동정보다 공감하면서 주위 사람들과 함께 희로애락(喜怒哀樂)을 느끼며 생활한다. 즉, 높은 사회적 관심을 가진 사람은 타인과 함께 기쁨, 분노, 슬픔의 감정을 표현하면서 즐겁게 삶을 살아간다고 할 수 있다.

사회적 관심을 가지고 사는 가족은 가족구성원들이 협동하고 기여하면서 애틋한 가족애를 서로에게 표현하면서 즐겁게 생활한다.

사회적 관심이 높은 학생은 학교에 대한 소속감 및 사랑을 가진다. 그리고 이러한 소속감을 바탕으로 학급의 일에 협동하고 기여하면서 급우와 우정을 표현하면서 즐거운 마음으로 생활한다.

직장에서 사회적 관심이 높은 사람은 직장 내에서 발생하는 일을 협동하고 기여하면서 해결해 갈 뿐만 아니라 직장동료들과 따뜻한 동료애를 느끼면서 즐거운 마음으로 직장생활을 한다.

사회적 관심은 사회에 대한 소속감이며 타인에 대한 배려와 사랑이라고 할 수 있다. 우리는 심리적으로 건강한 삶을 위해 높은 사회적 관심을 가지고 타인과 협력하고 사회에 기여하면서 생활하는 것이 필요하다.

2. 사회적 평등

개인이 사회적 관심과 상호존중의 태도를 갖기 위해서 사회적 평등에 따른 민주적 관계가 선행되어야 한다. 사회적 불평등에 따른 개인의 낮은 사회적 관심과 사회적 열등감은 심각한 심리적 문제를 초래한다.

아들러는 사회적 불평등이 만연한 20세기 초에 사회적 평등에 기반한 인간관계 및 상담관계를 꿈꾸고 실천한 시대의 선각자로 여겨진다. 현재 우리는 그가 예언했던 100년 후에 개인심리학이 성행하리라는 21세기 초반에 살고 있다. 현재 사회 도처에서 나타나고 있는 사회적 갈등은 사회적 불평등에서 비롯된 것임을 직시할 수 있다.

인간중심치료를 개발한 로저스(Rogers)도 역시 상담자와 내담자의 관계를 인간 대 인간으로 규정하고 사회적 평등에 의한 민주적 상담을 실천했던 선각자라고 여겨진다. 상담자들이 확고한 사회적 평등에 대한 인식을 가지고 내담자들과의 상호존중을 바탕으로 상담을 실천하면 내담자들의 많은 문제가 해결될 수 있다고 본다.

우리는 사회적 존재로 사회를 떠나서 살 수 없다. 사회적 존재로서 우리 각자의 사회적 지위는 동등하다. 사회적 평등은 나의 사회적 지위가 타인의 사회적 지위와 동등하다는 믿음에서 비롯된다. 이러한 사회적 평등에 대한 믿음과 실천을 통해 진정한 민주적 사회가 실현될 수 있다. 반면에 사회적 불평등은 개인의 권리를 침해하는 부적절한 제도, 돈이나 권력 등에 의해 개인의 사회적 지위가 침해되는 것을 말한다. 대부분의 사회적 갈등의 원천은 사회적 불평등에서 비롯된다. 사회적 평등을 통한 진정한 민주적 사회의 실현은 요원한 꿈인가?

1) 사회적 평등

개인이 성공하기 위해 타인과 상호존중하는 교류를 하지 않으면 안 된다. 인간은 사회적 존재로서 성공적인 삶을 위해 원만한 인간관계를 유지하면서 사는 것이 필요하다. 인간은 누구나 존중받기를 원한다. 당신이 누군가로부터 존중받기를 원하면 먼저 상대방을 존중해 주는 것이 필요하다. 모든 사람은 평등하게 태어났다. 사회적 평등(social equality)은 모든 사람이 인간으로서 사회적 지위가 동등함을 의미한다. 성공 추구를 위해 우리는 사회적 평등에 대한 확고한 믿음을 가지고 타인과 관계하는 것이 요구된다.

아들러는 모든 사람의 사회적 평등이 보장되는 사회를 바랐던 시대의 선각자였다. 제2의 아들러라 불리는 드레이커스는 아들러의 뜻을 이어받아 진정한 민주주의의 도전은 사회적 평등을 실현하는 것이라고 주장하였다. 100년 전인 20세기 초반에 아들러는 개인의 자유, 사회적 책임감, 아동과 여성의 권리를 믿었다. 다시 말하면, 아들러는 모든 사람의 사회적 평등을 믿고 실천한 진정한 민주주의 실현을 갈망했던 시대의 예언자였다. 현재 민주주의는 더 나은 사회를 이루기 위해 진화하고 있다. 진정한 민주적 사회의 실현은 사회적 평등을 구현해서 모든 사람이 인간 대 인간으로서 상호존중하며 사는 사회이다.

상호존중은 사회적 평등에서 비롯된다.

상호존중은 공경(共敬)이다.

진정한 공경은 몸과 마음으로 하는 공경이다.

모든 사람은 공경받기를 원한다.

당신이 공경받기를 원하면 상대방을 먼저 공경하라.

당신이 공대받기를 원하면 먼저 상대방을 공대하라.

모든 사람은 하대(下待)받기를 원하지 않는다.

당신이 하대받는 사람이면 당신이 하대하는 사람이다.

당신이 공경받기 위해 공경할 용기가 필요하다.

행복한 사회는 구성원들이 공경하는 가정, 학교, 직장에서 비롯된다.

수많은 산이 있다.

세계에서 가장 높은 히말라야의 산이 있다.

백두산, 한라산, 설악산, 관악산 등 수많은 산이 있다.

산은 산이다.

모든 산은 서로 높고 낮다고 등위를 매기지 않는 무등산이다.

작은 산은 높은 산과 비교해서 열등감으로 위축되지 않는다.

높은 산은 낮은 산과 비교해서 우월감으로 으쓱대지 않는다.

모든 산은 있는 그대로 나름대로 자신의 자태를 뽐내고 있다.

사회적 평등은 상호존중에 선행한다.

인간은 행복한 실존을 위해 사회적 평등 사회를 추구해 왔다.

진정한 민주주의 실현은 사회적 평등의 실현이다.

2) 사회적 평등과 사회적 불평등

모든 인간은 존중받고 행복해질 권리를 갖고 태어났다. 상호존중하는 사회에서만 개인은 행복한 삶을 영위할 수 있다. 현재 우리 사회는 개인이 안정되고 조화로운 행복한 삶을 살 수 있게 상대방을 존중하는 사회인가? 단연 그렇지 못하다고 본다. 우리 사회는 갈등과 반목이 만연하다. 즉, 우리는 지금 가정, 학교, 직장에서 구성원들 간의 사회적 갈등이 만연한 갈등의 시대에 살고 있다. 갈등은 힘의 마찰이다. 갈등은 일반적으로 힘 있는 자가 상대방이 힘이 없다고 보고 지배하고 복종시키려고 하면서 생기는 마찰에서 비롯된다. 사회적 갈등의 해소를 위해 힘에 의한 지배와 복종이 아니라 상호존중에 의한 협동과 기여가 필요하다.

개개인이 겪는 이러한 갈등을 해결하기 위해 '사회적 평등'에 대한 자각과 실천이 필요하다. 갈등의 원천인 '사회적 불평등(social unequality)'을 해소하는 것은 쉽지 않은 과제이다. 하지만 사회적 불평등의 해소는 우리가 조화롭고 행복한 삶을 달성하기 위해 해결해야 할 이 시대의 과제이다. 사회적 평등은 "모든 인간의 사회적 지위가 동등하다."라는 것을 의미한다. 즉, 사회적 평등은 개인이 삶을 실천하는 자유인으로서 누구도 그리고 어떤 힘에 의해서도 박탈할 수 없는 타인과 동등한 사회적 지위를 가진다는 것이다.

인간은 사회적 존재로 사회의 일원이다. 사람들이 사회적 관심을 가지고 상호 존중하는 행복한 사회를 만드는 데 필요한 선행요인이 사회적 평등이다. 민주주의 사회에서 만약 개인이 모든 타인과 인간 존엄과 가치에 있어 동등하다는 것을 알지 못하거나 느끼지 못한다면 자신 혹은 타인과 함께 평화롭게 살 수 없다. 사회 내에서 협동은 기본적 원리이다. 협동 없이 구성원 간의 밀접한 삶은 전혀 가능하지 않다. 그리고 개인의 안정적 사회적 관계는 단지 사회적 평등의 관계에 근거한다.

인간이 인류역사를 통해 만들어 낸 이상적인 정치체제가 민주주의이다. 민주적 사회의 핵심적 전제는 사회적 존재로서 모든 인간이 사회적 평등을 가진다는 점이다. 사회적 평등은 상호존중의 선행요건이다. 사회적 평등에 근거한 상호존중은 개인이 타인과 안정되고 조화로운 사회적 관계를 유지하게 한다. 사회적 평등은 개인이 타인과 맺는 모든 사회적 관계에서 상대방을 자기보다 열등하거나 우월하다고 지각하지 않고 동등하다고 보는 것이다.

반면에 사회적 불평등은 개인이 타인과 맺는 사회적 관계가 동등하지 않다고 지각하는 것이다. 사회적 불평등은 사람들이 겪는 대인관계 갈등의 원천으로 작동한다. 개인의 많은 문제의 원천은 사회적으로 평등한 존재로서 존중받지 못한 데서 기인한다. 개인이 어떤 요인에 의해서건 자신이 누군가로부터 사회적 불평등을 받고 있다고 지각할 경우에 심리적 상처를 받게 된다. 우리 사회에 아동학대, 가정폭력, 학교폭력, 직장폭력 등이 만연하다. 이러한 폭력은 가해자들이 사회적 평등에 대한 인식이 부족해서 사회적으로 평등한 존재로서 피해자들의 존중받을 권리를 침해한 데서 비롯된다.

3) 사회적 평등: 상호존중의 선행요건

사회적 평등은 모든 사람의 '사회적 지위(social status)'가 대등하다는 것을 의미한다. 쉽게 말하면, 사람 위에 사람 없고 사람 밑에 사람 없고 사람 옆에 사람 있는 수평적 관계를 말한다. 민주주의는 평등한 사람 간의 관계, 근본적인 인간 평등에 대한 인식을 전제한다. 사회적 평등을 '평등한 기회(equal opportunity)'란 개념과 유사한 것으로 혼동해서는 안 된다. 평등한 기회란 말은 기본적인 사회적 평등의 실현을 구체화하지 못함은 물론 더 악화시킨다(Dreikurs, 1971, p. 187).

수직적인 사회적 관계에서 상호존중의 관계는 불가능하다. 왜냐하면 수직적 관계는 지배와 복종의 관계이기 때문이다. 지금까지 인류 역사에서 많은 희생과 노력을 거쳐 달성한 정치체제가 민주주의이다. 물론 민주주의가 여전히 진화하고 있지만 진정한 민주주의의 달성은 사회구성원 각자가 서로 사회적 지위가 동등하다는 사회적 평등을 믿고 실천할 때 이루어진다. 아들러(Adler)는 평등을 사회적 삶의 논리를 위한 근본적 선결조건으로서 인식하였다. 즉, 평등이 없다면 어떤 안정성 혹은 사회적 조화도 존재할 수 없다(Dreikurs, 1971, p. X).

우리 사회에서 모든 사람이 자신을 타인과 동등한 것으로 지각하고 사회적 관계를 맺으며, 민주적 진화가 이루어질 수 있도록 구성원들의 절실한 노력이 필요하다.

4) 사회적 열등감: 사회적 갈등의 원천

대부분의 사회적 갈등의 원천은 '사회적 열등감(social inferiority)'이다. 사회적 불평등에서 파생되는 심리적 문제가 사회적 열등감과 사회적 우월감이다. 현재 한국사회에서 나타나고 있는 대부분의 사회적 갈등은 개인이 사회적 우월감을 느끼려고 힘을 행사해서 상대방의 사회적 열등감을 유발시키는 데서 비롯된다. 상대방보다 힘이 있는 사람은 "모든 사람의 사회적 지위는 동등하다."라는 신념이 결여되어 있고 상대방을 인간 대 인간으로서 대우하지 않으며 상대방을 지배하려 한다. 하지만 힘없는 약자는 복종하지 않는다. 구시대에 작동되었던 인간의 노예근성에서 비롯된 것이 지배와 복종이다. 민주적 사회에서 지배와 복종의 인간관계는 마찰, 갈등을 초래한다. 힘이 없는 사회적 약자가 인간적 대우를 받지 못해 갖는 모멸감이 사회적 열등감이다. 이런 점에서 우리는 사회적 갈등의 원천이 사회적 열등감에서 비롯된다는 것을 확고하게 인식하는 것이 필요하다.

당신이 누군가로부터 존중받기를 원하면 먼저 상대방을 존중하라. 모든 사람은 타인과의 관계에서 존중받기를 원한다. 누군가가 우리를 존중하지 않고 무시하는 태도로 대할 때, 우리는 사회적 열등감을 느끼며 심리적으로 상처를 받는다. 현재 민주주의의 진화과정에 있는 한국사회에서 사회적 불평등에서 비롯된 사회적 갈등과 사회적 열등감은 많은 사회적 문제를 초래하고 있다.

5) 사회적 열등감에서 비롯된 문제

민주적 사회에서 개개인의 행복한 삶을 위해 필요한 진정한 도전은 인간이 사회적 존재로서 사회적 평등을 실현하는 것이다. 하지만 놀랍게도 많은 사람이 사회적 지위에 대한 평등이 불가능하다고 믿는다. 인류역사를 통해 인종차별, 성차별, 연령차별 등의 문제를 해소하면서 사회적 평등을 위한 추구가 끊임없이 이루어져 왔다. 하지만 현재의 자유경쟁의 자본주의 사회에서 자본의 힘에서 비롯된 사회적 불평등에서 비롯된 문제가 여전히 개인의 삶을 불행하게 하고 있다. 흔히 사람들은 경쟁에서 이겨야 살아남는다고 말한다. 다시 말하면, 경쟁에서 지면 모든 게 끝장이고 파멸이라고 생각한다. 우리 사회에서 당연한 것처럼 받아들여지고 있는 만연한 두 가지 주요한 문제는 경쟁과 사회적 열등감이다. 개인의 사회적 열등감은 기본적으로 사회적 불평등에서 비롯됐지만 사회에서 강조하는 경쟁을 통한 등수 매기기에서 더욱 심각한 현상으로 나타난다.

사회적 불평등에서 비롯된 사회적 관계의 갈등은 다음과 같이 사회 전반에서 일어나고 있다. 이러한 갈등의 해결은 사회구성원 각자가 기본적으로 상호존중의 선행요인인 사회적 평등을 지각하고 실천할 때 가능하다고 본다.

첫째, 성별 및 연령에 따른 갈등이다. 잘 알다시피 남녀 간의 갈등을 해결하기 위한 시도로 '여성주의 상담'이 등장하였다. 연령 및 세대에 따른 갈등은 문화에 따라 다르지만 일반적으로 나이가 많을수록 사회적 지위가 높은 것으로 간주되어 나이가 적은 사람을 하대하는 경향을 보여 왔다.

둘째, 가정에서 가족구성원 간의 갈등으로, 먼저 부부간의 갈등이다. 한국 사회에서 유교적 영향으로 남성의 권위적 및 가부장적 지위는 부부의 사회적 평등의 장애로 여전히 작동하고 있다. 다음으로 부모와 자녀 간의 갈등이다. 한국 사회는 부모가 자녀를 사회적으로 동등한 존재로 보지 않고 지시나 명령의 대상으로 보는 경향이 강하다. 부모가 자녀에게 존중받고 싶으면 자녀를 존중해 주는 것이 필요하다. 역시 해결책으로 적절한 훈육, 논리적 결과 및 자연적 결과를 적용해서 자녀가 자신이 행동한 결과에 대해 책임을 지도록 지도하는 것이 필요하다.

셋째, 학교에서 교사와 학생 및 학생과 학생의 갈등이다. 현재 교사와 학생 간의 갈등은 매우 심각하다. 해결책으로 일단 객관적으로 힘을 가진 교사가 학생을 동등한 존재로 보고 존중해 주는 것이 요구된다. 교사가 학생에게 존중받고 싶으면 먼저 학생을 존중해 주어야 한다. 학생들 간의 갈등 역시 많은 문제를 야기하고 있다. 학생들에게 힘의 논리가 아닌 사회적 평등의 원리가 작동하도록 교육시키는 것이 필요하다. 교사는 학교폭력을 예방하기 위해 민주적 교실 분위기를 만듦은 물론 사회적 평등에 근거하여 학생들 간의 상호존중이 이루어지도록 지도하는 것이 요구된다.

넷째, 직장에서 구성원들 간의 갈등이다. 현재 한국사회에서 노사 간의 갈등은 많은 문제를 야기하고 있다. 최근에 우리 사회에서 두드러지게 나타나는 갑질 논란은 힘을 가진 자가 상대방의 사회적 지위를 무시한 데서 비롯된 것이다. 역시 직위에 따른 직원들 간의 갈등이 만연하다. 민주적 직장 분위기를 만들어 직위의 남용이 아니라 사회적 평등에 따라 직원들 간의 상호존중의 문화가 정착되도록 하는 것이 필요하다.

6) 사회적 열등감 극복하기

개인의 심리적 문제의 근간이 되는 열등감은 크게 두 가지로 개인적 열등감과 사회적 열등감이다. 개인이 성공적인 삶을 영위하기 위해 자신이 가지고 있는 개인적 열등감을 극복하는 것이 필요하다. 역시 개인이 행복한 삶을 위해 사회적 열등감을 극복해야 하지만 개인적인 노력만으로 사회적 열등감을 해결할 수 없다. 왜냐하면 사회적 열등감은 인간이 사회적 존재로서 사회적 관계에서 비롯된 열등감이기 때문이다. 많은 심리학자가 대부분의 심리적 문제는 인간관계에서 비롯된다고 얘기한다. 인간관계에서 비롯된 이러한 심리적 문제의 원천은 근본적으로 개인이 존중받지 못하고 무시당해서 생기는 사회적 열등감이다.

우리 사회 도처에서 일어나고 있는 사회적 열등감을 어떻게 하면 극복할 수 있는가? 사회적 열등감을 해소하기 위해 진정한 민주적 사회를 구현하는 것이 필요하다. 다시 말하면, 개인이 사회의 구성원으로 활동하고 있는 가정, 학교, 직장에서 민주적 관계를 통해 상대방이 사회적 열등감을 갖지 않도록 노력하는 것이 필요하다. 흔히 우리들은 돈이나 권력에 의해 상대방의 사회적 지위를 무시해서 비롯되는 사회적 열등감을 목격하곤 한다. 사회적 열등감을 감소시키기 위해 모든 사람의 사회적 지위가 동등하다는 사회적 평등에 대한 인식을 확고하게 갖는 것이 필요하다. 우리 모두가 개인의 사회적 지위가 보장되는 진정한 민주주의의 실현을 위해 노력하는 것이 요구된다.

제2부

불완전할 용기로 나답게 살기

제10장
시간과 삶의 의미

삶은 영원한 현재이다. 과거는 기억 속의 현재이고, 현재는 현재이고, 미래는 기대 속의 현재이다.

– 노안영 –

개인심리학은 삶(living)의 과학이다. 우리에게 주어진 제한된 삶의 시간을 타인과 함께 사회적으로 유용하게 보낼 것인가를 강조하는 삶의 과학이다. 시간의 중요성을 아는 사람은 자신의 인생계획을 달성하기 위해서 열심히 활동하는 사람으로 생활양식을 결정하는 성격특성인 '활동의 정도(degree of activity)'가 높은 사람이라고 할 수 있다. 우리 각자에게 똑같이 주어진 인생이란 시간을 자신의 인생과제를 달성하기 위해서 부지런하게 활동하는 사람과 게으르게 활동하는 사람 간의 활동의 정도는 현격하게 다르다.

우리 각자의 성공 추구를 위해 개인심리학의 상담목표라 할 수 있는 세 가지 인생과제인 일, 사랑, 우정을 달성하기 위해 우리에게 주어진 삶의 시간의 중요성을 깨닫고 현명하게 생활했으면 한다.

1. 덧없는 인생

우리는 태어나서 죽을 때까지 일정한 시간을 산다. 그리고 우리의 삶은 단 한 번뿐이며 되풀이될 수 없다. 그래서 덧없는 인생이라고 한다. 우리가 어려운 상황에 있거나 심한 불안으로 걱정하는 일이 있을 때, 우리는 시간이 빨리 지나가 버렸으면 하고 시간을 재촉한다. 반면에 기쁘고 즐거운 일이 있을 때는 그 시간에 머물러 있거나 시간이 천천히 흘러갔으면 한다. 우리가 시간을 재촉한다고 해서 시간이 빨리 흐리지도 않고, 우리가 시간에 머무르고 싶다고 해서 시간이 천천히 흘러가지도 않는다. 하루, 일주일, 한 달, 일 년이란 시간은 자연의 섭리에 따라 물이 흐르듯 일정하게 흘러가고 있다.

자연과 인간은 더불어 존재한다. 인간은 자연이다. 인간은 대자연의 일부이다. 만물의 원리는 자연의 섭리에 따른다. 과학은 자연의 섭리를 연구하는 것이다. 인간성(human nature)은 인간의 본성이 자연임을 의미한다. 인간행동은 환경과 인간의 상호작용의 결과이다. 인간은 이 세상에 던져졌고 일정한 기간 '거기에 존재(Dasein; being-in-there)'하다가 다시 자연으로 돌아간다. 강을 재촉하지 말라, 강은 높은 곳에서 낮은 곳으로 스스로 흐른다. 건강하게 사는 것은 자연스러움을 유지하고 실현하는 것이다. 자연스러움은 조화와 균형에 따른 평화이다. 반면에 건강하지 않은 삶은 부자연스러움으로 안달하며 억지 부리는 것이다. 부자연스러움은 갈등과 불균형에 따른 반목이다. 우리는 자연의 일부로서 억지 부리지 않고 대자연의 순리에 따라 행동하는 것이 필요하다.

미국 유학시절에 나와 나의 아내가 억지 부리다가 거의 죽음에 직면한 적이 있다. 다섯 살인 딸을 맡겨 두고 켄터키 주도인 렉싱턴에서 승용차로 혼자 운전해서 5시간 남짓 걸리는 시카고에 갔었다. 시카고에서 볼 일을 마치고 한국식당에서 저녁식사를 한 후에 우릴 기다리는 딸을 생각하며 서둘러 차를 몰아 시카고를 빠져나왔다. 오후 8시가 넘은 시간이라 이미 어두워진 시간이었다. 차를 몰고 시카고 시내를 빠져나올 무렵에 갑자기 많은 눈이 내리는 것을 목격했다. 아무튼 나는 집에 돌아가려고 렉싱턴으로 이어지는 95번 고속도로에 진입해서 남쪽으로 몇 분을 주행해서 달리는 중에 고속버스 순찰대가 바리케이드를 쳐놓은 곳에 멈췄다. 경찰은 눈이 너무 많이 와서 고속도로를 이용할 수 없다고 했다. 나는 고속도로에서 지방도로로 내려와 멈춰서 우릴 애타게 기다리는 딸을 생각하며 집에 꼭 돌아가야 한다는 일념에 지도를 살펴보았다. 경찰을 피해 우회해서 30~40분 정도 지방도로를 타고 가면 고속도로를 만날 수 있다는 생각을 하고 차를 몰았다. 지방도로를 타고 온통 눈으로 뒤덮인 도로를 낮은 속도로 천천히 가는 중에 차가 길 옆 고랑으로 빠져 버렸다. 주위 허허벌판은 온통 하얀 눈으로 덮여 있고 지나가는 차는 한 대도 없었다. 그리고 바깥 온도는 영하 25도를 넘은 강추위였다. 한참을 기다려도 차는 오지 않고 엄습해 오는 추위에 몸을 떨며 나와 아내는 서로 껴안고 있으면서 '이렇게 얼어 죽게 되는구나.'라고 생각했다. 그러한 거의 죽음에 이른 결과는 유학 초기에 미국 기후에 대한 나의 무지와 어설픈 잔머리가 초래한 대가였다.

시간을 재촉하지 말라, 시간은 스스로 지나간다. 살아 있다는 것은 살아온 시간과 앞으로 살 시간의 중간점에 있다는 것이다. 그래서 현존(presence)은 과거와 미래를 통합한다. 현재는 과거와 미래를 통합하는 중도(中道)이다. 우리에게 현재는 가장 소중한 창조적 무관심이다. 과거는 이미 지나가 버렸고 미래는 아직 도래하지 않았다. 지나간 과거를 되돌릴 수 없고 아직 오지 않은 미래를 억지로 가져올 수 없다. 자신이 지나온 과거를 지우려고 아무리 노력해도 지울 수 없다. 우리에게 현재 그 자체가 의미이다. 과거는 기억 속의 현재로 의미의 원천이다. 역시 미래는 기대 속의 현재로 의미의 원천이다. 살아 있다는 것 그 자체가 가장 의미 있는 것이다. 전생과 후생이란 망상에서 벗어나라. 현재를 수용하고 현재에 직면하라.

시간을 재촉하지 말고 현재에 머물러라. 시간을 재촉해서 현재 당신이 직면한 문제를 회피하고 도피한다고 해서 그러한 문제가 해결되지 않는다. 당신이 느끼는 불안을 접촉해서 직면하라. 많은 사람이 겪은 주요한 심리적 문제는 불안이다. 대인관계 심리치료를 개발한 설리번(Stack Sullivan)은 불안을 모든 심리적 문제의 원천으로 보았다. 그는 불안이 대인관계에서 비롯된다고 주장하였다. 펄스(Fritz Perls)의 게슈탈트치료 발견에 기여한 골드스타인(Goldstein)은 불안을 파국적 기대의 결과로 보았다. 펄스는 불안을 현재와 미래 사이의 갭이라고 주장하면서 다음과 같이 기술하였다.

> "불안의 가장 빈번한 형태가 무대공포이다. 나는 모든 불안은 무대공포라고 말하는 경향이 있다. 나는 어떤 무대공포도 환자가 현재와 접촉을 갖고 그의 미래에 대해 가진 집념을 버리게 하자마자 사라지는 것을 보았다. 흐르는 강물을 재촉하지 말라. 그것은 스스로 흐른다."

우리는 유기체로서 현재에서만 자각할 수 있다. 우리는 과거를 자각할 수 없고 과거의 기억을 자각할 수 있다. 역시 우리는 미래를 자각할 수 없고 단지 미래의 전망을 자각할 수 있다. 자각은 경험이다. 불안은 현재와 미래의 갭이다. 불안을 해결하기 위해 유기체의 접촉을 통한 경험이 필요하다. 당신이 현재에 머물러서 경험을 통해 충분한 자각을 하면 불안은 사라진다. 왜냐하면 불안은 현재에 집중하지 않고 미래에 대한 전망에서 비롯된 걱정 혹은 예기불안이기 때문이다.

삶은 일회적이고 되풀이될 수 없기 때문에 덧없는 인생이라고 한다. 모든 사람에게 인생이란 시간은 공평하게 주어졌다. 각자에게 주어진 똑같은 시간을 어떻게 활용하는가에 따라 심리적으로 지각하는 시간의 의미는 달라진다. 누군가가 "무위도식하면서 생활하는 사람의 인생일대가 의미를 추구하면서 생활하는 사람의 하루와 같다."라고 언급했던 것처럼, 정신적으로 지각하는 시간의 의미는 개인에 따라 분명히 다르다. 당신에게 주어진 인생이란 값진 시간을 당신 자신은 물론 타인들을 위해서 유용하게 사용하기를 기원해 본다.

2. 시간과 삶의 의미

인생에서 가장 소중한 것이 무엇일까? 현재 살아온 시간보다 살아갈 시간이 분명히 적은 필자는 시간이라고 생각한다. 왜냐하면 시간을 잃으면 모든 것을 잃기 때문이다. 특히 내가 살아갈 시간을 잃으면 내가 사랑하는 사람들과의 사회적 관계가 끝나기 때문이다.

당신은 무엇이 가장 소중하다고 생각하는가? 흔히 사람들은 정말 은유적인 표현인 "건강을 잃으면 모든 것을 잃는다."라고 말하면서 '건강'이라고 말한다. "건강을 잃으면 모든 것을 잃는다."라는 표현에서 '건강을 잃으면'이 함축하고 있는 뜻은 죽음이다. 좀 풀어서 설명하면 "건강을 잃으면 살아갈 시간을 단축하게 되어 죽게 된다. 죽음은 우리에게서 모든 것을 앗아 가니 모든 것을 잃는다." 라는 것을 의미한다. 이런 점에서 "살아갈 시간을 잃으면 모든 것을 잃는다."라고 말할 수 있다.

실존주의 철학자인 하이데거(Martin Heigegger)가 그의 주저인 『존재와 시간(Being and Time)』에서 지적한 것처럼, 이 세상에 던져진 실존적 존재인 우리 각자에게 가장 소중한 것은 시간이다. 왜냐하면 우리의 실존을 가능하게 하는 것은 우리에게 주어진 시간이기 때문이다. 인간(人間)의 의미가 존재(Being = 人)와 시간(Time = 間)이다. 인간의 한자의 뜻을 조금 더 풀어서 설명하면 "사람은 출생의 문을 통해서 이 세상에 와서 날(日)을 보내다가 죽음의 문을 통해 다른 세상으로 간다."라고 얘기할 수 있다. 이런 점에서 우리 각자에게 주어진 제한된 삶의 시간을 생각하며 자신이 진정으로 원하는 인생과제를 달성하기 위해 부지런하게 생활하는 것이 필요하다. 아무튼 당신에게 주어진 시간을 어떻게 관리하면서 생활할 것인가의 책임은 전적으로 당신에게 달려 있다.

시간의 의미를 생각하며 살자. 우리가 때때로 시간의 의미를 생각하면서 삶을 살아가면 보다 의미 있고 충만한 삶을 유지하게 한다. 그것은 시간의 의미가 삶의 의미이기 때문이다. 우리 각자에게 주어진 시간이 우리의 삶이다. 개인에게 살아온 시간을 나의 과거라 하고 살아갈 시간을 나의 미래라 한다. 그리고 지금 내가 이러한 생각을 하고 느끼고 활동하는 이 순간을 현재라 한다.

우리에게 주어진 삶을 시간의 개념으로 표현하면 출생에서 죽음까지의 기간이다. 이 기간은 개인차가 있지만 대부분이 100년 이내의 시간이다. 우리 자신의 나이는 살아온 시간을 나타내고 100년에서 나이를 뺀 시간이 살아갈 시간이다.

우리에게 주어진 삶을 잘 관리한다는 것은 우리에게 주어진 시간을 잘 관리하는 것이다. 부지런하게 생활하는 사람은 시간의 의미와 함께 삶의 의미를 알고 사는 사람이다. 부지런한 사람이 피우는 게으름은 때론 삶의 여유일 수 있다. 하지만 습관적으로 게으른 사람은 시간을 소비하고 있고 삶을 허송세월로 쓸데없이 보내고 있다. 그래서 "게으름으로 미루는 행동을 시간의 도둑이다(Procrastination is the thief of time)."라고 말한다. 흔히 젊은 사람들이 뚜렷하게 할 일이 없는 경우에 "오늘 어떻게 시간을 죽이지?"라고 표현한다. 시간을 죽이는 것은 자신의 삶을 죽이는 것이다.

죽음은 우리에게 두려움도 주지만 가장 강렬하게 삶의 의미를 준다. 아이러니하게 인간은 그의 삶을 가능하게 한 출생과 더불어 죽음을 가지고 태어났다. 개인에 따라 삶의 시간 차이는 있지만 죽음을 피할 사람은 아무도 없다. 그래서 삶의 완성을 죽음이라 한다. 그런 점에서 죽음은 삶의 여정에 종착지이다. 인간은 자신이 언젠가는 죽을 것이라는 것을 아는 유일한 동물이다. 자신의 죽음에 대해 실존적 공허나 불안을 느끼며 살기보다 어떤 시련과 난관에도 불완전한 존재로서 죽음을 수용하며 불완전할 용기로 삶을 살아갈 필요가 있다.

우리는 흔히 '어떻게 사는 것이 의미 있고 알차고 보람 있는 삶인가?'에 대해 자문하곤 한다. 다시 말하면, "어떻게 의미 있고 알차고 보람 있게 시간을 보낼 것인가?"에 대해 고민하며 생활한다. 이러한 질문은 암과 같은 병으로 시한부 생명이 주어진 사람에겐 정말 시간이 소중하다는 것을 절실하게 느끼게 한다. 사람들이 언젠가는 자신이 죽음을 맞이하리라는 것을 알지만 그렇게 시간의 의미나 소중함을 절실하게 느끼지 않고 살아간다. 그래서 오늘 해야 할 일을 차일피일 미루며 게으름을 피우면서 생활한다.

아침에 눈을 뜨면 현재 우리가 살아 있다는 것을 느끼면서 오늘이 시작된다. 우리에게 가장 소중한 것은 현재이다. 그래서 영어로 현재(present)를 신이 준 선물이라고도 한다. 역시 과거는 기억 속의 현재이고, 현재는 현재이고, 미래는 기대 속의 현재이다. 우리에게 현재가 없으면 과거도 미래도 없다. 과거의 일에 사로잡혀 현재의 삶을 망치지 않는 것이 중요하다. 현재 많은 사람이 겪고 있는 심리적 고통은 많은 경우에 과거에 있었던 마음의 상처에서 비롯되었다. 과거에서 벗어나야 현재의 일에 집중할 수 있다. 게슈탈트치료를 개발한 펄스(Perls)는 “과거는 이미 지나가 버렸고, 현재는 현재고, 미래는 아직 도래하지 않았다.”라고 기술하면서 “불안은 현재와 미래의 갭이다.”라고 하였다. 아직 일어나지도 않은 미래의 일로 두려움이나 기대불안을 갖지 않는 것이 중요하다. 혹시 당신이 미래에 당신에게 일어날지도 모르는 일로 걱정이나 불안에 휩싸여 있다면, 현재 당신이 하는 일에만 충실하면 그러한 불안이 사라진다.

과거의 마음의 상처나 미래의 기대불안에서 벗어나는 일은 현재의 나를 있는 그대로 수용하고 격려해서 생동감 있게 생활하는 것이다. 최고의 자기격려는 있는 그대로 나를 수용하는 “나는 있는 그대로 충분히 괜찮아(I am good enough as I am).”이다. 최고의 타인격려는 있는 그대로 상대방을 수용하는 “당신은 있는 그대로 충분히 괜찮아(You are good enough as you are).”이다. 이러한 자기격려와 타인격려로 우리가 현재의 삶에 충실할 때 우리의 가정, 학교, 직장에 훈훈한 기운이 넘치리라 본다.

3. 끈기와 노력으로 열등감 극복하기

개인은 독특한 존재로 개인차를 가지고 태어난다. 즉, 개인의 신체적 및 정신적 능력에 있어 이 지구상에 똑같은 사람은 없다. 개인은 누구나 어떤 면에서 열등하거나 우월한 특성을 가지고 있다. 아들러는 모든 사람이 나름대로 열등감을 가지고 있다고 보았다. 그가 발견한 유기체의 지혜가 바로 ‘신체적 열등감과 그것의 정신적 보상’이다. 타고난 신체적 장애로 보지 못하고 듣지 못한 헬렌 켈러가 이룬 업적을 우리는 잘 알고 있다.

미국에서 유학생활 중에 헬렌 켈러를 주인공으로 해서 만든 〈기적의 조력자

(The miracle worker)〉란 영화를 보면서 온 가족이 펑펑 눈물을 흘렸던 기억이 생생하다. 만약 조력자인 설리번의 헌신적인 돌봄이 없었다면, 헬렌 켈러는 자신이 가진 최악의 신체적 열등감을 극복하지 못했을 것이라는 사실이 확실하다. 보지도 못하고 듣지도 못하는 헬렌 켈러가 자신의 열등감을 극복한 것처럼, 당신도 끈기와 노력으로 당신의 열등감을 극복할 수 있다고 확신한다.

우리는 자신이 가진 신체적 결함을 강한 정신적 인내력과 노력으로 극복하고 꿋꿋하게 살아가는 사람들을 보고 감탄하곤 한다. 개인은 누구나 열등한 측면이 있지만 역시 그러한 열등함을 극복할 자질도 가지고 있다. 당신의 진정한 변화를 위해 먼저 전체로서 자신에 대한 이해가 필요하며, 당신 자신이 가진 강점과 더불어 약점을 정확히 파악하는 것이 필요하다.

인간은 불완전한 존재이다. 아들러는 인간이 불완전한 존재로서 타고난 본능인 자기완성 추구를 위해 노력하는 존재임을 강조하였다. 개인이 자기완성 추구를 이루기 위해서는 자신의 열등한 측면을 파악하여 극복하는 것이 필요하다. 진정한 변화와 성숙을 위해 무엇보다도 먼저 개인은 자기가 가지고 있는 단점과 장점을 정확히 알아차려 전체로서 자신을 이해해야 한다. 개인이 자신의 신체적 및 정신적 열등감을 정확히 이해해서 적절하게 보상할 수 있어야 균형 있는 삶을 영위할 수 있다. 우리는 불완전한 존재로서 실수하거나 실패할 수 있다. '실패는 성공의 어머니'란 말처럼 우리는 실수나 실패를 통해 학습한다. 당신이 인간답게 산다는 것은 자신이 저지른 실수나 실패를 있는 그대로 수용하면서 있어야 할 자리를 찾아서 지키면서 사는 것이다.

인간으로서 우리는 불완전한 존재이다. 어떤 사람들은 우리가 불완전한 존재인데 완전한 존재라고 믿고 산다. 그들은 완전한 존재인 신이라고 착각하고 산다. 그래서 그들은 완전한 신처럼 당위성을 가지고 산다. 불완전한 우리에게 당위성은 비합리적 신념이다. 요즘 상담 및 심리치료의 대세인 인지행동치료의 할아버지라고 불리는 엘리스(Albert Ellis)는 비합리적 신념이 정서적 장애 및 부적절한 행동의 원인이라고 하였다. 우리가 인간으로서 건강한 삶을 살아가기 위해서는 자신이 완전한 신이라는 착각에서 벗어나야 한다. 진정한 변화는 잘못돼도 한참 잘못된 자신이 완전한 존재란 착각을 깨닫고 불완전한 존재로 행동할 때 일어난다. 변화를 위해 우리들이 사용하고 있는 비합리적 신념의 뿌리로 작동하는 당위적 생각을 바꾸는 것이 필요하다.

불완전한 존재로서 우리 각자에게 진정한 변화는 있는 그대로 자신이 되려고 노력할 때 일어난다. 진정한 변화와 성장을 위해 중요한 세 가지는 믿음, 자기 이해, 부지런함이다.

첫째, 변화를 위해 가장 중요한 것은 변화의 주체인 자신에 대한 믿음이다. 믿음의 결여는 불신이다. 우리에게 진정한 변화의 최대의 장애는 자신에 대한 믿음의 결여이다. 적지 않은 사람들이 이러한 신념의 결여로 인해 자신감이나 책임감 없이 헛되게 귀중한 시간을 보내고 있다.

둘째, 불완전한 존재로서 자신에 대한 이해가 필요하다. 이해의 결여는 오해이다. 역시 많은 사람이 이해의 결여에서 비롯된 오해로 인해 무지, 편견, 인지 왜곡을 갖고 그릇된 삶을 영위하고 있다.

마지막으로, 변화를 위해 부지런함이 필요하다. 부지런함의 결여는 게으름이다. 분명히 자신이 설정한 목적을 달성하기 위해 부지런하게 노력하는 사람은 삶의 어려움을 헤쳐 나갈 수 있다. 반면에 게으름 피우는 사람은 헛되고 부질없이 삶의 시간을 보낸다.

아들러는 “사람이 된다는 것은 자신이 열등하다는 것을 느끼는 것을 의미한다(To be a human being means to feel oneself inferior).”라고 하였다. 개인이 자기완성을 달성하기 위해 자신이 가진 열등감을 극복하는 것이 필요하다. 개인이 자신의 열등감 극복을 위해 먼저 필요한 것은 자신이 가진 열등감이 무엇인지를 정확하게 파악하여 이해하는 것이다. 개인이 자신이 가진 열등감을 극복하지 못하고 열등감에 집착해서 자신의 열등감을 감추려 한다거나 열등감을 직면하지 않고 회피나 도피의 행동을 반복한다면 열등감콤플렉스에 빠지게 된다. 지적한 것처럼 개인은 누구나 나름대로 열등감이 있다는 것을 인식하고 자신의 열등감이 무엇인지를 직시하는 것이 필요하다. 다음으로 파악한 열등감을 극복하기 위해 개인에게 필요한 것은 격려를 통한 끈기와 노력이다. 개인이 불완전할 용기와 함께 어떤 어려움에도 포기하지 않고 끈기로 버티면서 최선의 노력을 다하면 자신의 열등감을 극복하고 원하는 목적을 달성할 수 있다고 믿는다.

4. 진정한 변화를 위해 너 자신을 알라

진정한 변화는 있는 그대로 내가 되기 위해 노력할 때 일어난다. 소크라테스(Socrates)가 지적한 "너 자신을 알라."라는 말은 여전히 삶의 주체인 우리에게 던져진 심오한 명제이다. 그는 또한 "삶의 의미가 무엇인지 조사되지 않는 삶은 의미 없는 삶이다."라고 지적하였다. 더불어 그는 개인 각자가 끊임없이 '삶의 의미는 정말 무엇인가?'라고 자문하면서 삶의 의미를 찾고 삶을 영위하기를 간절히 원했다. 철학의 아버지라 불리는 소크라테스와 그의 제자인 플라톤(Plato)은 개인이 각자 삶의 의미를 찾으면서 현명한 삶을 위해 끊임없이 노력하는 '지혜-추구자'가 되기를 원했다.

우리는 각자 자신이 설정한 삶의 목표를 달성하기 위해 노력하고 있다. 개인은 각자 자신의 성장을 위한 변화에 많은 관심을 기울이면서 생활하고 있다. 삶의 주체로서 개인은 각자 진정한 변화를 위해 나름대로 고뇌하며 몸부림치고 있다. 현대사회에서 대중매체가 개개인의 삶에 미치는 영향은 막대하다. 우리 각자에게 미치는 대중매체의 부정적인 측면 중에서 가장 경계해야 할 것 중의 하나는 개인의 정체감을 상실케 하는 것이다. 프롬(Eric Fromm)이 그의 저서 『자유로부터 도피』에서 지적한 것처럼, 많은 사람이 그들에게 주어진 자유를 지향해서 생활하기보다 도피기제인 자동적 동조를 사용해서 자신의 정체감을 상실한 몰개성적 삶을 살고 있다. 분명히 많은 현대인이 신경증적 성향을 보이는 이유는 이러한 자동적 동조를 통해 자신이 아닌 누군가가 되려고 노력하기 때문이다.

한자로 '지피지기백전백승'이란 말은 "나를 알고 상대방을 알면 백 번 싸워서 백 번 승리한다."라는 뜻이다. 무엇보다도 우선해서 자신을 정확히 알고 이해하는 것이 중요하다. 정말 우리에게 주어진 삶을 슬기롭게 살아가기 위해 소크라테스가 "너 자신을 알라."라고 강조했던 것처럼, 우리는 지혜-추구자가 되는 것이 필요하다. 우리가 삶의 여정에서 계속해서 지혜-추구자가 되어야 한다는 것을 보여 주는 영어 표현이 있다. "자신이 현명하다고 생각하는 사람은 정말 바보이다(Someone who thinks himself or herself wise is a great fool)."란 속담이다.

아들러가 "인간이 행하는 가장 어려운 일은 자신을 알고 자신을 변화시키는 것이다."라고 지적한 것처럼 우리는 변화를 위해 먼저 우리 자신을 아는 것이 필요하다. 연약한 인간으로서 인간은 자신이 가진 신체가, 강하고 날카로운 이빨과 발톱을 가진 다른 맹수에 비해 열등함을 직시하고 위협적인 환경 속에서 열등함을 극복하고 생존할 수 있는 방법을 찾아왔다. 인류의 생존과 번창을 위해 인간이 발견한 지혜 중에서 가장 위대한 지혜는 공동체를 이루어 타인들과 협동하고 기여하는 '더불어 사는 지혜'이다. 연약한 존재로서 인간이 만물의 영장이 된 것은 사회적 존재로서 사회공동체를 이루어 타인과 함께 외부의 적을 물리치면서 생존의 기술을 개발해 온 덕분이다.

아이러니하게 외부의 적을 물리치면서 생존해 온 인간에게 가장 최악의 적이 인간 자신이 되어 버렸다. 마찬가지로 "당신의 최악의 적은 당신 자신이다(Your worst enemy is yourself)."란 말을 되새기면서 자기이해를 통한 당신의 진정한 변화와 성숙을 위해 자신을 파괴하는 나쁜 습관을 좋은 습관으로 바꾸어야 한다. 우리는 지혜로운 삶을 위해 냉정한 자세로 정확하게 우리 자신을 이해하는 것이 필요하다. "진실처럼 상처를 주는 것은 아무것도 없다(Nothing hurts like the truth)."란 속담처럼 누구나 자신에 대한 불쾌한 진실을 발견하게 되면 고통을 느낀다. 개인이 자신의 약점이나 열등감을 있는 그대로 인정하고 수용하는 것은 분명히 고통스러운 일이다. 하지만 우리 자신이 가지고 있는 열등함을 새롭게 알고 직면하면서 느끼는 고통이 없이는 성장이 없다. 우리는 진실을 발견하면서 아픈 상처나 고통을 느낀다. 그런 연유로 사람들은 자신을 있는 그대로 보지 않고 이해하지 않으려고 한다. 프로이트(Freud)가 정신적 역동에 대한 탐구를 통해 발견했던 것처럼, 개인이 무의식에 숨겨 버린 사실을 직면하지 않으려고 하는 것도 진실 발견과 더불어 겪게 되는 고통 때문이다.

대부분의 사람에게 아마도 가장 큰 공포는 죽음의 공포이다. 우리는 출생과 더불어 죽음을 갖고 태어난 유한한 존재라는 것을 잘 알고 있다. 인간은 자신이 죽는다는 것을 아는 유일한 동물이다. 죽음의 공포를 해결하는 최선의 방법은 인간 존재의 이해를 바탕으로 우리 모두가 언젠가는 맞이해야 할 죽음을 수용하는 것이다.

병원에서 진단을 받고 의사로부터 직접 혹은 가족구성원을 통해 '암 말기'란 말을 전해 듣는 순간 대부분의 사람은 조만간에 닥쳐 올 죽음의 공포로 큰 충격을 받으리라 본다. 이런 사람들은 가까운 미래에 일어날 죽음의 공포를 극복하고 마음의 평정을 얻기까지 제각기 다양한 행동을 보인다. 분명한 것은 가능한 한 빨리 담담하게 죽음을 수용하고 맞이할 준비를 할 수 있는 사람이 마음의 평화를 빨리 갖게 된다는 사실이다. 게슈탈트치료를 발견한 펄스는 "불안은 현재와 미래 간의 갭이다."라고 하였다. 마찬가지로 죽음의 공포도 먼 미래에 일어날 것으로 생각해 망각하고, 현재에 집중에서 생활하다가 가까운 미래에 다가올 죽음이 갑자기 주요한 게슈탈트로 나타나서 비롯된 것이다. 공포도 역시 현재와 미래의 갭에서 비롯된다. 즉, 자신에게 일어날 죽음에 대한 예기공포가 자신의 주요한 현안으로 부각되어 현재의 생활에 집중하지 못하게 작동한다.

기면증으로 인한 죽음의 공포로 심하게 심리적 고통을 받아 왔던 어느 작가의 자각 혹은 깨달음의 얘기가 생각난다. 그녀가 마음의 평안을 얻게 된 비결은 있는 그대로 그녀가 되는 것이었다. 그녀는 한동안 자신이 가진 기면증을 부정하고 기면증과 싸우면서 고통스러운 시간을 보내야 했다. 그러던 중 어느 순간에 그녀는 자신이 기면증을 가진 사람이라는 것을 있는 그대로 수용하면서 기면증을 자신의 일부로 통합시켜서 마음의 평화를 얻었다는 것이었다. 즉, 그녀는 기면증을 가진 자신을 있는 그대로 수용할 용기를 통해 죽음의 공포를 극복했다.

당신이 살아 있는 한 희망이 있다. 삶이 우리를 아무리 고달프게 하고 힘들게 해도 삶이 있는 한 희망이 있다. 개인이 진정한 변화를 이루기 위해 삶 자체가 우리에게 요구하는 의미를 추구하면서 희망의 끈을 놓지 않고 생활하는 것이 필요하다.

아들러는 심리적으로 문제가 있는 사람들의 특성을 세 가지 결여로 설명하였다. 이러한 세 가지는 사회적 관심의 결여, 용기의 결여, 상식의 결여이다. 따라서 개인이 자신이 가진 심리적 문제를 해결하고 건강한 삶을 살기 위해 철저한 자기점검을 통해 부족한 사회적 관심, 용기, 상식을 개발하거나 증진시키는 것이 필요하다. 다시 말하면, 개인이 적응적인 건강한 삶을 위해 사회적 관심을 개발하고, 격려를 통해 용기를 불어넣으면서 생활하고, 인간으로서 보편적으로 지켜야 할 기본적인 도리를 다하면서 상식에 부합한 행동을 하는 것이 필요하다.

개인에게 진정한 변화는 부적응적인 삶에서 적응적인 삶으로, 역기능적인 생활에서 기능적인 생활로, 부적절한 생활양식에서 적절한 생활양식으로 바꿀 때 일어난다. 개인의 성장을 위한 진정한 변화는 부적응적인 기존의 틀에서 차원을 달리하는 새로운 적응의 틀로 이동할 때 일어난다. 즉, 진정한 변화와 성숙은 아들러가 제시한 역설적 의도인 증상처방이나 역제의와 같은 방법을 통해 문제해결을 위한 새로운 방식을 사용할 때 일어난다. 이런 점에서 문제해결을 위한 진정한 변화는 변화의 주체인 내담자 입장에서 보면 역설을 통해 부정적 습관에서 긍정적 습관으로 바꾸는 이차원적 변화여야 한다.

5. 삶의 목표 달성을 위한 자기관리

인간은 타고난 본능인 삶의 목표 추구를 위해 노력하고 있다. 당신의 목표 추구를 원활히 수행하기 위해 자기관리를 잘하는 것이 필요하다. 삶의 목표 달성을 위한 자기관리는 성격 및 개인적 습관이다. 목표 달성을 위한 자기관리는 개인이 일상적 활동 및 장기적 목표 추구에 있어 자기를 규정하고, 지향하며, 훈육하는 방식을 말한다. 삶의 목표를 위한 자기관리의 성격특성은 삶의 질을 위해 개인이 세계를 의미 있는 방식으로 이해하고 다루도록 도와준다.

아들러학파는 개인의 삶의 질을 높이기 위한 자기관리의 요인으로서 열두 가지를 제안하였다. 개인의 삶의 질에 기여하는 자기관리를 위한 열두 가지 내용은 가치감, 통제감, 현실적 신념, 정서적 자각 및 대처, 문제해결 및 창의성, 유머, 영양, 운동, 자기 돌보기, 스트레스 관리, 성정체감, 그리고 문화정체감이다. 여기서는 당신의 삶의 목표 달성을 위해 필요한 이러한 자기관리 요인에 대해 살펴보고자 한다.

1) 당신에 대한 가치감을 가지라

당신이 스스로 가치 있는 존재라는 것을 지각하는 것이 가치감이다. 당신의 가치는 당신이 결정한다. 당신은 있는 그대로 참 훌륭한 가치 있는 존재이다. 당신이 자신에 대해 높은 가치감을 가질 때 자아존중감 혹은 자아개념이 높을 것이다.

2) 당신 자신에 대한 통제감을 가지라

당신이 자신의 행동을 전반적으로 잘 제어할 수 있다고 믿는 것이 통제감이다. 통제감은 당신이 당신의 행동을 당신의 책임하에서 적절하게 통제할 수 있다는 믿음이다. 통제감이 높은 사람은 자신이 통제할 수 있는 내적 귀인을 해서 목표 달성을 위해 열심히 노력하는 사람이라고 볼 수 있다. 통제감이 낮은 사람은 자신이 통제할 수 없는 외적 귀인을 해서 운이나 상황의 어려움 탓으로 원인을 돌린다.

3) 현실적 신념을 가지라

당신 자신의 능력과 달성하고자 하는 목표에 대한 합리적 판단에 대한 믿음이 현실적 신념이다. 당신이 현실적 신념에 따라 행동할 때, 당신은 자신의 능력 및 주변 상황을 정확히 파악해서 실제적으로 대처할 수 있게 된다. 우리의 삶은 냉철한 현실 원리에 따라 진행된다. 비현실적 신념에 따라 행동하는 사람은 현실성이 없기 때문에 잦은 실패로 좌절감을 경험할 수 있다.

4) 당신의 정서를 알아차리고 적절하게 대처하라

당신의 정서를 정확히 파악하고 처리할 수 있는 능력이 정서적 자각 및 대처이다. 자신의 정서를 제대로 관리하지 못한 사람은 정서장애로 고통을 받는다. 많은 사람이 우울증으로 시달리고 있다. 마찬가지로 많은 사람이 심한 공포나 불안 등으로 효과적으로 기능하지 못하고 있다. 당신이 효과적으로 일을 처리하기 위해 자신의 정서 상태를 정확히 알아차리고 대처하는 능력이 필요하다.

5) 당신이 가진 문제를 해결하고 창의성을 갖고 생활하라

당신이 바라는 목표 추구를 위해 창의적으로 산재해 있는 문제를 파악해서 해결하는 능력이 문제해결 및 창의성이다. 삶은 끊임없는 문제해결의 과정이다. 당신에게 주어진 문제를 슬기롭게 해결하는 것이 필요하다. 인간은 자신을 창조해 가는 존재이다. 인생과제를 달성하기 위해 당신이 가진 창의성을 개발해서 기발한 생각으로 자신의 문제를 효과적으로 해결하도록 노력하는 것이 요구된다.

6) 즐겁게 살기 위해 당신의 유머감각을 개발하라

당신의 삶에 활력을 불어넣는 유머감각이 필요하다. 유머가 없는 삶은 척박하다. 유머는 삶의 윤활유로서 작동한다. 유머는 대인관계에서 사람들을 미소짓게 하는 삶의 해학이다. 유머는 예기치 않는 반응으로 사람들로부터 웃음을 자아내게 하는 기지이다. 웃으면 복이 온다는 말처럼 당신의 유머는 팍팍한 삶에서 웃음으로 삶의 여유를 느끼게 한다. 삶이 우리를 아무리 힘들게 하더라도 웃으면서 즐겁게 사는 것이 필요하다. 당신의 유머감각을 개발해서 타인과 더불어 웃으면서 삶을 춤추듯 유쾌하게 사는 것이 요구된다.

7) 당신의 건강을 위해 충분한 영양을 섭취하라

건전한 신체에 건전한 정신이 깃든다는 말처럼 건강을 유지하기 위해 충분한 영양을 섭취하는 것이 필요하다. 건강을 잃으면 모든 것을 잃는다. 우리의 신체적 건강과 정신적 건강은 서로 상호작용하면서 전체로서 우리의 삶을 가능하게 한다. 당신이 식도락가는 아닐지라도 건강을 위해 먹는 즐거움을 만끽하면서 삶의 에너지를 유용하게 사용할 수 있도록 필요한 영양을 섭취하는 것이 요구된다. 필요한 영양 섭취를 위해 적절한 식생활 습관을 형성하는 것이 필요하다.

8) 당신의 건강을 위해 운동이 필요하다

삶은 움직임이고 운동이다. 영양 섭취를 위해 먹기만 하고 운동하지 않으면 비만이라는 신체적 문제를 갖게 된다. 흔히 모든 질병의 원인이 비만에서 비롯된다고 말할 정도로 비만은 우리의 건강에 적신호로 작동한다. 당신의 비만 문제를 해결하기 위해 가장 바람직한 방법은 운동이라는 것을 명심하라. 비만 해결을 위해 수많은 다이어트 방법이 개발되어 적용되고 있다. 하지만 당신의 비만을 해결하기 위해 적절한 운동이 최선의 다이어트 방법임을 명심하고 운동을 생활화하는 것이 필요하다. 역시 심리적 장애인 우울증도 운동을 통해 치료될 수 있다는 것을 명심하라.

9) 당신의 삶의 목표를 위해 자기 돌보기가 필요하다

당신의 삶을 윤택하게 하는 데 부지런하게 자기 돌보기를 수행하는 것이 필요하다. 누구도 당신의 삶을 돌봐 주지 않는다. 당신만이 자기 돌보기를 통해 사회적 열등감을 극복할 수 있다. 만약 당신이 타인에게 책임을 전가하고 게으르게 생활하는 사람이라면, 자기 돌보기를 소홀히 하는 사람이라고 할 수 있다. 자기 돌보기를 잘하는 사람은 자신의 강점을 더욱 개발하고 자신의 약점이나 열등감을 극복하는 사람이다.

10) 당신의 목표 추구를 위해 스트레스 관리를 철저히 하라

당신이 건강한 신체와 정신으로 원하는 목표를 달성하기 위해 스트레스 관리를 철저히 하는 것이 필요하다. 스트레스는 만병의 근원이라고 한다. 생산적인 삶을 위해 적절한 긴장이 요구된다. 우리는 매일 크고 작은 스트레스를 경험하면서 생활하고 있다. 당신에게 주어진 삶의 긴장인 스트레스를 어떻게 생각하고 처리하느냐는 전적으로 당신에게 달려 있다. 당신은 당신의 스트레스를 관리할 책임이 있다.

11) 당신의 행복을 위해 분명한 성정체감을 갖고 생활하라

우리는 남성 혹은 여성으로 이 세상에 던져졌다. 행복한 삶을 위해 우리 각자에게 주어진 성에 따라 뚜렷한 성정체감을 갖고 자신의 성역할을 제대로 하는 것이 필요하다. 여성으로서 당신이 '만약 내가 남자로 태어났으면 좋을 텐데.'라고 생각하면서 자신의 성에 불만을 표하면서 살고 있다면 당신의 성정체감은 낮다고 할 수 있다. 남성으로서 당신이 '만약 내가 여자로 태어났으면 좋을 텐데.'라고 중얼거리면서 삶을 유지하고 있다면 역시 당신의 성정체감이 낮다고 할 수 있다.

12) 당신의 행복한 삶을 위해 문화정체감을 형성하라

우리는 문화적 동물이다. 우리가 속한 문화는 우리의 정신적 삶의 원천이다. 우리는 자신이 속한 문화 속에서 자신의 문화정체감을 형성하면서 생활하고 있다. 따라서 행복한 삶을 위해 우리 각자는 문화정체감을 갖고 사는 것이 필요하다.

앞에서 당신의 삶의 목표를 위한 자기관리의 열두 가지 내용인 가치감, 통제감, 현실적 신념, 정서적 자각 및 대처, 문제해결 및 창의성, 유머, 영양, 운동, 자기 돌보기, 스트레스 관리, 성정체감, 그리고 문화정체감을 살펴보았다. 당신이 이러한 삶의 목표를 위한 자기관리 요인을 잘 관리해서 당신이 원하는 인생과제를 달성할 수 있기를 기원해 본다. 다음에 제시된 자기지향성 척도를 통해서 당신이 삶의 목표를 위해 자신을 잘 관리하고 있는지를 파악해 보기 바란다.

<표 10-1> 자기지향성 알아보기 질문지

• **지시사항**: 다음에 있는 내용들은 당신이 지향하는 목표 달성을 위해 필요한 사항들을 알아보기 위한 것입니다. 문항 내용을 파악한 후 당신 자신에 대한 설명의 적절성에 따라 <보기>에 근거하여 각 문항의 오른쪽에 있는 숫자에 ◯를 하기 바랍니다.

<보기>	1	2	3	4	5
	전혀 그렇지 않다		그저 그렇다		매우 그렇다

1	나는 가치 있는 사람이다.	1	2	3	4	5
2	나의 일처리 능력에 만족하지 못한다.	1	2	3	4	5
3	평소에 현실과 동떨어진 생각을 한다.	1	2	3	4	5
4	나의 정서 상태를 잘 이해하고 있으며 이를 적절하게 표현한다.	1	2	3	4	5
5	새로운 문제 상황에서 적절하게 대처하지 못하다.	1	2	3	4	5
6	주위 사람들로부터 유머감이 풍부하다는 말을 자주 듣는다.	1	2	3	4	5
7	건강과 관련하여 음식조절 능력이 부족하다.	1	2	3	4	5
8	건강과 관련하여 신체적 활동에 관심이 없다.	1	2	3	4	5
9	나는 나 자신을 돌보는 데 소홀하다.	1	2	3	4	5
10	스트레스에 효과적으로 대처하고 있다.	1	2	3	4	5
11	남성 혹은 여성으로서 나의 역할에 만족하고 있다.	1	2	3	4	5
12	나에게 영향을 끼친 문화를 긍정적으로 생각한다.	1	2	3	4	5
13	내 자신이 불만족스럽다.	1	2	3	4	5
14	가내 종사하고 있는 영역에서 성공할 수 있는 충분한 능력을 가지고 있다.	1	2	3	4	5
15	나는 합리적이고 현실적으로 느끼며 행동한다.	1	2	3	4	5
16	나는 정서 상태에 대한 이해나 표현이 부족하다.	1	2	3	4	5

〈계속〉

17	나는 평소에 창의적으로 생각하며 문제를 해결한다.	1	2	3	4	5
18	유머감각이 풍부한 사람을 보면 부러움을 느낀다.	1	2	3	4	5
19	나는 영양 섭취에 관심이 많다.	1	2	3	4	5
20	나는 규칙적으로 운동을 한다.	1	2	3	4	5
21	철저한 안전 습관, 건강 검진 등을 통하여 나 스스로를 보살핀다.	1	2	3	4	5
22	내가 겪는 스트레스를 잘 처리하지 못한다.	1	2	3	4	5
23	나는 남성(여성)으로서 나의 역할에 불만이 많다.	1	2	3	4	5
24	내가 소속한 집단의 문화에 이질감을 느낀다.	1	2	3	4	5
25	나는 중요한 사람이라고 생각한다.	1	2	3	4	5
26	나의 감정이나 행동을 조절할 수 있다.	1	2	3	4	5
27	나는 비합리적인 사고나 행동 때문에 자주 비난을 받는다.	1	2	3	4	5
28	나의 분노 감정을 조절할 수 있다.	1	2	3	4	5
29	다른 사람들로부터 창의적이라는 말을 듣는다.	1	2	3	4	5
30	나는 주위 사람들을 잘 웃기는 편이다.	1	2	3	4	5
31	영양소나 칼로리 등을 고려하여 음식물을 선택한다.	1	2	3	4	5
32	신체 건강을 위해 운동에 관심을 갖고 실천한다.	1	2	3	4	5
33	평소에 안전 수칙을 지켜서 생활한다.	1	2	3	4	5
34	나름대로 적절한 스트레스 해소책을 가지고 있다.	1	2	3	4	5
35	나의 성(남성 혹은 여성)에 만족한다.	1	2	3	4	5
36	내가 속한 문화를 자랑스럽게 여긴다.	1	2	3	4	5
37	나는 사회적으로 유용한 사람이라고 믿는다.	1	2	3	4	5
38	내가 원하는 대로 행동하기가 힘들다.	1	2	3	4	5
39	주위 사람들로부터 비현실적이라는 말을 듣는다.	1	2	3	4	5
40	나는 심리적 불안으로 고통을 받는다.	1	2	3	4	5
41	당면한 문제를 슬기롭게 해결한다.	1	2	3	4	5

〈계속〉

42	친구들로부터 유머가 있다는 말을 듣는다.	1 2 3 4 5
43	식생활 습관이 불규칙하다.	1 2 3 4 5
44	몸의 균형유지를 위해 적절한 운동을 한다.	1 2 3 4 5
45	원하는 목표를 위해 스스로를 관리한다.	1 2 3 4 5
46	스트레스 때문에 힘들다고 느낀다.	1 2 3 4 5
47	다시 태어난다면 다른 성(남성 혹은 여성)이 되고 싶다.	1 2 3 4 5
48	내가 속한 문화는 독특하며 장점이 있다.	1 2 3 4 5

채점 요령: 문항 번호 2, 3, 5, 7, 8, 9, 13, 16, 18, 22, 23, 24, 27, 38, 39, 40, 43, 46, 47번은 도취 문항들입니다. 이러한 문항들은 바꾸어서 채점하기 바랍니다(예: 1 → 5, 4 → 2 등). 자기지향성의 12영역에 해당하는 내용과 문항들은 다음과 같습니다.

- 가치감: 1, 13, 25, 37; 통제감: 2, 14, 26, 38; 현실적 신념: 3, 15, 27, 39;
- 정서적 자각 및 대처: 4, 16, 28, 40; 문제해결 및 창의성: 5, 17, 29, 41;
- 유머감: 6, 18, 30, 42; 영양: 7, 19, 31, 43; 운동: 8, 20, 32, 44;
- 자기 보살핌: 9, 21, 33, 45; 스트레스 관리: 10, 22, 34, 46;
- 성정체감: 11, 23, 35, 47; 문화정체감: 12, 24, 36,48.

해석 요령: 자기지향성의 열두 가지 영역 중에서 가장 높은 점수부터 3~4개의 영역은 당신이 자기지향을 위해 잘하고 있는 측면들입니다. 반대로 가장 낮게 나온 점수부터 3~4개는 당신이 잘못하고 있는 영역들입니다. 그러한 영역이 무엇인지 확인하여 그러한 측면을 보완하도록 노력하기 바랍니다. 특히 12점 이하로 나온 영역에 대해서는 관심을 갖고 보완하기 바랍니다.

당신이 자신의 열등감을 이해하고 삶의 목표 추구를 잘하고 있는지를 알아보고 역시 당신의 생활양식을 알아보기 위해서 다음에 제시된 '목표 추구 및 생활양식 자기평가 질문지'를 해 볼 것을 권장한다. 이 질문지는 개인심리학에서 가장 중요하게 여기는 네 가지 영역인 목표 추구, 열등감 극복, 활동의 수준 그리고 사회적 관심을 알아보기 위한 것이다.

〈표 10-2〉 목표 추구 및 생활양식 자기평가 질문지

• 다음의 내용에 대해 당신이 주관적으로 어떻게 생각하는가를 표시하십시오. 만약 '매우 그렇다'면 '7'에, '전혀 그렇지 않다'면 '1'에, 그리고 '그저 그렇다'고 생각하면 '4' 등으로 표시하시기 바랍니다.

1. 나는 내가 설정한 목표를 달성하기 위해 최선을 다하고 있다.

1	2	3	4	5	6	7
전혀 그렇지 않다			그저 그렇다			매우 그렇다

2. 나는 내가 가진 열등한 측면을 감추려 하고 해결하려고 노력하지 않는다.

1	2	3	4	5	6	7
전혀 그렇지 않다			그저 그렇다			매우 그렇다

3. 나는 내가 매우 활동적인 사람이라고 생각한다.

1	2	3	4	5	6	7
전혀 그렇지 않다			그저 그렇다			매우 그렇다

4. 나는 오직 나만의 일을 생각하고 주변 사람들의 일은 개의치 않는다.

1	2	3	4	5	6	7
전혀 그렇지 않다			그저 그렇다			매우 그렇다

〈계속〉

5. 나는 미래에 대한 특별한 계획이나 목표 없이 생활하고 있다.

1	2	3	4	5	6	7
●	●	●	○	●	●	●
전혀 그렇지 않다			그저 그렇다			매우 그렇다

6. 나는 나의 약점이 무엇인지를 잘 알고 있으며 극복하려고 노력하고 있다.

1	2	3	4	5	6	7
●	●	●	○	●	●	●
전혀 그렇지 않다			그저 그렇다			매우 그렇다

7. 나는 내가 움직이기를 귀찮아해서인지 열심히 활동하는 사람이 부럽다.

1	2	3	4	5	6	7
●	●	●	○	●	●	●
전혀 그렇지 않다			그저 그렇다			매우 그렇다

8. 나는 내가 하는 일이 나는 물론 다른 사람들에게 도움이 된다고 생각한다.

1	2	3	4	5	6	7
●	●	●	○	●	●	●
전혀 그렇지 않다			그저 그렇다			매우 그렇다

9. 나는 내가 정말 무엇을 원하고 달성하고 싶은지를 잘 모른다.

1	2	3	4	5	6	7
●	●	●	○	●	●	●
전혀 그렇지 않다			그저 그렇다			매우 그렇다

〈계속〉

10. 나는 내가 가진 열등감을 잘 알고 있으며 극복하려고 노력하고 있다.

1	2	3	4	5	6	7
●	●	●	○	●	●	●
전혀 그렇지 않다			그저 그렇다			매우 그렇다

11. 나는 다른 사람들에 비해 내가 게으르다고 생각한다.

1	2	3	4	5	6	7
●	●	●	○	●	●	●
전혀 그렇지 않다			그저 그렇다			매우 그렇다

12. 나는 내가 하는 일이 다른 사람들에게 도움이 되리라고 확신한다.

1	2	3	4	5	6	7
●	●	●	○	●	●	●
전혀 그렇지 않다			그저 그렇다			매우 그렇다

13. 나는 미래에 특별히 하고 싶은 일이나 성취하고자 하는 목표가 없다.

1	2	3	4	5	6	7
●	●	●	○	●	●	●
전혀 그렇지 않다			그저 그렇다			매우 그렇다

14. 나는 나의 부족한 면을 잘 알고 있으며 그것을 극복하려고 노력하고 있다.

1	2	3	4	5	6	7
●	●	●	○	●	●	●
전혀 그렇지 않다			그저 그렇다			매우 그렇다

〈계속〉

15. 나는 시간이 지나면 해결되리라 믿고 열심히 활동하지 않는다.

1	2	3	4	5	6	7
●	●	●	○	●	●	●
전혀 그렇지 않다			그저 그렇다			매우 그렇다

16. 나는 사람들과 어울리기 좋아하고 타인을 배려하고 공감해 주는 편이다.

1	2	3	4	5	6	7
●	●	●	○	●	●	●
전혀 그렇지 않다			그저 그렇다			매우 그렇다

17. 나는 나의 목표 달성을 위해 어려운 상황을 헤쳐 나갈 수 있다.

1	2	3	4	5	6	7
●	●	●	○	●	●	●
전혀 그렇지 않다			그저 그렇다			매우 그렇다

18. 나는 나의 열등한 측면이 나의 앞길에 방해가 되어 왔다고 생각한다.

1	2	3	4	5	6	7
●	●	●	○	●	●	●
전혀 그렇지 않다			그저 그렇다			매우 그렇다

19. 나는 주위 사람들로부터 끈기와 노력이 대단하다는 말을 자주 듣는다.

1	2	3	4	5	6	7
●	●	●	○	●	●	●
전혀 그렇지 않다			그저 그렇다			매우 그렇다

〈계속〉

20. 나는 나의 일을 챙기는 데 바빠서 타인을 배려하면서 함께 지낼 여유가 없다.

1	2	3	4	5	6	7
전혀 그렇지 않다			그저 그렇다			매우 그렇다

21. 나는 내가 원하는 목표 달성을 위해 열심히 생활하고 있다.

1	2	3	4	5	6	7
전혀 그렇지 않다			그저 그렇다			매우 그렇다

22. 나는 나의 단점은 덮어 두고 오직 장점만 보고 생활한다.

1	2	3	4	5	6	7
전혀 그렇지 않다			그저 그렇다			매우 그렇다

23. 나는 주변 사람들로부터 부지런하게 활동한다는 말을 자주 듣는다.

1	2	3	4	5	6	7
전혀 그렇지 않다			그저 그렇다			매우 그렇다

24. 나는 타인을 별로 배려하지 않기 때문에 내가 이기주의자라고 생각한다.

1	2	3	4	5	6	7
전혀 그렇지 않다			그저 그렇다			매우 그렇다

〈계속〉

25. 나는 나의 꿈의 실현을 위해 최선을 다하고 있다.

1	2	3	4	5	6	7
전혀 그렇지 않다			그저 그렇다			매우 그렇다

26. 나는 나의 열등감 극복을 위해 최선을 다하고 있다.

1	2	3	4	5	6	7
전혀 그렇지 않다			그저 그렇다			매우 그렇다

27. 나는 내가 노력한 만큼 얻을 수 있다고 믿고 적극적으로 활동한다.

1	2	3	4	5	6	7
전혀 그렇지 않다			그저 그렇다			매우 그렇다

28. 나는 주변 사람들과 협력하고 내가 속한 집단을 위해 기여하고 있다.

1	2	3	4	5	6	7
전혀 그렇지 않다			그저 그렇다			매우 그렇다

29. 나는 다른 사람에 비해 내가 소극적인 사람이라고 생각한다.

1	2	3	4	5	6	7
전혀 그렇지 않다			그저 그렇다			매우 그렇다

〈계속〉

30. 나는 다른 사람들과 잘 어울리지 못해서 혼자 지내는 시간이 많다.

1	2	3	4	5	6	7
전혀 그렇지 않다			그저 그렇다			매우 그렇다

채점 요령: 1. 다음 제시된 도취문항은 1 → 7, 2 → 6, 3 → 5, 4 → 4, 5 → 3, 6 → 2, 7 → 1로 바꾸어서 채점합니다.

※ 도취문항번호: 2, 4, 5, 7, 9 11, 13, 15, 18, 20, 22, 24, 29, 30

2. 목표 추구 및 생활양식 검사는 다음과 같은 네 가지 영역을 알아보고 있습니다.

- 목표 추구 문항번호(7): 1, 5, 9, 13, 17, 21, 25
- 열등감 극복 문항번호(7): 2, 6, 10, 14, 18, 22, 26
- 활동의 정도 문항번호(8): 3, 7, 11, 15, 19, 23, 27, 29
- 사회적 관심 문항번호(8): 4, 8, 12, 16, 20, 24, 28, 30

〈표 10-3〉 목표 추구 및 생활양식 자기평가 질문지 채점판

전혀 그렇지 않다 1점				그저 그렇다 4점						매우 그렇다 7점
목표추구	문항번호	1	5*	9*	13*	17	21	25		
	점수									/28
열등감 극복	문항번호	2*	6	10	14	18*	22*	26		
	점수									/28
활동의 정도	문항번호	3	7*	11*	15*	19	23	27	29*	
	점수									/32
사회적 관심	문항번호	4*	8	12	16	20*	24*	28	30*	
	점수									/32

번호 뒤의 *은 도치문항(역채점 문항)으로 1→7점, 7→1점으로 채점한다.
(도치문항: 2, 4, 5, 7, 9, 11, 13, 15, 18, 20, 22, 24, 29, 30번)

〈계속〉

<해석요령>

1. 목표 추구와 열등감 극복 문항은 7문항이므로 점수의 평균은 28점(그저 그렇다 4점×7문항)입니다. 따라서 점수가 평균 이하로 나온 경우에 자신의 목표 추구나 열등감 극복을 위한 노력이 미흡하다고 할 수 있습니다.
2. 활동의 정도와 사회적 관심 문항은 각각 8문항이므로 점수의 평균은 32점(그저 그렇다 4점×8문항)입니다. 따라서 점수가 평균 이하로 나온 경우에 자신의 활동의 정도나 사회적 관심의 수준이 낮다고 할 수 있습니다.

제11장

격려로 두려움 극복하기

사람이 된다는 것은 자신이 열등하다고 느끼는 것을 의미한다.
– 아들러 –

모든 실패자는 낙담되어 있다. 다시 말하면, 실패한 사람들은 삶이 요구하는 도전에 필요한 용기를 상실하고 실의에 빠져 있다. 이런 점에서 우리에게 용기를 갖게 하는 격려는 낙담되어 있는 사람에게 삶의 원동력이 된다.

우리는 치열한 경쟁사회에 살고 있다. 그리고 많은 사람이 체감하는 일반적 사회 분위기는 경쟁에서 지면, 즉 경쟁에서 승자가 되지 못하고 패자가 되면 그를 격려하기보다 실망시키거나 비난하는 경향이 더 강하다. 따라서 이러한 사회적 분위기에 편승해서 패자나 어떤 일에 성공하지 못하고 실패한 사람은 낙담한 상태에 빠지게 된다. 이런 점에서 우리가 사람을 평가하는 데 당연하게 여기는 경쟁과 비교에 바탕을 둔 평가는 지양하는 것이 필요하다.

피할 수 없는 치열한 경쟁사회에서 경쟁에서 패하거나 실패한 사람에게 정말 필요한 것은 격려이다. 더불어서 다양한 심리적 문제로 실의에 빠져 있는 대부분의 사람이 낙담되어 있다는 것을 고려할 때, 그들에게 용기를 불어넣는 격려가 얼마나 중요한가를 알 수 있다. 따라서 우리의 건강한 삶과 행복을 위해 우리 자신이나 타인을 격려하고, 격려하고, 또 격려하면서 생활하는 것이 요구된다.

현재 적지 않은 조력전문가들이 아동이나 청소년의 부적절한 행동을 변화시키는 데 그들을 칭찬할 것을 강조한다. 칭찬은 평가자나 교육자가 원하는 방식으로 평가의 대상인 피교육자가 행동을 했을 때 주어지는 보상이다. 반면에 격려는 실패하거나 잘못했을 때 주어진다는 점에서 칭찬과 매우 다르다. 우리 사회에 만연한 심리적 문제를 줄이기 위해 칭찬보다 격려가 필요하다. 경쟁과 비교에서 비롯된 결과에 따라 잘한 사람에게 보상하거나 칭찬하는 것보다 실패를 해도 노력 그 자체에 초점을 맞춰 실패한 사람에게 행해지는 격려의 힘을 믿고 실천하는 것이 요구된다.

칭찬은 고래를 춤추게 하지만 격려는 사람을 춤추게 한다. 당신 자신과 타인 격려를 통해 당신이 속한 가정, 학교, 직장이 경쟁과 비교에 의한 칭찬이나 처벌보다는 격려하는 가정, 학교, 직장으로 변화됐으면 한다.

1. 삶의 원동력을 갖게 하는 격려

우리에게 격려가 얼마나 중요한가를 알기 위해 격려의 의미를 이해하는 것이 필요하다. 어원적으로 보면 격려는 용기(courage)를 갖도록 북돋아 주는 것이다. 반면에 격려의 반대인 낙담(discouragement)은 용기를 상실하도록 하는 행위이다. 따라서 격려의 중요성을 이해하기 위해서 용기의 의미와 중요성을 아는 것이 중요하다.

용기를 단순하게 "인간이 성장하고 발달하도록 달성하고자 하는 목표를 향해 행동하게 하는 삶의 원동력이다."라고 정의해 볼 수 있다. 용기의 어원은 불어로 심장을 의미하는 'coeur'에서 비롯되었다. 이러한 어원을 바탕으로 유추해서 용기는 우리의 심장이 원활하게 활동하도록 해서 행동하게 하는 삶의 원동력이라는 것을 알 수 있다.

심리학자로서 프로이트와 융을 포함하여 삼대 거장이라 불리는 아들러(Alfred Adler, 1870~1937)는 전체로서 개인을 강조하는 개인심리학을 개발하였다. 그는 개인의 삶의 원동력으로서 용기의 중요성을 강조하였다. 그래서 그의 개인심리학을 '용기의 심리학'이라고도 한다. 아들러와 드레이커스(Rudolf

Dreikurs)는 인간이 불완전한 존재로서 진정한 자기가 되어 행동하게 하는 불완전할 용기를 가장 중요한 용기로 여기고 실천할 것을 강조하였다. 아들러학파인 양, 밀리렌 그리고 브라겐(Yang, Milliren, & Blagen, 2010)은 그들의 책에서 용기를 다음과 같이 정의하였다.

> "용기는 어려운 상황에 직면했을 때 자신과 타인에 대한 관심으로 우리를 행동하게 하는 내적 그리고 외적에서 비롯된 창조적 생명력이다. 특히 용기와 용기의 행위는 인생과제인 일, 사랑, 우정/가족/공동체, 자기와의 조화 그리고 우주와의 조화를 통해 개인이 사회적으로 유용한 방식으로 공헌하고 협력하려는 자신의 의지에 의해 가장 잘 표현된다"(p. 14).

요약해 보면, "용기는 개인이 어려운 상황에서 자신의 인생과제를 달성하기 위해 자신과 타인에 대한 사회적 관심을 바탕으로 내적 그리고 외적에서 비롯된 창조적 생명력이다."라고 정의해 볼 수 있다.

이러한 용기의 정의를 바탕으로 볼 때 우리에게 용기를 갖게 하는 격려가 얼마나 중요한지를 알 수 있다. 아들러의 개인심리학을 잘 이해해서 보급한 기여로 인해 흔히 제2의 아들러로 불리는 드레이커스는 "식물에게 물과 태양이 필요하듯 인간에게 격려가 필요하다."라고 언급하였다. 식물에게 물이나 태양이 없으면 시들어서 죽어버리듯이 우리에게 격려가 없으면 낙담에 빠져 삶의 원동력을 잃게 된다. 당신이 만약 많은 실패와 좌절로 낙담하여 옴짝달싹 못 하고 실의에 빠져 있다면 당신이 활동하도록 하는 삶의 원동력인 용기를 갖게 하는 격려가 필요하다. 당신이 달성하고자 하는 인생의 목표를 위해 격려하고, 격려하고, 또 격려하라.

아들러와 드레이커스는 인간에게 가장 중요한 용기를 '불완전할 용기(courage to be imperfect)'라고 하였다. 이들이 불완전할 용기를 강조한 이유는 인간 본성에 근거한 그들의 확고한 신념에서 비롯되었다. 아들러는 완전한 신의 존재를 믿었다. 그런 연유로 한동안 그가 인간이해에 대한 철학적 입장을 공유했던 니체(Nietzsche)가 '신은 죽었다.'로 신의 존재를 부정함에 따라 그와 결별하게 되었다. 인간이 불완전한 존재로서 있는 그대로 자신을 수용할 용기가 불완전할 용기이다. 변화를 도모하는 상담이나 심리치료에서 일하는 전문가들이 흔히 '진정한 치유는 있는 그대로 자기가 되는 것'이라고 말한다. 대표적인 예를 들면, 상담자로서 성인(saint)으로 불리는 로저스(Carl Rogers, 1902~1987)는 "신기한 역설은 내가 있는 그대로의 나를 수용할 때 내가 변화한다는 것이다."라고 기술하였다. 이런 점에서 아들러학파들이 격려를 통해 완전을 추구하는 많은 사람에게 불완전한 존재로서 있는 그대로 자신을 수용하며 행동할 것을 강조하는 불완전할 용기는 역설적이라고 할 수 있다.

삶의 과정에서 우리 모두는 불완전한 존재로서 실수하고 실패할 수 있다. 어떤 개인이 실수나 실패로 자기비난 혹은 자기학대를 하거나, 실의에 빠져 우울해하거나, 그리고 타인이나 사회시스템을 비난하는 것은 불완전한 존재로서 자신을 수용하지 못함에서 비롯되었다고 볼 수 있다. 혹시라도 당신이 실수나 실패로 자신에 대한 부적절한 감정에 사로잡혀 있다면, 당신이 불완전할 용기를 가지고 있는 그대로 자신을 수용하는 "나는 있는 그대로 충분히 괜찮아(I am good enough as I am)."라고 말할 수 있는 자기격려가 필요하다.

자기격려를 잘하는 사람이 타인격려도 잘할 수 있다. 아들러가 강조한 가장 중요한 개념이 '사회적 관심'이다. 아들러는 "사회적 관심은 상대방의 눈으로 보고, 귀로 듣고, 그리고 상대방의 마음으로 느끼는 것을 의미한다."라고 하였다. 이런 점에서 사회적 관심은 적극적 경청을 바탕으로 상대방의 마음을 읽어주는 공감(empathy)이라고 할 수 있다. 아들러는 인간이 사회적 존재로서 사회적 관심이 낮다면 심리적으로 문제가 있는 것으로 보았다. 이러한 사회적 관심을 가지고, 당신이 속한 가정, 학교, 직장에서 마주하는 주변 사람에게 상대방이 저지른 실수나 실패를 지적하는 것보다 있는 그대로 상대방을 수용하는 "당신은 있는 그대로 충분히 괜찮아(You are good enough as you are)."라고 표현하는 타인격려가 요구된다.

요약하면, 사회적 관심을 바탕으로 한 격려는 우리 각자가 추구하는 인생과제를 달성하도록 추진하는 삶의 원동력인 용기를 갖도록 하는 행동이다. 이러한 격려의 중요성을 인식하고 자기격려와 타인격려를 통해 개인이 속한 가정, 학교, 직장에서 활기 넘치는 생활을 실천했으면 한다.

우리가 누군가에게 하는 말 한마디는 상대방을 격려해서 삶의 원동력이 된다. 마지막으로, 내가 최근에 격려받았던 두 가지 경험을 소개하고자 한다. 몇 년 전에 드레이커스의 딸인 에바 드레이커스가 주관해서 영국에서 열리는 아들러 여름학교에 참석해서 있었던 일이다. 내가 회갑이 됐을 때니까 '나도 나이가 들었구나.' 하고 생각하고 있을 때였다. 드레이커스의 남편과 얘기를 나누는 중에 그가 나의 나이를 물었고 내가 60세라고 답했을 때, 그가 "당신은 여전히 젊어(You are still young)."라고 말했다. 아무튼 이 말 한마디가 나에게는 큰 격려가 되었다. 또 다른 경험은 아주 최근에 치과병원에서 있었던 일이다. 나이가 들면 많은 사람이 경험하는 것처럼 삼겹살을 먹다가 물렁뼈를 씹어 앞 치아에 금이 갔다. 부러진 치아를 뽑고 치료를 받는 중이었다. 새로 끼워 넣은 재생치아에 대해 내심 걱정하고 있는 나에게 간호사가 "선생님이 잘 관리하면 앞으로 20년은 거뜬히 쓸 거예요."라고 말했다. 간호사가 무심코 던진 말일지 모르지만 나에게는 엄청난 격려의 한마디였다.

2. 두려울 때 격려하기

우리 모두는 각자 경험하는 정도는 다르지만 두려움(fear)을 느끼며 생활하고 있다. 우리를 두렵게 하는 많은 것들이 있다. 드러난 현상으로 현재 지구촌에 있는 모든 사람에게 코로나19, 기후변화, 핵전쟁의 위협, 인플레이션으로 인한 경제 파탄 등 많은 요인이 두려움을 주고 있다. 두려움은 대부분 우리의 행동을 방해하는 주요한 원천으로 작동하는 정서이다.

대부분 사람에게 두려움의 원천은 실존의 위협인 죽음과 관련되어 있다. 우리는 누구나 직접적이건 간접적이건 매일매일 경험하는 질병이나 사고 등으로 죽지 않을까 하는 두려움을 느낀다. 따라서 죽음에 대한 두려움을 극복하기 위해 죽음의 이해와 수용이 필요하다.

당신이 정말 두려워하는 것은 무엇인가? 당신이 두려워하는 것이 정확히 무엇인지 알아야 당신의 두려움을 해결할 수 있다. 변화를 위한 모든 심리적 문제 해결의 기본원리는 문제에 직면하는 것이다. 문제에 직면하지 않고 회피하거나 도피하면 결코 문제를 해결할 수 없다. 두려울 때 우리에게 정말 필요한 것은 격려를 통해 문제에 직면할 용기를 갖는 것이다.

1) 두려움의 이해

두려움(fear)은 사전적으로 나쁜 어떤 일이 일어날 것에 대해 두려워하거나 걱정할 때 갖게 되는 감정이다. 그리고 뱀, 개, 비행기 타기, 광장 등 특정 대상이나 상황, 장소 등에 강한 두려움을 나타내는 것을 공포증(phobia)이라고 한다.

일반적으로 우리의 생명을 위협하는 상황에서 우리는 두려움을 느낀다. 예를 들면, 자동차 사고, 전염병의 감염, 개나 독사에 물리는 것, 지진, 전쟁, 기후변화 등등은 우리의 생명을 위협하기 때문에 두려움을 느끼며 우리는 그러한 위험을 예방하고 피하기 위해 노력한다. 필자는 개에 대한 두려움을 한동안 가지고 살았다. 어렸을 때 친구가 광견병에 걸린 개에 물려 죽었던 충격적 경험을 가진 것이 원인이었다. 이러한 두려움은 우리가 그러한 위험에 대처하도록 신호를 보내기 때문에 삶에 도움이 된다. 그러나 두려움은 대체로 우리를 행동하게 하기보다는 피하게 하거나 못하게 하는 부정적 정서이다. 두려움이 심해지면 더불어 나타나는 부적절한 정서가 불안이다.

2) 죽음의 두려움

두려움은 궁극적으로 우리의 실존의 위협인 죽음에서 비롯된다. 실존주의적 상담자들은 서슴없이 인간의 가장 중요한 궁극적 관심사가 죽음이라고 얘기한다. 왜냐하면 죽음은 삶의 종말로 실존에서 비실존으로 가는 마지막 과정이기도 하지만 삶의 의미를 주기 때문이다. 역설적 표현인 "죽음의 의미가 삶의 의미이다."란 말이 정반대적인 내용으로 맞지 않는 것 같지만 진실이다. 우리가 죽음의 두려움 혹은 공포를 가진 이유는 죽음이 우리에게 주어진 오직 한 번뿐인 삶의 실존을 위협하기 때문이다.

실존주의 상담자인 메이(May, 1961)는 "죽음을 부정하는 데 치러야 하는 대가는 막연한 불안과 자아격리이다. 자신을 완전히 이해하기 위해서 인간은 죽음에 직면해야만 하고 개인적인 죽음에 직면해야만 한다."라고 말한다.

죽음은 가장 분명하고 쉽게 직관적으로 알게 되는 관심사로, 우리는 죽음에 대해 무서운 공포를 가지고 반응한다. 이와 관련해 실존적인 관점에서 내적 갈등의 핵심은 불가피한 죽음에 대한 개인의 자각과 삶을 지속시키려는 동시적 소망 사이에 있다. 이 죽음에 대한 공포에 대처하기 위해 개인은 죽음 자각에 대항하는 방어를 곤두세운다. 그러한 방어는 불안에 기초하고, 이는 성격구조를 조성하며, 부적응적인 경우 임상적 증상을 일으킨다. 다시 말하면, 증상과 부적응적인 성격구조는 죽음에 대한 개인적 공포에 그 원천을 두고 있다.

3) 죽음의 이해와 수용

죽음은 인생의 종착지이다. 유한한 존재로서 우리에게 주어진 단 한 번뿐인 인생항해를 슬기롭게 진행하기 위해 죽음의 이해와 수용이 필요하다.

인생을 흔히 배에 비유한다. 망망대해에 던져진 배처럼 우리도 이 세상에 던져졌다. 배는 가야 할 목적지인 항구를 찾아간다. 배의 항해는 되풀이될 수 있지만 인생항해는 일회적이다. 인생의 종착지가 죽음인 것을 우리는 알고 있다. 인생항해의 책임자로서 목적지까지 도달하기 전에 일어날 수 있는 모든 가능성에 대해 매번 슬기로운 선택을 해야 한다. 어떤 항로를 택할 것인지도 전적으로 당신에게 달려 있다. 순풍에 돛을 단 것 같을 때도 있지만 거센 파도가 휘몰아치는 역경의 시간도 있다. 가도 가도 바다만 보이는 단조로운 항해에 권태를 느낄 때도 새로운 환경에 경이로움을 느낄 때도 있다.

이미 출발해 버린 인생항해를 하고 있는 이 순간에 당신의 최대의 관심사는 무엇인가? 내 일 아니면 먼 훗날에 닥쳐올 고난을 생각하며 걱정하고 있지는 않는가? 가야 할 목적지를 뻔히 알고 있다고 호언하며 방황하고 있지는 않는가? 아니면 목적지에서 발견할 것이 분명하기 때문에 항해에 대한 회의에 젖어 있는가? 수많은 위협 속에서 불안을 느꼈던 지나온 과거를 생각하며 닥쳐올 또 다른 위협에 대해 걱정하고 있는가? 거듭된 좌절과 마음의 상처로 인해 무기력한 상태에 빠져 있는가? 아니면 위협에 견뎌 온 자신에 대해 대견스러워하며 잠시 휴식을 취하고 있는가?

우리는 유한한 시간 속에 던져졌다. 실존적 존재로서 자신이 가진 궁극적 관심사인 죽음에 대한 이해와 수용이 요구된다. 죽음에 따른 실존적 불안을 수용하고 대처하는 것이 요구된다. 회피와 도피보다는 충분한 자각을 통해 현명한 선택을 필요로 한다. 배는 이미 떠나 버렸다. 다시 배를 탈 수도 다른 배로 바꿔 탈 수도 없다. 우리는 배에서 내릴 때까지 일어나는 모든 일에 책임을 져야 한다는 사실을 알고 있다.

4) 두려움과 용기

상담자가 조력이 필요해 찾아온 내담자에게 묻는 핵심 질문 중에 하나가 "당신은 정말 무엇을 두려워합니까?"이다. 대부분의 사람이 흔히 경험하는 것이 발표불안이다. 특히 발표경험을 거의 가져 보지 않는 사람이 연단에 올라가 대중 앞에서 발표해야 할 때 발표불안을 심하게 느낄 수 있다. 그래서 이러한 발표불안을 무대공포(stage fright)라고 한다. 당신이 만약 무대공포를 강하게 느낀다면 당신의 무대공포는 결국에는 당신이 발표하지 못하도록 붙잡은 결과를 초래할 수도 있다. 두려움 혹은 공포는 이렇게 우리가 행동하지 못하도록 해서 우리의 성장을 방해하는 부적절한 정서이다.

두려움은 우리가 원하는 어떤 방향으로 행동하는 것을 방해해서 회피하고 도피하게 하거나 멈추게 하는 대표적인 정서이다. 이에 반해 용기는 삶의 도전에 대한 두려움에 맞서 우리가 행동하도록 하는 삶의 원동력이다. 행동에 작용하는 특징을 고려해서 보면, 두려움과 용기는 거의 상반적인 역할을 하는 감정처럼 보인다. 두려움은 분명히 실망, 실패, 좌절, 위험 등으로 실존의 위협이 있을 때 나타나는 감정이다. 두려움이 실제적인 위험에서 우리가 피하도록 경고의 신호로 작동할 때만 우리에게 도움이 된다. 그러나 그 외의 대부분의 경우에 두려움은 문제해결에 필요한 문제에 직면하기를 방해하는 감정으로 작동하기 때문에 부정적인 정서이다.

용기는 두려움을 극복하는 데 필수적으로 필요하다. 그리고 용기는 두려움을 극복하도록 우리의 행동을 유발시키는 창조적 원동력으로 감정 이상의 심리적 기제이다. 따라서 우리가 두려움을 느낄 때 격려를 통해 우리에게 두려움을 극복할 용기를 불어넣는 것이 필요하다.

제12장

격려로 인생과제 달성하기

> 인간은 불완전하다. 그래서 우리는 실수하고 실패할 수 있다. 성공적인 삶을 위해 격려로 실수나 실패의 두려움을 극복하는 것이 필요하다.
>
> – 노안영 –

삶이 우리에게 요구하는 인생과제를 해결하기 위해 자신감(confidence)과 책임감(responsibility)이 필요하다. 격려를 통해 자심감과 책임감을 갖고 생활하자. 최상의 자기격려는 "나는 있는 그대로 나로서 충분히 괜찮아(I am good enough as I am)."라고 자신에게 말하는 것이다. 역시 최상의 타인격려는 "당신도 있는 그대로 당신으로서 충분히 괜찮아(You are good enough as you are)."라고 상대방에게 말하는 것이다. 당신이 있는 그대로 당신이 충분히 괜찮다는 믿음을 갖고 생활했으면 한다. 당신이 갖고 있는 약점도 당신이며 강점도 당신이다. 우리는 누구나 장점과 단점을 가지고 있다. 당신이 열등한 존재이고 불완전한 존재임을 명심하라. 당신을 온전히 수용할 용기가 필요하다. 당신이 자기수용을 통해 진정으로 자신을 사랑할 때, 역시 진정한 타인 사랑도 가능하다. 당신이 다음에 있는 '격려 구호'를 되뇌면서 자신감과 책임감을 갖고 살았으면 한다.

격려구호

나는 있는 그대로 나로서 충분히 괜찮아.
그리고 당신도 있는 그대로 당신으로서 충분히 괜찮아.
자기격려는 나에게 자신감과 책임감을 갖도록 충전시켜 준다.
그러므로, 나는 그것을 할 수 있다.
그리고, 그것은 나의 책임이다.

The Encouragement Catchphrase

I am good enough as I am.
And you are good enough as you are.
Self-encouragement makes me be empowered to have confidence and responsibility.
So, I can do it.
And it's up to me.

아들러의 개인심리학을 '용기의 심리학'이라고도 부른다. 그렇게 부를 정도로 개인심리학에서 용기는 중요하다. 용기를 갖도록 북돋워 주는 것이 격려이다. 아들러의 개인심리학에 근거해서 개발된 격려치료가 있다. 격려치료를 받으면 자신감과 책임감이 향상된다는 것이 입증되어 왔다. 즉, 격려치료에 참석한 사람들은 '나는 그것을 할 수 있다(I can do it).'라는 자신감과 '그것은 나의 책임이다(It's up to me).'라는 책임감을 갖게 된다. 우리의 삶은 끊임없는 도전과 응전의 활동이다.

1. 격려로 자신감과 책임감을 함양하기

1) 격려로 자신감을 갖고 살기

개인이 나름대로 많은 노력을 했음에도 실패의 늪에 빠지면 자신감을 잃게 된다. 자신감을 상실한 사람들은 성공적 삶을 위해 자신감을 회복하는 것이 필요하다. 실패는 성공의 결여이다. 분명히 거듭된 실패는 우리의 자신감의 상실을 초래한다. 따라서 자신감을 상실한 사람이 실패가 아닌 성공 경험을 통해 자신감을 회복하기 위해 먼저 필요한 것은 자신의 실패에 대한 이유를 파악해서 대처하는 것이다. 사람들이 성공하지 못하고 실패하는 이유로 밝혀진 대표적인 몇 가지는 다음과 같다.

- 달성하고자 하는 분명한 목표가 없는 것.
- 자신의 능력으로 달성하기 힘든 너무 높은 목표를 설정한 것.
- 초심(beginner's mind)을 지키지 못하고 포기하는 것.
- 성공을 위한 성취동기가 부족함.
- 목표 달성을 위한 의지와 노력이 부족함.
- 시간 관리를 못함.

우리는 불완전한 존재이기 때문에 실수나 실패를 전혀 안 할 수는 없다. 그러나 실수나 실패를 줄이는 것이 필요하다. 아무튼 실패를 줄이기 위해 당신이 실패하는 이유가 무엇인지 정확히 파악하는 것이 중요하다. 그리고 실패 경험에서 비롯된 자신감의 결여를 회복하기 위해 당신이 실패한 이유를 정확히 파악하여 실패습관을 성공습관으로 바꾸는 것이 필요하다.

자신감을 상실한 사람의 주요한 특징은 실패로 인한 좌절감에서 비롯된 자기 낙담이다. 다시 말하면, 자신감을 잃은 사람은 거듭된 실패로 성공 추구의 원동력으로 작동하는 용기를 잃고 실패의 두려움에서 벗어나지 못하고 있다고 할 수 있다. 그래서 자신감을 잃고 낙담한 사람은 자신감 회복을 위해 자기격려가 필요하다. 아들러의 개인심리학에 근거한 격려치료에 참석했던 사람들의 자신감이 향상된다는 것은 많은 연구 결과에서 밝혀졌다. 거듭된 실패경험으로 자신감을 잃고 낙담에 빠져 침체된 생활을 하는 사람에게 자신감 회복을 위해 정말 필요한 것은 자기격려이다. 당신의 자신감 회복을 위해 스스로를 격려하고, 격려하고, 또 격려하는 것이 필요하다.

당신에게 닥친 삶이 아무리 어렵더라도 자신감을 갖고 생활하는 것이 필요하다.

자신감은 자신에 대한 신뢰이다.
자신감은 주어진 일을 해낼 수 있다는 자신에 대한 믿음이다.
자신감을 가진 사람은 열등감을 극복하려고 노력하는 사람이다.
자신감이 없는 사람은 열등감에 사로잡힌 사람이다.
자신감을 가진 사람은 용기를 갖고 도전하는 사람이다.
자신감이 없는 사람은 두려움에 사로잡힌 사람이다.
자신감은 행동의 추진력이다.
자신감을 가진 사람은 실패를 두려워하지 않고 행동하는 사람이다.
자신감이 없는 사람은 실패가 두려워 행동하지 못하는 사람이다.
자신감을 가진 사람은 수줍음 없이 행동하는 사람이다.
자신감이 없는 모든 사람은 수줍어서 행동하지 못한 사람이다.

수줍음은 당신이 행동하지 못하도록 잡는다.
수줍음은 망설임이다.
수줍음은 주저함이다.
수줍음은 초조함이다.
수줍음은 부끄러움이다.

망설임으로 당신의 귀중한 삶을 낭비하지 말라.

삶이 요구하는 의미 추구를 위해 자신감을 갖고 행동하라.

2) 격려로 책임감을 갖고 살기

삶은 발달이며 활동이다. 삶은 끊임없는 선택에 따른 행동이다. 주어진 상황에서 당신이 어떤 선택을 할 것인가는 전적으로 당신에게 달려 있다. 삶의 주체로서 당신은 자신의 선택에서 비롯된 결과에 책임을 져야 한다. 책임감(respond + ability)은 반응할 능력이다. 좀 더 구체적으로 설명하면 책임감은 개인이 자신의 선택에 따라 그리고 타인이나 사회의 요구에 따라 적절하게 반응할 능력이다. 책임감은 선택에 따른 행동의 결과를 기꺼이 수용할 능력이다. 격려는 책임감을 조장한다. 반면에 칭찬은 의존성을 조장한다. 그래서 당신이 책임감을 갖고 살아가도록 아들러는 칭찬보다 격려를 강조하였다.

우리는 각자 자신에 대한 책임을 져야 한다. 심리적 문제로 고통받고 있는 대부분의 사람은 자신감과 책임감이 결여되어 있다. 만약 당신이 좌절과 실패로 힘들어 삶을 포기할 정도로 고통받고 있다면 당신 자신을 격려하고, 격려하고, 또 격려하라. 그러면 당신은 상실했던 자신감과 책임감을 회복해서 정상적인 생활을 할 수 있을 것이다.

드레이커스는 "식물에게 물과 태양이 필요하듯 인간에게 격려가 필요하다."라고 하였다. 이 말은 우리에게 격려가 얼마나 중요한지를 잘 보여 주고 있다. 용기의 반대는 두려움이다. 우리의 삶은 매일매일 도전을 요구한다. 높은 수준의 두려움을 갖고 생활하는 사람들은 삶의 요구에 도전할 용기가 없는 사람들이다. 이런 이유로 아들러는 "심리적으로 문제가 있는 사람들은 낙담한 사람들이다."라고 하였다.

아들러가 강조한 용기 중에 인간인 우리에게 가장 중요한 용기는 '불완전할 용기'이다. 불완전할 용기를 다르게 표현하면 '있는 그대로 내가 될 용기'이다.

다시 말하면, 불완전한 존재로서 있는 그대로 우리 자신을 수용할 용기이다. 건강한 삶을 위해 자신의 불완전하고 열등한 측면을 직시하면서 온전히 자기를 수용할 용기가 필요하다. 아들러가 강조한 주요한 개념이 열등감과 보상이다. 인간은 누구나 나름대로 어떤 측면에서 열등감을 가지고 있다. 당신은 어떤 열등감을 가지고 있는가? 그리고 그러한 열등감을 극복하기 위해 어떤 노력을 하고 있는가?

아들러는 "사람이 된다는 것은 자신이 열등하다고 느끼는 것을 의미한다."라고 하였다. 아들러는 이렇게 우리 모두가 열등감을 느끼고 있다는 것을 지적하였다. 당신이 혹시 자신이 가진 열등감 때문에 고민하고 괴로워한다면 자신의 열등감을 있는 그대로 인정하고 극복하려는 용기가 필요하다. 아들러가 지적한 것처럼, 그렇게 하는 것이 당신이 진정으로 사람이 되는 것이다. 건강한 사람은 자신이 갖는 열등감을 있는 그대로 직시하고 극복하려고 노력한다. 반면에 건강하지 않은 사람은 자신이 가진 열등감을 인정하지 않거나 감추려 하면서 있는 그대로의 내가 아니라 나 아닌 내가 되려고 한다. 즉, 자신의 열등한 측면을 왜곡시켜서 잘못되거나 부적절한 보상을 통해 해결하려고 한다. 생물학적인 측면에서 생존과 적응을 위해 열등한 측면을 보상하려는 노력이 얼마나 자연스럽게 일어나고 있는가를 우리는 잘 알고 있다. 예를 들면, 맹인은 자신의 열등한 눈을 보상하기 위해 청각이나 다른 감각기관을 발달시킨다.

당신은 당신이 생각하는 모든 사고에 대해 당신에게 책임이 있다. 당신은 당신이 느끼는 모든 감정에 대해 책임이 있다. 역시 당신은 당신이 하는 모든 행동에 대해 당신에게 책임이 있다. 당신이 가진 열등감을 이해하고 극복할 책임도 당신에게 있다. 일어나는 모든 일을 회피하거나 도피하는 것보다 "그것은 나의 책임이다(It's up to me)."라고 말하면서 생활할 수 있었으면 한다.

2. 배움으로 열등감 극복하기

즐겁고 행복하게 사는 비결은 무엇인가? 열심히 공부하는 것이다. 배움의 기쁨을 깨닫는 것이다. 삶은 배움의 과정이다. 삶은 배움을 통해 진아, 즉 '진정한 나'를 알아 가는 과정이다.

- 삶은 '진정한 나'를 찾아가는 과정이다.
- 삶은 깨쳐 가면서 삶의 기쁨을 경험하는 것이다.
- 삶은 깨달아 가면서 삶의 경이로움을 느끼는 것이다.

삶은 불교의 선사들이 수련을 통해 깨쳐 가면서 진아, 다시 말해 '있는 그대로 진정한 나'를 찾아가는 과정이다. 정말 오래전에 곽암 선사는 십우도를 통해 삶이 진아를 찾아가는 과정임을 설파하였다.

아들러를 일컬어 서양의 소크라테스라 하고, 동양의 공자라고 한다. 아들러는 자신이 개발한 '상식의 정신의학', 즉 상식의 심리학이 미래의 대세를 이룰 것이라고 주창하였다. 나의 정신적 멘토인 아들러가 서양의 소크라테스이고 동양의 공자라고 일컬어져 기쁘다. 그가 그렇게 일컬어지는 데에는 그럴 만한 이유가 있기 때문이라 본다. 그러한 이유를 아들러가 인간 이해를 바탕으로 강조한 내용에 근거해서 알아보자. 아들러는 인간이 가진 삶의 추동으로서 의미 추구, 목적 추구를 가정하였다. 그리고 아들러는 '인간이 무엇인가?' '나는 누구인가?' '삶의 의미가 무엇인가?' 등의 질문을 통해 삶의 과학인 개인심리학을 개발하였다.

- 아들러: 인간이 행하기에 가장 어려운 일은 자신을 알고 자신을 변화시키는 것이다.
- 소크라테스: 너 자신을 알라. 삶의 의미가 무엇인가?

철학의 아버지라 불리는 소크라테스는 "너 자신을 알라."라는 유명한 명제를 남겼다. 더불어 그는 "삶의 의미가 무엇인가?"란 질문을 통해 "삶이 무엇인지 조사되지 않는 삶은 가치 없는 삶이다."라고 하였다.

> 공자께서 말씀하시길 '학이시습지면 불역열호아'라고 하였다. 즉, '배우고 그것을 때때로 익히면, 기쁘지 않겠는가.'라고 하였다. 공자는 정말 오래전에 우리가 배움을 통해 즐겁게 살 수 있다는 것을 갈파하였다.

공자의 제자들이 그의 뜻을 받들어 작성한 예기에 나오는 말로 '옥불탁불성기, 인불학불지도'란 말이 있다. "옥을 쪼아 다듬지 않으면 그릇을 만들지 못하고, 사람이 배우지 않으면 도리를 알지 못한다."라는 말이다. 배움은 사람의 도리를 다하기 위해 필요하다. 우리가 도리를 다하는 사람이 되기 위해 부지런히 배워야 한다.

아들러 이론의 영향을 받지 않은 현대 상담 및 심리치료 이론은 찾아보기 힘들다. 현실치료 이론을 개발한 글래서(Glasser)는 즐거움, 흥미 욕구를 인간의 기본적 욕구라고 하였다. 그리고 공부하는 것이 즐거움 욕구에 해당된다고 하였다.

우리 조상들은 죽은 사람의 신분을 호칭할 때도 학생이라고 해 왔다. 아들러는 생애를 통해 달성해야 할 인생과제로서 일과 직업을 강조하였다. 학생의 일은 공부하는 것이다. 학생의 공부는 미래의 일과 직업을 위한 준비이다.

나는 고등학교 때부터 도산 안창호 선생이 창립한 흥사단 활동을 해 왔다. 나는 미국에서 공부를 마치고 1993년에 귀국했다. 내가 미국에서 돌아온 지 얼마 안 되어 흥사단에서 운영하는 초·중등학생을 대상으로 하는 하계캠프를 '공부는 내 친구'라는 이름으로 진행한 적이 있었다. 부모나 교사로부터 반복적으로 표현되는 "공부해라."라는 말에 짜증, 염증을 느끼고 있는 학생들에게 '공부는 내 친구'라는 말은 역설적 표현이었다. '공부는 내 친구'란 표현은 학생들에게 공부가 삶을 살아가는 데 중요하고 즐거움을 준다는 것을 가르쳐 주기 위한 의도에서 만들어졌다.

즐겁게 살자.

즐겁게 사는 것은 공부하는 것이다.
정말 즐겁게 사는 것은 정말 열심히 공부하는 것이다.
정말 즐겁게 사는 것은 삶의 의미를 깨치기 위해 안간힘을 쓰는 것이다.

우리는 학생이다.
학생의 일은 공부이다.
배움은 즐거움이다.
공부는 기쁨이고 희열이다.
건강한 학생은 배우기를 부지런히 하는 사람이다.
건강하지 않은 학생은 배우기를 게을리하는 사람이다.

배워야 산다.
배우지 않으면 죽는다.
배워서 알아야 산다.
배우지 않아 모르면 죽는다.

배움은 깨침이다.
배움은 즐거움이다.
배움은 기쁨이고 희열이다.
배움에는 권태가 없다.
배우기를 멈췄을 때 권태가 나타난다.

배움은 깨달음이다.

깨달음은 눈을 번쩍 뜨게 하는 삶의 희열이다.

우리가 학생으로서 자신의 열등감을 극복하기 위해 열심히 공부하는 것이 필요하다. 우리 각자가 나름대로 가지고 있는 자신의 열등한 측면을 보상하기 위해서 필요한 지식과 기술을 터득해야 한다. 아들러는 삶의 추동으로서 의미 추구, 목적 추구를 가정하였다. 그의 관점에 따르면 우리의 목적 추구는 배워 가는 과정, 깨쳐 가는 과정이라고 할 수 있다. 삶은 정체된 상태가 아니라 되어 가는 과정이다. 우리 각자는 현재 상태보다 더 나은 상태를 지향해서 나아가고 있다. 우리가 원하는 목적 추구를 달성하기 위해 배움을 통해 자신의 열등감을 극복하는 것이 필요하다. 만약 당신이 자신의 열등감이나 실수나 실패로 인해 낙담되어 있다면, 침체된 상태에서 벗어나 열등감을 극복하고 당신이 원하는 삶의 의미 추구를 위해 격려가 필요하다.

3. 격려가 주는 여섯 가지 기운

우리는 격려를 통해 삶의 기운을 느끼면서 생활하는 것이 필요하다. 살아 있는 모든 생명체는 삶을 지탱하기 위한 기운이 필요하다. 왜냐하면 기운은 생물이 살아 움직이게 하는 힘이기 때문이다. 우리기 흔히 "기운이 없다."라고 말할 때 진실한 의미는 '움직일 힘이 없다.'이다. 삶은 움직임이다. 움직임이 멈추면 삶이 멈춘다. 살아가기 위해 우리를 움직이게 하는 기운이 필요하다. 움직일 기운을 잃으면 우리는 죽는다. 그래서 우리는 삶을 유지하는 데 어려움에 봉착해 있는 누군가에게 흔히 "기운을 잃으면 죽어. 그러니 제발 기운 차려라."라고 말하곤 한다.

격려하기는 우리에게 살 기운을 갖게 하는 메시지를 전달하는 것이다. 반면에 낙담시키기는 우리에게 살 기운을 잃게 하는 메시지를 전달하는 것이다. 그래서인지 제2의 아들러로 여겨지는 드레이커스(Dreikurs)는 격려가 우리의 삶에 얼마나 중요하게 필요한가를 강조해서 "식물에게 물과 태양이 필요하듯, 인간에게 격려가 필요하다."라고 하였다.

아들러학파에 속하는 로손시(Losoncy)는 그가 개발한 격려치료를 통해 사람들이 자신감과 책임감을 갖게 되는 것을 발견하였다. 그가 사용했던 격려치료는 다음과 같이 세 단계로 진행되었다. 첫 번째, 격려치료 초기에는 내담자의 감정에 초점을 두어 로저스(Rogers)의 인간중심치료를 적용하여 공감적 이해를 도모하였다. 두 번째, 격려치료 중기에는 내담자의 사고에 초점을 두어 엘리스(Ellis)의 인지 · 정서 · 행동치료를 적용해서 내담자의 비합리적 신념을 합리적 신념으로 바꾸도록 하였다. 세 번째, 격려치료 말기에는 내담자의 행동에 초점을 두어 글래서(Glasser)의 현실치료를 적용해서 내담자가 행동하기를 통해 자신의 문제를 해결하도록 조력하였다.

아무튼 격려치료의 이러한 결과를 토대로 볼 때, 격려를 통해 내담자가 "나는 그것을 할 수 없어(I can't do it)."라고 했던 것이 "나는 그것을 할 수 있어(I can do it)."라고 말할 수 있고, "그것은 내 책임이 아니야(It isn't up to me)."라고 했던 것이 "그것은 내 책임이야(It's up to me)."라고 말한다면, 내담자에겐 엄청난 변화라고 생각한다.

격려(encouragement)의 사전적 의미는 말 그대로 낙담한 사람에게 용기를 불어넣어 행동하도록 하는 것이다. 전문가들이 심리학적으로 혹은 철학적으로 용기를 어떻게 이해하고 정의하는가에 따라 용기에 대한 다양한 견해가 있다. 예를 들면, 필자는 아들러학파로서 개인심리학에서 용기를 보는 입장에 많이 편중되어 있다고 할 수 있다. 그러나 정작 중요한 것은 국내에서 일반인들이 격려나 용기에 대해 일반적으로 생각하고 있는 의미이다. 그런 점에서 개인적 경험과 조력전문가로서의 경험에 근거해서 필자는 상담자들이 격려를 통해 내담자에게 여섯 가지 기운인 용기, 끈기, 사기, 의기, 촉기, 오기를 불어넣어 그가 행동하도록 독려해야 한다고 본다. 그러면 격려를 통해 갖게 되는 이러한 여섯 가지 기운에 대해 간략하게 살펴보고자 한다.

1) 용기

용기의 사전적 의미는 '씩씩하고 굳센 기운'이다. 용기를 이해하는 데 중요한 개념이 두려움(fear)이다. 왜냐하면 용기는 우리를 움직이게 하는 기운인 반면에, 두려움은 우리를 움직이지 못하게 하는 감정이기 때문이다. 지적한 것처럼 격려(encouragement)의 언어학적 의미는 용기를 갖게 하는 것이다. 개인이 격려를 통해 용기를 갖게 되면 자신이 원하는 목표를 달성하기 위한 씩씩하고 굳센 기운으로 행동할 수 있다고 본다. 아들러는 인간이 불완전한 존재로서 불완전할 용기를 실천할 것을 강조하였다.

2) 끈기

끈기의 사전적 의미는 '참을성이 많아 쉽게 단념하지 않고 꾸준히 견디어 나가는 기질'이다. 우리는 끈기란 단어가 들어 있는 다음과 같은 표현을 자주 듣는다. "끈기로 버텨라." "끈기를 잃지 마라. 끈기를 잃으면 목표를 달성할 수 없다." "성공하기 위해 끈기와 노력이 필요하다." "그 친구는 끈기가 대단해서 절대 포기하지 않는다." 이런 표현을 통해 끈기는 '인내로 포기하지 않고 버텨 내는 기운'이라고 정의해 볼 수 있다. 심리학자 크러우스(Krausz)는 격려의 메시지로 "참아 내지 못하고 포기한 사람은 환자가 된다(A person who is impatient remains a patient)."라고 표현하였다. 이 표현의 내용은 격려로 끈기를 갖도록 하는 것이 건강한 삶을 위해 필요하다는 것이다. 필자도 개인적으로 어떤 어려움에도 끈기를 가지고 포기하지 않고 참아 내면 자신의 목표를 달성할 수 있다고 믿고 그렇게 생활하고 있다.

3) 사기

사기의 사전적 의미는 '사람들이 어떤 어려움에도 굽히지 않고 일을 달성하려는 강한 기운'이다. 전쟁터에서 '싸우려 하는 병사들의 씩씩한 기운'이라고도 한다. 이순신 장군도 열악한 조건에서 "살려고 한 자는 죽고, 죽으려고 한 자는 산다."란 표현으로 병사들의 사기를 높였다고 할 수 있다. 개인이나 집단이 어려움에 직면해서 침체된 분위기에서 사기가 저하되어 있는 경우에 "당신은 할 수 있어(You can do it)."란 격려의 메시지를 전달해서 사기를 진작시키는 것이 필요하다.

4) 의기

의기의 사전적 의미는 '적극적으로 달성하고자 하는 무엇인가를 하려고 하는 기운'이다. 우리가 의기가 떨어져 해야 할 어떤 일도 하지 않고 있는 사람에게 "저 사람은 의기소침해 있다."라고 말한다. 역시 누군가와 함께 서로 열심히 어떤 목표를 달성할 강한 의도를 가진 상태를 의기상투 혹은 의기투합이라고 말한다. 의기소침의 의미는 어떤 일을 할 기운을 잃고 풀이 죽어 있는 상태를 말한다. 다시 말하면, 개인이 어떤 일을 할 의욕을 잃고 움직일 기운을 상실한 상태에 있는 경우에 의기소침해 있다고 말한다. 개인이 의기소침해 있는 경우에 격려를 통해 의기소침에서 벗어나도록 해서 의기를 갖고 생활하도록 하는 것이 필요하다.

5) 촉기

촉기의 사전적 의미는 '생기나 재치가 있는 기운'이다. 흔히 우리는 번득이는 재치로 사람들을 놀라게 하거나 뛰어난 유머감각으로 사람들을 웃게 하는 사람을 지칭하여 그에게 촉기가 있다고 말한다. 번득이는 재치와 책략으로 유명한 제갈공명처럼, 촉기가 있는 사람의 특징은 뇌활동이 원활하게 진행되어 지적 능력의 기운이 왕성하다고 할 수 있다. 요즘처럼 창의적 사고가 중요하게 요구되는 사회적 환경에서 격려를 통해 자신이나 타인이 촉기를 발휘할 수 있도록 촉진시키는 것이 필요하다.

6) 오기

오기의 사전적 의미는 '힘이 달리면서도 남에게 지기 싫어하는 마음에서 비롯된 기운'이다. 그래서 우리가 상대방에게 단순히 지기 싫어서 무모하게 쓸데없이 오기를 부리는 것은 바람직하지 않다. 하지만 "나를 알고 상대방을 알면 이길 수 있다."란 말이 있듯이 때론 쉽게 포기하지 않고 오기로 버텨 내면 상대방을 경쟁에서 이길 수도 있다. 우리가 흔히 말하는 "끝까지 오기로 버텨라."란 "네가 상대방보다 다소 열등하지만 쉽게 포기하지 않고 버티다 보면 이길 수도 있다."라는 것을 함축하고 있다.

앞에서 살펴본 것처럼, 우리가 자신이나 타인에게 하는 격려는 우리가 달성하고자 하는 어떤 목표를 달성할 수 있도록 우리를 움직이게 하는 여섯 가지 기운인 용기, 끈기, 사기, 의기, 촉기 그리고 오기를 갖게 한다. 반면에 우리를 낙담시키는 메시지는 우리를 움직이게 하는 이러한 여섯 가지 기운을 상실하게 한다. 그래서 당신이 자신이나 타인을 격려하고, 격려하고, 또 격려해서 용기, 끈기, 사기, 의기, 촉기 그리고 오기를 가지고 생활하면 당신이 원하는 인생과제(life task)를 달성할 수 있다고 확신한다.

4. 격려로 인생과제를 달성하기

아들러는 개인이 생애를 통해 달성해야 할 세 가지 인생과제로서 일, 사랑, 사회를 제시하였다. 격려는 우리 각자에게 주어진 인생과제에 도전할 용기를 갖도록 하는 것이다. 용기의 반대는 두려움이다. 두려움은 우리를 움츠러들게 해서 인생과제에 도전하지 못하게 한다. 두려움은 우리가 해야만 할 일을 회피하거나 도피하게 한다.

상담자들이 묻는 주요한 두 가지 질문은 "당신은 지금 무엇을 두려워합니까?"와 "당신은 지금 무엇을 회피합니까?"이다. 삶은 인생과제 달성을 위한 활동이다. 그런데 두려움과 회피는 당신을 활동하지 못하게 한다. 두려움과 회피는 당신이 추구하는 목적을 달성하지 못하게 한다. 당신이 두려움으로 회피하고 도피하면서 생활한다면, 삶이 당신에게 요구하는 것에 도전하지 못하고 피하는 비겁자가 된다. 비겁자가 되지 않고 당신이 자신의 두려움을 극복하고 삶을 온전하게 살아가기 위해 필요한 것이 용기이다.

당신이 용기를 갖고 삶이 요구하는 것에 도전하기 위해 격려가 필요하다. 격려는 당신에게 자신감과 책임감을 갖게 한다. 낙담한 사람은 자신감과 책임감이 결여되어 있다. 따라서 건강한 삶을 유지하기 위해 격려를 통해 다양한 용기를 갖고 사는 것이 요구된다. 만약 당신이 도전하지 못하고 두려움에 떨고 있는 낙담한 사람이라면, 당신이 낙담에서 벗어나 용기를 갖고 삶을 영위할 수 있도록 격려하고, 격려하고, 또 격려하라. 최고의 자기격려는 '나는 있는 그대로 나로서 충분히 괜찮아.'이고, 최고의 타인격려는 '당신은 있는 그대로 당신으로서 충분히 괜찮아.'이다.

우리는 자기격려를 통해 고양된 용기를 갖고 생활하는 것이 필요하다. 왜냐하면 삶 자체가 우리에게 용기를 요구하기 때문이다. 그리고 용기 없이 우리에게 주어진 삶을 헤쳐 나가기가 쉽지 않기 때문이다. 역시 우리는 타인격려를 통해 우리 주변 사람들이 낙담하지 않고 용기를 갖고 생활하도록 하는 것이 요구된다. 한국사회에서 크고 작은 행사에 거의 빠지지 않고 식순에 들어가는 항목으로 격려사가 있다. 격려사는 주로 행사와 관련된 일들을 먼저 경험했던 선배나 그쪽 분야의 전문가로서 인생경험이 많은 사람이 담당한다. 일반적으로 격려사를 하는 사람들은 격려사를 통해 수행의 성패보다 참석한 사람들이 수행했던 일 자체에 대한 노고에 대해 경의를 표한다. 아무튼 우리는 타인격려를 통해 우리와 관계하는 사람들이 낙담하지 않고 살아갈 수 있도록 하는 것이 필요하다.

아들러는 사회적 평등에 근거한 상호존중의 원리에 따라 칭찬보다 격려를, 경쟁보다 협동을 강조하였다. 부모는 자녀에게 칭찬보다 격려하는 것이 필요하다. 부부는 가정의 주도권을 갖기 위해 경쟁하는 것보다 상호존중할 수 있도록 상대방을 격려해 주는 것이 필요하다. 교사는 학생에게 상벌보다 격려하는 것이 필요하다. 직장상사는 직원들에게 당근과 채찍의 방법보다 격려를 통해 직원들의 사기를 높이는 것이 필요하다.

격려는 용기를 갖게 하는 것이다. 그리고 용기는 두려움 없이 목적 달성을 하도록 활동하게 하는 심리적 믿음이다. 우리의 삶에 필수적인 격려를 통해 두려움 없이 용기를 갖고 각자에게 소중한 삶을 살아가는 것이 요구된다. 독특한 존재로서 개인은 다양한 용기가 필요하다. 몇 가지 일반적으로 우리에게 필요한 용기를 제시하면 다음과 같다.

우리는 사랑할 용기가 필요하다.
우리는 시행착오를 범할 용기가 필요하다.
우리는 두려워하지 않고 시도할 용기가 필요하다.
우리는 실수나 실패를 두려워하지 않을 용기가 필요하다.
우리는 용서할 용기가 필요하다.
우리는 고마움과 감사함을 표현할 용기가 필요하다.
우리는 어려움을 견뎌 낼 용기가 필요하다.
우리는 유혹을 물리칠 용기가 필요하다.

우리는 자신의 단점이나 열등감을 극복할 용기가 필요하다.

격려를 통해 우리는 불완전할 용기를 갖는 것이 필요하다. 우리 각자의 세 가지 인생과제인 일, 사랑, 사회 혹은 우정을 달성하기 위해 도전할 용기가 요구된다. 우리는 인생과제를 달성하기 위해 노력하는 과정에서 실수나 실패할 수 있다. 불완전한 존재로서 우리가 실수나 실패할 수 있다는 것을 수용한다면, 우리는 좌절하거나 낙담에 빠지지 않을 것이다. 정말 어떤 어려움에도 좌절하지 않고 삶이 요구하는 도전을 헤쳐 나가기 위해, 불완전한 존재로서 우리에게는 불완전할 용기를 갖는 것이 절실하게 요구된다.

자기격려를 잘하는 사람이 타인격려도 잘한다고 할 수 있다. 지금보다 자신의 열등감을 더 잘 극복해서 자기완성을 달성하기 위해 다음에 제시된 자기격려 평가척도를 통해 당신의 자기격려 수준을 알아보고 자기 및 타인격려를 위해 노력하는 것이 요구된다.

〈표 11-1〉 자기격려 평가하기 질문지

• 다음은 자기격려와 관련된 문항입니다. 다음에 제시된 각 문항들을 잘 읽고 최근 스스로에게 다음과 같은 생각이나 말들을 얼마나 자주 하는지 해당하는 번호에 ○표 해 주세요.

<보기>	1	2	3	4	5
	전혀 그렇지 않다		그저 그렇다		매우 그렇다

1	나는 성공할 수 있다고 생각한다.	1 2 3 4 5
2	일을 시작할 때 두렵지만 잘 해내리라고 생각한다.	1 2 3 4 5
3	실수했을 때 '나도 때때로 실수할 수 있어.' 라고 생각하며 실수를 인정한다.	1 2 3 4 5

〈계속〉

4	나는 어떤 문제가 생기든지 적극적이고 긍정적으로 생각한다.	1 2 3 4 5
5	실수했을 때 '나도 때때로 실수할 수 있어.' 라고 생각하며 실수를 인정한다.	1 2 3 4 5
6	나는 이 세상에서 없어서는 안 되는 꼭 필요한 존재라고 생각한다.	1 2 3 4 5
7	힘든 상황에 처했을 때 '해결책은 있어.'라고 생각하며 포기하지 않는다.	1 2 3 4 5
8	일을 성공했을 때 '잘 했어, 역시 해낼 줄 알았어.'라고 생각한다.	1 2 3 4 5
9	일을 실패했을 때 '이 일은 실패했지만 다른 일은 성공할 수 있어.'라고 스스로 위로한다.	1 2 3 4 5
10	나는 포기하고 싶을 때 '조금만 더 하면 잘할 수 있어'라고 생각하며 참는다.	1 2 3 4 5
11	다른 사람들과 함께 해야 하는 일에 적극적으로 참여한다.	1 2 3 4 5
12	나는 모임에서 새로운 사람들과 어울리기 위해 먼저 다가선다.	1 2 3 4 5
13	나는 새로운 변화에 적응하기 위해 적극적으로 행동한다.	1 2 3 4 5
14	사람들 앞에서 나의 의견을 이야기 하곤 한다.	1 2 3 4 5
15	나는 부당하다고 생각되는 일에 적절하게 대응한다.	1 2 3 4 5
16	나는 유머감각과 재치로 주위 사람들을 웃게 하곤 한다.	1 2 3 4 5
17	나는 사람들 앞에서 당당하게 행동하려고 노력한다.	1 2 3 4 5
18	질문에 대해 맞는지 확신이 없더라고 대답을 하곤 한다.	1 2 3 4 5
19	나는 어려움이 있을 때 적극적으로 해결하고자 한다.	1 2 3 4 5
20	새로운 일에 도전하는 것이 주저되기는 하지만 그래도 도전한다.	1 2 3 4 5
21	힘들 때 나는 어떤 일이든 해낼 수 있다고 생각하며 자신감을 얻는다.	1 2 3 4 5
22	일을 실패했을 때 좌절되기도 하지만 기분을 전환하려고 노력하다.	1 2 3 4 5
23	일을 맡을 때 자신감을 가지고 일을 시작할 수 있다고 느낀다.	1 2 3 4 5
24	일을 실패했을 때 일은 실패했지만 그래도 나는 가치 있는 존재라고 느낀다.	1 2 3 4 5
25	실패에 대한 두려움이 느껴질 때 '한발 한발 천천히 나아가면 해낼 수 있어.'라고 용기를 북돋운다.	1 2 3 4 5

〈계속〉

26	오늘 하루가 엉망이 되어 마음이 심란할 때 '내일은 잘 될 거야.'라며 위로한다.	1 2 3 4 5
27	힘들 때 나의 미래를 생각하며 행복감을 느끼곤 한다.	1 2 3 4 5
28	외로울 때 소중한 사람들을 생각하며 따뜻함을 느낀다.	1 2 3 4 5
29	나에게는 단점도 있지만 그런 내 자신도 소중하다고 느낀다.	1 2 3 4 5
30	잘하지 못할 때도 있지만 열심히 노력하고 있는 내 모습을 보며 뿌듯함을 느낀다.	1 2 3 4 5

※ 자기격려 평가하기(노안영, 정민, 2007)의 문항 구성은 인지적 요인은 1~10번, 행동적 요인은 11~20번, 정서적 요인은 21~30번이다. 채점 방법은 대학생 집단을 기준으로 평균(표준편차)은 인지 요인은 3.54(.52), 행동 요인은 3.21(.54), 정서 요인은 3.41(.54)이므로 이를 참고하여, 평균으로부터 1SD 이상이면, 전체의 16% 상위에, 2SD 이상이면, 2.5% 상위에 존재한다.

제13장

불완전할 용기, 그리고 미움받음에 도전할 용기

인간은 불완전하다. 그래서 우리는 실수하고 실패할 수 있다. 성공적인 삶을 위해 격려로 실수나 실패의 두려움을 극복하는 것이 필요하다.

– 노안영 –

인간의 삶에 가장 영향을 끼쳐 왔고 끼치고 있는 두 가지 심리가 아마도 사랑(love)과 미움(hate)이 아닐까 하고 생각해 본다. 사랑과 미움은 서로 상반된 심리적 표현이지만 사회적 존재로서 인간의 모든 관계, 즉 개인 간의 대인관계, 집단 간의 관계, 국가 간의 관계에서 동시에 존재하는 현상이다. 그런 연유로 개인의 삶이나 인류의 역사적 관점에서 한마디로 이러한 관계를 표현해서 애증(love and hate)의 관계 혹은 애증의 역사라고 말한다. 그런 연유인지는 몰라도 세계의 대표적인 삼대 종교인 기독교, 불교, 이슬람교에서 가장 중요하게 강조하는 것이 "자신과 이웃을 사랑하라."이다.

내가 잘 아는 지인이 이십대에 남자친구와 사랑에 빠졌을 때 일어났던 일화를 통해서도 누군가를 사랑한다는 것의 의미와 중요성을 잘 알 수 있다. 잘 알려진, 그러나 내용을 보면 읽기에 그리 쉽지 않은 책인 프롬(Erich Fromm)의 『사랑의 기술(The Art of Loving)』이 있다. 이 책은 단순히 남녀 간의 사랑을 기술한 내용이라기보다 사랑의 철학적 의미를 다룬 책이다. 프롬은 이 책에서 사랑이 갖추어야 할 네 가지 요소로서 돌봄, 책임감, 존중 그리고 지식을 제안하였다. 어느 날 대화 중에 남자친구가 지인에게 『사랑의 기술』 책을 보이면서 "서점에서 책 표지에 사랑이란 말이 들어가 있어서 널 생각하며 어떤 주저함도 없이 바로 책을 샀어."라고 표현했을 때 내심으로는 흐뭇했다는 얘기이다.

아무튼 우리의 일상생활에서 수많은 심리적 문제들이 사랑과 미움과 관련해서 일어나고 있다. 수많은 노래와 드라마의 사랑 이야기가 귀와 눈을 통해 우리의 심금을 울린다. 여기서는 먼저 아들러의 개인심리학의 가장 중요한 개념인 사회적 관심과 관련하여 사랑의 중요성을 살펴보고자 한다. 그러고 나서 자신을 진정으로 사랑하는 사람만이 타인을 진정으로 사랑할 수 있다는 것을 보여 주는 사랑의 역설과 자신을 진정으로 믿는 사람만이 타인을 진정으로 믿을 수 있다는 것을 보여 주는 믿음의 역설에 대해 알아보고자 한다. 그리고 마지막으로 자신이나 타인에게 마음의 상처나 해를 끼치는 미움에 대해 간략하게 살펴보자.

1. 사랑과 미움

1) 사랑과 사회적 관심

사회적 관심을 다른 말로 "너의 이웃을 사랑하라(Love your neighbors)."라고 표현한다. 즉, 아들러에 따르면 사회적 관심이 높은 사람은 성경에서 강조하는 '이웃사랑'을 실천하는 사람이라는 것이다. 아들러는 이런 표현을 통해 사회적 관심이 인간이 사회적 존재로서 자신에 대한 사랑은 물론 타인에 대한 사랑, 즉, 애타적 사랑을 의미한다는 것을 분명하게 강조하였다. 따라서 사회적 관심이 높은 사람은 타인을 미워하지 않고 사랑을 실천하는 사람이라고 말할 수 있다.

우리는 사회를 떠나 살아갈 수 없는 사회적 존재로 가정, 학교, 직장에 소속되어 누군가로부터 사랑을 받고자 하는 욕구를 가지고 있다. 우리는 작아진 지구촌에서 인간으로서 인류애를 느끼고 표현하면서 생활하고 있다. 사회적 관심은 인간이 사회의 구성원으로서 사회에 소속되고자 하는 소속감으로, 그것의 밑바탕이 되는 감정은 인간에 대한 사랑이다. 진정으로 행복한 사람은 인간으로서 인간에 대한 사랑을 느끼고 표현하면서 주변 사람들과 함께 자신의 행복을 추구해 가는 사람이다.

아들러는 사회적 관심의 결여를 인간의 주요한 심리적 문제로 보았다. 그에 따르면 사회적 관심이 낮은 사람은 타인에 대한 사랑이 결여된 이기주의자로 타인을 배려하거나 사랑하지 않고 자신의 이익만을 위해 행동한다고 보았다. 그러한 예로 범죄자들은 사회적 관심이 낮아서 타인을 사랑하지 않기 때문에 타인을 해치는 행동을 거리낌 없이 한다고 지적하였다.

인간은 누구나 사랑받기를 원한다. 사랑받기를 원하지 않는 사람은 없다. 이처럼 우리는 누군가로부터 사랑받기를 원하면서 자기 자신이나 타인을 미워하면서 살아가는 것과 같은 어처구니없는 잘못을 저지르고 있다. 사회적 존재로서 인류애를 느끼면서 자신을 진정으로 사랑하는 사람이 타인도 진정으로 사랑할 수 있다. 당신 주변의 사랑받기를 원하는 사람에게 사랑을 베풀어라. 아이러니하게도 우리가 어떤 기대도 없이 누군가에게 사랑을 베풀면 베푼 만큼 언젠가 돌아오는 것을 경험하곤 한다. 우리가 자나 깨나, 슬프고 괴로울 때나, 힘들고 고통스러울 때나 어머니를 그리워하는 이유는 어린 시절에 어머니가 우리에게 베푼 무조건적인 사랑을 온몸과 마음으로 느꼈기 때문일 것이다. 행복을 위해 서로가 주고받는 상호적 사랑을 실천하면서 생활하는 것이 필요하다.

개인의 사회적 관심은 사회에 소속하고자 하는 소속감에서 비롯된 애타적 사랑이다. 아들러의 영향을 받은 인본주의 심리학자인 매슬로(Abraham Maslow)는 그가 제안했던 잘 알려진 욕구위계에서 소속감 혹은 사랑이 자기실현을 위한 선행욕구로서 작동한다는 것을 주장하였다. 대부분의 비행청소년은 가정에 대한 소속감을 느끼지 못하고 가정 밖에서 또래 아이들과 어울리면서 더 많은 소속감을 느끼고 비행의 덫에 빠져들곤 한다. 역시 청소년들이 가출하는 주요한 이유도 가정에서 느낄 수 없는 소속감을 가정 밖에서 발견하기 때문이다. 부모의 미움이나 무관심으로 가슴에 멍이 든 아이들은 가정 밖에서 또래들의 사랑이나 관심을 통해 강한 유대를 형성하면서 소속감을 발달시킨다. 따라서 부모는 청소년들이 사회적 이탈 없이 가정 내에서 사랑과 소속감을 가지고 생활할 수 있도록 민주적 부모역할을 수행하는 것이 필요하다.

행복한 삶을 위해 개인이 전 생애에 걸쳐 높은 사회적 관심을 가지고 타인과의 애타적 사랑을 유지하고 실천하는 것이 필요하다. 지난 20세기의 위대한 사상가로 불리는 프로이트가 개발한 정신분석을 통해 치료자가 달성하고자 하는 궁극적 목표도 환자가 정상적으로 사랑할 능력을 갖게 하는 것이다. 역시 아들러도 개인이 달성해야 할 인생과제 중의 하나가 사랑이라고 하였다. 진정으로 자신을 사랑하는 사람이 최선의 노력으로 자신을 돌보는 사람이다. 그리고 타인을 위한 애타적 사랑도 자신을 진정으로 사랑하는 사람에서 비롯된다. 사랑하는 자신이 성장하도록 자신의 열등감을 극복하기 위해 노력해야 한다. 또한 인생과정에서 일어나는 많은 실패와 좌절에도 불구하고, 사랑하는 자신을 위해 포기하지 않고 격려하면서 생활하는 것이 필요하다. 사랑하는 자신을 위해 아무리 힘들고 어려운 상황에서도 자신을 격려하고, 격려하고, 또 격려하면서 희망을 잃지 않고 그러한 상황을 헤쳐 나가야 한다.

2) 사랑의 역설

진정으로 자신을 사랑하는 사람만이 타인에 대한 애타적 사랑을 실현할 수 있다. 역설의 실제적 예로 잘 알려진 것은 '크테타 사람들의 거짓말쟁이 역설'이다. 이 역설은 기원전 6세기에 크레타섬의 에피메니데스(Epimenides)가 "모든 크레타 사람은 거짓말쟁이이다(All Cretans are liars)."라고 언급한 데서 유래한 것이다. 이 말을 한 주체인 에피메니데스가 자신을 이 말에 포함할 때 역설이 발생한다. 즉, 거짓말쟁이(메피메니데스)가 거짓말을 하면 참말이 되고, 반대로 참말을 하면 거짓말이 된다.

크레타 사람들의 거짓말쟁이 역설에서처럼, 자신을 진정으로 사랑하지 않는 사람이 타인을 진정으로 사랑한다고 말하면 정말 그러한 사랑이 진실인가라는 딜레마 상황에 처하게 되는 역설의 덫에 빠지게 된다. 다시 설명하자면, 사랑의 주체인 내가 내 자신을 사랑하지 않으면서 타인을 사랑한다고 말하면 그러한 사랑이 진실인가라는 딜레마 상황인 '사랑의 역설'이 나타나게 된다. 그래서 진정으로 자신을 사랑하는 사람만이 타인을 진정으로 사랑할 수 있다고 말할 수 있다.

이러한 사랑의 역설을 통해 우리는 높은 사회적 관심을 가지고 애타적 사랑을 실천하는 사람이 또한 자신을 사랑하는 사람이라는 것을 알 수 있다.

3) 미움

미움은 사랑의 결여이다. 다시 말하면, 사랑이 없었다면 미움도 없다. 하지만 사랑은 누군가의 생명을 살릴 수 있는 최고의 미덕인 반면에, 미움은 누군가에게 마음의 상처를 주고 상대방을 해칠 수 있는 최악의 악덕이다. 우리는 흔히 서로 사랑해서 부부의 연을 맺고 오랫동안 살아온 부부가 상대방을 향해 "미운 정 고운 정 다 들었다."라고 표현하는 것을 듣곤 한다. 필자도 결혼을 해서 살아온 지 41년이란 긴 세월이 흘렀다. 그동안에 크고 작은 오해로 서로가 많이 싸웠던 것 같다. 물론 지금도 가끔 견해 차이나 어떤 문제를 오해해서 싸우곤 한다. 하지만 그렇게 긴 세월을 버텨서 지금까지 온 것은 분명히 서로를 아끼고 사랑하는 마음이 미움보다 더 컸기 때문이라고 생각한다. 요즈음은 연인들이 서로 사랑해서 결혼식장에서 '검은 머리 파뿌리되도록 서로를 믿고 의지하면서 살겠다.'고 약속하고도 각기 여러 가지 이유로 인해 결혼한 지 얼마 되지 않아 이혼하는 경우들이 많아졌다.

필자가 1987년에 미국 유학을 가기 전만 해도 남편이 가하는 가정폭력으로 인해 도저히 같이 살 수 없다며 이혼문제로 상담을 받으러 온 내담자에게 어느 정도 상담경험이 있는 상담자들조차도 "자녀들을 생각해서 조금만 참고 살다 보면 괜찮아질 것이니 이혼만은 하지 않았으면 좋겠다."라는 식으로 이혼을 만류하는 것들을 목격하곤 했다. 필자가 미국에서 아동학대 및 가정폭력 상담전문가로 상담경험을 한 후 1993년에 귀국해서는 나의 이혼에 대한 태도가 많이 바뀌었다. 필자의 이러한 경험을 바탕으로 그때부터 나 자신이나 상담수련생들에게 가정폭력의 피해자인 남편이나 부인을 상담할 경우에 가해자가 일정한 유예기간이 경과한 후에도 변하지 않고 폭력행위가 나타날 경우에는 참고 살기보다 과감하게 이혼을 할 것을 권장하도록 한다.

전해 오는 말에 "부부싸움은 칼로 물 베기이다."라는 표현이 있다. 필자가 보기에 이 말이 가진 함의는 '든든한 사랑을 밑바탕으로 한 오해로 빚어진 싸움은 흔히 있는 일이니 그 오해를 풀면 문제가 금방 해결될 것이다.'라고 생각해 본다. 아무튼 크고 작은 오해로 상대방이 미워서 싸우는 부부를 포함하여 다양한 경우의 사람들은 다음 얘기를 참조했으면 한다. 게슈탈트치료를 개발한 펄스는 언뜻 보기에는 이상한 대립이지만 대인관계에서 진실로 나타나는 현상인 '경청 대 싸움'을 제안하였다. 누군가의 말을 잘 경청하면 그를 이해하고 싸우지 않게 된다. 잘 싸우는 사람은 상대방의 말을 잘 경청하지 않기 때문에 그를 이해하지 못하고 오해해서 싸운다. 결국 경청 대 싸움의 양극성의 핵심은 이해라는 것을 알 수 있다.

2. 사랑할 용기와 미움받음에 도전할 용기

인간은 사회적 존재로 누군가와 관계를 맺으면서 삶을 영위한다. 모든 인간관계에서 사랑은 우리에게 기쁨을 주지만 미움은 우리에게 마음의 상처를 준다. 우리 자신과 타인의 행복한 삶을 위해 격려를 통해 사랑할 용기와 미움받음에 도전할 용기로 살아갔으면 한다.

1) 사랑할 용기

진정으로 자신을 사랑하는 사람만이 타인을 사랑할 수 있다. 혹시라도 당신이 자신을 미워하고 자신을 사랑하지 않는다면 삭막한 삶을 영위하리라 본다. 당신이 자신을 사랑하지 않고 증오한다면 그렇게 된 이유가 분명히 있다. 개인 각자는 독특한 존재이며 또한 스스로 자기를 창조하는 존재이다. 만약 당신이 격려를 통해 누군가를 사랑할 용기를 갖게 된다면, 당신 자신에게 엄청난 변화가 일어난다. 그래서 감히 다음과 같이 말하고 싶다. "끊임없는 자기격려를 통해 낙담하여 무기력하고 희망을 잃고 실의에 빠져 있는 자신에게 용기를 불어넣어라. 먼저 만신창이가 된 자신을 사랑하라. 그리고 누군가를 사랑할 용기를 발휘하라."

행복한 삶을 위해 자신은 물론 타인을 사랑할 용기가 필요하다. 사랑은 우리가 속한 사회인 가정, 학교, 직장에 훈훈한 기운을 맴돌게 하는 최고의 미덕이다.

태초에 사랑이 있었다. 아담과 이브의 사랑이 있었다. 파우스트를 통해 괴테(Goethe)는 신약성서의 값진 표현을 다음과 같이 번역해 보려고 시도하였다. "태초에 말씀(word)이 있었다. 태초에 뜻(sense)이 있었다. 태초에 힘(power)이 있었다. 태초에 행동(act)이 있었다." 당신은 태초에 무엇이 있었다고 생각하는가? 성경에서 가장 강조하는 것은 사랑이다. "믿음과 희망과 사랑, 이 세 가지는 언제까지나 남아 있을 것이다. 이 중에서 가장 위대한 것은 사랑이다(고린도전서 13:13)." 성경에서 근본적으로 강조하는 내용은 사랑이다. 따라서 생략된 표현인 사랑을 가미하여 이러한 내용을 다음과 같이 나타내 볼 수 있다. "태초에 사랑을 위한 말씀이 있었다. 태초에 사랑을 위한 뜻이 있었다. 태초에 사랑을 위한 힘이 있었다. 태초에 사랑을 위한 행동이 있었다."

정말 사랑이란 무엇인가? 사랑하는 사람이나 대상을 위해 자신의 생명까지도 기꺼이 바치게 하는 것이 사랑의 힘이다. 수많은 사랑의 정의가 있지만, 사랑(LOVE)을 기억하기 좋게 두문자어로 설명한 내용을 다음에 소개하고자 한다.

사랑(LOVE)은?

Listening: 사랑은 상대방의 얘기를 잘 경청하는 것이다.

Overlook: 사랑은 상대방을 감싸 주는 것이다.

Verbal expression: 사랑은 상대방에게 표현하는 것이다.

Effort: 사랑은 서로가 노력하는 것이다(Waitley, 1983).

우리에게 사랑은 최고의 미덕이다. 사랑이란 말은 우리를 설레게 한다. 사랑이란 말을 들으면 가슴이 떨린다. 우리 모두에게 사랑할 용기가 필요하다. 사랑은 상대방의 표현을 잘 경청해서 상대방을 이해하고 공감하는 것이다. 사랑은 상대방에게 흠이 있을 수 있지만 그러한 흠을 감싸 주는 것이다. 사랑은 마음속으로 느낀 것을 표현을 통해 상대방에게 전달하는 것이다. 당신이 주변 사람에게 "사랑해"란 말을 자주 표현하는 것이 필요하다. 사랑은 서로를 위해 열심히 노력하는 것이다.

우리는 격려를 통해 사랑하는 대상을 향해 우리를 움직이도록 작동시키는 용기를 갖게 하는 것이 필요하다. 분명히 누군가로부터 듣는 "사랑해"란 말은 우리에게 삶의 원동력을 제공한다. 그래서 사랑은 우리 모두에게 소중하다. 불완전한 존재로서 있는 그대로 자신을 수용하고 사랑하는 것이 최고의 자기격려이다. 우리는 사랑하는 사람과 기쁨, 슬픔, 고통을 함께 나누면서 삶의 여행을 하고 있다. 당신 자신을 사랑하라. 그리고 당신 자신을 사랑하듯 주변 사람들을 사랑하라. 행복한 삶을 위해 우리에게 필요한 것은 우리가 우리 자신을 사랑하듯 타인을 사랑할 용기이다.

2) 미움받음에 도전할 용기

우리가 누군가를 미워한다는 것은 그를 싫어해서 분노를 표현하는 것을 말한다. 미움은 사랑의 반대되는 감정으로 사랑이 식거나 결여되어 나타나는 부적절한 감정이다. 우리는 성장하면서 부모나 의미 있는 성인으로부터 "~을 미워하지 마라."란 말을 많이 들으면서 자랐다. 우리가 표현하는 미움 혹은 증오는 우리 자신은 물론 타인에게 마음의 상처를 주거나 해치기 때문이다. 누군가를 미워하는 것은 분명히 상대방을 해치기 때문에 잘못된 것임에 틀림없다. 그래서 우리 자신을 포함해서 누군가를 미워해서는 안 된다.

우리가 흔히 듣는 "죄를 미워하되 사람을 미워하지 마라."란 표현은 우리에게 중요한 두 가지 메시지를 전달하고 있다. 첫째는, 인간과 인간의 행동을 구별하라는 것이다. 둘째는, 인간은 불완전한 존재로 실수나 잘못을 할 수 있으므로 인간은 미워하지 말고 사랑하라는 것이다. 예를 들어 설명하면, 이러한 뜻을 알고 부모가 자녀와 대화하는 것은 자녀의 행동에 의미 있는 변화를 가져오리라 본다. 아이들은 이러한 구별을 하지 못하기 때문에 자신이 부당하게 다루어졌다고 생각할 때, 흔히 "나는 당신을 미워해(I hate you)."라고 표현한다. 아이들의 이런 표현을 "나는 당신을 사랑해, 그러나 나는 당신의 ~행동은 싫어해(I love you, but I hate your behavior)."로 바꾸도록 교육시키는 것이 필요하다.

대등한 대부분의 인간관계에서 사람에게 가해지는 미움은 상대방에게 상처를 주기 때문에 미움을 주는 사람에게 대체로 되돌아오게 된다. 그러나 일반적으로 가정, 학교, 직장에서 미움을 주는 사람은 강자이고 미움받는 사람은 약자이다. 예를 들면, 흔히 발생하는 일로 직장에서 직장상사가 부하직원을 미워하고 괴롭히는 경우이다. 이런 경우에 약자인 부하직원은 자신이 미움으로 상처를 받았다고 해서 상사에게 미움을 그대로 되돌려 줄 수 없다. 따라서 우리가 누군가에게 부당하게 미움을 받을 때 '미움받을 용기'로 참고 생활하기보다 미움의 부당함을 수정하기 위해 '미움받음에 도전할 용기'가 필요하다. 미움받음에 도전할 용기는 요즈음 흔히 사용되는 말로, 부당하게 행해지는 '갑질받음에 도전할 용기'이다.

3. 불완전할 용기, 그리고 미움받음에 도전할 용기

최근 내게 공부하는 동호회 모임인 '아들러 공부방' 밴드에 참여하기를 권장하는 메시지가 자주 날아온다. 아들러 공부방의 현판식의 글이 아이러니하게도 필자가 2016년 저술한 『불완전할 용기』(2016, 솔과학) 서문에서 강력하게 부적절한 표현이라고 비판했던 '미움받을 용기'이다. 그리고 밴드에 참여자들의 숫자가 4,300명에 육박하였다. 미움받을 용기란 말을 현판식으로 걸어 놓고 아들러의 개인심리학을 공부하고 있는 사람들이 정말 많다는 생각에 또다시 베스트셀러의 영향력이 막강하다는 생각이 들었다. 그리고 아들러의 개인심리학이 미움받을 용기를 강조하는 것처럼 잘못 알려지는 것에 대해 순간적으로 뭔가가 몹시 잘못됐다는 생각이 나를 행동하게 만들었다. 역시 '아들러 공부방' 밴드를 만든 사람이 '미움받을 용기'란 말은 아들러의 개인심리학의 입장을 전혀 반영하지 않는 표현이라는 점을 인식하고 현판식을 내리거나 다른 표현으로 바꿨으면 하고 소망해 본다.

베스트셀러인 『미움받을 용기』(전경아 역, 2014, 인플루엔셜)가 국내에서 최장기 베스트셀러 기록을 세웠을 뿐만 아니라 더불어 200만 부 이상이 팔리고 여전히 그 여세는 진행 중이다. 그러한 여세를 모아 더 나아가 2016년 상반기에 『미움받을 용기 2』가 출판되었다. 이에 필자는 『미움받을 용기』가 우리 사회에 미치는 영향이 너무 크기 때문에 아들러 심리학을 연구해 온 상담심리학자로서 이대로 방치할 수 없다는 생각이 들었고, 독자들에게 진위를 알려야 한다는 막중한 책임감을 느껴 2016년 2월에 『불완전할 용기』란 책을 저술하게 됐다.

『미움받을 용기』는 일본의 철학자와 작가가 창조적으로 저술한 소설이다. 『미움받을 용기』의 주요한 내용 토대는 기시미 이치로가 저술한 다른 책 『아들러 심리학을 읽은 밤』(박재현 역, 살림출판사)이다. 그래서 『미움받을 용기』의 작가들은 『미움받을 용기』가 소설이라기보다 아들러의 개인심리학을 플라톤의 대화록 방식을 통해 전달하고자 한 아들러 심리학에 관한 책이라고 주장한다.

기시미 이치로는 본인이 고대 철학을 전공한 사람으로서 목적론과 원인론이 정반대인 것처럼 주장하면서 목적론을 내세워 과학의 법칙인 인과법칙을 다루는 원인론을 깡그리 부정하는 잘못을 저지르고 있다.

아리스토텔레스는 "모든 개체는 자기-내재적인 목적 체계이다."라고 주장하였다. 그리고 실제로 그는 모든 개체를 네 가지 원인인 소재원인(material cause), 형상원인(formal cause), 작용원인(efficient cause), 목적원인(final cause)에 의해 분석하였다.

• **아리스토텔레스**: 모든 행동에는 목적원인이 있다.

기시미 이치로는 그의 저서 『아들러 심리학을 읽는 밤』에 있는 항목 "그리스 철학과 아들러"(岸見一郎, 2015, pp. 204-214)에서 아들러가 말하는 '원인'이 아리스토텔레스가 말하는 '목적인'이라고 지적하고 있다. 그의 결정적인 아들러 심리학에 대한 잘못된 이해는 그가 정말 잘못 해석해서 내린 다음 문장에서 시작된 것이라고 보고 다음에 그대로 제시한다.

> 아들러도 어떤 행동에 대하여 '왜?'를 물을 때 '원인'이라는 말을 자주 사용한다. 그러나 이 말은 '엄밀한 물리학적, 과학적인 의미에서 인과율'이 아니라는 점에 주의해야 한다. 아들러가 말하는 '원인'은 플라톤이 말하는 '진정한 의미의 원인', 또는 아리스토텔레스가 말하는 '목적인'인 것이다(p. 209).

아리스토텔레스가 지적한 목적원인을 가지고 목적론과 원인론이 정반대 이론인 것처럼 곡해한 데서 모든 문제가 시작됐으리라고 본다. 아리스토텔레스가 말한 목적원인은 개체의 원인론을 설명하기 위한 네 가지 원인 중에 가장 중요한 한 가지 원인이다. 따라서 목적론은 인과법칙을 설명하는 원인론의 일부분이라고 할 수 있다.

- 원인론과 목적론으로 구별하는 것은 잘못된 것이다.
- 원인론과 목적론이란 말로 현혹되지 말라.
- 원인론과 목적론으로 혼돈에 빠지지 말라.
- 달걀이 먼저냐 닭이 먼저냐로 혼돈에 빠지지 말라.

아들러가 강조한 "모든 행동에는 목적이 있다."라는 말은 아리스토텔레스가 지적한 목적원인을 강조한 원인론으로 보는 것이 옳다. 그런 점에서 기시미 이치로의 베스트셀러인 『미움받을 용기』의 첫 번째 밤 주제인 "트라우마를 부정하라."나 더 나아가 "트라우마(마음의 상처)란 존재하지 않는다."라고 주장하는 것은 목적론이 원인론에 정반대되는 것으로부터 내린 잘못된 결론이다. 이러한 결론에서 그는 프로이트의 정신분석 이론을 원인론으로 치부하고 깡그리 잘못된 것으로 비판하고 있다. 프로이트나 아들러가 들으면 어이가 없어 시신이 일어나 깜짝 놀라 기절초풍할 일이다.

기시미 이치로의 "트라우마(마음의 상처)란 존재하지 않는다."란 주장이 정말 옳다면, 일본이 과거에 저지른 만행으로 고통받고 있는 위안부 할머니들이나 2014년 세월호로 인해 고통받고 있는 많은 유가족에게 트라우마가 존재하지 않는다고 말할 수 있는지 반문하고 싶다. 역시 2022년 10월 29일 이태원 참사로 인한 피해자나 유가족들이 현재 마음의 상처로 인해 받고 있는 고통을 생각하면 트라우마가 없다고 주장하는 것은 잘못된 주장이라고 생각한다.

- 트라우마는 존재하지 않는 것이 아니라 존재한다.
- 트라우마는 마음의 상처이다.
- 아들러는 트라우마가 없다는 말을 언급하지 않았다.
- 아들러는 우리의 모든 행동에는 목적이 있다고 하였다.
- 우리는 누구나 트라우마로 인해 어떤 행동을 한다.
- 트라우마를 해결하지 못해서 나타나는 행동이 증상이다.

- 아들러는 부적절한 행동을 해결하기 위한 방법으로 증상 처방, 역설적 의도를 제시하였다.
- 트라우마로 인해 나타나는 부적절한 행동을 해결하기 위해 증상 처방이 필요하다.
- 증상 처방을 통해 트라우마에 직면해서 이해하고 수용하는 것이 필요하다.
- 존재하는 것이 없다고 하는 것은 괴변이다.
- 우리는 누구나 크고 작은 마음의 상처를 가진다.
- 그리고 우리는 우리의 마음의 상처를 치유할 수 있다.
- 건강한 사람은 자신의 마음의 상처를 치유하며 살아가는 사람이다.
- 건강하지 않은 사람은 자신의 마음의 상처를 치유하지 못한 사람이다.

아들러학파는 '부드러운 결정론'을 강조한다. 결정론과 자유의지의 선상에서 결정론에 치우쳐 있다는 것이다. 결정론은 인과법칙에서 원인, 과거를 강조하는 입장이다. 반면에 자유의지는 개인이 자신의 삶을 선택해서 영위할 수 있다는 것으로 말 그대로 자유로운 의지를 강조한다.

프로이트, 스키너는 대표적인 결정론자이며, 인본주의 심리학자인 로저스, 매슬로는 대표적인 자유의지론자이다. 어떤 성격심리학자들은 아들러를 인본주의 심리학자라고도 한다. 아들러학파들은 아들러를 '부드러운 결정론자'로 보기 때문에 아들러도 과거 혹은 원인의 중요성을 강조했다고 할 수 있다. 아들러가 강조한 4~5세에 생활양식이 거의 결정되어 변하기가 힘들다고 한 내용은 그가 부드러운 결정론자라는 것을 뒷받침해 준다. 초기기억의 중요성을 강조한 점도 마찬가지이다.

"모든 행동에는 목적이 있다."라는 말은 행동 이면에 있는 목적을 파악하는 것이 중요하다는 것이다. 이 말을 달리 이야기하면 개인이 하는 행동의 원인이 개인의 목적이라고 할 수 있다.

원인론(causality)은 인과관계, 즉 원인과 효과 관계를 강조한다. 어떤 것도 원인 없이 일어날 수 없다는 원리를 말한다. 우리의 행동을 설명하는 목적론과 원인론을 대립되는 것으로 보는 것은 잘못된 설명이다. 다시 말하면, 목적론에 따라 원인론을 부정한다거나 원인론에 따라 목적론을 부정하는 것은 잘못된 것이다.

우리의 행동을 설명하는 데 목적론은 모든 행동에는 목적이 있다고 주장한다.

원인론은 모든 행동에는 원인이 있다고 주장한다.

이러한 주장은 모두 옳다고 할 수 있다. 즉, 목적론을 취하는 입장에서 과학의 법칙인 인과관계, 다시 말해 원인론을 부정하는 것은 맞지 않다. 원인론 입장에서 보면 행동의 목적이 원인이라고 말할 수 있다. 목적론과 원인론은 행동을 설명하는 데 상보적이며 아리스토텔레스가 지적한 것처럼 목적론은 목적원인으로 인과관계 법칙을 설명하는 원인론에 속한 것으로 볼 수 있다. 따라서 이 둘을 합쳐서 "모든 행동에는 목적원인이 있다."라고 말할 수 있다.

모든 행동의 목적에는 원인이 있다고 말할 수 있다. 예를 들면, 아들러학파 상담자 입장에서 내담자인 학교성적이 좋지 않고 학교 가기를 싫어하는 청소년에 대한 것으로 설명할 수 있다. 내담자가 학교 가기 싫어하는 행동 이면에 있는 목적이 무엇일까? 성적에 대한 열등감에서 비롯된 학교 안에서의 소속감 결여를 학교 밖에서 부적절한 방법으로 소속감을 얻는 것이 목적이라고 가정할 수 있다. 그렇다면 그러한 소속감 추구란 목적 이면에 있는 원인은 포괄적으로 자신의 열등감이라고 할 수 있다. 아들러는 우리는 목표 추구, 우월성 추구, 열등감 극복하기, 의미 추구가 삶의 추동이라고 가정하였다. 다시 말하면, 우리의 목표 추구는 행동의 원인, 원동력으로 작동한다고 할 수 있다.

미움받을 용기보다 사랑받지 않을 용기가,

미움받을 용기보다 미움받음에 도전할 용기가,

갑질받고 살 용기보다 갑질받음에 도전할 용기가,

완전할 용기보다 불완전할 용기가 필요하다.

불완전할 용기는 '있는 그대로 자기가 될 용기'이다.

진정한 변화는 '있는 그대로 자기가 될 용기'로 행동할 때 일어난다.

왜냐하면 진정한 변화는 '있는 그대로 자기가 될 용기'인 불완전할 용기를 가질 때 일어나기 때문이다.

4. 불완전할 용기로 있는 그대로 나답게 살기

개인은 독특하며 생애를 통해 자신을 창조해 가는 존재이다. 개인은 불완전한 존재로서 생애를 통해 자기실현 혹은 자기완성을 달성하기 위해 노력하고 있다. 개인이 불완전한 존재로서 있는 그대로 내가 되기 위해 불완전할 용기가 필요하다. 불완전한 존재로서 있는 그대로 나답게 살기 위해 정말 불완전할 용기가 필요하다.

인간은 불완전한 존재로 실수와 실패를 할 수 있다. "실패는 성공의 어머니다."란 말처럼 우리는 실패를 통해 배우고 성장한다. 우리에게 성공을 위한 진정한 변화와 성숙은 '있는 그대로 내가 되기' 위해 노력할 때 일어난다. '불완전할 용기(courage to be imperfect)'는 인간이 불완전한 존재로 인간답게 살도록 촉진하는 원동력이다. 불완전할 용기는 당신이 당신답게 꿋꿋이 살도록 자극하는 활력소이다.

불완전할 용기는 불완전한 존재인 인간이 될 용기이다.

불완전할 용기는 인간으로서 역경을 헤쳐 나갈 용기이다.

불완전할 용기는 인간으로서 실수를 무릅쓰고 시도할 용기이다.

불완전할 용기는 인간으로서 실패에 좌절하지 않을 용기이다.

불완전할 용기는 있는 그대로 자기를 수용할 용기이다.

불완전할 용기는 있는 그대로 자기수용 및 타인수용하며 살아갈 용기이다.

불완전할 용기는 있는 그대로 자기를 사랑할 용기이다.

불완전할 용기는 있는 그대로 자기의 단점을 수용하고 극복할 용기이다.

불완전할 용기는 열등감을 극복할 용기이다.

불완전할 용기는 부단히 삶의 의미를 추구할 용기이다.

불완전할 용기는 있는 그대로 자기를 수용하고 개발할 용기이다.

불완전한 존재로서 당신이 인간다운 삶을 살아가기 위해 먼저 필요한 것은 자신의 이해와 수용이다. 당신의 열등감을 극복하기 위해 먼저 당신이 가진 열등한 측면이 무엇인지 이해하는 것이 필요하다. 더불어 당신이 나름대로 자부심을 느끼는 당신의 우월한 측면을 이해하는 것이 필요하다. 개인은 누구나 자신의 문제를 해결할 수 있는 자질을 가지고 있다. 진정한 변화와 성숙을 위해 자신의 열등감을 극복하고 자질을 개발해야 한다.

오늘날 많은 사람은 비교와 경쟁이 강조되고 실수나 실패가 용인되지 않는 사회적 분위기 속에서 강박적으로 완전을 추구하는 데 전념하고 있다. 불완전한 존재인 우리가 자신이나 타인에게 강요하는 당위적 사고가 비합리적인 생각인지 알면서도 그러한 비합리적 사고에 따라 행동하고 있다.

어렸을 때 아이들은 키가 크고 작은 것으로 열등감과 우월감을 느낀다.

어렸을 때 또래 친구와 키 재기 경험으로 으쓱한 기분을 느끼는 것이 우월성이다.

비슷한데 자기가 크다고 주장하면서 키 재기 하는 모습을 보고 '도토리 키 재기'라 한다.

우리는 거의 차이가 없는데 '도토리 키 재기'로 목숨 걸고 싸우는 사람들이 얼마나 어리석은 짓을 하고 있는지를 안다.

도토리는 도토리이다. 상수리는 상수리이다.

도토리 키 재기로 다투지 말라.

도토리 키 재기 하지 말라.

산은 산이고 물은 물이다.

나는 나이고 당신은 당신이다.

삶은 진아(眞我), 진정한 자아를 찾아가는 과정이다.

불완전할 용기는 있는 그대로 내가 될 용기이다.

불완전할 용기는 우리가 불완전한 존재로서 있는 그대로 우리 자신을 수용하고 사랑할 용기이다. 사람들은 대체로 자신의 단점, 열등한 측면을 있는 그대로 받아들이지 않는 경향이 있다. 불완전할 용기는 우리 자신이 가진 열등한 측면을 있는 그대로 수용할 용기이다. 불완전할 용기는 자신의 실패로 좌절하지 않을 용기이다. 불완전할 용기는 자신의 실패를 수용하고 새롭게 도전할 용기이다. 불완전할 용기는 타인의 실패에 대해 질책하지 않고 관용할 용기이다.

사람들은 일반적으로 신처럼 완전해지려고 노력한다. 불완전한 존재인 우리가 신처럼 완전하게 행동하려다 보니 많은 문제가 발생한다. 이러한 문제를 해결하는 방법은 완전한 신이 되려는 것을 그만두고 불완전한 인간이 되도록 하는 것이다. 우리의 자기완성 추구는 불완전한 존재로서 자신의 열등감을 극복하는 것을 의미한다. 우리의 목표 추구는 자신의 열등감을 우월성으로 바꾸는 것이다.

건강한 사람은 있는 그대로 자기를 수용하고 사랑하는 사람이다.

건강한 사람은 자신이 가진 흠을 인정하고 고치려고 노력하는 사람이다.

건강한 사람은 자신이 가진 열등감을 파악해서 극복하려고 애쓰는 사람이다.

건강한 사람은 자신이 가진 단점을 직시해서 수정하려고 노력하는 사람이다.

건강한 사람은 있는 그대로 자기가 될 용기인 불완전할 용기를 실천하는 사람이다.

진정한 변화는 있는 그대로 자기가 되려고 노력할 때 일어난다.

불완전할 용기는 '있는 그대로 자기를 사랑하기'이다.

불완전할 용기는 '있는 그대로 자기를 수용하기'이다.

불완전할 용기는 '있는 그대로 자기가 될 용기'이다.

우리는 불완전한 존재이다.

우리가 추구하는 목표는 자기완성이다.

우리가 추구하는 목표는 자기실현이다.

불완전한 존재의 자기완성은 있는 그대로 불완전한 존재가 되는 것이다.

불완전한 존재의 자기실현은 있는 그대로 자기가 되는 것이다.

불완전한 존재는 완전한 존재가 될 수 없다.

우리가 완전한 존재가 되려고 발버둥 치니까 문제가 발생한다.

불완전한 존재로서 우리의 자기완성은 불완전한 자기가 되는 것이다.

우리는 있는 그대로 우리 자신을 수용하는 자기수용이 필요하다.

불완전할 용기는 있는 그대로 우리 자신을 수용할 용기이다.

불완전할 용기는 있는 그대로 자기가 될 용기이다.

많은 사람이 처음에는 '불완전할 용기'란 개념을 다소 생소하고 어렵게 생각하는 것 같다. 아마도 우리의 가정, 학교, 직장에서 사람들에게 치열한 경쟁사회에서 생존하기 위해서는 실수 안 하고 완전하게 살 것을 강조하는 사회적 현상 때문이라는 생각이 든다. 다시 말하면, 대부분의 사람이 성공하기 위해서 실수나 실패 안 하고 빈틈없이 생활하기 위해서는 '완전할 용기'가 필요하다고 믿고 있기 때문이다. 그리고 그렇게 믿고 있는데 평소에 들어 보지 않아 익숙하지 않은 정반대 개념인 '불완전할 용기'가 필요하다고 하니 의아해할 수 있다고 본다. 아무튼 나의 멘토인 아들러는 모든 용기 중에서 가장 중요한 용기가 '불완전할 용기'라고 하였다. 나도 정말 그렇다고 믿는다. 우리 모두에게 '불완전할 용기'가 필요한 이유에 대해 개인심리학에서 강조하는 내용에 맞춰 살펴보자.

인간은 불완전하다.
우리는 불완전하다.
불완전할 용기는 우리가 불완전한 존재로서 '있는 그대로 자기가 될 용기'이다.
'있는 그대로 자기가 될 용기'는 '있는 그대로 자기를 수용할 용기'이다.
'있는 그대로 자기가 될 용기'는 '있는 그대로 자기를 사랑할 용기'이다.
우리는 때론 실수한다.
불완전할 용기는 우리가 실수를 무릅쓰고 도전할 용기이다.
우리는 때론 실패한다.
불완전할 용기는 우리가 실패를 무릅쓰고 다시 일어설 용기이다.

우리는 때론 좌절한다.
불완전할 용기는 우리가 좌절을 딛고 일어설 용기이다.
우리는 드물게 잘못을 저지르기도 한다.
불완전할 용기는 우리가 잘못을 저지른 사람을 용서할 용기이다.

우리는 사회적 존재로서 협동 없이 살 수 없다.
불완전할 용기는 우리가 살기 위해 협동할 용기이다.

우리는 사회적 존재로서 기여 없이 살 수 없다.

불완전할 용기는 우리가 살기 위해 기여할 용기이다.

우리는 누구나 두려움을 가진다.
불완전할 용기는 우리가 가진 두려움을 극복할 용기이다.

우리는 나름대로 목표를 추구한다.
불완전할 용기는 우리가 추구하는 목표를 달성하기 위해 노력할 용기이다.

우리는 열등감을 가지고 있다.
불완전할 용기는 우리가 가진 열등감을 극복할 용기이다.

격려하고, 격려하고, 또 격려하라. 격려를 통해 불완전할 용기로 삶의 어려움을 극복하라. 불완전할 용기로 실수나 실패의 두려움을 극복하고 당신이 달성하고자 하는 목표를 위해 끊임없이 도전하라. 대부분의 신경증 환자는 완벽주의이거나 타인이 그를 어떻게 평가하는지에 지나친 관심을 가지고 생활한다. 그렇기 때문에 신경증 환자는 자신의 실수나 실패에 대해 몹시 불안해하거나 두려움으로 자발성을 상실하고 강박적으로 행동한다. 타인이 당신을 어떻게 평가하는지에 대해 지나친 관심을 둘 필요가 없다. 실제로 타인들은 당신이 생각하는 것처럼 당신의 일에 대해 별로 관심을 기울이지 않고 그들의 일을 하고 있을 뿐이다. 불완전한 존재로서 당신은 많은 흠이 있지만 있는 그대로 당신이 되려고 노력할 때, 진정한 변화가 일어난다는 것을 명심했으면 한다.

〈표 13-1〉 자기격려수준 및 인생과제만족 평가 질문지

• 다음의 내용에 대해 당신이 주관적으로 어떻게 생각하는가를 표시하십시오. 만약 '매우 그렇다'면 '7'에, '전혀 그렇지 않다'면 '1'에, 그리고 '그저 그렇다'고 생각하면 '4' 등으로 표시하시기 바랍니다.

1. 나는 많은 결점이 있지만 개의치 않고 있는 그대로 나를 수용한다.

1	2	3	4	5	6	7
전혀 그렇지 않다			그저 그렇다			매우 그렇다

2. 나는 어떤 일이건 잘 해낼 수 있다고 믿고 실천하는 편이다.

1	2	3	4	5	6	7
전혀 그렇지 않다			그저 그렇다			매우 그렇다

3. 나는 어떤 일을 실행하기 전에 실수하면 어쩔까하고 걱정하는 편이다.

1	2	3	4	5	6	7
전혀 그렇지 않다			그저 그렇다			매우 그렇다

4. 나는 많은 흠이 있지만 있는 그대로 온전히 나를 수용한다.

1	2	3	4	5	6	7
전혀 그렇지 않다			그저 그렇다			매우 그렇다

〈계속〉

5. 나는 나의 열등감을 이해해서 극복하려고 노력하고 있다.

1	2	3	4	5	6	7
전혀 그렇지 않다			그저 그렇다			매우 그렇다

6. 나는 내가 저지른 실수로 전전긍긍하며 걱정하는 편이다.

1	2	3	4	5	6	7
전혀 그렇지 않다			그저 그렇다			매우 그렇다

7. 나는 실수하는 것을 두려워하지 않는다.

1	2	3	4	5	6	7
전혀 그렇지 않다			그저 그렇다			매우 그렇다

8. 나는 어떤 어려움도 헤쳐 나갈 수 있다는 자신감을 가지고 산다.

1	2	3	4	5	6	7
전혀 그렇지 않다			그저 그렇다			매우 그렇다

9. 나는 성공을 위해 매사에 실수하지 않고 완벽해야 한다고 생각한다.

1	2	3	4	5	6	7
전혀 그렇지 않다			그저 그렇다			매우 그렇다

〈계속〉

10. 나는 나의 흠이나 실수에도 불구하고 여전히 나를 믿고 사랑한다.

1	2	3	4	5	6	7
전혀 그렇지 않다			그저 그렇다			매우 그렇다

11. 나는 현재 내가 하고 있는 일이나 직업에 만족한다.

1	2	3	4	5	6	7
전혀 그렇지 않다			그저 그렇다			매우 그렇다

12. 나는 미래 원하는 일을 달성하기 위해 최선을 다해 노력하고 있다.

1	2	3	4	5	6	7
전혀 그렇지 않다			그저 그렇다			매우 그렇다

13. 나는 이성 친구 혹은 배우자와 원만한 관계를 유지하고 있다.

1	2	3	4	5	6	7
전혀 그렇지 않다			그저 그렇다			매우 그렇다

14. 나는 현재 나의 가족구성원들과 원만한 관계를 유지하며 지내고 있다.

1	2	3	4	5	6	7
전혀 그렇지 않다			그저 그렇다			매우 그렇다

〈계속〉

15. 나는 주위 사람들로부터 신뢰할 만한 사람이란 말을 자주 듣는다.

1	2	3	4	5	6	7
전혀 그렇지 않다			그저 그렇다			매우 그렇다

16. 나는 학교나 직장에서 다른 사람들과 원만한 인간관계를 유지하고 있다.

1	2	3	4	5	6	7
전혀 그렇지 않다			그저 그렇다			매우 그렇다

〈표 13-2〉 자기격려수준 및 인생과제만족 평가 채점판

자기격려수준										
문항번호	1	2	3*	4	5	6*	7	8	9*	10
체크점수										
점수합계										
인생과제					일		사랑		우정	
문항번호					11	12	13	14	15	16
체크점수										
점수합계										

〈계속〉

<자기격려수준 및 인생과제만족 평가요령>

※ 3, 6, 9번은 1 → 7, 2 → 6, 3 → 5, 4 → 4, 5 → 3, 6 → 2, 7 → 1로 바꾸어서 채점한다.

<해석 요령>

1. 자기격려수준 문항은 1번부터 10번 문항까지 입니다.

☞ 10문항을 합친 평균이 40점이므로 40점 이하가 되면 자기격려수준이 낮다고 할 수 있습니다.

2. 세 가지 인생과제만족 문항은 11번부터 16번까지입니다.

2-1: 일과 직업은 11번과 12번 문항

2-2: 사랑과 결혼은 13번과 14번 문항

2-3: 우정과 대인관계은 15번과 16번 문항

☞ 각각의 인생과제 문항은 2문항이므로 평균은 8점입니다. 8점보다 낮으면 인생과제 달성이 미흡하다고 할 수 있습니다.

제14장

불완전할 용기로 나답게 살기

많은 실수와 좌절에도 불구하고 '나는 있는 그대로 충분히 괜찮아.'라고 자기격려하면서 자신감과 책임감을 갖고 나답게 살자.

– 노안영 –

1. 당신만이 당신의 문제를 해결할 수 있다

우리는 나름대로 크고 작은 문제를 가지고 살아가고 있다. 어떤 문제는 시간이 지나면 자신도 모르게 해결된다. 어떤 사람에게는 전혀 문제가 되지 않는 것이 다른 사람에게는 심각한 문제가 된다. 흔히 살아가면서 나와 타인과 관련하여 우리가 경험하듯이 어떤 문제에 대해 다음과 같은 질문들을 자문하곤 한다. '저 친구는 왜 저런 문제로 고민을 하지?' '다른 사람들은 걱정 없이 다 잘하는데 나는 못하지?' '저 친구는 떨지도 않고 발표를 잘하는데 나는 이렇게 불안을 심하게 느끼지?' 이러한 질문의 이면을 살펴보면 우리가 우리 자신이 갖고 있는 약점이나 강점, 열등성이나 우월성 등을 잘 파악하지 못하고 생활하고 있다는 것을 알 수 있다.

"당신만이 당신의 문제를 해결할 수 있다."라고 말하는 이유는 다음과 같다.

첫째, 당신이 당신의 문제를 만들었다.
둘째, 당신의 문제를 가장 잘 아는 사람은 당신이다.
셋째, 당신이 문제를 잘 아는 사람이기 때문에 문제해결도 잘할 수 있다.

앞의 세 가지를 요약해서, 문제를 만든 사람이 당신이고 문제를 가장 잘 아는 사람도 당신이기 때문에 당신만이 당신의 문제를 잘 해결할 수 있다고 말할 수 있다. 다르게 얘기하면 당신이 문제를 만든 주체이고 문제를 해결할 수 있는 사람도 당신이라는 것이다. 누구도 당신만큼 당신의 문제를 잘 해결할 수 없다. 문제를 만든 주체도 당신이고 문제해결을 위한 주체도 당신이기 때문에 당신만이 당신의 문제를 해결할 수 있다.

상담자의 역할은 당신이 문제를 잘 해결할 수 있도록 조력하는 것이다. 상담자의 주요한 조력방법은 공감과 격려를 바탕으로 당신이 지금까지 회피하고 도피해 왔던 문제에 직면해서 해결하도록 조력하는 것이다.

상담자가 묻는 핵심적인 첫째 질문은 "내담자의 문제가 정말 무엇인가?"이다. 이 질문을 통해 상담자는 정확히 내담자의 문제가 무엇인가를 파악하려고 노력한다. 상담자가 묻는 둘째 질문은 "어떻게 내담자가 스스로 자신의 문제를 해결할 수 있도록 조력할 것인가?"이다. 이 질문을 통해 파악한 문제를 바탕으로 내담자가 자신의 문제를 해결할 수 있도록 적절한 상담기법을 적용한다.

상담자가 이러한 질문을 통해 내담자를 효과적으로 조력한다고 생각하면, 뒤집어서 내담자가 자신의 문제를 해결하지 못한 이유도 파악해 볼 수 있다. 먼저, "내담자의 문제가 정말 무엇인가?"란 질문과 관련해서 살펴보자. 보통 내담자들이 호소하는 문제는 현재 그들을 힘들게 하는 드러난 심리적 증상으로 불안이나 우울을 느끼게 하는 것이다. 누구나 자신의 문제를 정확히 파악하기 위해 '나의 문제가 정말 무엇이지?' '나의 문제의 원인이 무엇이지?'란 질문을 끊임없이 해야 한다.

개인이 겪는 대부분의 심리적 문제는 자신을 충분히 이해하지 못한 데서 비롯된다. 내담자의 부적절한 생활양식이 문제의 주요한 원인으로 작동하고 있을 수 있다. 아들러가 말한 열등감과 보상과 관련해서 생각해 보면, 자신의 열등감에 대한 철저한 이해 없이 지나치거나 부족한 보상으로 인한 우월감콤플렉스나 열등감콤플렉스가 문제를 야기했을 수 있다. 즉, 개인적으로 열등감, 이별이나 상실에서 겪은 마음의 상처, 거듭된 실수나 실패로 인한 좌절감이나 무기력, 실망이나 절망, 죽음의 공포, 비합리적 신념, 부정적 사고방식 등이 현재 겪고 있는 심리적 증상의 원인으로 기여하고 있을 수 있다.

모든 실패자가 낙담되어 있다고 말하는 것처럼, 상담을 찾는 대부분의 내담자들은 낙담되어 있다고 말할 수 있다. 낙담하여 삶의 원동력인 용기를 잃고 자신감과 책임감을 상실한 상태에 있다. 그래서 전문가에게 조력을 구하기 위해 상담실을 찾는다. 조력전문가인 상담자는 상담의 초반부에 적극적 경청을 바탕으로 한 공감을 통해 내담자의 문제가 무엇인가를 파악하고 격려를 통해 내담자가 자신감과 책임감을 갖도록 조력한다.

다음으로, "어떻게 내담자가 스스로 자신의 문제를 해결할 수 있도록 조력할 것인가?"란 질문에 대해 내담자의 입장에서 생각해 보자. 개인이 자신의 문제가 무엇인가를 이해했다 하더라도 문제를 해결하지 못한 이유는 적절하게 문제에 대처하는 방법을 적용하지 못하기 때문이다. 우리는 우리에게 부정적인 영향을 미치는 나쁜 습관이 무엇인지를 알면서도 바꾸는 것이 정말 어렵다는 것을 잘 알고 있다. 개인이 오랫동안 지속되어 온 자신의 부정적 생활양식을 바람직한 생활양식으로, 비합리적 신념을 합리적 신념으로, 나쁜 습관을 좋은 습관으로, 부정적 감정을 긍정적 감정으로 바꾸는 일은 쉽지 않다. 개인이 나름대로 자신의 심리적 문제를 해결하기 위해 노력하지만 적절한 방법을 통해 직면하지 않으면 해결하기가 쉽지 않다. 그래서 전문가에게 조력을 구하기 위해 상담실을 찾는다. 조력전문가인 상담자는 상담의 중·후반부에 격려를 통해 계속해서 내담자가 자신감과 책임감을 갖게 할 뿐만 아니라 역설적 방법을 통해 그동안 회피나 도피해 온 문제에 직면해서 문제를 해결하도록 조력하는 역할을 한다.

당신만이 당신의 문제를 해결할 수 있다. 지적한 것처럼, 당신이 자신의 문제를 만들었고 문제가 무엇인지 가장 잘 알고 있기 때문이다. 그래서 상담자는 당신의 문제를 해결해 주는 문제해결사가 아니고 조력자일 뿐이다. 진정한 치유는 불완전한 존재로서 있는 그대로 당신이 되는 것이다. 이런 점에서 당신이 가진 문제해결을 위해 인간으로서 자신에 대한 이해가 철저히 이루어지는 것이 필요하다. 인간은 불완전한 존재이다. 그래서 때론 실수도 하고 실패도 하고 잘못도 저지른다. 역시 마음의 상처를 입고 절망을 느끼거나 실존의 위협인 죽음의 두려움도 느낀다. 아들러(Adler)는 "모든 실패자는 낙담되어 있다(All failures are discouraged)."라고 지적하였다. 삶이 있는 동안에는 희망이 있다. 드레이커스(Dreikurs)는 "식물에게 물과 태양이 필요하듯 인간에게 격려가 필요하다."라고 주장하였다. 만약 당신이 낙담되어 있다면 격려가 필요하다. 당신이 격려를 통해 불완전한 존재로서 있는 그대로 당신을 수용하고 행동할 '불완전할 용기'를 가지고 생활할 때 진정한 변화가 일어난다.

2. 자신을 통제하려 하지 마라

당신은 자기통제를 통해 당신을 통제할 수 있는가? 자기통제(self-control)의 사전적 의미는 자제 혹은 극기를 나타내는 말로, '당신이 매우 흥분하거나 화가 났을 때조차 침착하고 이성적으로 행동할 능력'이라고 상당히 긍정적인 의미로 기술되어 있다. 이런 관점에서 보면 자기통제가 우리의 행동을 통제하게 해서 슬기롭게 삶에 대처하게 하는 심리적 기제로 여겨진다. 그래서인지 20세기 말에 행동주의 심리학자들이 성공을 위해 자기통제를 할 것을 많이 강조하였다. 필자도 그 무렵에 심리학 공부를 시작해서인지 한때는 아무 거리낌 없이 자기통제란 말을 긍정적으로 받아들이고 나 자신에게도 적용하고 타인에게도 강조하면서 생활했었던 기억이 있다.

여기서는 먼저 상담심리학자로서 나의 경험과 지식을 바탕으로 우리가 "자기를 통제하는 것이 현실적으로 가능한 일인가?"란 질문으로 그 진위를 살펴보고자 한다. 그런 다음에 사람들이 자기통제를 하려는 많은 노력이 우리의 심리적 건강에 미치는 영향에 대해 알아보고자 한다.

첫 번째 질문인 "자기를 통제하는 것이 가능한가?"에 대한 답은 "거의 불가능하다."이다. 우리가 흘러가는 시간을 통제할 수 없는 것처럼 전체로서 자기를 통제할 수 없다. 철학적으로는 지금까지 인간을 정신과 신체로 구분해서 이해하려고 노력해 왔다. 복잡한 정신은 제쳐 두고 단순히 우리가 우리의 신체에서 발생하는 많은 생물학적 과정의 어느 한 가지도 우리가 통제할 수 있는지에 대해 의구심을 갖지 않을 수 없다. 예를 들면, 몹시 더운 날씨에 필자가 이 글을 쓰는 순간에 나타나는 신체적 현상에 대해 설명해 보자. 나도 모르게 피부에서 샘솟는 땀방울을 내가 전혀 통제할 수 없다. 나의 신체에 대해 내가 할 수 있는 일은 단지 에어컨을 통해 몸에 땀이 나지 않도록 관리할 뿐이다.

심리학자들은 편의적으로 인간의 전체적 행동을 세 가지 체계인 생각, 감정, 행동으로 구분해서 이해하려고 한다. 말할 필요도 없이 우리의 전체적 행동은 생각, 감정, 행동이 거의 동시에 작동해서 나타난다.

첫째, 우리가 가진 생각을 정말 통제할 수 있는가에 대해 살펴보면 그것이 불가능하다는 것을 알 수 있다. 필자가 이 글을 쓰고 있는 순간에도 수많은 생각이 나타나고 있다. 자연스럽게 자신도 모르게 일어나는 많은 생각 중에 어떤 생각을 내가 통제할 수 있는가에 대해 도저히 할 수 없다는 것을 지각한다. 단지 떠오르는 수많은 생각 중에 이 글의 문맥에 맞는 어떤 생각을 선택할 뿐이다. 불교에서 선사들은 선(禪) 수련을 통해 모든 상념을 통제해서 떨쳐 버리고 단지 한 가지만 보려고 하는 노력을 평생에 걸쳐 수행한다. 이렇게 생각하는 동물로서 개인의 삶에 가장 소중한 역할을 하는 어떤 생각을 통제하는 것은 거의 불가능하다.

둘째, 우리가 어떤 경험을 통해 매 순간 자연적으로 일어나는 감정을 통제할 수 있는가에 대해서도 도저히 불가능하다는 것을 쉽게 알 수 있다. 예를 들면, 사람들이 흔히 겪은 실존의 위협인 죽음에서 비롯된 두려움, 누군가의 몰상식한 행동에서 비롯된 분노, 무대공포에서 비롯된 불안, 사랑하는 사람의 상실에서 비롯된 슬픔이나 우울, 자녀의 탄생에서 비롯된 기쁨 등의 감정을 통제할 수 없다. 단지 우리가 자연적으로 발생하는 그러한 감정을 이해해서 우리의 삶에 유익하도록 관리할 수 있을 뿐이다.

셋째, 우리가 관찰할 수 있는 신체적 행동에 대해 우리가 통제할 수 있는가에 대해 살펴보자. 아이가 이 세상에 태어나면서 터트리는 울음소리를 아이는 통제할 수 없다. 인간의 발달적 측면에서 나타나는 소변과 배변, 몽정, 월경 등을 통제할 수 없다. 그리고 나이가 들면 신체적 기능이 저하되어 나타나는 소변기능 저하, 손 떨림 등을 통제할 수 없다. 특히 유전적인 요인으로 개인에게 나타나는 어떤 행동도 거의 통제할 수 없다. 단지 우리가 할 수 있는 것은 그러한 행동을 이해해서 보다 효과적으로 적응할 수 있게 관리하는 것이다.

이렇게 우리가 우리 자신을 통제할 수 없는 것처럼, 우리가 누군가를 통제하려고 하는 노력이 얼마나 부질없는 짓인지를 깨닫는 것이 중요하다. 아직도 민주주의 사회에서 이전에 독재주의나 권위주의 사회에서 행해졌던 것처럼, 사회 전반에서 사람들이 다른 사람을 적절하게 통제하려고 한다. 예를 들면, 가정에서 부모가 자녀를 통제하려 하고, 부부가 상대방을 통제하려 하고, 학교에서 교사가 학생들을 통제하려 하고, 직장에서 상사가 부하직원을 통제하려고 어떤 노력을 기울이는 것이 사실이다. 앞에서 개인이 자신의 생각, 감정, 행동을 전혀 통제할 수 없다는 것을 지적한 것처럼, 상대방을 통제하려고 노력하기보다 대등한 상호신뢰 관계에서 원만한 대화로 문제를 해결하도록 노력하는 것이 중요하다.

지금까지 개인이 자기를 통제하는 것이 불가능하다는 것을 살펴보았다. 다음으로 개인이 자기를 통제하려는 많은 노력이 우리의 심리적 건강에 미치는 영향에 대해 알아보고자 한다. 여기서는 대부분의 신경증이 자기를 통제하려는 헛된 노력에서 비롯된다는 것을 살펴보고자 한다. 그런 다음 심리적으로 건강한 삶을 위해 자기를 통제하려고 애쓰기보다 자기를 이해하고 관리하는 것이 중요함을 제언하고자 한다.

시사주간지인 『타임(Time)』지에서 20세기의 가장 영향력 있는 사상가로 정신분석을 개발한 프로이트(Sigmund Freud)를 선정하였다. 프로이트는 잘 알다시피 무의식과 전이의 중요성을 강조함과 함께 정신분석을 통해 신경증 환자들을 치료해서 심리치료 분야에 막대한 공헌을 하였다. 프로이트의 정신분석에서 가장 중요한 개념 중의 하나가 억압(repression)이란 방어기제이다. 프로이트는 억압이란 방어기제를 통해 개인이 과거에 경험했던 의미 있는 사건에서 비롯된 마음의 상처, 고통, 죄의식 등을 의식하지 않기 위해서 그러한 경험을 무의식으로 밀어내며 통제하려고 엄청난 심리적 노력을 기울인다고 보았다. 정신분석자의 주요한 역할은 정신분석을 통해 환자가 과거에 억압하고 통제해서 무의식에 숨겨 왔던 사실들을 의식화함으로써 밝히는 작업이다. 프로이트는 그의 환자인 늑대인간(Wolf Man)에게 "정신분석자는, 발굴 작업을 수행하고 있는 고고학자처럼, 억압을 통해 통제해서 무의식에 가장 깊숙이 감추어진 가장 값진 보물을 찾을 때까지 환자의 정신을 한 층 한 층 벗겨 가야 한다."라고 말했다. 결론적으로 말하면, 사람들이 억압하고 통제해서 신경증 환자가 된다는 것이다.

글래서(William Glasser)는 초기에 통제이론을 근간으로 해서 현실치료를 개발하였다. 그러나 나중에 글래서는 그가 개발한 현실치료의 기저가 되는 이론이 통제이론이 아니라 선택이론이라고 주장하였다. 즉, 그는 선택이론을 통해 사람들이 자신의 생각, 감정, 행동을 통제하기보다 선택을 통해 삶의 질을 결정한다는 것을 강조하였다. 그의 이러한 결정은 사람들이 자신의 생각, 감정, 행동을 통제할 수 없다는 것을 반영한 것이라고 미루어 생각해 본다.

대부분의 신경증 환자를 치료하는 방법으로 역설적인 방법을 통해 자신이 가진 증상을 통제하려고 노력하는 것을 포기하게 함으로써 문제를 해결할 수 있다. 불면증으로 잠을 못 자서 심하게 고통받고 있는 환자의 심리상태를 살펴보자. 밤만 되면 '어떻게 하면 오늘 밤에는 잠을 잘 수 있지?'라고 자문하면서, 잠을 자기 위해 잠과 관련한 자신의 생각, 감정, 행동을 통제하려고 노력한다. 다르게 이야기하면 불면증 환자는 잠자기 위해 자기통제에 의해 자신의 모든 생각, 감정, 행동을 동원해서 잠을 자려고 시도하고 있다고 볼 수 있다. 이러한 불면증 환자를 치료하기 위해 치료자는 환자에게 '3일간 잠을 절대 자지 마라.'와 같은 역제의를 통해 잠을 자게 할 수 있다.

또 다른 예로 발표불안이 심한 내담자의 경우를 살펴보자. 무대공포로부터 비롯된 발표불안이 심한 내담자의 심리상태를 살펴보면, 불안으로 가슴이 떨리고 다리가 후들후들 떨리고, 두려워서 다른 사람들과 눈을 마주칠 수 없다고 얘기할 수 있다. 이런 내담자는 불안과 두려움을 느끼지 않기 위해 자신의 불안과 두려움을 통제하려고 모든 노력을 기울인다. 이런 내담자에게 치료자는 증상처방을 통해 불안이나 두려움을 더 느껴보도록 요구함으로써 내담자의 두려움이나 불안을 해결할 수 있다. 이러한 예들 외에도, 말더듬으로 고통받고 있는 사람, 강박적 사고나 행동으로 고통받고 있는 환자 등도 잘 살펴보면, 그에게 고통을 주는 말더듬, 강박적 사고나 행동을 통제하기 위해 안간힘을 쓰고 있다는 것을 알 수 있다. 해결 방법은 자신을 통제하려는 노력을 멈추고 심리극에서 강조하는 것처럼 그의 자발성을 회복하는 것이다.

인간은 불완전한 존재이다. 불완전한 존재로서 우리는 실수나 실패도 하고 잘못도 저지를 수 있다. 더불어서 완전한 신처럼 모든 것을 자유자재로 통제할 수 있는 그런 능력을 갖추지 못하고 있다. 진정으로 우리에게 필요한 것은 자신을 통제할 능력이 아니라 불완전한 존재로서 격려를 통해 진정한 내가 되기 위한 불완전할 용기를 발휘하며 사는 것이다.

3. 누군가처럼 살기보다 나답게 살기

인간은 불완전한 존재이다. 우리는 각자 불완전한 존재로서 누군가처럼이 아니라 있는 그대로 나답게 사는 것이 필요하다. 적지 않은 사람들이 관찰학습을 통해 누군가의 삶을 모방하여 누군가처럼 살아가고 있다. 상담심리전문가들은 신경증의 정도는 다양하지만 많은 현대인이 자신의 정체감을 상실하고 신경증을 가지고 생활하고 있다고 주장한다. 건강한 삶을 위해 이러한 주장의 실체에 대해 알아보고자 한다.

우리는 분명히 우리가 속한 사회에서 인간다운 삶을 원한다. 그런데 많은 사람이 자신이나 타인에게 인간답게 생활하기를 원하면서도 자세히 살펴보면 실상은 그렇지 않은 것 같다. 아무튼 인간은 사회적 존재로서 사회 속에서 다양한 역할을 수행하며 인간답게 살아가는 것이 필요하다. 행복한 가정이 되기 위해 가정에서 부모는 부모답게, 남편은 남편답게, 아내는 아내답게, 자녀는 자녀답게 행동하는 것이 필요하다. 친구관계에서 친구가 친구답게 행동할 때 진정한 우정이 지속된다. 훌륭한 교육의 장이 되기 위해 학교에서 교사는 교사답게, 학생은 학생답게, 그리고 행정직원은 행정직원답게 자신의 역할을 수행하는 것이 필요하다. 화목하고 생산적인 직장이 되기 위해 직장에서 사장은 사장답게, 직장상사는 직장상사답게, 직원은 직원답게 자신의 역할을 충실히 수행하며 생활하는 것이 요구된다. 그리고 정치지도자는 정치지도자답게, 행정가는 행정가답게 소신을 갖고 자신의 역할을 수행해야 국민이 행복한 생활을 할 수 있을 것이다.

개인이 사회적 관계에서 타인에게 잘 보이기 위해서 혹은 자신의 위신을 지키기 위해서 자신이 아닌 누군가처럼 행동하려고 노력을 경주하는 경우도 많다. 개인이 계속해서 자신을 위장해서 자신이 아닌 누군가처럼 행동할 때, 다시 말하면 개인이 있는 그대로 자신답게 사는 것을 감추고 생활할 때 그는 신경증적 환자가 될 수 있다.

게슈탈트치료를 개발한 펄스는 "누군가가 '나는 에이브러햄 링컨이다.'라고 말하면 그는 조현병(정신분열증) 환자이다. 그리고 누군가가 '나는 에이브러햄 링컨과 같은 사람이 되고 싶다.'라고 하면 그는 신경증적 환자이다. 가장 건강한 사람은 '나는 나이고, 당신은 당신이다.'라고 분명히 말할 수 있는 사람이다."라고 지적하였다. 또한 펄스는 "변화는 스스로 일어난다. 만약 당신이 있는 그대로 당신이 되려고 하면, 만약 당신이 있는 그대로의 당신을 수용하면, 변화는 자동적으로 나타난다. 이것이 변화의 역설이다."라고 지적하였다.

이러한 펄스의 주장에는 다음과 같은 뜻이 함축되어 있다. 우리는 불완전한 존재로서 많은 열등감을 가지고 있지만 건강한 사람이 되기 위해 "누군가처럼이 아니라 있는 그대로 자신답게 살려고 노력하는 것이 필요하다."라는 것이다. 이런 점에서 건강한 사람이 되기 위해 개인은 각자 다른 능력과 적성을 가지고 태어났다는 것을 알고 자기정체감은 물론 자기존중감을 형성하는 것이 필요하다.

부모들이 자녀를 키우면서 자신들의 마음에 들지 않는 어떤 자녀에게 타인과 비교하여 "너의 형이나 누나처럼 행동하라."라고 한다거나 그들이 보기에 옆집에 모범적으로 행동하는 누군가처럼 행동할 것을 요구하는 표현을 많이 한다. 역시 부모들은 현재 사회에서 나름대로 성공한 사람을 자녀에게 상기시키면서 "네가 그와 같은 사람이 되면 좋겠다."라는 소망을 나타내곤 한다. 이렇게 부모가 자녀에게 계속해서 누군가와 비교하면서 누군가처럼 행동할 것을 강요하면, 자녀는 있는 그대로 자신답게 사는 것을 포기하고 심리적 갈등과 함께 신경증적 증상을 보일 수 있다.

"당신은 주인이십니까?"라는 말은 내 마음속 깊이 각인되어 지금도 나에게 영향을 주고 있다. 필자가 고등학교 시절에 시작해서 지금까지 활동하고 있는 흥사단을 만든 도산 안창호 선생은 우리 국민의 주인정신을 강조해서 "당신은 주인이십니까?"라는 질문을 통해 주인이 주인답게 행동하고 살아야지 손님처럼 행동하고 살면 안 된다는 것을 국민에게 간절하게 호소하였다. 정말 주인은 주인답게, 손님은 손님답게 행동해야지 그렇지 않고 주객이 전도되어 주인이 손님인 것처럼, 손님이 주인인 것처럼 행동한다면 문제가 심각하다고 본다.

개인심리학을 개발한 아들러는 우리 각자는 독특한 존재이며 자신을 창조해가는 존재임을 강조하였다. 또한 그는 개인이 불완전한 존재로서 있는 그대로의 자신이 되기 위해 불완전할 용기를 가지고 생활할 것을 강조하였다. 인간중심치료를 개발한 로저스(Rogers)도 "나는 나 자신을 수용적으로 경청하고 나 자신일 수 있을 때 더 효율적임을 발견한다. 신기한 역설은 내가 있는 그대로의 나를 수용할 때 내가 변화한다는 것이다."라고 지적하였다. 또한 게슈탈트치료의 치료자인 바이서(Beisser)는 "누군가가 정말 자기 자신이 되려고 할 때에만 그는 변화할 수 있다."라고 주장하였다. 이처럼 많은 조력전문가가 진정한 변화를 위해 '있는 그대로 자기가 되어 자기답게 살기'를 강조하고 있다는 것을 알 수 있다.

앞에서 살펴본 것처럼, 우리에게 주어진 단 한 번밖에 없는 삶을 건강하게 살아가기 위해 먼저 가장된 나를 보이기 위해 누군가처럼 행동하는 것을 과감하게 포기하고 중단하는 것이 필요하다. 왜냐하면 이런 사람은 자기가 아닌 누군가처럼 행동하기 위해 귀중한 자신의 에너지를 쓸모없이 낭비하고 있기 때문이다. 그래서 이렇게 말하고 싶다. "격려하고, 격려하고, 또 격려하면서 불완전할 용기를 가지고 있는 그대로 당신답게 사십시오."

4. 과학자로서 변화를 위한 결단과 행동

심리적 문제로 고통받고 있는 사람들은 '어떻게 하면 나의 문제를 해결할 수 있을까?'란 질문을 자문하며 지내기가 일쑤이다. 조력전문가로서 필자도 어떤 문제가 생겼을 때 그러한 질문을 자문하곤 한다. 필자가 제안하는 방법을 잘 생각해 보고 만약 당신이 변화를 위한 결단을 하고 행동으로 옮긴다면 당신이 충분히 당신의 문제를 해결할 수 있다고 확신한다.

먼저 필자가 좋아하는 흥미 있는 인간관을 제시한 심리학자에 대해 살펴보고자 한다. 당신의 이해를 돕기 위해 인간이 어떤 존재인가에 명쾌한 관점을 제시한 심리학 이론을 소개해 보겠다. 임상심리학자인 켈리(George A. Kelly)는 인간이 하는 행동을 관찰해서 연구한 결과로서 '모든 사람이 과학자다.'라는 '과학자로서 인간(man as a scientist)'이란 이론을 제시하였다.

켈리는 모든 인간이 과학자인 이유에 대해 정말 인간이 과학자처럼 나름대로 가설을 설정하고 그러한 가설이 맞는지 여부를 판단하면서 생활하고 있다는 것을 관찰해서 '과학자로서 인간'이란 개념을 제안하였다. 켈리는 모든 사람이 과학자가 하는 것처럼 과학자의 세 가지 주요한 특성인 관찰(observation), 질문(question), 탐구(exploration)를 하면서 생활하고 있다는 것을 발견하였다.

이러한 켈리의 주장에 따라 사람들을 세 가지 분류, 유명한 과학자, 평균적인 과학자, 평균 이하의 별 볼 일 없는 과학자로 나누어 볼 수 있다. 첫 번째 분류에 속하는 유명한 과학자들은 눈을 크게 뜨고 주변 환경이나 인간행동에 대한 관찰을 세밀하게 잘해서 그러한 현상이 일어나는지에 대해 호기심을 가지고 '왜 저런 일이 일어나지?'란 의문을 제기한다. 더 나아가서 그들은 끊임없는 탐구를 통해 그러한 의문을 해결하려고 노력한다. 두 번째 분류에 속한 평균적인 과학자들은 자신들이 관찰한 현상에 대해 의문을 제기하고 탐구하는 정도의 기술이나 능력이 유명한 과학자들보다 좀 떨어지게 수행한다. 마지막으로, 세 번째 분류인 별 볼 일 없는 과학자들은 제대로 관찰도 하지 않고, 관찰한다 하더라도 별로 의문을 제기하지 않기 때문에 제대로 탐구도 하지 않으면서 생활하는 사람들이다.

좀 더 구체적으로 설명하면, 당신이 대인관계를 맺고 수행하는 데 어려움이 있다면 그러한 문제를 해결하기 위해 대인관계를 정말 잘하는 친구들이 하는 행동을 잘 관찰해서 나의 행동과 어떻게 다른지 의문을 제기해서 탐구하면 당신도 대인관계를 잘할 수 있다고 본다. 역시 당신이 발표불안으로 여러 사람 앞에서 발표하는 데 어려움을 겪고 있다면 아무런 불안도 느끼지 않고 발표를 잘하는 사람들의 행동을 잘 관찰하고, 나와 어떻게 다른지에 대해 의문을 제기하고 계속적인 탐구를 통해 그러한 문제를 해결할 수 있다. 역시 당신이 어떤 일을 해서 돈을 벌어 부자가 되고 싶으면 주위에 당신이 하는 일과 유사한 일을 해서 성공한 사람들의 행동을 잘 관찰하여 당신과 어떻게 다른지에 대해 의문을 제기하고 탐구하면 정말 사업에 성공하고 돈을 벌어 부자가 될 수 있다.

이제 개인의 심리적 문제로 눈을 돌려 생각해 보자. 만약 당신이 스스로 자신의 심리적 문제를 해결하지 못하고 고통받고 있다면, 확신하건대 아마도 당신은 별 볼 일 없는 평균 이하의 과학자일 것이라고 미루어 짐작해 본다. 그렇다면 당신의 문제를 해결하기 위한 방법은 당신이 형성한 나쁜 습관을 바꾸는 것이라고 본다. 만약 당신이 훌륭한 과학자들이 하는 것처럼 먼저 당신의 나쁜 습관과 관련한 당신의 생각, 감정, 행동을 잘 관찰해서 그러한 생각, 감정, 행동이 나쁜 습관과 어떻게 관련되어 일어나는지에 대해 의문을 제기하고 지속적으로 탐구하면 당신의 심리적 문제를 해결할 수 있다고 본다.

이렇게 얘기하면 문제를 해결하는 것이 몹시 쉽게 느껴질 수 있는데, 오랫동안 형성되어 온 나쁜 습관을 바꾸는 것은 그렇게 쉽지 않다. 당신이 당신의 삶을 피폐화시키고 파괴하는 나쁜 습관을 바꾸는 것은 정말 쉽지 않다. 그러나 당신이 변화를 위한 흔들림 없는 결단과 행동으로 실천하면 당신의 나쁜 습관을 바꿀 수 있다고 확신한다.

주요한 상담접근방식을 개발한 심리학자들은 인간행동에 대한 세심한 관찰을 바탕으로 그러한 행동이 일어나는지에 대한 의문을 제기하고 탐구해서 자신의 이론을 확립하였다. 잘 알다시피 상담 및 심리치료 이론은 내담자를 조력한다는 대전제하에 개발되었다. 하지만 주요한 상담이론을 개발한 상담자들은 내담자의 문제에 대해 다양한 관점과 해결 방법을 각각 다르게 주장한다. 만약 당신이 잘 알려진 조력전문가들이 오랜 기간에 걸쳐 확립한 상담접근방식에 대한 입장을 파악해서 관찰하고, 의문을 제기하고, 그리고 탐구하면 당신의 심리적 문제를 해결하는 데 도움이 되리라는 것을 확신한다. 그러면 주요한 심리치료자나 상담심리학자가 심리적 문제를 해결하기 위해 어떤 제안을 하는지에 대해 살펴보자.

프로이트(Freud)는 자신이 개발한 정신분석을 통해 다음과 같이 주장한다. 내담자의 문제는 인생 초기의 경험에서 비롯되었다. 과거에 내담자가 억압해서 무의식의 심연에 숨겨 버린 갈등의 경험을 이해해야 한다. 내담자의 문제를 이해하고 해결하기 위해 내담자가 정신의 층 깊숙이 숨겨 버린 보물을 찾아 이해하는 것이 필요하다.

아들러(Adler)는 자신이 개발한 개인심리학을 통해 다음과 같이 주장한다. 내담자의 문제는 인생 초기에 형성한 생활양식에 의해 크게 영향을 받는다. 하지만 내담자가 가진 긍정적 자질을 계발하고 뚜렷한 목적의식과 노력을 통해 새로운 방향으로 자신을 변화시킬 수 있다. 내담자가 느끼는 열등감은 성취를 위한 초석이 된다.

융(Jung)은 자신이 개발한 분석심리학을 통해 다음과 같이 주장한다. 내담자의 문제는 정신적인 내적 갈등에서 비롯되었다. 인간으로서 내담자가 타고난 본성의 소리에 귀를 기울이도록 하는 것이 중요하다. 정신병리학은 내담자가 정신적으로 겪고 있는 고통의 의미를 밝히는 것이다. 내담자는 자신이 겪는 정신의 고통을 해결하기 위해 끊임없는 정신에 대한 자기분석이 필요하다.

모레노(Moreno)는 자신이 개발한 심리극을 통해 다음과 같이 주장한다. 당신이 삶 속에서 하는 행위인 역할과 역할연기가 당신의 자아를 형성하게 한다. 당신은 창조자인 신에 의해 그리고 우리의 부모에 의해 주어진 타고난 아름다움과 용기를 가지고 태어났다. 당신이 가진 신체의 지혜를 신뢰하라. 새로운 자기를 형성하기 위해 지금의 역할이 중요하다. 과거에 어수룩하게 수행된 당신의 역할에서 비롯된 훼손된 자발성과 창조성을 회복하라.

스키너(Skinner)는 자신이 개발한 자극-반응 이론에 근거한 행동치료을 통해 다음과 같이 주장한다. 내담자의 문제는 잘못된 학습에서 비롯된 습관이다. 내담자가 원하는 어떤 행동을 형성하기 위해 그가 원하는 반응을 강화해 줘라. 상담자는 내담자에게 문제가 되는 구체적인 행동을 파악하고 평가하여 체계적인 조작적 조건형성 절차를 적용함으로써 그의 부적절한 행동을 바꿀 수 있다.

로저스(Rogers)는 자신이 개발한 인간중심치료를 통해 다음과 같이 주장한다. 내담자의 문제는 긍정적 존중의 욕구를 충족시키려는 노력으로 유기체의 자기조절인 가치화 과정에 어긋나게 가치를 조건화하는 데서 비롯되었다. 만약 내담자가 상담자로부터 진솔하고, 공감적이고, 무조건적인 긍정적 존중을 받는다면, 내담자는 변화될 수 있다.

펄스(Perls)는 자신이 발견한 게슈탈트치료를 통해 다음과 같이 주장한다. 내담자의 문제는 그가 유기체의 지혜를 무시한 데서 비롯되었다. 내담자로 하여금 그의 오관을 통해 현재 그가 경험하는 것을 알아차리도록 하라. 민감한 자각 혹은 알아차림을 통해 게슈탈트의 순환을 원활히 하도록 하라. 내담자로 하여금 둘로 나누어진 상반된 자기 간의 끊임없는 자기고문 게임을 끝마치고 자신을 통합하도록 하라.

얄롬(Yalom)은 자신이 개발한 실존주의적 심리치료를 통해 다음과 같이 주장한다. 내담자의 문제는 삶의 궁극적 관심사인 죽음, 무의미성, 고립, 자유와 관련되어 있다. 내담자가 이러한 궁극적 관심사에서 비롯된 불안을 어떻게 처리하느냐가 중요하다. 내담자가 실존적 존재로서 자신의 궁극적 관심사를 알아차리고 직면하여 삶의 원동력으로 삼는 것이 필요하다.

프랭클(Frankl)은 자신이 개발한 의미치료를 통해 다음과 같이 주장한다. 내담자의 문제는 삶의 의미를 추구하는 의지를 상실한 데서 비롯되었다. 인간은 자기분리와 자기초월을 할 수 있는 능력이 있다. 이러한 능력에 근거한 역설적 의도와 탈숙고를 통해 불안과 공포의 악순환의 고리를 끊으면 심리적 문제를 해결할 수 있다. 그리고 삶의 의미를 추구하는 것이 중요하다.

글래서(Glasser)는 자신이 개발한 현실치료를 통해 다음과 같이 주장한다. 내담자의 문제는 자신을 불행하게 하는 행동을 선택한 데서 비롯되었다. 내담자의 욕구에 따라 정말 그가 원하는 것이 무엇인가를 확인하는 것이 중요하다. 그리고 내담자의 그러한 바람을 달성하도록 계획하고 실천하라. 내담자를 행복하게 하는 현실적인 행동을 선택하여 실천하는 것은 전적으로 내담자의 통제하에 있고 내담자의 책임이다.

번(Berne)은 자신이 개발한 교류분석를 통해 다음과 같이 주장한다. 내담자의 문제는 그가 과거에 받았던 어루만짐에서 비롯되었다. 내담자의 문제해결을 위해 먼저 그가 자신의 성격을 이해하고 대인관계에서 주고받은 의사소통의 유형과 게임을 분석하도록 하라. 타인과 의사소통을 하는 데 있어 '나도 당신도 이만하면 괜찮다(I am·Ok, You are Ok)'는 자세를 갖는 것이 필요하다.

엘리스(Ellis)는 자신이 개발한 인지 · 정서 · 행동치료를 통해 다음과 같이 주장한다. 내담자의 문제는 일어난 사건이 아니라 그의 비합리적 신념에서 비롯되었다. 인간은 불완전한 존재인데, 자신, 타인, 조건에 대해 당위적으로 기대하고 요구하는 생각이나 신념이 문제이다. 내담자가 느끼는 정서적 장애를 해결하기 위해서는 냉정한 이성에 입각한 반박을 통해 이러한 비합리적 신념을 합리적 신념으로 바꾸어야 한다. 우리의 신념은 우리의 감정과 행동에 영향을 미친다.

벡(Beck)은 자신이 개발한 인지치료를 통해 다음과 같이 주장한다. 내담자의 문제는 그의 부정적인 자동적 사고와 인지적 왜곡에서 비롯되었다. 개인의 생각이 그의 감정과 행동을 결정한다. 따라서 개인은 자신, 타인, 세계에 대한 올바른 가정 및 판단에 근거한 관점을 형성하는 것이 중요하다. 우리가 우울과 같은 부정적 정서를 효과적으로 다루기 위해서 우리의 편견이나 인지왜곡을 제거하는 것이 필요하다.

이렇게 상담자들은 삶, 문제, 상담을 바라보는 입장이 다르다. 삶의 주체자로서 당신의 관점을 생각해 보라. 그러고 나서 앞에 제시한 상담자들의 관점과 당신이 삶, 문제, 상담을 보는 입장과 비교해 봄으로써 자신의 경험과 지식의 수평선을 확장할 수 있으리라 본다. 켈리가 주장한 것처럼 당신은 과학자이다. 따라서 당신이 과학자로서 변화를 위한 결단과 행동을 통해 오랫동안 유지해 온 나쁜 습관을 잘 관찰하고, 의문을 제기하고, 탐구하면 좋은 습관으로 변화시킬 수 있다고 확신한다.

제15장 상담경험을 통한 깨달음

자신이 가진 심리적 문제에 직면하지 않고는 결코 문제를 해결할 수 없다.
대부분의 심리적 문제는 격려와 역설적 의도로 문제에 직면할 때 해결된다.
– 노안영 –

1. 말더듬 상담사례가 준 안타까움과 교훈

우리는 불완전한 존재로서 때론 실수나 실패를 하면서 살아간다. 실수는 성공의 어머니라고 하는 것처럼, 바람직한 삶을 위해 실수를 통해 배우면서 실수를 줄이는 노력을 하는 것이 중요하다. 우리는 정도의 차이는 있지만 실수로 인해 타인에게서 받는 창피(shame)를 피하기 위해 안간힘을 쓴다. 개인이 타인에게서 받는 창피를 어떻게 지각하는가에 따라 그의 행동은 엄청난 차이를 보일 수 있다.

우리는 누구나 창피함을 느끼기를 원하지 않는다. 아마도 실수로 인한 창피는 우리에게 굴욕감을 주기 때문이다. 창피에 대한 생각과 관련하여 미국에서 상담심리학 전공 대학원생으로서 생존하기 위해 필자가 유학생활 중에 겪은 영어와 관련된 경험과, 필자와 가깝게 지냈던 지인의 생활에 대해서 먼저 기술하고자 한다.

필자는 서른네 살의 적지 않은 나이에 유학을 갔다. 미국에서 유학생활을 시작하자마자 내가 느낀 것은 내가 그동안 틀린 영어를 배웠다는 사실이었다. 내가 영어로 어떤 표현을 했을 때 상대방이 "너 뭐라고 했지(What did you say)?"라고 반문하는 말을 자주 들었을 때, 나는 심한 좌절감을 느끼곤 했다. 상담심리학으로 철학박사학위를 받기 위해서는 내가 상담실습을 3학기에 걸쳐서 해야 했고, 일 년간 상담인턴십을 마쳐야만 하는 그런 상황이었다. 나는 지도교수와 상의해서 나의 발음 수정을 위해 특수교육학과에서 언어장애가 있는 사람들을 대상으로 하는 발음 수정훈련 프로그램에 참석하게 되었다. 첫날 나의 입, 혀, 구강상태 등의 신체검사가 있었다. 내가 "나는 외국인 학생이다(I am a foreign student)."라고 몇 번 말해도 막무가내로 첫날 언어장애가 있는 모든 훈련대상자에게 의례적으로 하는 검사, 즉 말하는 데 필요한 입, 혀, 구강상태의 신체검사를 진행했는데 이는 나에게 심한 모멸감을 느끼게 했다. 나는 그런 창피를 받아 가며 상담전공 대학원생으로서 생존하기 위해 6개월간의 발음 수정 및 억양 훈련을 받아서 영어로 말하는 것이 많이 개선되었다. 그러한 노력의 결과로 외국인에게 정말 어려운 과정인 상담실습과 인턴십을 성공적으로 마칠 수 있었다.

내가 잘 아는 지인은 국내에서 S대학교 심리학과를 졸업하고 켄터키대학교 대학원 사회심리학 석사과정에 입학한 수재로, 성품도 좋으나 한 가지 단점이 있었는데, 다소 수줍음을 타는 성격이었다는 것이다. 그는 한국에서 결혼을 했고 부인과 함께 유학을 왔으며 미국에서 그의 아이도 태어났다. 심리학으로 나와 전공도 비슷한 후배여서 나의 가족과 그의 가족이 함께 여행도 여러 곳을 다녔다. 그 후배는 물론 부인도 성품이 좋았고 말도 서글서글하게 잘해서 다른 유학생들과 잘 지내면서 석사학위를 마쳤다. 지인인 후배는 다른 대학에서 사회심리학 박사과정을 받기 위해 지도교수의 추천서를 받아 여러 대학에 지원서를 제출하였다. 그런데 옆에서 안타까움을 느낄 정도로 한참의 세월이 지났는데도 그 후배는 박사과정 입학허가서를 받지 못했고, 결국에는 켄터키에서 캘리포니아로 이사를 가 버렸다. 여기까지가 내가 아는 사실이다.

내가 LA 근처에서 인턴십을 마친 후 한국에 귀국하기 전에 그 후배에 관해 전해 들은 내용은 다음과 같은 것이었다. 그 후배가 수줍음을 타는 성격 때문에 지도교수와 만날 때 빼고는 다른 대학원생들과 거의 교류 없이 대학원을 다녔는데, 이 사실이 지도교수로부터 좋은 추천서를 받지 못했던 주요한 원인으로 작용해서 3년 동안 지원한 어떤 대학에서도 박사과정의 입학허가서를 받지 못했다는 것이다. 요약하자면, 그의 수줍은 성격과 더불어 실수나 창피를 무릅쓰고 영어로 다른 학생들과 적절하게 교류하지 못한 것이 지도교수로부터 부정적인 평가를 받게 했다고 여겨진다. 그 이후로 지금까지 그 후배에 대한 소식을 전해 듣지 못했다. 정말 많은 시간이 흘렀다. 나는 그 후배와 그의 가족들이 미국에서 나름대로 적응해서 행복한 생활을 해 왔으리라 믿는다. 그리고 서로가 어려운 시기에 많은 시간을 같이 보냈기 때문에 지금은 그 후배와 가족들의 소식이 궁금하고 몹시 보고 싶을 뿐이다.

이러한 나의 경험으로부터 당신이 국내나 미국에서 외국인을 만났을 때 실수나 창피를 두려워하지 말고 행동할 것을 강조하고 싶다. 왜냐하면 우리가 실수나 창피를 무릅쓰고 부딪쳐 가면서 생활해야 영어도 더 잘할 수 있고 주어진 환경에서 헛된 시간을 보내지 않고 버텨 낼 수 있기 때문이다.

이렇게 창피나 실수에 대한 두려움으로 문제에 직면하지 않고 도피하거나 회피하면 한동안은 심리적으로 편안함을 느끼며 생활할 수 있다. 하지만 그러한 회피나 도피가 우리의 삶을 서서히 파괴해서 우리를 더 고통스럽게 할 수 있다는 것을 알았으면 한다.

이러한 예를, 필자가 오래전에 실제 상담을 했던 사례를 통해서 살펴보고자 한다. 내담자가 실수에서 비롯된 창피를 피하기 위해 현실도피로 긴 시간 동안 삶을 피폐화하며 생활했기 때문에 나에게는 심한 충격과 더불어 안타까움을 준 사례이다. 상담을 했던 당시에 내담자는 대학교 3학년 학생으로 지방에 있는 국립대학교 사범대학에 다니는 학생이었다. 그의 주요한 호소 내용은 타인들과 얘기할 때, 특히 여러 사람 앞에서 발표를 할 때 나타나는 말더듬이 문제였다. 상담자인 내가 파악했을 때도 그의 말더듬은 말을 더듬지 않아야 한다는 강박적 생각에 사로잡혀 불안정할 때 말더듬이 나타난 것으로, 신체적인 요인이 아니라 심리적인 요인에서 비롯된 현상이었다. 여러 번의 상담회기 중에 내담자가 편안한 마음으로 대화할 때는 거의 말더듬을 하지 않았다. 역시 역설적 기법으로 '말을 더듬어서는 안 된다.'가 아니라 '말을 더 많이 더듬어 보자.'라고 했을 때 거의 말더듬 증상이 나타나지 않았다. 내담자의 말더듬에 대한 걱정과 두려움은 '사범대학 학생으로 4학년이 되면 교생실습을 해야 하고, 또 졸업하고 나면 교사로서 학생들 앞에서 날마다 강의해야 하는데.' 하는 미래 상황에 대한 기대불안과도 맞물린 것이었다. 이에 상담은 내담자의 말더듬이 많이 개선되고 내담자가 충분히 교생실습도 잘 해내서 졸업 후 교사로서 역할도 잘 수행할 수 있을 것이라는 기대와 함께 종결되었다.

상담 종결 후 3년 뒤에 나는 유학을 갔고 6년 동안의 유학생활을 마치고 귀국하였다. 내가 귀국 후 3년 정도의 시간이 지났을 무렵에, 우연히 그 내담자를 만나게 됐고 그동안 어떻게 생활했는지에 대해 얘기를 나눴다. 시간으로 계산해 보면 내담자가 졸업 후 10년 정도의 시간이 대강 흘러간 시점이었다. 내담자는 자신의 말더듬에 대한 걱정 때문에 국립사범대학교 졸업생으로서 당연히 받아야 할 교직 발령을 포기하고 시골에서 은둔생활을 하며 10년이란 세월을 보냈다고 했다. 그의 얘기는 나에게 충격적이었다. 내담자의 그러한 얘기를 들었을 때, 나는 내담자가 학생들 앞에서 자신의 말더듬으로 인해 심리적으로 예견되는 창피를 피하기 위해 정말 이렇게 긴 시간 동안 도피행동을 할 수도 있구나 하는 것을 깨닫고 어안이 벙벙했다.

2. 방귀가 망치게 한 3년의 대학생활

상담을 하다 보면 기상천외의 일이라 할 정도로 특이한 문제로 상담실을 찾는 내담자가 있다. 필자가 이렇게 언급하는 이유는 누가 생각해도 전혀 문제가 되지 않을 것 같은 문제인데 그러한 문제로 내담자가 고민하고 고통받는 경우가 종종 있기 때문이다. 그런데 내담자의 얘기를 들으면 충분히 이해가 갈 정도로 '이래서 이 문제가 내담자를 정상적으로 생활하지 못하게 했구나.' 하고 이해하게 된다.

"당신 방귀를 뀝니까?"란 정말 의외의 질문으로 얘기를 시작하고자 한다. 누구나 방귀를 뀌기 때문에 속으로 '당연한 질문을 왜 하지?' 하고 의구심을 가질 것이다. 이 글을 읽은 독자들의 방귀 뀌는 습관은 모두 특이하리라고 생각하면서 나의 방귀에 관한 얘기를 솔직하게 기술하고자 한다. 다른 사람들이 아마도 모두 다 그러는 것처럼 가족구성원을 제외한 사람들이 있을 경우에는 소리가 나지 않게 방귀를 뀐다. 집에 아내와 단 둘이 있을 때는 방귀 소리가 나는 것을 전혀 염두에 두지 않고 자연적으로 방귀를 뀐다. 때론 2층에서 나의 큰 방귀 소리를 듣고 아내가 "방바닥 뚫어져요!" 하고 큰 소리를 외치기도 한다.

방귀 뀌는 것은 우리 모두에게 일어나는 매우 중요한 생물학적 현상이다. 그래서인지 큰 수술을 하고 나면 의사나 간호사가 방귀를 뀌었는지 확인하곤 한다. '건전한 정신은 건전한 신체에서 비롯된다.'라는 속담은 신체적 건강이 정신적 건강에 미치는 영향을 강조해서 나온 말이다. 아무튼 우리는 신체적 건강을 유지하기 위해 잘 먹고 잘 배설하고 적절한 운동을 통해 생물학적 신진대사가 원활하게 진행되도록 균형 있는 생활을 해야 한다. 특히 방귀도 잘 뀌면서 생활하는 것이 필요하다.

대략 35년 전에 상담했던 사례로 이제 정말 오래됐지만, 내게 각인된 내담자의 방귀 얘기를 하고자 한다. 상담실을 찾은 내담자가 상담 첫 회기에 상담자인 나에게 자신의 주요한 호소문제로 불쑥 내뱉은 말은 "선생님, 제발 제가 방귀를 좀 안 뀌게 해 주세요."라는 표현이었다. "방귀를 안 뀌게 해 주세요."란 내담자의 호소는 나에겐 의외의 내용으로 여겨졌지만 그 당시에 내담자에게는 정말 심각한 심리적 내용을 반영한 문제였다.

내담자가 얘기했던 문제의 발단은 대략 다음과 같다. 내담자가 고등학교 3학년일 때 시골에서 아침 일찍 밥을 먹고 대도시에 꽤 이름 있는 고등학교에 통학을 하며 생활했다. 그러던 어느 날, 내담자는 학교에서 방귀를 뀌게 되었다. 내성적 성격을 가진 내담자는 친구들의 "네가 방귀를 뀌었지?"란 말에 아무런 응

수도 못하고 내심 '나는 왜 이렇게 방귀를 잘 뀌지?'라고 자신을 자책하면서 고등학교 3학년 생활을 보냈다. 친구들 간에는 자기가 방귀를 뀌고도 냄새가 나면 다른 친구에게 그 탓을 돌리기도 하는데 내담자는 표현을 잘 안 해서 친구들 사이에서 방귀쟁이가 되어 버렸다. 알다시피 그 당시에 고등학교의 교실은 좌석이 고정되어 있어서 정해지면 적어도 한 학기 혹은 일 년 동안에는 같은 자리에 앉아야 했다. 아무튼 내담자는 친구들의 방귀쟁이라는 놀림과 낙인을 참아내고 열심히 공부해서 지방에 있는 국립대학에 입학하였다.

대학생활은 내담자에게 많은 자유로움을 주었다. 새로운 환경에서 친구도 사귀고 데이트도 하고 강의실에서 친구들과 열심히 토론도 하면서 생활하는 것이 건강한 대학생활이라고 본다. 하지만 내담자의 방귀에 대한 생각은 그로 하여금 정상적인 대학생활을 하지 못하게 하였다. 특히 강의실에 고등학교 때처럼 고정석이 없는 것은 내담자를 편하게는 했지만 바람직하지 못한 행동을 초래했다. 다시 말하면, 내담자가 친구들로부터 '방귀쟁이'로 시달려 온 고등학교 시절의 경험은 강의실에 들어서면 다른 학생들과 거리를 두고 떨어져 앉게 하는 행동을 초래한 것이다. 내담자는 대부분 자신이 방귀를 뀌는 것을 타인이 알지 못하게 하려고 강의실에 늦게 도착해서 제일 뒷자리나 한쪽 구석에 앉는 행동을 대학생활 3년을 거의 마무리하는 시점까지 유지하다가 도움을 받기 위해 상담실을 찾아왔다.

나는 상담자로서 이 내담자와 상담을 할 때는 일부러 아침에 방귀가 잘 나오게 하는 된장국을 먹고 와서 본보기로 방귀를 뀌며 상담을 해야지 하면서 상담을 진행했다. 내 기억으로는 대략 두 달 8회기를 상담하였고 상담 후에 내담자의 생각과 행동이 많이 변화되어 상담을 종결하였다. 만약 지금 50대가 된 내담자가 이 글을 읽게 되면, 자신이 대학시절에 방귀로 인해 시도했던 자신의 회피나 도피적 행동을 회상하면서 코웃음을 치리라 하고 생각해 본다.

3. 사회불안장애로 힘들게 보낸 3년의 대학생활

우리는 사회적 존재로서 매일매일 주변 사람들과 사회적 관계를 맺으며 살아간다. 필자가 어렸을 때는 10년이면 강산이나 사회가 변한다고 했는데, 지금은 과학의 발달, 특히 혁신적인 정보통신의 발달로 1년이면 강산이나 사회가 변화하는 시대에 살고 있다. 이런 빠른 변화에도 불구하고 한국사회를 지배해 온 유교적 문화는 아직도 가정교육이나 대인관계 상황에서 유지되고 있다고 본다.

필자가 어렸을 적에 자주 들었던 말 중에 하나가 "어른들과 얘기할 땐, 상대방을 똑바로 바라보면서 얘기하지 마라."였다. 그리고 우리의 언어표현을 보더라도 상대방의 나이에 따라 존칭을 나타내는 표현이 다양하다. 그래서 나이가 엇비슷한 사람에게 반말을 했을 때는, 상대방으로부터 "너 어디다 대고 반말이야, 내가 너의 친구냐?"란 표현도 많이 들었다.

이런 유교적 문화의 연유인지는 몰라도, 많은 사람이 사회적 관계를 맺는 데 다양한 불안을 경험하고 있는 것 같다. 하지만 대부분의 사람이 나름대로 사회적 관계에서 비롯된 불안을 적절하게 대처해서 해결하면서 생활하고 있다.

대략 35년 전에 있었던 굉장히 오래된 또 다른 사례를 소개하고자 한다. 하지만 지금도 내담자의 고통스런 3년의 대학생활 이야기가 내 기억 속에 상당히 생생하게 남아 있고, 혹시라도 이와 유사한 증상을 가진 사람들에게 도움을 주고자 지금 이 글을 쓰고 있다.

내담자가 도움을 받기 위해 상담실을 찾은 것은 그의 대학생활 3년이 끝나는 시점이었다. 내담자의 주요한 호소 내용은 얘기할 때, 상대방의 시선을 똑바로 바라보지 못한다는 것이었고, 더불어 누군가와 얘기할 때 상대방에게 자기의 얼굴을 가리기 위해 자기도 모르게 손이 안면으로 올라가는 버릇이 생겼다는 것이었다. 내담자의 이러한 증상이 꽤 오랫동안 지속되었으니 정신장애 진단을 내린다면 내담자는 사회불안장애(사회공포증)라고 할 수 있었다.

내담자가 이러한 사회불안으로 미팅도 하고 데이트도 하면서 보냈어도 될 대학생활 3년을 외롭고 고통스럽게 보냈다는 얘기를 상담자인 나에게 털어놨을 때 이해가 되면서도 몹시 안타까운 심정을 느꼈다. 잘 알다시피 대부분의 내담자는 자기의 심리적 문제를 더 이상 자신의 노력으로는 해결할 수 없다고 생각할 때 상담실을 찾는다. 이 내담자 역시 자신이 문제를 스스로 해결할 수 없어서 상담실을 찾아 나를 만났다. 그리고 많은 사람이 겪는 발표불안도 이 사례와 비슷한 '시선에 대한 공포'에서 비롯된다는 것을 지적하고 싶다.

상담자인 나는 내담자가 겪었을 고통을 이해하면서 그의 사회불안을 해결하기 위해 다양한 상담기법을 적용했다. 특히 내담자가 자신의 사회불안에 직면하도록 역설적인 기법을 적용했다. 예를 들면, 여성과 데이트해서 성공하려면 상대방의 눈을 마주치면서 얘기해야 하는데, 너는 눈을 쳐다보지도 못하니 네가 하는 행동이 한심하기 짝이 없다는 얘기를 하면서, 문제를 해결하려면 지금까지 해 왔던 것처럼 회피나 도피하지 말고 직면할 것을 강조하였다. 말할 필요도 없이 내담자도 자신의 문제를 해결하기 위해 열심히 노력했다. 내 기억으로는 아마도 한 달 반에 걸쳐 6회기 상담을 하고 종결하였다. 지금 50대가 되어 생활하고 있을 내담자가 만약에 우연이라도 이 글을 읽게 된다면, 그때의 자신의 행동을 어떻게 생각할지 몹시 궁금할 뿐이다. 나는 지금은 그가 좋은 여자를 만나 결혼을 해서 자녀와 함께 행복한 가정생활을 하고 있으리라 믿고, 그의 행복을 기원해 본다.

지금은 사람들이 대면해서 얘기하는 것보다 핸드폰과 인터넷으로 대화를 나누는 것이 일상이 되었다. 하지만 가정에서는 부모가 자녀에게 그리고 학교에서는 교사가 학생에게, 그들이 성장해서 친밀한 남녀관계나 직장에서의 원만한 인간관계를 사회불안 없이 맺고 생활할 수 있도록 그들을 교육하고 훈련하는 것이 필요하다고 본다.

4. 프랭클의 상담사례에서 얻은 교훈

우리가 매일매일 뉴스를 통해서 접하는 것처럼 적지 않은 사람들이 다양한 사고로 인해 죽는다. 더불어 적지 않은 사람들이 어떤 연유인지는 몰라도 자살로 귀중한 자신의 목숨을 끊기도 한다. 죽은 사람은 말이 없지만 사랑하는 사람의 죽음은 그와 가까운 사람에게 엄청난 심리적 영향을 주게 된다. 정말 많은 사람이 사랑하는 사람의 상실로 비탄에 빠지기도 하고 깊은 마음의 상처와 함께 고통스러운 삶을 살아가기도 한다. 때론 그러한 고통과 함께 우울하게 삶을 살아가는 사람도 적지 않다. 여기서는 사랑하는 사람의 상실로 힘든 삶을 영위하고 있는 사람들에게 조금이라도 도움이 됐으면 하는 바람으로 조력자인 나에게 가르침을 준 프랭클(Victor Frankl, 1905~1997)의 상담사례에 대해 간략하게 소개하고자 한다.

프랭클은 정신과 의사이며 실존주의적 상담자로서 의미치료(logotherapy)라는 상담접근방식을 개발하였다. 그는 그가 저술한 『인간의 의미탐구: 의미치료 입문』이 국내에서 『죽음의 수용소에서』란 제목으로 번역되어 많은 사람에게 알려졌다. 프랭클은 제2차 세계대전 중에 나치 포로수용소에서 살아남은 유대인으로서 그가 포로수용소에서 겪은 역경, 죽음에 대한 경험을 바탕으로 의미치료를 개발하였다. 그리고 인간의 의미 추구에 대한 그의 주장은 많은 사람에게 영향을 주어 왔다. 특히 프랭클은 아들러(Adler)의 영향을 받은 치료자로, 상담자들에겐 그가 제안한 '역설적 의도(paradoxical intention)'란 기법으로 잘 알려져 있다.

이제 프랭클이 획기적인 방법으로 내담자를 조력했던 내용에 대해 살펴보자. 프랭클에게 내담자로 찾아온 젊은 의사는 사랑하는 연인의 죽음으로 인한 상실의 슬픔과 마음의 상처로, 알코올 중독과 우울증으로 고통받고 있었다. 내담자인 젊은 의사는 자신이 진심으로 사랑했던 사람의 상실로 인한 심리적 문제를 해결하기 위해 이미 다른 두 명의 치료자들을 찾아서 치료를 받았으나 해결하지 못했다. 내담자가 치료를 위해 프랭클을 찾았을 때 내담자는 아내를 따라 죽기를 원했고 알코올 중독과 우울증으로 거의 의사로서 일의 기능을 상실하고 있는 상태였다. 프랭클은 내담자와의 첫 두 상담회기에 걸쳐 내담자가 호소하는 문제를 잘 경청해서 듣고 세 번째 회기가 끝날 무렵 다음과 같은 아주 단순한 과제를 내담자에게 내주었다.

> "만약 당신이 죽었고 당신의 죽음으로 인해 살아 있는 사랑하는 아내가 현재 당신처럼 남편을 따라 죽고 싶어 하고 알코올과 우울로 생활하고 있는 모습을 본다면 당신이 아내에게 하고 싶은 얘기를 간략하게 작성해 오시기 바랍니다."

프랭클은 이어진 회기에 내담자가 앞에서 내준 과제를 작성해서 온 후로 급격히 좋아지기 시작해서 심리치료를 성공적으로 종결했다는 것을 기술하였다.

내담자가 과제에 대한 답으로 정확하게 어떤 내용을 기술했는지는 모르지만, 프랭클이 내준 과제가 내담자의 생각과 행동을 변화시키는 데 정말 기적적인 효과를 가져왔으리라고 미루어 짐작해 본다.

그래서 혹시라도 이 글을 읽은 당신이 사랑하는 사람의 상실로 인해 비탄과 마음의 상처로 고통을 받고 낙담되어 있다면, 저승에 있는 사랑하는 사람이 당신에게 주는 격려의 메시지를 듣고 낙담에서 벗어날 수 있기를 간절히 기원해 본다.

우리는 각자 때론 죽고 싶을 정도로 힘든 삶의 시련도 경험하면서 삶을 영위해 가고 있다. 사람들이 삶의 어려움이나 고통으로 자신의 문제를 해결하기 위해 울컥하는 마음으로 극단적인 방법을 선택하는 경우들이 있다. 이러한 경우를 크게 두 가지로 나누어 볼 수 있다. 첫째, 자신에게 상처를 준 타인을 해쳐서 문제를 해결하려는 타살이고, 둘째, 자신을 해쳐서 문제를 해결하려고 시도하는 자살이다. 어떤 이유이건 개인이 문제를 해결하기 위한 방법으로 자신이나 타인의 귀중한 생명을 없애려는 행동은 결코 옳은 선택이 아니다. 한국의 자살률이 OECD 국가 중에서 가장 높다고 한다. 그래서 어떤 이유든 간에 귀중한 자신의 생명을 극단적인 선택인 자살을 통해 해결하려고 하는 사람들에게, 간절한 마음으로 다음과 같이 말하고 싶다. 첫째, 개인이 자신의 문제를 해결하기 위해 선택한 자살은 문제의 해결이 아니고 문제를 방치해 두고 이승에서 저승으로 가는 행위이니 결코 옳은 방법이 아니다. 둘째, 개인이 선택한 자살이 그에게 생명을 준 부모, 아내나 남편 그리고 자녀 등 사랑하는 사람이 받을 마음의 상처를 전혀 고려하지 않고 이루어진 오직 자신만을 생각하는 이기적인 행위로 결코 옳은 방법이 아니다.

삶이 개똥밭이라고 해도 이승이 저승보다 낫다고 한다. 그래서 혹시라도 이 글을 읽은 당신이 삶의 시련으로 인해 낙담에 빠져 이 세상과 등지고 싶은 마음이 든다면, 삶을 회피하고 도피하려 하지 말고 자신을 격려하면서 삶의 시련을 헤쳐 나갈 수 있기를 간절히 기원해 본다.

5. 지나친 기대에서 비롯된 심리적 갈등과 문제

우리는 각자 나름대로 어려서부터 부모나 의미 있는 대상으로부터의 관심과 기대(expectation)를 받고 살아왔다. 그래서인지 우리가 살아가는 방식이나 행동이 그러한 기대에 맞추거나 부응해서 적절하게 이루어지고 있는가를 살피면서 살아간다. 가정에서 부모는 자식에게 그리고 자식은 부모에게 어떤 기대를 하며 살아간다. 부부간에 남편은 아내에게 그리고 아내는 남편에게 어떤 기대를 하고 살아간다. 그리고 시어머니가 며느리에게 역시 며느리가 시어머니에게 어떤 것을 기대하며 살아간다. 학교에서 교사는 학생에게 그리고 학부모나 학생은 교사에게 어떤 기대를 하며 생활하고 있다. 직장에서 직장상사는 직원들에게 그리고 직원들은 직장상사에게 어떤 기대를 하며 생활하고 있다. 역시 국민들은 선거로 뽑은 정치지도자가 그들의 기대에 부응해서 정치를 잘해 줄 것을 기대하며 생활한다.

이렇게 우리는 누군가로부터 어떤 기대를 받고 또한 누군가에게 기대를 주면서 생활하고 있다. 분명한 사실은 기대를 주는 사람과 받는 사람의 관계가 가까우면 가까울수록 상대방에 대한 기대를 많이 하면서 살아간다는 점이다. 다르게 설명하면, 우리 자신과 별로 관계가 없는 사람에게 우리는 어떤 기대를 하지 않는다는 것이다. 이처럼 사회적 존재로서 우리가 누군가에게 기대를 주고받으면서 사는 것은 피할 수 없는 것 같이 보인다.

하지만 지나친 기대나 잘못된 기대로 인해 기대하는 사람이나 기대를 받는 사람 양쪽 모두가 심리적 갈등이나 문제를 겪으면서 불행한 삶을 살아가는 경우들이 꽤 많은 것 같다. 이러한 이유를 알아보기 위해 여기서는 먼저 게슈탈트 치료를 개발한 펄스가 만든 유명하면서도 다소 논란이 되어 온 '게슈탈트 기도문(The Gestalt Prayer)'을 바탕으로 기대에 대해 생각해 보고자 한다. 그런 후에 필자가 미국에서 상담했던 사례를 통해 지나친 기대에서 비롯된 60대 아버지와 아들의 심리적 갈등과 문제를 살펴보고자 한다.

개인적으로 필자는 게슈탈트 집단치료의 첫 회기에서 집단구성원에게 게슈탈트 기도문을 낭독해 주고, 지금까지 자신이 살아온 경험에 근거해서 그 느낌을 설명해 보도록 요청하곤 한다. 이 글을 읽고 있는 당신도 잠시 모든 것을 멈추고 다음에 소개하는 게슈탈트 기도문을 천천히 읽고 나서 당신이 지금까지 살아온 경험을 바탕으로 어떻게 느끼는지 설명해 봤으면 한다.

게슈탈트 기도문

나는 나의 일을 하고 당신은 당신의 일을 합니다.
나는 당신의 기대에 따라 살기 위해 이 세상에 존재하지 않고,
당신도 나의 기대에 따라 살기 위해 이 세상에 존재하지 않습니다.
당신은 당신이고, 나는 나입니다.
만약 우연이라도 우리가 서로를 발견한다면, 그것은 아름다운 일입니다.
그러나 만약 우리가 서로를 발견하지 못한다면, 서로에게 도움이 될 수 없습니다.

The Gestalt Prayer

I do my thing and you do your thing.
I am not in this world to live up to your expectations.
And you are not in this world to live up to mine.
You are you, and I am I.
And if by chance, we find each other, it's beautiful.
If not, it can't be helpful.

이 기도문에 대한 해석은 게슈탈트치료자들에 따라 다양하지만, 기본적으로 게슈탈트치료를 개발한 펄스의 기본 철학이 잘 반영되어 있다고 볼 수 있다. 필자도 처음에 그랬듯이 동양인으로서 우리가 집단주의 문화를 강조하는 사회에서 생활해 왔기 때문에, 당신도 게슈탈트 기도문을 서구의 개인주의 문화를 반영한 기도문으로 이해할 수 있다고 여겨진다.

아무튼 펄스는 기도문에서 기대와 관련하여 "나는 당신의 기대에 따라 살기 위해 이 세상에 존재하지 않고, 당신도 나의 기대에 따라 살기 위해 이 세상에 존재하지 않습니다."라고 분명하게 기술하고 있다. 당신이 만약 부모로서 자녀에게 혹은 자녀로서 부모에게 하는 기대를 당연한 것으로 생각하고 살아왔다면, 펄스의 기도문은 당신을 상당히 혼란에 빠뜨릴 수 있다는 생각이 든다. 하지만 냉철한 이성적 판단으로 생각해 보면, 펄스가 기술한 내용이 전혀 틀리지 않는다는 것도 사실이다.

펄스의 기대에 대한 생각에 대해, 필자는 상담자로서 부모의 '지나친 기대'나 '잘못된 기대'로 힘들어하는 내담자의 입장에서 생각해 보고자 한다. 예를 들어 설명하면, 한국에서 많은 부모는 자식의 성공을 자신의 성공으로 여긴다. 그런 점에서 부모가 지나친 기대로 자식의 능력으로 할 수 있는 것 이상을 기대하고 강요한다면, 자식이 그러한 기대에 부응해서 행동하지 못할 경우 심한 좌절감이나 열등감을 경험할 수 있다. 또한 적지 않은 부모들이 잘못된 기대로 아이들을 힘들게 하거나 고통스럽게 할 수 있다. 우리가 흔히 목격하듯이 부모가 잘못된 기대로 자녀의 적성은 전혀 고려하지 않고, 부모 자신의 기대에 따라 자녀가 원치 않는 공부나 일을 강요할 수 있다. 그럴 경우 자녀는 부모의 잘못된 기대에 부응하기 위해 자신이 원하지 않은 공부나 일을 하면서 힘든 시간을 보낼 수 있다.

다음으로 1992년에 필자가 미국의 LA 근처에 있는 주립정신병원에서 인턴십 중에 심리치료를 했던 한국인 내담자로 60대 후반 아버지와 40대 초반 외아들에 관련한 얘기를 간략하게 살펴보고자 한다. 심리치료를 받으러 찾아온 '주 내담자(main client)'는 60대 후반 아버지였다. 아버지가 호소한 주요한 문제는 자신보다는 함께 살고 있는 40대 초반의 외아들에 관한 내용이었다. 이민 1세대인 아버지의 호소문제는 아들을 잘 교육시켜 성공적인 삶을 살기를 원했는데, 40대 초반이 되도록 결혼도 하지 않고 친구들도 거의 없이 생활하고 있으니 답답하고 미칠 지경이라는 것이었다. 상담자인 필자가 파악한 아들의 주요한 문제는 아버지의 지나친 관심과 기대를 받고 자란 아들의 열등감콤플렉스였다. 내담자 아들의 경우는 부모의 아들을 어려서부터 지나친 관심과 기대와 함께 과잉보호해 온 것이 주요한 원인인 것으로 파악되었다. 필자는 아들이 열등감콤플렉스로 독립적인 생활을 하지 못하게 한 원인제공자가 아버지란 사실을 인식시키려고 노력했다. 이렇게 지나친 기대는 기대를 받는 사람이 그러한 기대를 충족시키지 못할 때 열등감에 사로잡힐 수 있다는 것을 알 수 있다.

제16장

상담자가 주는 삶의 지혜

개인이 불완전한 존재로서 전체로서 자신을 믿고 불완전할 용기와 사회적 관심을 가지고 살아갈 때 자기완성을 달성할 수 있다.

– 노안영 –

여기서는 상담자들의 상담경험을 통해 인간 행동을 관찰한 결과를 토대로 먼저 행동이 어떻게 일어나는가를 알아보고자 한다. 그리고 건강하고 행복한 삶을 위해 어떠한 자세로 어떻게 생활해야 하는지를 살펴보고자 한다.

1. 모든 행동에는 목적이 있다

개인의 모든 행동에는 목적이 있다. 인간은 목적론적 존재로서 자신의 목적을 달성하기 위해 어떤 행동을 한다. 아이들이 하는 적절하지 못한 행동, 즉 부적응적인 행동에도 잘 살펴보면 자신의 목적을 달성하기 위해 그러한 행동을 하고 있음을 알 수 있다. 또한 심리적 문제나 정신장애를 가진 많은 사람이 부적절한 행동을 계속해서 유지하고 있는 것을 볼 수 있는데, 그러한 자신의 행동이 그가 추구하는 목적을 달성시켜 주기 때문이다. 조력전문가들은 내담자의 행동이 그의 목적을 달성시켜 주는 효과를 가리켜 전문적인 용어로 '이익효과(gain effect)'라고 한다.

아들러는 인간을 목적론적 존재로 보았다. 그의 인간에 대한 철학적 입장은 '허구적 최종목적론(fictional finalism)'이다. 아리스토텔레스(Aristotle)가 목적원인(final cause)을 강조했던 것처럼 아들러는 모든 개인이 자기 나름의 어떤 목적을 달성하기 위해 노력하고 있다고 보았다.

아들러는 아리스토텔레스의 목적론과 독일 철학자 바이힝거(Hans Vaihinger)의 『마치 ~처럼의 철학(The philosophy of as if)』의 영향을 받아 '허구적 최종목적론(fictional finalism)'을 정립하였다. 여기서 '허구적'이란 개인의 삶 자체가 작가가 창조적으로 소설을 쓰듯이 허구적임을 의미한다. 그리고 최종목적론이란 개인은 자기가 설정한 삶의 궁극적 목표를 달성하기 위해 현재 열심히 삶을 영위함을 의미한다. 이러한 아들러의 철학적 입장은 그가 강조한 인간은 자신을 창조해 가는 존재라는 점과도 부합된다고 할 수 있다.

작가가 소설의 클라이맥스를 설정해서 그의 작품을 마무리하듯, 개인은 삶의 목표인 자기완성을 달성하기 위해 현재 최선의 노력을 하고 있다고 볼 수 있다. 역시 개인이 자기완성을 이루기 위해서는 자신이 가진 열등감을 극복하는 것이 필요하다. 따라서 허구적 최종목적론을 다른 말로 표현하면 "우리 각자는 지금 인생이란 소설을 쓰고 있다."라고 할 수 있다. 인생은 끊임없는 선택의 과정이다. 당신이 쓰고 있는 인생이란 소설을 멋지게 마무리할 수 있도록 현명한 선택과 더불어 현재 최선을 다하면서 생활하는 것이 필요하다.

제2의 아들러로 불리는 드레이커스(Rudolf Dreikurs)는 아이들이 보이는 행동의 네 가지 목적으로 접촉, 힘, 보호, 물러서기라는 것을 제안하였다. 이러한 목적을 달성하기 위해 아이들이 보이는 부적절한 행동은 관심 추구, 힘 추구, 복수, 부적응 행동이다. 이런 점에서 그는 부모가 자녀의 행동을 이해하기 위해서 그 행동의 원인이 무엇인가를 찾기보다 행동의 목적이 무엇인가를 이해하는 것이 중요하다는 것을 강조하였다.

필자가 대학원 석사과정 중에 서울대병원 정신과의 정신병리학 강의를 수강하면서 실제 정신장애로 입원해 있는 환자가 이익효과를 얻기 위해 행동하고 있는 경우들을 목격했다. 예를 들면, 사이가 좋지 않아 별로 찾아오지도 않던 며느리를 둔 시어머니가, 실제 아팠을 때 병간호를 위해 며느리가 찾아와서 잘

돌봐 주니까 그러한 돌봄을 계속해서 받기 위해 신경증적 증상을 보이다가 계속해서 아프게 된 경우였다.

최근에 경험한 또 다른 예를 들어 보면, 모든 행동에는 의도된 목적이 있다는 것을 알 수 있다. 신체적으로 정상적인 활동을 하고 있는 80대의 할머니가, 함께 살고 있는 아내와 사별해서 혼자 살고 있는 아들을 보호하기 위해서 일어난 경우이다. 군청에서 요양보호사 업무를 담당하는 직원이 할머니에게 검사를 통해 정상적으로 걷지 못하는 행동을 보이면 요양보호사 지원도 받고 일정 금액의 돈도 지원받을 수 있다는 얘기를 들었다. 할머니가 처음에는 그러한 지원을 받기 위해 의도적으로 잘 걷지 못한 행동을 보여서 지원을 받게 되었다. 할머니는 계속해서 지원을 받기 위한 의도에서 비롯된 아픈 시늉, 즉 집에 방문하는 요양보호사에게 보여 주기 위해서 비롯된 할머니의 잘 걷지 못한 행동은, 놀랍게도 그렇게 의도된 목적으로 보여 준 아픈 시늉이 할머니가 정말 정상적으로 걷지 못하게 되는 결과를 초래하게 되었다.

앞에서 살펴본 것처럼, 개인의 행동은 의도된 목적이 있다는 것을 알 수 있다. 특히 우리나라에서 많은 것으로 여겨지는 대부분의 사회불안장애를 가진 사람들의 특징은 그들에게 두려움이나 불안을 주는 대인관계 상황이나 발표 상황을 회피나 도피에 의해서 접촉하지 않고 피함으로써 자신을 심리적으로 보호하는 행동을 보인다고 할 수 있다. 조력전문가로서 그러한 사람들에게 제언하고 싶은 것은 자신이 가진 문제에 직면함 없이는 결코 그 문제를 해결할 수 없다는 것이다.

역사학자인 토인비(Toynbee)가 "인류역사는 도전과 응전의 역사이다."라고 말했던 것처럼 개인의 삶도 도전과 응전에 의해 진행되고 있다고 믿는다. 그래서 이 글을 읽고 있는 당신이나 주변 사람이 사회불안으로 인해 야기된 두려움이나 불안으로 문제에 직면하기를 회피하고 있다면 이렇게 말하고 싶다.

"당신을 격려하고, 격려하고, 또 격려해서 실수나 실패에 대한 두려움이나 불안을 극복할 용기를 가지고 행동하십시오. 특히 당신이 불완전한 존재로서 불완전할 용기를 가지고 있는 그대로 진정한 자기가 될 수 있도록 노력하십시오."

2. 현명한 사람은 자신이 하는 연기를 이해한다

현명한 사람은 자신이 할 수 있는 일과 할 수 없는 일을 변별할 능력을 가진다. 현명한 사람은 있는 그대로 자신을 수용한다. 그래서 그는 강박적이지 않고 무모하지 않다. 현명한 사람은 지식과 그것의 한계를 이해한다. 그리고 그는 자신의 한계를 겸허하게 수용한다. 현명한 사람은 인간이 본래 불완전하다는 것을 안다. 그래서 그는 자신이 저지르는 수많은 실수와 실패를 수용한다. 그는 자신의 실수와 실패를 통해 배운다. 그리고 그는 완벽에 대한 강박주의의 모순을 발견하고 '불완전할 용기'를 실천하며 생활한다.

삶의 지혜는 아마도 다음의 기도문에서 가장 잘 표현되어 있다. 이 기도문은 라인홀드 니부어(Rienhold Niebuhr, 1892~1971)가 만든 평화기도문(the serenity prayer)으로, 익명의 알코올중독모임에서 그들의 모토로서 채택했기 때문에 세상에 널리 알려지게 됐다.

> 하느님, 저에게
> 내가 할 수 없는 일들을 수용할 침착함을,
> 내가 할 수 있는 일들을 변화할 용기를,
> 그리고 이 둘의 차이를 알 지혜를 갖게 하옵소서.

만약 우리가 할 수 없는 것을 하려고 애쓰면서 우리의 에너지를 소비하지 않는다면, 만약 우리가 변형될 수 없는 인생의 일들에 맞서 싸우지 않는다면, 만약 우리가 피할 수 없는 것을 기꺼이 참아 낸다면, 우리는 할 수 있는 것을 하기 위해 우리의 에너지를 사용하는 데 자유롭게 된다. 그리고 우리가 할 수 있는 일은 우리가 가정하는 것보다 훨씬 많다. 우리가 우리 자신을 발견하는 조건들에 대한 우리의 분노에 집착하지 않음으로써, 우리는 변화와 향상이 가능한 영역들을 분간할 수 있다.

펄스가 개발한 게슈탈트치료의 철학적 입장은 실존주의와 자각이다. 우리는 실존적 주체로서 자신의 모든 행동을 자각하며 삶을 영위하는 것이 필요하다. 셰익스피어는 인생을 연극이라고 했다. 우리 각자는 인생이란 연극의 주인공이다. 나는 나의 주인이다. 당신은 당신의 주인이다. 우리는 각자 자신의 삶을 책임지는 주인정신을 갖고 생활해야 한다. 남에게 의존적인 삶을 탈피하는 것이 필요하다. 나의 집에서 손님이 주인행세를 하는 것을 방관해서는 안 된다. 삶의 주체로서 우리는 자신이 하는 모든 행동에 책임을 져야 한다. 우리는 확장된 자각을 바탕으로 충분히 기능하면서 유기체의 욕구에 따라 건전한 게슈탈트를 완성하는 것이 필요하다. 내가 하는 행동이 나와 타인을 위해 도움이 되는지 점검하면서 사는 것이 요구된다.

게슈탈트치료자는 내담자가 실존적 존재로서 자기수용 및 책임감을 기반으로 자신의 모든 행동을 자각하며 살 것을 강조한다. 바람직한 삶을 위해 우리는 자신에게 다음과 같은 두 가지 질문에 자문자답하는 것이 필요하다. '내가 지금 하고 있는 행동이 나의 성장과 발전에 도움이 되는가?' '내가 지금 하고 있는 행동이 내 주변 사람들을 위해 도움이 되는가?'

쉬니츨러(Arthur Schnitzler)는 그의 파라셀서스(Paraselsus)에서 "우리는 언제나 연기를 한다. 그러나 오직 현명한 사람들은 자신이 하는 연기를 이해한다."라고 말한다. 펄스는 쉬니츨러의 이러한 언급을 진실이라고 하였다. 우리는 각자 인생의 연기자로서 매 순간 자신이 하는 연기를 자각해야 한다.

우리는 모두 역할연기를 하며 생활한다. 모레노(J. L. Moreno, 1889~1974)는 심리극을 통해 역할연기의 중요성을 다음과 같이 강조하였다. 역할연기는 자기의 출현 이전에 존재한다. 역할은 자기로부터 출현하지 않지만, 자기는 역할에서 출현한다. 모레노의 말이 진실이라면 개인은 자신이 하는 역할연기를 통해 자기를 형성하고 자기가 누구인지에 대한 자기개념을 갖게 된다. 바꿔 말하면 개인이 자기가 누구인지를 이해하기 위해서 자기의 선행요인인 역할을 파악해야 함을 알 수 있다. 정말 자기가 역할로 출현한다면 다음과 같이 말할 수 있다.

나의 역할이 나를 만든다.
당신의 역할이 당신을 만든다.
내가 나의 역할을 모른다면 나를 알 수 없다.
당신이 당신의 하는 일을 모른다면 당신을 알 수 없다.

나는 누구인가? 나는 나의 역할이다.
당신은 누구인가? 당신은 당신의 역할로부터 비롯되기 때문에 당신을 이해하기 위해 당신의 역할을 이해해야 한다.
내가 나의 역할을 모른다면 나를 모른다.
당신이 자신이 하는 역할을 모른다면 자신을 이해할 수 없다.

내가 하는 역할을 이해하지 못한다면
나는 나를 이해하지 못하는 우둔한 사람이다.
나는 나를 이해하지 못하는 이방인이다.
당신이 당신의 역할을 이해하지 못한다면
당신은 당신이 누구인지를 모르는 멍청한 사람이다.
당신은 당신이 누구인지를 모르는 정체감이 없는 사람이다.

나의 역할이 내가 된다.
내가 나를 아는 현명한 사람이 되려면 나의 역할을 이해해야 한다.
당신의 역할이 당신이 된다.
당신이 자신을 이해하는 현명한 사람이 되려면 자신의 역할을 이해해야 한다.

자신이 하는 연기를 이해하지 못한 사람은 어리석다.

현명한 사람은 자신이 하는 연기를 이해한다.

펄스는 건강하지 않은 개인은 당위주의(shouldism)와 계산주의(aboutism)에 따라 행동한다고 보았다. 그는 건강한 사람은 실존주의(isism)에 따라 있는 그대로 자신을 수용하며 삶을 영위한다고 보았다. 현명한 사람은 당위적이지 않다. 그는 먼저 자신의 당위성에 대한 모순을 알고, 있는 그대로 자신을 수용한다. 그는 타인에 대해 당위적이지 않기 때문에 타인을 강요하지 않고, 있는 그대로 타인을 수용한다. 그는 역시 그의 주변에서 일어나는 조건에 대해 당위적이지 않기 때문에 일어나는 모든 일에 대해 개방성과 유연성을 갖고 대처한다. 현명한 사람은 대인관계에서 계산적이지 않다. 게슈탈트치료에서 강조하는 참만남은 종교적 실존주의자인 부버(Buber)가 강조한 나-당신 관계이다. 나-그것의 관계가 아닌 나-당신 관계는 나처럼 상대방을 소중하게 대하는 관계이다.

인지 · 정서 · 행동치료를 개발한 엘리스(Albert Ellis)가 지적한 것처럼 건강한 사람은 비합리적 신념인 당위성에 사로잡혀 있지 않고 자기 수용적이다. 그는 사람들이 자기 주변에서 일어나는 사건에 대해 강박적 생각을 버리고 수용하면서 살 것을 강조하였다. 다음에 제시하는 '엘리스의 수용하기'에 그가 보는 삶의 태도 및 가치와 관련한 지혜가 배어 있다고 여겨진다.

- 당신이 많은 실패를 했다 할지라도 무조건적으로 당신 자신을 수용하는 것.
- 결함을 가진 다른 사람들을 무조건적으로 수용하는 것.
- 죄가 아니라 죄지은 사람을 수용하는 것.
- 삶의 가혹한 조건이 변화될 수 없을 때 그러한 조건을 수용하는 것.
- 당신이 자신의 역기능적인 감정을 바꿀 수 없을 때 그러한 감정을 수용하는 것.
- 현재의 제약과 고통이 미래에 도움이 될 때 그러한 제약과 고통을 수용

하는 것.

- 당신의 과거사가 변화될 수 없지만 그것에 대한 당신의 현재 반응은 변화될 수 있다는 사실을 수용하는 것.
- 당신의 생물학적 및 사회적으로 학습된 한계를 수용하고 그러한 것이 존재하지 않기를 요구하지 않는 것.
- 당신이 영원히 살고 싶다 할지라도 당신이 결국 죽는다는 것을 수용하는 것.
- 보통 많은 노력과 실천이 요구되지만 당신이 자신의 생각, 감정 그리고 행동을 변화시킬 수 있다는 것을 수용하는 것.
- 완전히 선하거나 악한 것은 거의 없다는 것을 수용하는 것.
- 당신과 다른 사람들이 흔히 쉽게 혼란에 빠질 수 있고 어떤 문제를 야기하는 것 없이도 아주 비이성적으로 그리고 당황스럽게 행동할 수 있다는 것을 수용하는 것.

자기수용은 '되어 가는' 과정에 있는 '실존'의 수용과 즐거움을 의미한다. 자기수용은 체념 혹은 정체를 함축하지 않는다. 우리 자신을 있는 그대로 수용하기 위해, 우리는 우리 안에 있는 모든 것이 우리의 부분이고 우리와 무관하지 않다는 것, 우리가 우리 안에서 진행되고 있는 모든 것에 책임이 있다는 것, 우리가 이러한 것들을 관리할 수 있다는 것, 그리고 우리가 언제나 그것들을 관리하고 있다는 것을 깨달아야 한다.

현명한 사람은 실존적 존재로서 자신을 있는 그대로 수용한다. 현명한 사람은 삶에 대한 수용적 태도를 견지하면서 자신이 하는 모든 역할을 이해한다. 그는 자신이 하는 연기가 자신과 타인에게 어떻게 영향을 미치는지를 파악한다. 그는 자신이 하는 일거수일투족을 이해한다. 현명한 사람은 자신이 하는 모든 행동을 이해하면서 민감성과 유연성을 갖고 삶을 영위한다.

3. 당신의 삶은 당신에게 책임이 있다

우리는 아침에 눈을 뜨자마자 오늘 해야 할 일들을 생각하면서 하루를 시작한다. 생각나는 많은 일 중에서 해야 할 일들을 선택하고 그 선택에 따라 반응, 즉 행동을 한다. 책임감(responsibility)은 반응(response)할 능력(ability)이다. 같은 일을 하면서도 많은 방법 중에 어떠한 방법을 선택하면서 반응한다. 만나야 할 다양한 사람 중에서 누군가를 선택해서 만난다. 또한 동시에 나타나는 다양한 선택 중에서 어느 하나를 선택해서 그 선택에 맞추어 반응한다. 그래서인지 삶은 선택의 과정이라고 말한다. 선택에 따라 반응이 달라지고 반응에 따라 삶이 달라진다. 우리 각자가 선택의 주체이다. 따라서 개인은 자신의 선택에 따라 진행되는 삶의 과정에 책임이 있다. 나는 전체로서 나에게 책임이 있으며 당신의 모든 것은 당신에게 책임이 있다. 심리학자들은 인간을 편의적으로 사고, 감정, 행동으로 구분해서 전체적인 인간행동을 연구한다. 심리학자처럼 인간을 세 가지로 나누어서 선택에 따른 책임을 다음과 같이 말할 수 있다.

나의 모든 사고는 나에게 책임이 있다.
나의 모든 감정은 나에게 책임이 있다.
나의 모든 행동은 나에게 책임이 있다.

상담의 주요한 목적은 내담자가 현재보다 더 잘 기능하는 성숙된 사람이 되게 하는 것이다. 게슈탈트치료를 발견한 펄스는 성숙의 과정을 환경지지에서 자기지지에로의 변형이라고 정의하였다. 성숙된 사람은 자신의 실존에 모든 책임을 지는 사람이다. 건강한 사람은 환경지지가 아니라 자기지지에 의해 삶을 영위한다. 이러한 자기지지는 개인이 실존적 존재로서 자신의 모든 행동에 대해 주변에 대한 탓으로 돌리지 말고 자신이 책임져야 함을 말한다.

인간은 존재론적 입장에서 인생이란 제한된 시간인 한계상황에 던져졌다. 유기체로서 우리 각자는 자신의 실존에 모든 책임을 져야 한다. 나의 삶에 대한 궁극적 책임은 나에게 있으며 당신의 삶에 대한 궁극적 책임은 당신에게 있다. 물론 누군가가 우리의 삶에 영향을 줄 수 있다. 왜냐하면 인간은 홀로 존재할 수 없는 사회적 동물이기 때문이다. 그래서 우리는 서로 영향을 주며 삶을 영위한다. 하지만 개인은 각자 독립된 주체로서 어떻게 삶을 유지하며 자기실현을 이룰 것인가에 대한 어떤 결정을 내리고 실천에 옮길 궁극적 책임자이다. 우리 각자는 주어진 환경 속에서 실존할 책임, 환경에 적응하고 때론 환경을 변화시킬 책임을 가진다.

인간이란 유기체는 접촉을 통해 환경 속에 전체로서 존재한다. 우리는 각자 자신의 선택에 의해 환경과의 접촉을 이룬다. 우리는 어떤 선택(choice)에 따라 어떤 반응(response), 즉 행동을 한다. 그런 점에서 책임감(response + ability)은 선택에서 비롯된 반응(response), 다시 말해 행동의 결과까지를 받아들이는 능력(ability)이라고 말할 수 있다. 이런 이유로 개인은 자신이 자유롭게 선택해서 행동한 결과에 대해 책임을 져야 한다. 따라서 우리 각자는 매 순간 현명한 선택을 통해 환경과의 생산적 접촉을 이룰 것인지 아니면 부적절한 선택을 통해 파괴적 접촉을 이룰 것인지에 대한 전적인 책임을 가진다.

가정에서 부모는 그들의 자녀가 자신의 삶을 책임지고 살아가도록 양육하고 훈육하는 것이 필요하다. 아들러가 지적했던 것처럼, 부모가 과잉보호나 양육태만으로 자녀를 의존적이고 무책임한 존재로 성장하게 하면 자녀는 열등감콤플렉스에 빠져 생활할 수 있다. 부모의 가장 중요한 역할은 자녀가 독립된 주체로서 자신의 실존에 책임지며 살아가도록 자녀에게 책임감을 심어 주는 것이다. 학교에서 교사는 학생들이 사회에 진출해서 자신의 모든 행동을 책임지고 살아가도록 교육 및 훈육을 하는 것이 요구된다. 교사는 학생들이 장차 사회인으로서 자신의 삶을 책임지고 살아가기 위해 필요한 사항을 깨닫고 달성하도록 조력하는 역할을 수행해야 한다.

그러면 자신의 실존에 책임지며 산다는 것의 구체적 의미를 살펴보자.

나의 모든 사고는 나에게 책임이 있다.

나의 모든 감정은 나에게 책임이 있다.

나의 모든 행동은 나에게 책임이 있다.

좀 더 구체적으로 이러한 내용에 대해 살펴보자. 먼저 자신의 생각에 대한 책임에 대해 알아보자.

나의 부정적 생각은 나에게 책임이 있다.

나의 비합리적 생각은 나에게 책임이 있다.

나의 비관적 생각은 나에게 책임이 있다.

내가 실패하리라는 생각은 나에게 책임이 있다.

나의 완벽주의에서 비롯된 실수해서는 안 된다는 생각은 나에게 책임이 있다.

내가 열등한 존재라는 생각은 나에게 책임이 있다.

내가 친구들을 믿지 못하고 의심하는 생각은 나에게 책임이 있다.

내가 멍청하다는 생각은 나에게 책임이 있다.

나의 아집은 나에게 책임이 있다.

나의 모든 잡념, 헛생각, 환상은 나에게 책임이 있다.

다음으로 자신의 감정에 대한 책임을 알아보자.

나의 발표불안은 나에게 책임이 있다.

나의 실수나 실패에 대한 두려움은 나에게 책임이 있다.

나의 화 혹은 분노는 나에게 책임이 있다.

내가 어떤 일을 하기 전에 느끼는 초조함은 나에게 책임이 있다.

나의 우울한 기분은 나에게 책임이 있다.

내가 자주 느끼는 서글픔은 나에게 책임이 있다.

내가 느끼는 부모님에 대한 섭섭함은 나에게 책임이 있다.

내가 자주 아내나 자녀에게 내는 짜증은 나에게 책임이 있다.

내가 믿었던 친구에 대한 배반감은 나에게 책임이 있다.

나의 사랑을 저버리고 배신한 연인에 대한 증오는 나에게 책임이 있다.

마지막으로, 자신의 행동에 대한 책임을 살펴보자.

나의 공격적 언어적 표현과 행동은 나에게 책임이 있다.

내가 늦잠자서 지각한 것은 나에게 책임이 있다.

나의 소극적 행동은 나에게 책임이 있다.

나의 차일피일 미루는 행동은 나에게 책임이 있다.

나의 과음행동은 나에게 책임이 있다.

나의 흡연습관은 나에게 책임이 있다.

내가 수업에 빠진 행동은 나에게 책임이 있다.

나의 탐닉 행동이나 나태한 행동은 나에게 책임이 있다.

내가 약속을 지키지 못한 행동은 나에게 책임이 있다.

나의 불규칙적 생활습관은 나에게 책임이 있다.

나의 과식행동은 나에게 책임이 있다.

나의 음주운전 행동은 나에게 책임이 있다.

나의 모든 회피적 및 도피적 행동은 나에게 책임이 있다.

필자는 게슈탈트치료 기법 중에서 특히 '책임지기 기법'을 내담자들에게 적용하기를 좋아한다. 꽤 오래전에 나는 캠프 총책임자로서 초등 및 중등학생들을 대상으로 '어깨동무 캠프'를 개최한 적이 있었다. 나는 자원봉사 캠프지도자들에게 책임지기 기법을 교육해서 그들이 학생들에게 적용한 결과, 기법이 매우 효과적임을 목격했다. 우리는 분명 우리의 사고, 감정, 행동의 선택자이다. 따라서 우리는 우리가 선택한 모든 사고, 감정, 행동에서 비롯된 결과에 대한 책임을 져야 한다.

4. 건강한 삶을 위해 감정을 표현하라

인간은 감정의 동물이다. 정신건강을 위해 억압된 감정을 표현하는 감정의 정화가 필요하다. 건강한 사람은 적절하게 자신의 감정을 소리 내어 표현한다. 반면에 건강하지 않은 사람은 감정을 제대로 표현하지 못할 뿐만 아니라 내용과 감정의 불일치를 보인다. 예를 들면, 내담자가 상담자에게 하는 얘기의 내용이 굉장히 슬픈 내용인데도 내담자가 무표정을 보인다거나 웃는 표정으로 얘기하는 경우이다.

건강한 사람은 울고 싶을 때 울고, 웃고 싶을 때 웃고, 화를 내고 싶을 때 화를 내는 사람이다. 반면에 심리적으로 건강하지 않은 사람은 울고 싶을 때 울지 못하고, 웃고 싶을 때 웃지 못하고, 화를 내고 싶을 때 화를 내지 못하는 사람이다.

게슈탈트치료의 발견자인 펄스는 놀랄 만하게 창조적으로 언어구사를 하였다. 독일에서 태어나 자란 그에게 영어는 모국어가 아니었다. 그는 영어를 배우기 위해 극장에서 같은 영화를 반복해서 보았다고 기술하였다. 어쨌든 그는 게슈탈트치료자로서 제2외국어인 영어로 내담자들을 치료하고, 워크숍을 제공하고, 많은 논문과 책을 저술하였다. 그리고 그는 필요한 경우에 새로운 단어들을 조어해서 쉽고 명료하게 자신이 전달하고자 하는 바를 기술하였다.

소리 내어 표현하는 관계는 건전한 관계이다. 소리의 관계는 왜 건전한 관계인가? 펄스의 표현에 의하면 영어로 'Sound relationships are sound relationships.'이다. 영어단어 '소리(sound)'는 역시 형용사로 '건전한(healthy)'이란 뜻이다. 말한다는 사실은 메시지이다. 목소리는 진실의 표현이다. 목소리는 메시지이다. 페르소나, 즉 'persona'는 소리를 통해서라는 뜻이다. 'per'는 '통해서'를 의미하고 'sona'는 '소리, 노래하는 것'을 의미한다. 지껄이는 것을 시도하라. 추상적인 개념들이 소리로 난국을 뚫고 표현되면, 당신의 목소리는 분노하거나, 흐느껴 울거나, 압도적이거나 초조하다. 소리의 관계는 역시 건전한 관계를 의미한다.

우리에게 소리로 표현하는 것은 있는 그대로 자신의 내면의 진실을 나타내는 것을 의미한다. 펄스가 제안한 양파껍질에 비유한 신경증 층은 겉에서부터 중심까지 거짓 층, 공포 층, 난국 층, 내적 파열 층, 폭발 층으로 되어 있다. 소리를 내는 것은 중심에 있는 폭발 층의 표현을 함축하고 있다. 즉, 자신의 내면에 있는 진실의 소리를 표현하는 것이다. 우리는 희로애락(喜怒哀樂), 즉 기쁨, 분노, 슬픔, 즐거움을 표현하면서 삶을 영위한다. 소리 내는 건전한 혹은 건강한 사람은 있는 그대로 자신의 기쁨, 분노, 슬픔, 즐거움을 자각하고 표현하는 사람이다.

당신이 몹시 기쁠 때 기쁨을 표현하라.
건강한 사람은 기쁠 때 기쁨의 표정과 소리를 내는 사람이다.
반면에 건강하지 않은 사람은 기뻐도 기쁨을 표현하지 않는 사람이다.

당신이 몹시 화가 나면 참지 말고 소리 내어 화를 표현하라.
건강한 사람은 화내고 싶을 때 화를 표현할 수 있는 사람이다.
반면에 건강하지 않은 사람은 화내고 싶을 때 화를 내지 못하는 사람이다.

당신이 몹시 슬퍼서 울고 싶으면 소리 내어 울어라.
건강한 사람은 울고 싶을 때 소리 내어 울 수 있는 사람이다.
반면에 건강하지 않은 사람은 울고 싶어도 울 수 없는 사람이다.

당신이 즐거워서 웃고 싶으면 껄껄 소리 내어 웃어라.

건강한 사람은 웃고 싶을 때 소리 내어 웃을 수 있는 사람이다.

반면에 건강하지 않은 사람은 웃고 싶어도 웃지 못하는 사람이다.

건강한 사람은 자신의 마음속 깊이 우러나오는 진심의 소리를 표현한다. 그러한 소리는 가식이 없는 외침이다. 건강한 사람은 그러한 외침을 경청하고 이해한다. 건강한 사람은 소리에 의한 건전한 관계를 가진다. 우리는 말소리를 통해 의사 전달을 한다. 건전한 관계는 상대방의 진심의 소리를 이해하는 공감적 관계이다. 펄스가 지적한 것처럼 이상한 것 같지만 진실한 양극성은 '경청 대(vs) 싸움'이다. 건전한 인간관계는 끊임없는 대화를 통해 상대방을 경청해서 이해하는 공감적 관계이다.

인간은 사회적 동물로서 바람직한 삶을 위해 타인들과 건전한 관계를 맺는 것이 요구된다. 건전한 관계는 소리의 관계이다. 건전한 인간관계를 위하여 특히 우리가 화 혹은 분노를 표현할 때는 정서지능을 발휘해서 표현하는 것이 필요하다. 당신이 언젠가 주변의 가까운 누군가에게 부적절한 방법으로 화풀이 대상이 되어 상처를 받은 적이 있으리라 본다. 그리고 당신이 가까운 누군가에게 심하게 화를 낸 후에 후회한 적이 있으리라 본다. 나는 상담자로서 사람들이 성숙되고 책임감 있는 삶을 영위하기 위해 관리해야 할 중요한 두 가지로 시간관리와 분노관리를 강조하곤 한다. 특히 당신의 분노관리를 위해 아리스토텔레스가 말한 다음의 내용을 유념했으면 한다.

누구나 화를 낼 수 있다. 그것은 쉬운 일이다.

그러나 적절한 사람에게 화를 내는 것,

적절한 시간에 화를 내는 것,

적절한 정도로 화를 내는 것,

적절한 목적을 위해 화를 내는 것,

그리고 적절한 방식으로 화를 내는 것. 이것은 쉬운 일이 아니다.

당신이 화가 나면 억제하지 말고 표현하라. 분노를 표현하되 자신과 타인에게 상처를 주지 않는 바람직한 방법으로 표현하라. 우리는 활시위를 당겨 과녁을 향해 화살을 날린다. 과녁을 향해 날아간 화살이 과녁이 아니라 자신에게 날아온다면 큰일이다. 누군가에게 표현해야 할 분노를 자기에게 표현하면 자학이 되고 심하면 자살이 된다. 이것이 게슈탈트치료에서 접촉경계 장애기제인 반전(retroflection)이다.

5. 미리 써 보는 유언장

1980년대 초반에 필자는 30대 초반이었는데, 이때 나는 석사과정을 마치고 서강대학교와 전남대학교에서 상담자로 일했다. 그 당시에는 '미리 써 보는 유언장'을 통해 사람들이 현재의 삶을 보다 더 열심히 살아가도록 프로그램을 구성해 실시한 적이 있었다. 감수성 훈련이라는 프로그램의 마지막에는 유언장을 쓰고 생생히 자신의 죽음을 체험하도록 실제로 관에 들어가는 경험까지도 해 보는 성취동기 프로그램이 꽤 많이 실시되었다. 그 당시에 작성했던 유언장의 프로그램 내용 중에 기억나는 몇 가지 의미 있던 질문을 소개하면 다음과 같다.

- 당신이 했던 일 중에 가장 후회하는 것은 무엇입니까?
- 당신이 했던 일 중에 가장 자랑스럽게 생각하는 것은 무엇입니까?
- 만약 당신이 살 기간이 6개월밖에 남아 있지 않다면, 당신이 꼭 하고 싶은 일 세 가지를 적어 보세요.
- 당신이 사랑하는 사람(아내나 남편, 자녀 등)에게 꼭 하고 싶은 말이 무엇입니까?
- 당신의 사망소식을 듣고 애도하기 위해 모든 것을 제치고 찾아올 친구들을 적어 보세요.

• 당신의 사망소식을 듣고 당신을 정말 미워했던 사람이 당신에 대해 어떻게 말할 것인지를 적어 보세요.

그 당시에는 나의 죽음이 먼 미래의 일처럼 생각되었다. 하지만 그 당시에 미리 써 보는 유언장에 들어갈 내용이 무엇일까에 대해 동료들과 얘기하고 생각해 보면서 많은 것을 느끼고 배웠던 것 같다. 35년 이상의 세월이 지나가 버린 지금, 그동안 가까운 사람들의 죽음에 대한 경험을 하고 난 지금, 그리고 그때보다 상담심리학자로서 나의 지식과 경험이 많이 확장된 지금, 이 글을 쓰면서 감회가 정말 새롭다. 더불어 개인의 유언장은 그가 태어나서 죽을 때까지 어떤 일을 하며 어떻게 살아왔고 부모에게 어떤 유언을 받았는가에 따라 다르고 독특하겠다는 생각을 해 본다.

나는 6남 1녀 중에 다섯째로 태어났다. 죽음과 관련하여 개인적으로 나를 가장 마음 아프게 했던 사건은 큰형님이 지금의 내 나이 이전인 60대 중반에 위암으로 사망한 것이다. 큰형님이 어린 세 명의 손자들을 보면서 저 꼬맹이들 결혼할 때까지 살았으면 좋겠다고 말했던 기억이 아직도 생생하다. 더 마음을 아프게 했던 일은 형님이 항암치료를 끝낸 후에 함께 요양병원에 계신 어머니께 방문해서 "이제 다 나았다."라고 말했었는데, 암이 다른 부위에 전이가 되어 몇 개월 후에 사망하고 나서 일어난 일이다. 그 당시에 어머니는 92세였고 백내장으로 인해 거의 실명한 상태에서 음성으로만 누구인지 알아보셨다. 연로한 어머니를 생각해서 형제들과 상의를 한 후에 형님의 사망에 대해서는 어머니께 알리지 않기로 결정하였다.

내가 병원에 방문할 때마다 병원에 찾아오지 않는 큰형님과 관련하여 어머니께서는 "너의 큰형이 다시 병이 재발되어 많이 아파서 못 오는가 보다."라고 얘기했을 때는 가슴이 미어지는 심정이었다. 그렇게 방문할 때마다 형님에 대해 묻고 걱정하면서 8년을 더 사시고 2019년 100세의 나이에 어떤 유언도 남기지 않고 돌아가셨다. 나의 아버지는 내가 군대생활을 하던 중인 1979년에 61세의 나이로 사망하셨는데, 녹음으로 나와 관련하여 했던 유언은 내가 사범대학 출신으로 혼자 앞가림은 할 수 있으니 금전적 유산은 주지 말고 결혼할 때 형제들이 도와주라는 내용이었다. 아버지의 유산 분배와 관련하여 그 당시에는 젊은 나이에 다소 섭섭한 마음도 있었다. 하지만 아버지의 현명한 판단 덕분에 내가 홀로서기 위해 안간힘을 다하면서 살아왔다는 생각이 들어 지금은 아버지께 고마움을 느낀다.

나는 딸과 아들이 있는데 모두 대학을 졸업했으며 딸은 2019년에 결혼을 했고 아들은 2022년 3월에 미국에서 결혼을 했다. 현재 나는 아버지로서 나의 자녀들에게 내가 해 줄 것은 나름대로 다 해 주었다고 생각하는데 그들이 어떻게 생각하고 있는지는 모른다. 현재 나의 생활에 대해 가끔 나의 건강과 관련해서 피드백을 해 주는 유일한 사람은 나의 아내이다. 나의 아내는 나보다 훨씬 생활력도 강하고 경제력도 있어 내가 먼저 죽어도 별 탈 없이 잘 생존할 수 있으리라고 믿는다. 이렇게 글을 쓰다 보니 내 가족구성원에게는 특별하게 유언할 것이 없는 것 같다.

내가 개인적으로 상담공부를 했으면 하는 생각을 가진 것은 1975년인 대학 2학년 때였다. 지금까지의 나의 삶을 돌이켜 보면, 나의 세대의 대부분의 남성이 그러리라 여겨지는 것처럼, 나는 가족과 생활한 것보다 나의 전문직인 상담심리학과 관련해서 보낸 시간이 훨씬 많았다고 생각한다. 다시 말하면, 상담심리학과 관련한 동료상담자들, 제자들 그리고 내담자들과 보낸 시간이 가족과 같이 보낸 시간보다 훨씬 많았다. 더불어 대학교수로서 상담심리학과 관련한 연구와 책을 저술하는 데 정말 많은 시간을 보냈다. 그리고 퇴임하고 5년 3개월이 지난 지금은 필요할 때 심리상담연구소에 가끔 방문하고 집에 있는 2층 서재에서 바쁘게 지내고 있다. 특히 현재 내가 이 글을 쓰고 있는 것처럼, 내 홈페이지에 좋은 칼럼을 많이 써서 조력전문가들, 조력을 필요로 하는 사람들, 그리고 정신건강에 관심이 있는 사람들에게 조금이라도 도움이 됐으면 하는 마음으로 불철주야 노력하고 있다.

이렇게 나의 삶과 죽음에 대해 생각하다 보니 나의 삶에 영향을 주었던 인간의 삶과 죽음에 대한 몇 가지 명언들이 떠오른다. 가장 먼저 생각나는 말은 공동체 안에서 정해진 규칙에 따라 살 것을 강조하면서 형장의 이슬로 사라진 소크라테스(Socrates)가 말한 "악법도 법이다."이다. 그리고 파스칼(Pascal)이 인간은 생각하는 동물로서 신체적으로는 연약하지만 위대하다는 것을 은유적으로 표현한 "인간은 연약한 갈대에 불과하다. 하지만 인간은 생각하는 갈대이다."가 떠오른다. 역시 생각을 강조한 데카르트(Descartes)의 "나는 생각한다. 그러므로 나는 존재한다."가 떠오른다.

마지막으로, 생각보다 실존의 중요성을 강조했던 실존주의 상담자인 메이(May)가 말했던 "나는 존재한다, 그러므로 나는 생각하고, 느끼고, 행동한다(I am, therefore I think, I feel, and I do)."가 떠오른다. 특히 메이가 오직 한 번뿐이고 되풀이될 수 없는 우리의 삶을 열심히 살 것을 강조하면서, 그를 인터뷰한 기자의 질문에 해학적인 은유로 대답했던 말이 기억난다. 기자가 메이에게 흔히 우리들이 TV를 통해 듣는 "만약 당신이 다시 태어나서 삶을 산다면, 당신은 어떻게 삶을 살 것입니까?"란 질문을 하였다. 메이는 다음과 같이 대답했다. "나는 다시 삶을 살고 싶지 않습니다. 왜냐하면 내가 다시 삶을 산다면, 나에게 삶은 너무 권태로울 것 같기 때문입니다."

이렇게 '미리 써 보는 유언장'을 생각하면서 글을 쓰다 보니 유언장에 쓸 내용이 뚜렷이 정리가 된 것 같다. 미리 써 보는 나의 유언장은 대강 다음과 같지 않을까 하고 생각해 본다.

> "살아 있는 동안에는 희망이 있다. 어떤 어려움에도 포기하지 말고 격려하고, 격려하고, 또 격려하면서 눈을 크게 뜨고 열심히 살아라."

제17장

경험의 중요성

경험은 나에게 최고의 권위이다.
– 로저스 –

경험이 많은 전문상담자들은 사람들이 건강한 삶을 영위하려면 경험하기를 통해 알아차리고 배울 것을 강조한다. 우리의 삶이 풍요롭고 만족스러운 과정이 되도록, 우리는 다양한 경험을 통해 배우는 것이 필요하다. 상담자로서 필자가 한 학자의 도움을 얻어 직접 새롭게 만든 사자성어인 지험무애(知驗無涯), 즉 "지식과 경험은 끝이 없다."라는 말을 몹시 좋아하고 실천하도록 노력하고 있다. 로저스(Rogers)는 "모든 경험에 개방적이 돼라."라고 말했다. 그는 또한 "경험은 나에게 최고의 권위이다."라고 하였다. 따라서 우리의 지식과 경험을 확장하여 '정신적 지평(mental horizon)'인 식견을 높이는 것이 필요하다.

1. 접촉을 통한 경험의 중요성

우리는 유기체로서 접촉을 통해 경험한 사실을 알아차린다. 펄스가 발견한 게슈탈트치료는 실존의 경험을 강조하는 경험적 치료이다. 우리는 유기체로서 접촉을 통해 경험한다. 우리의 접촉은 선택의 결과이다. 따라서 개인이 생산적인 접촉을 이루기 위해 현명한 선택을 하는 것이 요구된다. 모든 유기체는 접촉을 통해 경험한다. 우리는 접촉을 통해 경험한 사실을 자각한다. 우리가 제대로 접촉하지 못하도록 해서 전체로의 통합을 방해하는 것이 접촉경계 장애기제이다. 현재에서만 우리의 오관을 통한 자각하기는 일어날 수 있다. 이런 점에서 게슈탈트치료는 지금-여기에서 유기체가 경험하는 것의 자각하기를 강조한다.

경험을 통한 자각이 없으면 아무것도 없다. 게슈탈트치료의 철학적 기반을 실존주의와 자각 혹은 알아차림이라고 한다. 유기체는 실존이다. 우리는 유기체로서 경험하며 삶을 유지한다. 펄스는 "자각은 경험이다. 경험은 자각이다. 자각이 없으면 아무것도 없다."라고 지적하였다. 유기체가 제대로 기능하지 못해 자신을 해칠 수 있는 일을 자각하지 못하면 실존을 위험하게 할 수 있다. 우리가 건전하고 충만한 삶을 유지하기 위해 충분한 자각이 필요하다. 우리의 오관이 원활하게 기능할 때 충분한 자각을 이룰 수 있다. 우리가 충분히 깨어 있는 상태에서 유기체의 경험은 원활하다. 게슈탈트치료는 현재를 강조한다. 왜냐하면 우리는 유기체로서 현재, 지금 이 순간에만 경험할 수 있기 때문이다.

우리는 유기체로서 자각을 통해 삶을 영위한다. 따라서 우리가 충분히 기능하는 삶을 유지하기 위해 오관을 통한 높은 수준의 자각이 필요하다. 우리가 충분히 자각하지 않으면 우리는 자신의 경험을 통해 자신의 관점을 형성하는 데 편협하게 된다. 우리는 다문화 사회에서 살고 있다. 인간 사회에 절대적 진리는 없다. 진리는 상대적이다. 문화적 상대주의(cultural relativism)에 근거해서 우리와 다른 상대방의 문화를 이해하려는 노력이 필요하다. 문화적 차이는 개인이 경험을 통해 어떤 입장이나 관점을 형성하게 한다. 문화적 차이로 인해 우리가 경험하지 못한 타인의 입장에 개방적으로 접근하는 것이 요구된다. 아리스토텔레스(Aristotle)가 지적한 것처럼 인간은 사회적 동물이다. 즉, 개인은 자신이 속한 사회의 영향을 받아 생활습관을 형성하는 문화적 동물이다.

당신의 관점은 서로 매우 다른 문화적 배경에서 다른 경험을 하며 성장한 사람의 관점과 다를 수 있다. 문화적 동물로서 우리가 서로 다름을 알아차리고 수용하는 것이 요구된다. 나의 경험에서 비롯된 관점과 다르다고 해서 무시하거나 무조건 틀리다는 편협한 사고방식에서 벗어나는 것이 필요하다. 우리 각자의 경험에서 비롯된 나의 관점과 타인의 관점의 차이를 알아차릴 문화적 민감성이 필요하다. 우리 자신의 경험에 의해 형성된 자신의 관점을 냉정하게 바라보면서 자신의 편견을 이해하는 것이 필요하다. 우리는 매 순간 모든 경험에 개방적이 되어 자신의 편견을 최소화해서 상대방을 이해하려는 노력을 경주해야 한다.

불교의 선사들이 일상적으로 하는 말이 "깨어 있어라, 혹은 열려 있어라."이다. 깨어서 자각하라. 모든 경험에 열려 있어 편견을 줄이고 진실을 보라. 우리가 깨치기 위해서는 모든 경험에 개방적이어서 만물의 섭리를 자각하라는 뜻으로 여겨진다. 펄스는 건강한 삶을 위해 유기체의 지혜를 강조하였다. 유기체의 지혜를 믿는 개인은 자신의 생물학적 및 정신적 신진대사를 원활히 하는 데 지금-여기에서 자신의 자각을 신뢰하며 기능하는 사람이다. 현명한 사람은 자신의 지식과 경험을 끊임없이 확장하면서 자각과 숙고를 통해 깨달음에 도달한다.

석가모니는 자신의 고행 경험을 통해 그의 큰 자각, 즉 깨달음, 해탈에 도달했다. 그와 유사한 경험을 해 보지 못한 사람은 그러한 자각을 할 수 없다. 왜냐하면 지적한 것처럼 경험은 자각이기 때문이다. 관찰학습을 강조한 밴듀라(Albert Bandura)가 지적한 것처럼 성공과 행복을 위해 자기효능감(self-efficacy)을 높일 수 있는 가장 강력한 방법은 개인이 직접 실천해서 획득한 자신의 성취 경험이다. 개인은 남들이 할 수 없는 자신의 경험, 즉 독특한 주관적 경험을 통해 자각을 이룰 수 있다.

불교의 선사들은 십우도(十牛圖)를 통해 진아(眞我)를 찾는 장기간의 게슈탈트 과정으로 수많은 경험을 하면서 게슈탈트의 완성인 자신만의 깨달음 경험을 하게 된다. 마찬가지로 서구철학의 대부로 여겨지는 소크라테스(Socrates)도 "너 자신을 알라"란 명제를 던졌다. 정말 '나는 누구인가?' 나의 진아는 무엇인가? 분명 나는 나이다. 그렇다면 나는 무엇인가? 내가 자각하는 모든 것이 나이다. 이런 점에서 성철스님은 "저 하늘에 떠 있는 별들도 나이고 스치는 바람도 나이다."라고 언급하였다. 왜냐하면 유기체로서 내가 그러한 사실을 자각하기 때문이다. 정말 경험을 통한 자각이 없으면 아무것도 없다.

플라톤(Plato)은 캄캄한 동굴 속에서 사는 사람들의 모습을 바탕으로 동굴의 우상이란 은유적 묘사를 통해 경험의 중요성을 강조하였다. 동굴 속의 사람들 중에 도전정신이 강한 누군가가 모진 경험을 통해 동굴 밖으로 나왔다. 그 순간 그는 눈부신 햇빛을 목격하고 나서 다시 동굴 속으로 돌아가서 그가 경험한 놀라운 사실을 사람들에게 얘기한다. 그러한 놀랄 만한 경험을 해 보지 않는 사람들은 그의 얘기를 믿지 않았고 이상한 경험을 한 그에게 "저 사람은 미쳤다."라고 말한다.

철학자인 니체(Nietzsche)는 역시 『자라투스트라는 이렇게 말했다(Thus Spake Zarathustra)』에서 온갖 경험으로 깨달음에 도달한 자라투스트라를 통해 초인을 강조하였다. 경험을 해 보지 못한 대부분의 범인은 자라투스트라가 경험을 통해 획득한 내용을 듣고 그를 가리켜 "저 사람은 미쳤다."라고 말한다. 경험하지 못한 사람들은 경험자의 자각을 무시하고 비판한다. 이미 언급한 것처럼 타고난 상담자 혹은 상담의 성인이라 불리는 로저스는 '경험은 나에게 최고의 권위이다.'는 말을 그의 좌우명처럼 강조하고 실천하며 살았다. 그래서 그는 개인이 충분히 기능하는 사람이 되기 위해 모든 경험에 개방적이어야 함을 강조하였다.

2. 유기체의 지혜

산은 산이고 물은 물이다. 진실은 진실이고 거짓은 거짓이다. 그래서 바람직한 인간관계의 법칙으로서 "정직은 최선의 정책이다(Honesty is the best policy)."라고 말한다. 이런 이유 때문에 보편적인 삶의 지혜로서 가정이나 학교에서 부모나 교육자들은 자녀나 학생들에게 거짓말하지 말고 정직하게 살 것을 강조한다.

나는 나이고 당신은 당신이다. 가장 건강한 사람은 있는 그대로 자기를 수용하고 실현하는 사람이다. 우리가 건전하게 자기실현을 이루기 위해서, 우리는 유기체로서 자신을 신뢰하고 유기체의 지혜를 믿는 것이 필요하다. 우리는 유기체로서 오관이 깨어 있는 상태에서 자신의 자각을 신뢰하는 것이 필요하다.

잘 알려진 앤더슨(Anderson)의 『벌거숭이 임금님』에 대해 게슈탈트치료를 발견한 펄스는 어린애가 어떤 망상도 가지지 않고 그에게 임금님은 그가 직시한 것처럼 사실 그대로 발가벗고 있었다는 것을 지적하였다. 그는 어른들의 진실 왜곡에 대해 다음과 같이 시적인 표현으로 묘사하였다(Perls, 1969, pp. 24-25).

> 화가 난 어른들은 얼굴을 찡그렸다.
>
> "너는 그렇게 무례할 수가 없구나. 임금님의 옷은 아름답다. 어리석은 너는 단지 그것을 볼 수가 없다."
>
> 어린애는 어리벙벙해졌고, 세상이 무너진다.
>
> "내가 어떻게 나의 감각들을 믿을 수 있는가? 내가 볼 수 없다면 그들이 나를 미워하지 않겠는가! 나는 진실보다 더 그들의 사랑이 필요하다. 그것은 받아들이기가 힘들다. 그러나 나는 적응에 있어 나의 교훈을 택한다."

> 그것은 다르게 일어날 수 있었다. (누가 이야기들의 법칙을 아는가?)
>
> 만약 내가 어린애에게 "왕, 왕이 발가벗었다!"라고 소리치도록 허락한다면, 그리고 어떤 얼굴 찡그림이나 비난도 어린애의 창피를 억누르지 않는다면, 그는 속임을 참고 있는 바보들의 가면을 벗길 수 있었다. 오, 나의 타락한 왕이여. 부끄럽게 여겨라. 자기기만, 기만된 자여!

어린애가 목격한 것처럼 정말 진실은 발가벗은 임금님은 발가벗은 임금님이다. 자기기만적인 임금님과 위선적인 어른들처럼 되지 않고 있는 그대로 우리는 우리 자신이 되는 것이 필요하다. 우리가 가진 단점과 장점이 우리이다. 우리는 그것을 정확히 알아채서 단점은 극복하고 장점은 신장시키는 것이 필요하다.

펄스의 게슈탈트 기도문에 등장하는 "나는 나이고, 당신은 당신이다."라는 구절과 함께 성철스님이 법문으로 제시해 회자되어 온 "산은 산이고, 물은 물이다."라는 표현이 먼저 떠오른다. 펄스는 스타인(Gertrude Stein)이 언급한 "장미는 장미이고, 장미는 장미이다."라는 표현으로 자기실현의 본질을 이해하는 데 여러 해가 걸렸다고 고백했다. 로저스(Carl Rogers)도 "나는 나 자신을 수용적으로 경청하고 나 자신일 수 있을 때 보다 효율적임을 발견한다. 신기한 역설은 내가 있는 그대로의 나를 수용할 때 내가 변화한다는 것이다."라고 기술하였다.

진정한 변화는 있는 그대로 내가 나 자신 그리고 당신이 당신 자신이 되는 것이다. 우리는 대중매체가 난무하는 시대에서 타인을 모방하고 동조하는 행동에 익숙해 있다. 프롬(Erich Fromm)이 지적했던 것처럼 우리는 자동적 동조 현상에 편승해서 자신의 정체성을 쉽게 상실할 수 있는 환경 속에 살고 있다. 정말 진정한 자기를 찾아 자기실현을 하는 것이 쉽지 않은 현실 속에 던져져 있다. 자본주의의 시장문화가 압도하는 현실 속에서 그리고 개인의 독특한 개성도 포장되고 상품화되는 사회적 현상 속에서 나를 지키고 진정한 나를 찾는 것이 쉽지 않다. 호나이(Karen Honey)가 지적한 것처럼 우리는 자신의 사랑과 안전을 지키기 위해 신경증적 성격을 쉽게 형성할 수 있다. 우리는 타인으로부터 사랑받고 자신의 안전을 지키기 위해 내가 아닌 내가 되도록 요구하는 사회적 압력 속에서 나를 지키는 데 많은 어려움을 경험하고 있다.

장미는 장미이고, 장미는 장미이다. 무궁화꽃은 무궁화꽃이고, 벚꽃은 벚꽃이다. 우리 속담에 뱁새가 황새 걸음하면 가랑이가 찢어진다는 말이 있다. 펄스가 지적한 것처럼 누군가가 "나는 에이브러햄 링컨이다."라고 하면 그는 정신분열증 환자이다. 그리고 누군가가 "나는 에이브러햄 링컨과 같은 사람이 되고 싶다."라고 하면 그는 신경증적 환자이다. 사람들은 이렇게 내가 아닌 누군가가 되려고 노력한다. 그래서 우리 주변에 신경증적 성격을 가진 사람들이 난무한다. 그래서 펄스는 가장 건강한 사람은 "나는 나이고, 당신은 당신이다."라고 분명히 말할 수 있는 사람이라고 지적하였다.

3. 경험의 중요성

많은 사람이 그 정도는 다르지만 신경증으로 힘든 삶을 영위하고 있다. 만약 당신이 신경증적 고통으로 어려움을 겪고 있다면, 대부분 누군가로부터 당신에게 주입된 내사된 가치(introjected value)가 영향을 주고 있다고 볼 수 있다. 여기서 말하는 주입된 내사된 가치는, 유기체로서 우리가 접촉을 통한 경험을 통해, 즉 체득해서 얻는 가치, 지식, 생각, 신념 등이 아니라, 경험하지 않고 주입된 가치, 지식, 생각, 신념 등을 의미한다. 쉽게 설명하면, 주입식 교육이나 세뇌교육을 통해서 획득된 우리의 태도를 결정하는 생각이나 신념을 말한다.

인간은 생각하는 동물이다. 그리고 우리는 각자 자신의 신념에 따라 행동한다는 것을 부정할 수 없다. 그리고 그러한 신념이나 믿음이 확고하면 확고할수록 인지부조화를 경험하지 않고 신념에 따라 행동한다. 심리학에서 인간행동에 대한 획기적인 연구로 알려진 인지부조화 이론을 제안했던 페스팅거(Leon Festinger)는 필자가 대학원 석사과정에 있었을 때 개인적으로 나에게 심리학 공부에 대한 매력을 강하게 느끼게 했던 사회심리학자이다.

인지부조화 이론의 핵심적 내용은, 사람들이 음악의 불협화음을 싫어하고 협화음을 좋아하듯이, 개인의 신념이 강하면 그러한 신념에 상반된 일이 일어난다고 해도 인지부조화를 경험하지 않고 자신의 인지 · 생각 · 신념에 일관되게 행동한다는 것이다. 페스팅거는 종말론을 믿고 은밀하게 포교를 해 온 일군의 종교집단의 행동을 관찰하였다. 그 종교에서 종말을 예언했던 날짜와 시간에 아무런 일이 일어나지 않았을 때, 신도들은 틀린 예언에 교주를 비판하거나 공격하기보다 자신들의 신념에 일관된 행동으로 피켓을 들고 그들의 종교를 홍보하기 위해 거리로 뛰쳐나왔다. 페스팅거가 이러한 인간행동의 현상을 관찰해서 연구한 결과가 인지부조화 이론이다.

상담자로서 필자가 안타까움과 더불어 세뇌된 가치나 신념이 우리에게 심각하게 영향을 미친다는 것을 강하게 깨달았던 상담경험을 소개하고자 한다.

1992년 국내에서 다미선교회의 종말론인 휴거로 인해 떠들썩할 때, 나는 LA에 있었다. 내가 LA에서 내담자로 만났던 어머니는 오래전에 이민 와서 안정된 생활을 해 왔는데, 딸이 종교(아마도 다미선교회)에 빠져 있고 만나고 싶은데 도저히 만날 수가 없으니 딸을 설득해서 만날 수 있게 해 주라는 것이었다. 나는 다양한 노력을 통해 어머니가 원하는 것을 해결해 주도록 노력하다가 되지 않자 경찰을 통해 만나게 하려고 시도하였다. 상담의 최종 결과는 이렇다. 딸이 이제 막 20세가 된 성인이어서 경찰도 강제로는 딸을 그 교회에서 끌어낼 수 없다는 것이었다. 나를 더 가슴 아프게 했던 것은 어머니가 교회 근처에 자주 찾아가자, 딸이 성인으로서 어머니가 교회 근처에 오지 못하도록 법원에 접근금지 명령을 위한 소장을 냈다는 사실이었다. 이 사례는 나에겐 우리에게 주입된 신념이 행동에 미치는 영향의 중요성을 체득하였던 상담경험이었다.

게슈탈트치료를 개발한 펄스는 개인이 유기체로서 접촉을 통한 경험을 제대로 하지 못해 신경증을 갖게 된다고 주장하였다. 그는 우리가 유기체로서 접촉을 통한 경험에서 비롯된 자각 혹은 알아차림(awareness)의 중요성을 강조하는 의미에서 "당신의 정신을 버리고, 당신의 감각으로 돌아오라(Lose your mind, come to your senses)."라고 하였다. 개인이 유기체로서 건강한 삶을 살아가기 위해 '접촉에 의한 경험하기'를 통한 알아차림이 필요하다. 이런 점에서 상담자로서 성인(saint)으로 불리는 로저스(Rogers)도 내담자가 가치의 조건화에 따라 형성한 '내사된 가치(introjected value)'를 심리적 문제의 주요한 원인으로 생각하였다. 그래서인지 그는 "경험은 나에게 최고의 권위이다(Experience, for me, is the highest authority)."라고 하였다.

우리는 수많은 시도와 시행착오를 통한 경험을 통해 새로운 사실들을 배우고 보다 더 숙달되게 할 수 있다. 누구도 어떤 것을 배울 때 첫 시도 혹은 첫 접촉에서 잘할 수 없다. 우리는 실수하고 미숙함을 보인다. 우리는 수많은 시도와 실패라는 접촉을 통해 과녁의 한복판을 맞출 수 있게 된다. 나는 많은 사람이 아들러가 강조한 시도할 용기, 불완전할 용기를 갖고 자기격려를 하며 낙담하지 않고 살았으면 한다.

펄스가 다음 글에서 지적한 것처럼, 사람들이 자신의 실패한 시도와 실수를 통해 배우고 불완전한 존재로서 있는 그대로 자신을 수용할 용기를 가졌으면 한다.

> 나는 수천의 실패한 모든 시도를 사랑한다. 거기에는 단지 한 개의 과녁의 한 복판과 수천의 좋은 의지가 있다. 친구여, 완전주의자가 되지 마라. 완전주의는 저주 그리고 긴장이다.
>
> 당신은 과녁의 한복판을 맞추지 못할까 봐 두려워서 떤다. 만약 당신이 있는 그대로 놔둔다면 당신은 완전하다. 친구여, 실수하는 것을 두려워하지 마라. 실수는 죄악이 아니다. 실수는 다른 어떤 것, 아마도 창조적으로 어떤 것을 하는 방법이다.
>
> 친구여, 당신의 실수에 대해 부끄럽게 생각하지 마라. 그것에 대해 자랑스러워하라. 당신은 자신의 중요한 어떤 것을 줄 수 있는 용기를 가졌다.

4. 바람의 색깔은 무엇인가?

바람의 색깔이 무엇인가? 이 글을 읽은 당신도 바람(wind)의 색깔이 무엇인지 잠시 생각해 보고 대답해 보기 바란다. 아마도 대부분의 어린아이의 대답은 바람에 색깔이 없기 때문에 '무색'이라고 답변하리라고 여겨진다.

게슈탈트치료를 개발한 펄스(Frederick S. Perls, 1893~1970)가 미국에서 게슈탈트치료를 하다가 갑자기 동양의 선(禪) 수련을 배우고 싶다는 게슈탈트가 나타나 그러한 게슈탈트를 완성하기 위해 그가 해 왔던 모든 일을 제치고 일본으로 와서 선 수련을 시작했다. 선 수련을 받고 있는 과정 중에 어느 날 선사가 선 수련생들에게 내준 화두가 "바람의 색깔이 무엇인가(What is the color of wind)?"

였다.

아마 당신도 바람의 색깔은 무색, 빨간색, 파란색, 노란색 등 어떤 색깔이라고 답하지 않았을까 미루어 짐작해 본다. 필자도 처음에 '무슨 색일까?' 하면서 그렇게 생각했었다. 그런데 펄스는 의외의 대답을 했다. 그의 설명에 의하면 다음과 같다. "나는 선 수련생으로서 가부좌하고 앉아 있는 상태에서 벌떡 일어나 나의 선사에게 다가가서 그의 얼굴에 대고 입으로 '후–'하고 바람을 불고 나서 '이것이 나의 답입니다(This is my answer).'라고 대답했다."라고 했다. 그런 다음에 그가 덧붙여서 "나의 답은 게슈탈트치료 이론에 근거해서 그렇게 했다."라고 설명했다. 이것이 펄스가 "바람의 색깔이 무엇인가?"란 화두에 대해서 그의 자서전에서 설명한 내용 전부이다.

앞에서 설명한 내용은 펄스가 사망하기 1년 전인 1969년에 저술한 자서전인 『쓰레기통의 안과 밖(In and out of the garbage pail)』으로 출판된 책에 기술된 것이다. 이 책은 게슈탈트치료에 매력을 느끼고 있었던 필자가 미국에서 귀국한 후 가장 먼저 번역한 책으로 1996년에 『펄스의 게슈탈트적 자기치료』란 제목으로 출판되었다.

여기서는 나름대로 꽤 오랫동안 게슈탈트치료를 공부해 온 필자의 지식과 경험을 바탕으로 게슈탈트치료자로서 펄스의 화두에 대한 정말 탁월한 대답에 대해 설명하고자 한다.

게슈탈트치료를 이해하는 데 있어서 가장 중요한 개념이 접촉과 자각이다. 접촉은 유기체와 환경 간의 창조적 교류 혹은 적응이다. 우리는 접촉에 의해 성장하고 변화한다. 개인은 타인 및 환경과의 접촉을 통해 존재한다. 접촉은 당신이 당신을 둘러싸고 있는 당신이 아닌 모든 것과의 관계에서 당신을 경험하게 하는 접점이다.

펄스는 유기체의 자각 혹은 알아차림을 통한 접촉의 결여를 심리적 장애의 주요한 원인으로 보았다. 게슈탈트치료에 따르면 심리적으로 건강한 사람은 유기체로서 오관의 접촉을 통한 경험에 의한 알아차림을 제대로 하는 사람이다. 반면에 신경증 등으로 고통받고 있는 사람은 접촉경계 장애기제로 인해 알아차림을 제대로 하지 못해 게슈탈트 순환을 통한 게슈탈트의 완성인 통합을 이룰 수 없다. 건강한 삶을 위해 펄스가 "당신의 정신을 버리고, 당신의 감각으로 돌아오라(Lose your mind, come to your senses)."라고 강조한 것도 같은 맥락에서 이해할 수 있다.

펄스가 선사에게 입으로 바람을 불어 답한 것도 유기체로서 바람의 접촉을 통한 경험에 의한 알아차림을 나타낸 것이다. 좀 더 알기 쉽게 유기체의 접촉과 관련해서 바람의 색깔을 계절에 따라 다음과 같이 표현할 수 있다. 이른 봄에 우리의 몸을 따뜻하게 하는 바람을 따스한 봄바람, 몹시 더운 여름날에 땀을 식혀 주는 바람을 시원한 바람, 늦가을에 부는 바람을 쌀쌀한 바람 그리고 추운 겨울에 부는 바람을 살을 에는 바람이라고 한다. 그래서 펄스는 유기체의 접촉에서 자각 혹은 알아차림은 강렬하다고 하였다. 자각을 통한 접촉을 방해하는 접촉경계 장애기제는 프로이트가 제안한 방어기제와 유사하다.

상담자로서 펄스가 강조했던 핵심 질문 중의 하나가 "당신은 지금 무엇을 두려워합니까(What are you afraid of now)?"이다. 이 말을 접촉이란 표현을 사용하여 다르게 표현하면 "당신이 지금 접촉하기를 두려워하는 것이 무엇입니까?" 혹은 "당신은 지금 무엇이 두려워서 접촉하지 않고 회피하거나 도피하십니까?"라고 말할 수 있다.

인간은 누구나 타인으로부터 긍정적 존중을 받기를 원한다. 인간중심치료를 개발한 로저스(Carl Rogers, 1982~1987)는 만약 상담자가 내담자에게 공감적 이해, 일치성, 무조건적 긍정적 존중을 태도로서 일관되게 보여 주면 내담자가 변화한다고 하였다. 로저스가 상담자로서 성인(saint)이라고 불리는 이유는 도움을 요청한 내담자 입장에서 보면 정말 그러한 이유를 알 수 있다. 로저스는 심리적 문제를 가진 대부분의 사람이 어렸을 때 부모로부터 긍정적 존중을 받기 위해 가치의 조건화에 따라 형성한 '내사된 가치(intojected value)'에 따라 행동하는 것으로 믿었다. 아이들은 부모로부터 긍정적 존중을 받기 위해, 부모가 설령 그들을 공감도 해 주지 않고, 일치성을 보이지도 않고, 조건적 긍정적 존중의 태도를 보여도, 가치의 조건화에 따라 인간에 대한 그러한 가치를 내재화해서 내사된 가치를 형성한다고 믿었다. 예를 들면, 아이들은 부모가 그들을 부적절한 태도로 대해도 '착한 아이'가 되고 '나쁜 아이'가 되지 않기 위해 가치의 조건화에 따라 내사된 가치를 형성한다. 이렇게 가치의 조건화에 의해 부적절하게 형성된 내담자의 내사된 가치를 변화시키기 위해 로저스는 상담자가 내담자에게 공감적 이해, 일치성 그리고 무조건적 긍정적 존중의 태도를 보여 그가 경험할 수 있도록 해야 한다고 믿었다.

이와 대조적으로 펄스는 내담자가 자신의 문제에 접촉을 통해 직면하도록 '뜨거운 자리(hot seat)'나 '빈의자 기법'과 같은 다양한 역설적 기법을 사용해서 조력했기 때문에 내담자 입장에서 보면 악마(devil)라고 불릴 수 있다. 펄스가 주장한 접촉경계 장애기제인 내사(introjection)는 접촉에 의해 경험되지 않고 주입되어 자신에게 통합되지 않는 내사적 가치가 작동해서 신경증적 장애를 야기하게 된다는 것이다. 예를 들면, 당신이 음식물을 먹었는데 그 음식물에 이물질이 있어서 당신의 몸에 통합되지 않고 당신 몸에 그대로 남아 있다면 결국에는 당신을 해치게 된다는 것이다. 다시 말하면, 내사에 의해 주입된 내사된 가치는 내 안에 있는 또 하나의 나로서 작동해서 갈등을 야기해 신경증을 유발하게 된다는 것이다.

내사는 타인의 신념과 가치를 우리 자신이 가지고 있는 가치와 통합함이 없이 무비판적으로 수용하는 것을 말한다. 그리고 내사된 가치는 주입된 가치이다. 이런 주입된 가치는 충분히 이해되고 통합되지 않는 가치로, 가치갈등의 원인으로 작동한다. 내가 접촉하여 이해하지 못하고 나의 것으로 만들지 못했다면 그것은 내가 되지 못하고 나의 것이 되지 못한다. 당신이 음식물을 먹어 그것을 충분히 소화시키지 못한다면 그것은 당신이 아니다. 그것은 당신의 건강을 해치는 이물질이 된다. 이렇게 내사는 당신이 가지고 있으면서도 당신이 아닌 다른 어떤 것이다. 이러한 이물질은 암적인 존재로서 당신에게 통합되지 않고 남아서 당신을 괴롭히고 있다.

당신이 낙담하여 당신이 가진 문제에 접촉할 힘을 상실한 채 있다면, 당신은 결코 당신의 문제를 해결할 수 없다. 그래서 당신의 문제에 접촉할 힘을 주는 격려를 통한 용기가 필요하다. 당신이 두려워하는 어떤 심리적 문제를 회피하고 도피하는 것보다 접촉할 용기를 가지고 맞설 때 그러한 문제를 해결할 수 있다.

요즈음은 정보통신의 발달 및 코로나19로 인해 우리는 서로 얼굴을 맞대는 접촉이 현저하게 줄어든 생활을 하고 있다. 만약 당신이 누군가와 접촉을 못해 심한 고독감을 느낀다면, 주저하지 말고 누군가와 접촉을 통해 당신의 외로움을 해소할 수 있기를 기원한다. 가까운 지인이 나에게 "삶은 선택의 과정이다."라는 것을 강하게 주장했던 일이 떠오른다. 정말 삶은 끊임없는 선택의 과정이고 선택에 따라 행동이 이루어진다. 사회적 존재로서 우리의 삶은 선택에 따른 누군가와 접촉을 통한 만남으로 점철되어 있는 것이 분명하다. "필요할 때 도움을 주는 친구가 진정한 친구이다."라는 속담이 있는 것처럼, 당신이 매일매일 실천하는 접촉을 통한 누군가와의 만남이 서로에게 도움이 되길 역시 기원해 본다.

제18장

성공을 위한 자기완성 추구

개인의 진정한 성공은 자기완성이란 목표를 달성하기 위해 격려, 사회적 관심, 그리고 사회적 평등을 통해 자신감과 책임감을 가지고 자신의 열등감을 극복해 가는 과정에서 일어난다.

– 노안영 –

1. 진정한 성공을 위한 습관과 성격

인간은 누구나 성공할 수 있다. 왜냐하면 성공(success)은 행복처럼 객관적이기보다 주관적이기 때문이다. 다시 말하면, 인간의 성공에 대한 평가는 다른 사람들에 의해 내려지는 것보다 개인의 주관적 평가에 근거한다는 것이다. 국어 혹은 영어사전에 '성공자' 혹은 '성공인'이라는 단어는 없다. 즉, 어떤 일을 훌륭하게 수행한 사람을 말할 때 호칭하는 성취자(achiever) 혹은 누군가와 경쟁하여 이긴 사람을 호칭하는 승리자(winner)란 말은 있지만, 성공자 혹은 성공인이란 말은 없다.

누구나 성공할 수 있기 때문에 당신도 성공할 수 있다. 쉽게 말하면 당신이 성공한 사람이라고 생각하고 느끼면 성공한 사람이 되는 것이다. 이것은 "나는 행복한 사람 혹은 불행한 사람이다."라고 주관적으로 평가하여 자신의 현재 상태를 표현하는 것과 같다.

당신이 성공하기 위해서는 성공을 위한 습관과 성격이 필요하다. 이에 당신이 성공하기 위해 필요한 습관과 성격이 어떤 것인가를 파악하는 것이 요구된다. 다음의 심리학자들이 제시하는 성공을 위한 습관과 성격을 참조하면서 당신이 성공적인 삶을 영위할 수 있기를 기원해 본다.

1) 성공을 위한 습관

인간은 성공을 지향하며 누구나 성공할 수 있는 가능성을 갖고 있다. 성공이란 개념은 행복처럼 객관적 평가를 내릴 수 있는 것이 아니다. 다시 말하면, 인간의 성공은 주관적 평가에 의한 것이다. 따라서 당신은 성공할 수 있다. 코비(Covey, 1990)는 성공하는 사람의 일곱 가지 습관을 제시하여 우리에게 잘 알려져 있다. 그가 강조한 성공하는 사람의 일곱 가지 습관을 요약하면 다음과 같다.

첫째, 주도적이어라(사적 비전의 원리).

둘째, 마음에 목적을 가지고 시작하라(사적 리더십의 원리).

셋째, 우선순위를 정하라(사적 관리의 원리).

넷째, 서로 이기는 것을 생각하라(대인관계의 원리).

다섯째, 먼저 상대방을 이해하려고 노력하고 나서 이해를 받으라(공감적 의사소통의 원리).

여섯째, 통합-전체는 부분의 합 이상이다(창조적 협동의 원리).

일곱째, 부단히 자기갱신을 위해 노력하라(균형된 자기갱신의 원리).

코비는 성공하는 사람의 습관을 사적 및 공적 습관으로 구분하여 설명하고 있다. 그가 구분한 사적 습관은 사적 비전, 사적 리더십, 사적 관리이며, 공적 습관은 대인관계, 공감적 의사소통, 창조적 협동 원리이다. 이러한 사적 및 공적 습관 여섯 가지를 바탕으로 마지막 습관인 자기갱신을 강조하였다. 코비(Covey, 2001)는 이러한 일곱 가지 습관을 바탕으로 원칙중심의 리더십을 강조하고 있다. 그가 내세운 성공하는 원칙중심 지도자의 여덟 가지 특성은 다음과 같다.

- 끊임없이 배운다.
- 서비스 지향적이다.
- 긍정적 에너지를 발산한다.
- 다른 사람을 믿는다.
- 균형 잡힌 삶을 산다.
- 인생을 모험으로 여긴다.
- 시너지를 활용한다.
- 자기 쇄신을 위해 노력한다.

필자가 미국에서 공부하고 있을 때 도움을 주었던 책은 웨이틀리(Waitley, 1983)가 쓴 『위대한 성공의 10가지 요소』이다. 그가 내세운 개인의 성공을 위한 열 가지 요소는 다음과 같다.

- 자존심
- 창의성
- 책임감
- 지혜
- 목적
- 적응성
- 의사소통
- 신념
- 인내
- 관점

2) 성공을 위한 성격

우리는 성공을 위해 어떤 성격 특성을 가져야 하는지를 알 필요가 있다. 많은 심리학자가 강조한 건강한 성격을 바탕으로 인생에 성공을 이루기 위해 우리가 어떤 특성을 가져야 하는지를 제시하고자 한다. 예를 들면, 융(Jung)은 개성화를 이룰 것을 강조하였고, 매슬로(Maslow)는 자기실현을 강조하였다. 또한 올포트(Allport)는 성숙하고 건강한 성인 성격의 준거를 제시하였으며, 로저스(Rogers)는 충분히 기능하는 사람의 특성을 제안하였다. 여기서는 먼저 매슬로, 로저스, 올포트가 제안한 건강한 성격특성을 제시하고, 마지막으로 이러한 내용을 종합하여 이루어진 연구 결과를 제시하고자 한다.

매슬로가 제안한 자기실현자의 열두 가지 성격특성은 다음과 같다.

- 자기실현자는 현실에 대한 지각이 정확하다.
- 자기실현자는 자신, 타인, 자연을 수용한다.

- 자기실현자는 자발성, 단순성, 자연성을 보인다.
- 자기실현자는 자기 자신보다는 문제에 초점을 맞춘다.
- 자기실현자는 사적 생활을 즐긴다.
- 자기실현자는 인식의 신선함을 유지한다.
- 자기실현자는 신비적 혹은 절정경험을 한다.
- 자기실현자는 사회적 관심을 가진다.
- 자기실현자는 소수일지라도 두텁고 지속적인 대인관계를 가진다.
- 자기실현자는 민주적인 성격을 가진다.
- 자기실현자는 창의적이다.
- 자기실현자는 문화에 동화되지 않으며 사회적 유혹에 빠지지 않는다.

로저스가 제안한 충분히 기능하는 사람의 여섯 가지 성격은 다음과 같다.

- 충분히 기능하는 사람은 모든 경험을 자각한다.
- 충분히 기능하는 사람은 매 순간을 충실하게 산다.
- 충분히 기능하는 사람은 자신의 유기체를 신뢰한다.
- 충분히 기능하는 사람은 제약 혹은 억제 없이 선택할 자유를 가진다.
- 충분히 기능하는 사람은 창조성과 자발성을 보인다.
- 충분히 기능하는 사람은 어려움에 직면할 수 있다.

성격심리학자인 올포트가 제안한 성숙되고 정서적으로 건강한 성인성격의 여섯 가지 준거는 다음과 같다.

- 성숙된 성인은 자기 이외의 사람 및 활동에 자아감을 확장한다.
- 성숙된 성인은 친밀감, 애정, 인내를 보이면서 타인과 따뜻하게 관계한다.
- 성숙된 성인은 자기 수용을 보이고 정서적 안전을 가진다.

- 성숙된 성인은 현실적 지각을 가지고, 개인적 기술을 개발하며, 하는 일에 매진한다.
- 성숙된 성인은 자기에 대한 이해와 통찰로 유머 감각 및 자기 객관화를 보인다.
- 성숙된 성인은 미래 목표로 성격을 지향하게 하는 통합된 철학이 있다.

오코넬 부부(O'Connell & O'Connell, 2001)는 심리학자들이 연구한 자기실현적 성격, 창조적 성격, 충분히 기능하는 성격 등을 가진 사람이 보이는 특성을 종합적으로 연구하여 제안하였다. 필자는 그들이 제시한 긍정적, 창조적, 자기실현적 성격특성이 성공을 위한 건강한 성격이라고 생각한다. 따라서 오코넬 부부가 포괄적으로 개인 및 사회적 영역과 관련하여 밝힌 결과를 바탕으로 성공하는 사람이 갖는 열 가지 성격특성을 제시하면 다음과 같다.

- 정서적으로, 성공하는 사람은 감정적 풍요로움을 보여 준다.
- 지각적으로, 성공하는 사람은 현실에 대한 정확한 평가를 한다.
- 지적으로, 성공하는 사람은 평생 학습자이다.
- 사회적으로, 성공하는 사람은 사람들에게 덜 동조적이고, 높은 개성화를 이루며, 자기 자신이 되려고 노력하는 사람이다.
- 행동적으로, 성공하는 사람은 '통제의 소재(locus of control)'가 내적이다.
- 인지적으로, 성공하는 사람은 지금-여기에서 살 수 있다.
- 신체적으로, 성공하는 사람은 자신의 한계와 고통을 뛰어넘을 수 있다.
- 철학적으로, 성공하는 사람은 다중문화적 세계관을 가진다.
- 정치적으로, 성공하는 사람은 흔히 인간권리를 위해 적극적으로 활동하는 사람이다.
- 영적으로, 성공하는 사람은 의미를 추구하며 삶을 영위한다.

앞에서 살펴본 것처럼 개인이 진정한 성공을 달성하기 위해서는 자신의 습관의 개조와 인격을 연마하기 위해 부단한 노력이 필요하다는 것을 알 수 있다. 흔히 어떤 사람들은 부와 권력을 가진 사람이 성공한 사람이라는 착각을 가지고 수단과 방법을 가리지 않고 부와 권력을 획득하기 위해 동분서주하면서 지내고 있다. 이런 사람들이 오코넬과 오코넬이 연구해서 발견한 열 가지 성공하는 사람의 성격특성을 조금이라도 고려하면서 생활했으면 하는 바람이다.

2. 아들러가 제안한 진정한 성공의 비결

우리는 성공하기 위해 이 세상에 던져졌고 성공하기 위해 살고 있다. 그리고 현재 우리는 자기완성이란 성공을 추구하는 과정에 있다. 누구나 성공할 수 있다. 왜냐하면 성공은 주관적이며 추구하는 과정에서 느끼는 행복이기 때문이다. 삶은 영원한 현재이다. 현재, 이 순간에 당신이 행복을 느끼면 성공한 것이다. 누구나 성공을 갈구하면서 성공을 느끼면서 삶의 여행을 하고 있다. 우리는 각자 성공의 비결을 찾아 여행을 하고 있다. 당신의 삶의 여정이 행복으로 점철되기를 간절히 기원한다.

SUCCESS(성공)의 비결은 당신이 노력하면 충분히 달성할 수 있는 다음과 같은 일곱 가지 비결을 충족시키면서 생활하는 것이다. 이러한 비결을 생각하고 성공에 대한 명상을 하면서 생활하자. 우리의 성공은 자기완성을 열심히 추구하는 삶의 과정에서 불현듯 나타난다는 것을 명심했으면 한다.

다음에 제시하는 일곱 가지 성공의 비결은 아들러의 개인심리학에서 강조하는 주요한 개념을 바탕으로 개발되었다. 당신이 원하는 진정한 성공을 달성하기 위해 일곱 가지 내용인 자기완성 추구, 자기이해, 자신감, 용기, 격려, 사회적 관심, 그리고 사회적 평등을 생각하면서 생활할 수 있기를 기원해 본다.

Striving for superiority: 자기완성 추구
Understanding oneself: 자기이해
Confidence: 자신감
Courage: 용기
Encouragement: 격려
Social interest: 사회적 관심
Social equality: 사회적 평등

당신은 성공할 수 있다.
당신만이 당신의 문제를 해결하고 성공할 수 있다.
성공으로 통하는 일곱 관문과 관문을 열 수 있는 일곱 개의 열쇠가 있다.
당신이 성공하기 위해 성공으로 가는 일곱 관문을 통과해야만 한다.
성공의 일곱 관문을 통과하기 위해 당신의 지혜와 노력을 발휘해야 한다.
당신의 성공을 위해 필요한 일곱 개의 열쇠를 당신 자신이 가지고 있다.
성공의 관문을 열기 위해 당신이 가지고 있는 일곱 개의 열쇠를 어떻게 사용하는가는 전적으로 당신에게 달려 있다.

◉ 성공의 비결 1: 자기완성 추구

성공의 첫 번째 비결은 자기완성 추구란 삶의 목적을 실현하기 위해 노력하는 것이다.

자기완성은 우월성, 의미, 성공, 최종목적, 열등감 극복 등을 의미한다.

인간은 목적론적 존재로서 목적을 달성하기 위해 행동한다.

당신이 하는 모든 행동에는 목적이 있다.

우리가 가진 삶의 최종목적이란 꿈을 실현하기 위해서 목적을 정확히 알아야 한다.

우리의 자기완성 추구란 목적을 달성하기 위해 최선의 노력을 하는 것이 필요하다.

당신이 성공이란 목적을 달성하기 위해 구체적으로 원하는 목표를 아는 것이 필요하다.

당신이 달성하고자 간절히 원하는 목표는 당신의 능력으로 실현할 수 있는 현실적 목표여야 한다.

성공을 위해 당신은 세 가지 인생과제인 일, 사랑, 우정을 원만하게 달성해야 한다.

성공을 위해 필요한 세 가지인 사회적 관심, 용기, 상식을 가지고 생활하는 것이 필요하다.

당신이 정말 원하는 목적을 달성하기 위해 실천할 수 있는 계획을 세워서 열심히 노력하면 성공할 수 있다.

◉ 성공의 비결 2: 자기이해

성공의 두 번째 비결은 자기이해이다.

성공을 위해 온전히 자기를 이해하는 것이 필요하다.

성공을 위해 자신에 대한 철저한 탐구를 통해 자신의 정체를 정확히 알아야 한다.

성공을 위해 자신이 가진 열등감을 파악해서 극복하는 것이 필요하다.

성공을 위해 자신이 가진 우월성을 파악해서 개발하고 증진시켜야 한다.

자기이해를 통해 자신이 가진 약점은 개선하고 강점은 발전시켜야 한다.

성공을 위해 불완전한 실존적 존재로서 죽음에 대한 이해가 필요하다.

유한한 시간에 던져진 존재로서 되풀이될 수 없는 삶, 단 한 번밖에 없는 귀중한 삶의 의미를 이해하고 부지런히 의미 추구를 해야 한다.

◉ 성공의 비결 3: 자신감

성공의 세 번째 비결은 자신감이다.

자신감은 자신에 대한 온전한 믿음에서 비롯된다.

성공은 자신이 성공할 수 있다는 확고한 신념에서 비롯된다.

자신감은 삶의 도전에 맞서 '나는 그 일을 해낼 수 있어.'라는 신념이다.

자신감은 우리에게 주어진 인생과제를 잘 처리할 수 있다는 자신의 능력에 대한 믿음이다.

성공을 위해 당신이 신을 믿듯이 믿음의 주체로서 자신을 믿고 생활해야 한다.

성공을 위해 당신이 가진 열등감을 극복할 수 있다는 자신감이 필요하다.

◉ 성공의 비결 4: 용기

성공의 네 번째 비결은 용기이다.

용기는 삶을 가능하게 하는 창조적 원동력이다.

성공을 위해 가장 중요한 비결이 어떤 시련에도 도전하고 응전하게 하는 용기이다.

용기의 어원은 심장이다. 따라서 용기를 잃으면 죽는다.

성공을 위해 자신의 인생과제를 달성하기 위한 용기가 필요하다.

두려움은 용기의 결여이다.

성공을 위해 두려움 대신 용기가 필요하다.

당신이 삶의 도전에 용기로 맞서지 못하고 두려워서 회피하거나 도피하면 성공할 수 없다.

불완전한 존재로서 실수나 실패를 두려워하지 않고 도전할 용기가 불완전할 용기이다.

성공을 위해 당신이 실수나 실패에 대한 두려움 없이 불완전할 용기로 살아가는 것이 필요하다.

◉ 성공의 비결 5: 격려

성공의 다섯 번째 비결은 격려이다.

격려는 삶의 창조적 원동력인 용기를 갖게 하는 것이다.

성공을 위해 우리에게 용기를 불어넣는 격려가 필요하다.

우리가 실수나 실패로 실의에 빠져 있을 때 필요한 것이 자기격려이다.

우리와 더불어 사는 사람들이 좌절하여 낙담되어 있을 때 정말 필요한 것이 격려이다.

식물에게 물과 태양이 필요하듯 인간에게 격려가 필요하다.

칭찬은 고래를 춤추게 하지만 격려는 사람을 춤추게 한다.

성공을 위해 칭찬보다 격려하라.

당신이 소속한 가정, 학교, 직장에 있는 사람들과 함께 행복한 삶을 위해 상대방을 격려하고, 격려하고, 또 격려하라.

◉ 성공의 비결 6: 사회적 관심

성공의 여섯 번째 비결은 사회적 관심이다.

사회적 관심은 이웃사랑, 공동체감, 공감이다.

사회적 존재로서 인간의 사회적 관심은 정신건강의 지표로 사용된다.

사회적 관심은 공동체에서 구성원들과의 동일시를 통한 공감적 이해이다.

성공을 위해 우리에게 더불어 사는 지혜의 표현인 사회적 관심이 필요하다.

사회적 관심은 상대방의 눈으로 보고, 상대방의 귀로 듣고, 상대방의 마음으로 느끼는 것이다.

사회적 관심은 집단에 대한 소속감을 가지고 협동하고 기여하는 것이다.

성공을 위해 우리는 사회적 존재로서 집단에 대한 소속감을 가지고 협동하고 기여하면서 생활하는 것이 필요하다.

◉ **성공의 비결 7: 사회적 평등**

성공의 일곱 번째 비결은 사회적 평등이다.

사회적 평등은 모든 사람이 인간으로 사회적 지위가 동등함을 의미한다.

우리가 소속해 있는 가정, 학교, 직장에서 행복하게 지내기 위해 구성원들 간에 상호존중이 필요하다.

사회적 평등은 상호존중이 이루어지기 위한 선행조건이다.

인간의 사회적 지위가 동등하다는 확고한 신념이 없이는 진정한 상호존중이 불가능하다.

당신이 누군가에게 존중받기를 원하면 먼저 상대방을 존중하라.

우리를 불행하게 하는 대부분의 사회적 갈등은 사회적 불평등에서 비롯된다.

성공을 위해 상대방을 존중하면서 수평적 관계인 인간 대 인간으로 대하면서 생활하는 것이 필요하다.

3. 당신은 용감한 미인의 자격사

잘 알려진 애니메이션 영화 〈미녀와 야수(Beauty and the Beast)〉는 인간의 본성인 아름다움과 용기를 멋지게 묘사하였다. 분석심리학을 개발한 융(Jung)은 인간은 누구나 여성성(anima)과 남성성(animus)을 가진다는 양성적 성격을 강조하였다. 일반적으로 미녀인 여성을 상징하는 것은 미, 아름다움이고 야수인 남성을 상징하는 것은 힘 · 이성, 용기이다. 아무튼 우리는 아름다움과 용기를 가지고 태어났다.

이 세상에 던져진 인간은 누구나 자기를 실현할 용기를 가진다. 아들러가 지적한 것처럼 자기완성을 위해 자기격려가 필요하다. 더불어 낙담한 사람들이 원래 가진 용기를 회복하여 결코 포기하지 않고 살아갈 수 있도록 그들에게 격려를 제공하는 것이 요구된다.

인간은 누구나 아름다움을 갖고 태어났다. 그래서 사람이 꽃보다 아름답다고 한다. 프롬(Eric Fromm)이 그의 잘 알려진 저서, 『자유로부터 도피』에서 지적한 것처럼 대중매체를 통해 시장문화가 지배하는 현실 속에서 자동적 동조 현상에 따라 개인이 갖는 독특한 아름다움인 정체성의 상실 현상이 만연하다. 우리는 각자가 가진 독특한 아름다움을 발현할 책임이 있다.

당신은 현재 있는 그대로 용감하고 아름다운 사람이다. 당신이 혹시라도 용기와 아름다움이 없다고 여긴다면 스스로에게 용기와 아름다움의 자격증을 주는 자격사가 되라. 그리고 당신이 '용감한 미인의 자격사(a certifier of a courageous and beautiful person)'로서 다음과 같이 일곱 가지 내용을 모두 글자로 표현한 '용감 미인 자격사', 즉 용서, 감사, 미소, 인사, 자신감, 격려, 그리고 사랑을 매사에 실천하면서 생활했으면 한다.

용서(forgiveness)하면서 생활하자.

감사(appreciation)하면서 생활하자.

미소(smile)지으면서 생활하자.

인사(greeting)하면서 생활하자.

자신감(confidence)을 갖고 생활하자.

격려(encouragement)하면서 생활하자.

사랑(love)하면서 생활하자.

우리가 겪고 있는 대부분의 심리적 갈등의 원천은 대인관계이다. 나는 아들러가 지적한 것처럼 '사람이 문제이다.'라는 상식의 심리학을 지지한다. 당신이 매일 아침 하루를 시작하면서 '나는 용감한 미인의 자격사이다.'라고 다짐하고 생활했으면 한다. 당신이 이러한 다짐과 함께 생활하면 당신의 삶이 보다 활기가 넘치리라고 믿는다.

1) 용서하면서 생활하자

당신이 용서하면서 생활하면 응어리진 마음의 상처가 치유되어 마음의 평화를 얻을 수 있다. 당신에게 마음의 깊은 상처를 준 누군가를 용서한다는 것은 분명 쉬운 일이 아니다. "죄를 미워하되 사람을 미워하지 말라."라는 말이 옳다고 생각하면 당신에게 상처를 준 사람을 용서하라.

2) 감사하면서 생활하자

당신이 감사하면서 생활하면 은혜에 대한 보답의 마음과 함께 은혜를 베푸는 기쁨을 얻을 수 있다. 역시 당신이 감사하다는 마음을 누군가에게 표현하면 상대방을 기쁘게 한다. 당신이 감사 표현으로 흐뭇해하는 상대방을 보면서 당신 또한 기쁨을 느끼리라 본다.

3) 미소 지으면서 생활하자

당신이 웃으면서 생활하면 상대방을 기분 좋게 할 뿐만 아니라 당신에게도 복이 온다. 웃는 얼굴에 침 뱉지 못한다. 웃으면 복이 온다. 웃음치료를 통해 입증된 것처럼 웃음은 삶의 활력으로 작동한다. 당신이 즐겁게 웃으면서 생활하면 저절로 스트레스가 해결된다. 삶이 아무리 당신을 힘들게 하더라도 우울이란 녀석이 발을 들여놓지 못하도록 웃으면서 생활하자.

4) 인사하면서 생활하자

당신이 인사하면서 생활하면 상대방의 서운한 마음을 달래 줄 뿐만 아니라 당신의 외로움을 달래 준다. 우리가 주고받은 안부메시지는 서로에 대한 배려의 표현이다. 인정이 메마른 각박한 삶으로 고독이라는 병이 생명을 앗아간다. 당신이 부모에게, 친구에게, 이웃에게, 동료에게 보내는 안부인사는 고독이라는 녀석을 물리칠 수 있는 원동력으로 작동한다.

5) 자신감을 갖고 생활하자

당신이 자신감을 갖고 생활하면 주저하는 마음 없이 실행해서 원하는 목적을 달성할 수 있다. 삶은 끊임없는 도전과 응전의 활동이다. 자신감이 없는 사람은 두려움으로 도전하지 못한다. 반면에 자신감을 가진 사람은 때론 실수하고 실패해서 좌절감을 경험할 수 있지만 삶의 요구에 도전하는 사람이다. 두드려라 그러면 열릴 것이다. 주저하거나 망설이지 마라. 자신감 없이 망설임으로 귀중한 인생을 낭비하지 마라. 당신이 원하는 것을 달성하기 위해 자신감이 필요하다. 당신이 자신감을 갖고 행동해서 부딪혀야만이 원하는 목적을 달성할 수 있다.

6) 격려하면서 생활하자

당신이 격려하면서 생활하면 '있는 그대로 자기'를 수용할 수 있는 불완전할 용기로 두려움 없이 당신의 삶의 의미 추구를 이룰 수 있다. 당신은 불완전한 존재로 당신에게 정말 필요한 것은 '불완전할 용기'이다. 당신은 있는 그대로 참 훌륭하다. 식물에게 물과 태양이 필요하듯 우리에게 격려가 필요하다.

7) 사랑하면서 생활하자

당신이 사랑하면서 생활하면 타인과 친밀한 마음을 주고받으면서 삶이 아름답다는 것을 느낄 것이다. 아들러는 상대방을 헌신적으로 돌보는 아가페적 사랑을 강조했다. 당신 자신을 사랑하듯 당신의 이웃을 사랑하라. 노자는 “당신이 누군가에 의해 정말 사랑을 받으면 당신에게 힘을 주지만, 당신이 누군가를 정말 사랑하면 당신에게 용기를 준다.”라고 하였다. 당신이 진정으로 누군가를 사랑하면 당신은 용기를 갖게 된다. 누군가를 사랑하라. 그러면 당신은 용기를 갖게 될 것이다.

아들러가 강조한 것처럼 우리는 사회적 존재로서 항상 타인과 함께 삶을 영위한다. 당신의 행복을 위해서 용서, 감사, 미소, 인사, 자신감, 격려 그리고 사랑을 실천했으면 한다. 당신은 매 순간 쓰고 있는 인생이란 소설의 주인공이다. 당신만이 쓸 수 있는 인생이란 소설이 불완전할 용기, 그리고 불완전한 당신을 사랑할 용기를 보여 주는 멋진 소설이길 기원한다.

4. 성공의 여덟 가지 조건: 꿈, 끈, 끼, 꼴, 꾀, 낌, 깡, 끝

대략 22년 전에 필자가 전남대학교 학생생활연구소 소장으로 재임했을 때 대학생들을 위해 개발해서 뉴스레터에 게재했던 성공을 위한 여덟 가지 조건에 대해 소개하고자 한다.

우리 각자는 삶의 여행을 통해 나름대로 성공을 위해 노력하고 있다. 그리고 수많은 사람이 성공에 대해서 나름대로 견해를 표현해 왔다. 당신은 현재 어떻게 성공을 정의하고 그것을 달성하기 위해 어떤 노력을 하고 있는가?

달라이 라마(Dalai Lama)는 “당신이 성공하기 위해서 포기해야 했던 것에 의해 당신의 성공을 판단하라.”라고 했다. 여기서는 인구에 회자되는 일반적인 내용을 중심으로 성공을 위해 필요한 조건을 알아보고자 한다. 특히 ‘ㄲ’으로 시작하는 순수한 한글 외자로 성공을 위한 여덟 가지 조건에 대해 의미를 부여하여 탐구해 보았다. 마지막에 제시된 성공조건 심리검사를 통해 당신이 어떤 조건이 강하고 약한지 자기평가를 해 봤으면 한다. 그리고 자기평가를 통해 가장 낮게 나온 두세 가지 성공조건을 보충하면서 생활했으면 한다.

1) 꿈

첫 번째 성공의 조건은 꿈으로 목표에 대한 꿈(dream of purpose)을 의미한다. 삶이 우리에게 무엇인가를 달성하도록 요구하는 것처럼 목적을 위한 꿈이 필요하다. 우리 각자에게 꿈은 희망을 의미한다. 생물학적으로 우리가 살아 있는 동안에 꿈을 꾸는 것처럼, 당신이 살아 있는 동안에는 희망이 있고 꿈이 있다는 것을 명심했으면 한다. 즉, 성공을 위해 나름대로 달성하고자 하는 분명한 목표가 필요하다는 것이다. 간단히 말하면, 꿈을 가져야 한다.

2) 끈

두 번째 성공의 조건은 끈으로 인간관계(human relationship or friendship)를 의미한다. 인간은 사회적 존재로서 타인과의 관계를 통해 삶의 의미를 발견하면서 성장한다. 당신은 현재 가정, 학교, 직장에서 주변 사람들과 어떤 인간관계를 맺고 있는가? 많은 사람이 때때로 느끼곤 하는 고독이나 외로움 그리고 우울은 분명히 인관관계에서 비롯된다는 것을 우리는 잘 알고 있다. 성공을 위해서는 독불장군식이 아니라 좋은 인간관계가 필요하다. 즉, 끈을 가져야 한다.

3) 끼

세 번째 성공 조건은 끼로 재치, 예술적 재능(artful talent)을 의미한다. 개인은 독특한 존재로서 나름대로 창조적인 예술적 재능을 가지고 있다. 만약 우리 각자에게 예술적 재능이 없다면 삶은 정말 팍팍하고 삭막할 것이다. 당신이 가진 예술적 재능인 끼를 발휘하면서 생활하는 것이 필요하다. 성공을 위해서는 유머감각과 더불어 어느 정도 예술적 재능이 필요하다. 즉, 끼가 있어야 한다.

4) 꼴

네 번째 성공의 조건은 꼴로 외모(appearance)를 의미한다. 우리는 어떤 사람이 주어진 상황에 전혀 부합하지 않는 옷차림이나 외모로 나타날 때 "꼴값하네." 하고 비웃는 표현을 하곤 한다. 성공을 위해 당신이 주어진 상황에서 최상의 외모를 표현할 수 있는 능력이 필요하다. 성공을 위해서는 다른 사람들에게 잘 보일 수 있는 모양새인 외모가 어느 정도 필요하다. 즉, 꼴(값)을 갖추어야 한다.

5) 꾀

다섯 번째 성공의 조건은 꾀로 재능(intellectual talent)을 의미한다. 개인차가 있기는 하지만, 개인은 누구나 어느 정도의 지적 재능을 가지고 태어났다. 자신의 지적 능력을 최대로 발휘하면서 생활하는 것이 필요하다. 성공을 위해서는 재갈공명과 같은 지적 능력은 아니더라도 어느 정도 문제해결을 위한 재능이 있어야 한다. 즉, 꾀가 있어야 한다.

6) 낌

여섯 번째 성공의 조건은 낌으로 민감성(sensitivity or acuity)을 의미한다. 우리는 주어진 상황에서 어떻게 상황이 진행되고 있는가를 민첩하게 알아차리는 낌새, 즉 민감성이 필요하다. 어떤 주어진 상황에서 다른 사람들은 민첩하게 행동하거나 폭소를 터트리며 웃는데, 만약 당신이 상황파악을 제대로 하지 못하고,

즉, 낌새를 알아차리지 못하고 멍청하게 있다면 문제이다. 성공을 위해서는 주어진 상황을 잘 파악할 수 있는 민첩한 센스가 있어야 한다. 다시 말해, 낌(새)을 빨리 알아차릴 줄 알아야 한다.

7) 깡

일곱 번째 성공의 조건은 깡으로 어떤 어려움에도 버텨 낼 수 있는 끈기 혹은 인내(patience or endurance)를 의미한다. 우리는 흔히 어떤 사람이 어려움을 참고 견뎌 내는 것을 보고 그에게 "깡다구가 있다."라고 표현하곤 한다. 성공을 위해서는 수없이 많은 좌절과 어려움을 참으며 헤쳐 나갈 수 있는 끈기와 인내가 있어야 한다. 즉, 깡이 필요하다.

8) 끝

여덟 번째 성공의 조건은 끝으로 좋은 마무리(good result or end)를 의미한다. 성공을 위해 성공한 사람들이 흔히 어떤 일을 시작하면 그 일이 끝날 때까지 "초심(beginner's mind)을 유지하라."라고 언급하는 것을 우리는 잘 알고 있다. 일에는 항상 시작과 끝이 있다. 성공을 위해서는 시작한 일에 대해 분명하게 마무리를 짓는 것이 필요하다. 즉, 끝이 좋아야 한다.

당신이 이러한 성공을 위한 여덟 가지 조건에 대해 자기평가를 해 보면서 자신이 어떤 조건에서 부족한가를 탐색하여 보충했으면 한다.

당신의 이러한 성공조건이 어느 정도인지 알아보고 싶지 않는가? 알아보고 싶다면 다음의 '성공조건 자기평가 질문지'로 평가하여 자기점검을 해 보기 바란다.

◌ 〈표 18–1〉 성공조건 자기평가 질문지

• 다음의 내용에 대해 당신이 주관적으로 어떻게 생각하는가를 표시하십시오. 만약 '매우 그렇다'면 '7'에, '전혀 그렇지 않다'면 '1'에, 그리고 '그저 그렇다'고 생각하면 '4' 등으로 표시하기 바랍니다.

1. 나는 이루고자 하는 구체적인 꿈이나 소망이 있다.

1	2	3	4	5	6	7
전혀 그렇지 않다			그저 그렇다			매우 그렇다

2. 나는 인간관계가 원만하다.

1	2	3	4	5	6	7
전혀 그렇지 않다			그저 그렇다			매우 그렇다

3. 나는 집단 속에서 사람들을 웃기거나 재미있게 할 수 있는 능력이 있다

1	2	3	4	5	6	7
전혀 그렇지 않다			그저 그렇다			매우 그렇다

4. 나는 나의 외모에 대해 만족한다.

1	2	3	4	5	6	7
전혀 그렇지 않다			그저 그렇다			매우 그렇다

〈계속〉

5. 나는 문제해결을 할 수 있는 능력이 있다.

1	2	3	4	5	6	7
전혀 그렇지 않다			그저 그렇다			매우 그렇다

6. 나는 상황파악에 민감하다.

1	2	3	4	5	6	7
전혀 그렇지 않다			그저 그렇다			매우 그렇다

7. 나는 아무리 어려운 상황에서도 좌절하지 않는다.

1	2	3	4	5	6	7
전혀 그렇지 않다			그저 그렇다			매우 그렇다

8. 주위 사람들이 나에 대해 마무리를 잘한다는 평가를 한다.

1	2	3	4	5	6	7
전혀 그렇지 않다			그저 그렇다			매우 그렇다

9. 나는 달성하고자 하는 구체적인 목적이 있다.

1	2	3	4	5	6	7
전혀 그렇지 않다			그저 그렇다			매우 그렇다

〈계속〉

10. 나는 사람들을 좋아하고 쉽게 낯선 사람들과 친해질 수 있다.

1	2	3	4	5	6	7
전혀 그렇지 않다			그저 그렇다			매우 그렇다

11. 나는 이성관계에서 상대방을 리드할 능력이 있다.

1	2	3	4	5	6	7
전혀 그렇지 않다			그저 그렇다			매우 그렇다

12. 나는 외모가 성공을 위해 중요하다고 본다.

1	2	3	4	5	6	7
전혀 그렇지 않다			그저 그렇다			매우 그렇다

13. 나는 어려운 상황을 헤쳐 나갈 수 있는 능력이 있다.

1	2	3	4	5	6	7
전혀 그렇지 않다			그저 그렇다			매우 그렇다

14. 주위 사람들이 나에 대해 둔하다고 한다.

1	2	3	4	5	6	7
전혀 그렇지 않다			그저 그렇다			매우 그렇다

〈계속〉

15. 나는 인내심이 매우 강한 사람이다.

1	2	3	4	5	6	7
전혀 그렇지 않다			그저 그렇다			매우 그렇다

16. 나는 맺고 끝는 것을 확실히 한다.

1	2	3	4	5	6	7
전혀 그렇지 않다			그저 그렇다			매우 그렇다

◌ 〈표 18-2〉 성공을 위한 여덟 가지 조건 채점판

성공조건	꿈		끈		끼		꼴(값)	
문항번호	1	9	2	10	3	11	4	12
체크점수								
점수합계								
성공조건	꾀		낌(새)		깡		끝	
문항번호	5	13	6	14*	7	15	8	16
체크점수								
점수합계								

※ 14번은 1 → 7, 2 → 6, 3 → 5, 4 → 4, 5 → 3, 6 → 2, 7 → 1로 바꾸어서 채점한다.

<해석 요령>

1. 가장 높은 점수를 받은 항목은?

☞ 아, 당신은 그런 몇 가지(2~3) 점에서는 성공의 조건이 비교적 갖추어져 있군요!

2. 그렇다면 가장 낮은 점수를 받은 항목은?

☞ 아, 당신은 그런 몇 가지 조건이 아직 부족하군요!

그 항목들에 대해 조금 더 관심을 갖고 준비해 나간다면, 당신의 삶이 성공적이 될 수 있겠네요!

참고문헌

김상일(1997). 러셀 역설과 과학 혁명 구조. 솔출판사.

노안영(2016). 불완전할 용기. 솔과학.

노안영(2018). 상담심리학의 이론과 실제(2판). 학지사.

노안영(2018). 칭찬하지 마라 격려하라. 학지사

노안영, 강만철, 오익수, 김광운, 송현종(2001). 애들러 상담이론: 기본 개념 및 시사점. 학지사.

노안영, 강만철, 오익수, 김광운, 송현종, 강영신, 오명자(2005). 아들러 상담 이론과 실제. 학지사.

노안영, 강만철, 오익수, 김광운, 정민(2011). 개인심리학 상담 원리와 적용.학지사.

노안영, 강영신(2018). 성격심리학(2판). 학지사.

노안영, 오익수, 강만철, 김광운, 강영신, 정민, 임수진, 유리향(2021). 개인 심리학적 상담: 아들러 상담. 학지사.

노안영, 정민(2007). 자기격려-낙담척도 개발 및 타당화. 한국상담 및 심리치료, 19(3), 675-692

岸見一郎(2015). 아들러 심리학을 읽는 밤. (박재현 역). 살림출판사.

岸見一郎, 古賀 史健(2014). 미움받을 용기. (전경아 역). 인플루엔셜. (원저는 2013년에 출판).

Adler, A. (1927). *Understanding human nature*. Greenberg.

Adler, A. (1933). The forms of psychological activity. In H. l. Ansbacher & R. R. Ansbacher (Eds.), *Superiority and Social* interest (1964, pp. 59-65). W. W. Norton & Company.

Adler, A. (1935). Typology of meeting life problems. In H. l. Ansbacher & R. R.

Ansbacher (Eds.), *Superiority and Social in*terest (1964, pp. 66–70). W. W. Norton & Company.

Adler, A. (1937). The progress of mankind. *Superiority and social interest*. In H. H. Ansbacher & R. R. Ansbacher (Eds.). W. W. Norton & Company, pp. 23–40.

Adler, A. (1964). *Superiority and social interest*. In H. H. Ansbacher & R. R. Ansbacher (Eds). W. W. Norton & Company.

Adler, A. (1969). *The science of living*. Doubleday & Company.

Ansbacher, H. L., & Ansbacher, R. R. (Eds.). (1964). *The individual psychology of Alfred Adler*. Harper & Row/Torchbooks. (Original work published in 1956)

Azoulay, D. (1999). Encouragement and logical consequences versus rewards and punishment: A reexamination. *The Journal of Individual Psychology*, *55*(1), 91–99.

Bahlmann, R., & Dinter, L. (2001). Encouraging self-encouragement: An effect study of the encouraging-training Schoenaker–concept. *The Journal of Individual Psychology*, *57*(3), 273–288.

Cheston, S. E. (2000). Spirituality of encouragement. *The Journal of Individual Psychology*, *56*(3), 296–304.

Corey, G. (2005). *Theory and practice of counseling and psychotherapy* (7th ed.). Brooks/Cole.

Covey, S. R. (1990). T*he seven habits of highly effective people*. A Fireside.

Dagley, J. C., Campbell, L. F., Kulic, K. R., & Dagley, P. L. (1999). Identification of subscales and analysis of reliability of an encouragement scale for children. *The Journal of Individual Psychology*, *55*(3), 355–364.

Dinkmeyer, D. (1972). Use of the encouragement process in Adlerian counseling. *Personnel and Guidance Journal*, *51*(3), 177–181.

Dinkmeyer, D. C., Dinkmeyer, D. C. JR., & Sperry, L. (1987). *Adlerian counseling and psychotherapy* (2nd ed.). Columbus, OH: Charles E. Merrill.

Dinkmeyer, D., & Dreikurs, R. (1963). *Encouraging children to learn*. Englewood Cliffs, Prentice-Hall.

Dinkmeyer, D. Jr., & Sperry, L. (2002). *Counseling and psychotherapy: An integrated Individual Psychology approach* (3rd ed.). Merrill/Prentice-Hall.

Dinkmeyer, D., & Losoncy, L. (1980). *The encouragemnet book: Becoming a positive person*. Prentice-Hall.

Dinkmeyer, D., & Lonsoncy, L. (1996). *The Skills of Encouragement: Bring Out the Best in Yourself and Others*. St. Lucie Press.

Dinkmeyer, D., & McKay, G. (1996). *Raising a responsible child: How to prepare your child for today's complex world*. Simon & Schuster.

Dreikurs, R. (1948). *The challenge of parenthood*. Hawthorne Press.

Dreikurs, R. (1971). *Social equality: The challenge of today*. Adler School of Professional Psychology.

Dreikurs, R. (1989). *Fundamental of Adlerian psychology*. Adler School of Professional Psychology.

Dreikurs, R., & Grey, L .(1968). *Logical consequences*. Meredith.

Dreikurs, R., Grunwald, B. B., & Pepper, F. C. (1998). *Maintaining sanity in the classroom: Classroom management techniques* (2nd ed.). Taylor & Francis.

Dreikurs, R., & Soltz, V. (1964). *Children: The challenge*. Hawthorn Books.

Grey, L. (1998). *Alfred Adler , the forgotten prophet: A vision for the 21st century*. Praeger Publishers.

Grunwald, B. B., & McAbee, H. V. (1985). *Guiding the family*. Accelerated Development Inc.

Hooper, A., & Holford, J. (1998). *Adler for beginners*. Writers and Readers Publishing.

Kern, R. M. (1997). *Lifestyle scale*. CMTI Press.

Kern, R. M., Wheeler, M. S., & Curlette, W. L. (1993). *BASIS-A Inventory*. TRT Associates.

Krausz, E. O. (1935). The pessimistic attitude. *International Journal of Individual Psychology*, *46*(2), 139-147.

Losoncy, L. (2001). Encouragement therapy. In R. J. Corsini (Ed.). *Handbook of innovative* therapy (2nd ed.). John Wiley & Sons, Inc.

Lundin, R. W. (1989). *Alfred Adker's basic concepts and implications*. Accelerated Development Inc.

Manaster, G. J., & Corsini, R. J. (1995). *Individual psychology: theory and practice*. Adler School of Professional Psychology.

May, R. (1961). *Existential Psychotherapy*. Random House.

May, R. (1975). *The courage to create*. W. W. Norton & Company.

McKay, G. D. (1992). *The basics of encouragement*. CMTI Press.

Miller, G. (2003). *Incorporating spirituality in counseling and psychotherapy: Theory and practice*. John Wiley & Sons.

Mosak, H. H. (1989). Adlerian psychotherapy. In R. J. Corsini & D. Wedding (Eds.), *Current psychotherapies* (4th ed.). F. E. Peacock.

Mosak, H. H. (2000). Adlerian psychotherapy. In R. J. Corsini & D. Wedding (Eds.), *Current Psychotherapies* (6th ed.) (pp. 54–98). F. E. Peacock.

Mosak, H. H., & Dreikurs, R. (1967). The life tasks III, the fifth life task. *Individual Psychologist*, 5, 16–22.

Mosak, H. H., & Maniacci, M. P. (1999). *A primer of Adlerian psychology: The analytic-behavioral psychology of Alfred Adler*. Braun-Brumfield.

Mosak, H. H., & Maniacci, M. P. (1998). *Tactics in counseling and psychotherapy*. F.E. Peacock Publishers.

O'Connell, A., & O'Connell, V. (2001). *Choice and change: The psychology of personal growth and interpersonal relationships* (6th ed.). Upper Saddle River, Prentice-Hall.

Perls, F. S. (1969). *In and out of the garbage pail*. Bantam Books.

Reimer, C. (1967). Some words of encouragement. In Vicki Soltz (Ed.), *Study Group Leader's Manual*. Alfred Adler Institute.

Richards, P. S., & Bergin, A. E. (1997). *A spiritual strategy for counseling and psychotherapy*. American Psychological Association.

Rogers, C. R. (1951). *Client-centered therapy: Its current practice, implications, and theory*. Houghton Mifflin Company.

Rule, W. R., & Bishop, M. (2006). *Adlerian lifestyle counseling: Practice and*

research. Routledge.
Sharf, R. S. (2000). *Theories of psychotherapy and counseling: Concepts and cases* (2nd ed.). Pacific Grove: Brooks/Cole Publishing Company.
Stotland, E. (1969). *The psychology of hope*. Jossey–Bass.
Strum, T. (1926). *Immensee*. Irvington.
Sweeney, T. J. (1989). *Adlerian counseling: A practical approach for a new decade* (3rd ed.). Accelerated Development.
Taylor, J. F. (1979). Encouragement vs. Praise. Unpublished manuscript presented at a workshop in Portland, Oregon.
Terner, J., & Pew, W. L. (1978). *The courage to be imperfect: The life and work of Rudolf Dreikurs*. Hawthorn Books.
Thoreau, H. D. (1854). *Walden, or Life in the woods*. Grolier Enterprises Corp.
Tillich, P. (1952). *The courage to be*. Yale University Press.
Vaihinger, H. (1924). *The philosophy of As If: A system of the thoretical, actical and religious fictions of mankind*. Routledge & Kegan Paul LTD. (Original work published 1911).
Waitley, D. (1983). *Seeds of greatness*. Old Tappan, Fleming H. Revell Company.
Watts, R. E. (2000). Entering the new millenium: Is Induvidual Psychology/Adlerian therapy still relevant? *Journal of Individual Psychology, 56*, 21–30.
Watts, R. E., & Pietrzak, D. (2000). Adlerian "encouragement" and the therapeutic process of solution–focused brief therapy. *Journal of Counseling and Development*, *78*(4), 442–447.
Watts, R. E., & Shulman, B. H. (2003). Integrating Adlerian and constructive therapies: An Adlerian perspective. In R. E. Watts (Ed.), *Adlerian, cognitive, and constructivist therapies: An integrative dialogue* (pp. 9–37). Springer.
Watzlawick, P., Weakland, J., & Fisch, R. (1974). *Change: Principles of problem formation and problem resolution*. W · W · Norton & Company.
Yang, J., Milliren, A., & Blagen, M. (2010). *The psychology of courage: An Adlerian handbook for healthy social living*. Routledge.

저자 소개

노안영(No, Ann Young)

〈학력〉

전남대학교 사범대학 교육학과 졸업(1978)
서울대학교 대학원 심리학(상담전공) 석사(1983)
미국 켄터키대학교(University of Kentucky) 상담심리학 철학박사(1993)

〈경력〉

서울대, 서강대, 전남대 학생생활연구소 카운슬러
미국 LA 주립 정신병원(Coastal Pacific-Asian Mental Health Center)에서 인턴십
미국 LA 한국청소년센터(Korean Youth Center) 카운슬러
흥사단 광주지부 청소년연구원 원장
전남대학교 카운슬링센터 소장
광주 · 전남상담학회 회장
전남대학교 입학관리본부장
(사)한국아들러상담학회 회장

〈현재〉

노안영 심리상담연구소 소장
(홈페이지: annyoungnoh.com)
전남대학교 사회과학대학 심리학과 명예교수
한국상담심리학회 상담심리사 1급(수련감독)
한국상담학회 전문상담사 1급(수련감독)
한국아들러상담학회 아들러상담전문가 1급
(사)한국아들러상담학회 대표

〈저서〉

변화를 위한 상담의 원리, 과정, 그리고 기법(북앤정, 2023)
개인심리학적 상담: 아들러 상담(공저, 학지사, 2021)
성격심리학 2판(공저, 학지사, 2018)
상담심리학의 이론과 실제 2판(학지사, 2018)
칭찬하지 마라, 격려하라(학지사, 2018)
불완전할 용기(솔과학, 2016)
게슈탈트치료의 이해와 적용(학지사, 2013)
삶의 지혜를 위한 상담심리(학지사, 2011)
개인심리학 상담 원리와 적용(공저, 학지사, 2011)
집단상담: 이론과 실제(학지사, 2011)
상담자의 지혜(학지사, 2011)
Becoming A Wise Counselor(현명한 상담자 되기)(학지사, 2011)
상담실습자를 위한 상담의 원리와 기술(공저, 학지사, 2006)

〈역서〉

외상 후 성장(공역, 학지사, 2015)
아들러 상담이론과 실제(공역, 학지사, 2005)
애들러 상담이론(공역, 학지사, 2001)
학교상담(학지사, 2000)
상담의 기본요소(중앙적성출판사, 1997)
펄스의 게슈탈트적 자기치료(학지사, 1996)

자신을 수용하고 사랑하는

불완전할 용기 2

The Courage To Be Imperfect

2024년 5월 20일 1판 1쇄 인쇄
2024년 5월 30일 1판 1쇄 발행

지은이 • 노안영
펴낸이 • 김진환
펴낸곳 • (주) 학지사
04031 서울특별시 마포구 양화로 15길 20 마인드월드빌딩
대표전화 • 02)330-5114 팩스 • 02)324-2345
등록번호 • 제313-2006-000265호

홈페이지 • http://www.hakjisa.co.kr
인스타그램 • https://www.instagram.com/hakjisabook

ISBN 978-89-997-3128-0 03180

정가 18,000원